U0509244

战国秦汉髹漆妆奁研究

刘芳芳 著

文物出版社

图书在版编目（CIP）数据

战国秦汉髹漆妆奁研究 / 刘芳芳著．-- 北京：文物出版社，2021.5

ISBN 978-7-5010-6607-0

Ⅰ．①战… Ⅱ．①刘… Ⅲ．①漆器（考古）－研究－中国－战国②漆器（考古）－研究－中国－秦汉时代 Ⅳ．① K876.74

中国版本图书馆 CIP 数据核字 (2021) 第 092398 号

战国秦汉髹漆妆奁研究

刘芳芳　著

责任编辑：杨冠华

书籍设计：特木热

责任印制：苏　林

出版发行：文物出版社

社　　址：北京市东直门内北小街 2 号楼

邮　　编：100007

网　　址：http：//www.wenwu.com

经　　销：新华书店

印　　刷：北京荣宝艺品印刷有限公司

开　　本：787 × 1092 1/16

印　　张：24

版　　次：2021 年 5 月第 1 版

印　　次：2021 年 5 月第 1 次印刷

书　　号：ISBN 978-7-5010-6607-0

定　　价：380.00 元

本书出版得到

江苏省社会科学基金后期资助

（资助编号：14HQ014）

序 / 张学锋

本书作者刘芳芳曾是我指导的博士研究生，取得学位后奉职于苏州市考古研究所，至今已有十个年头。

刘芳芳对考古学与文物学有着执着的追求，于 2004 年报考南京大学考古学科攻读硕士学位。幸运的是，在我同事刘兴林教授的悉心指导下，对中国考古学的全貌有了基本了解，尤其对战国秦汉考古有了较全面的把握，以《秦汉女性配饰化妆用品的初步研究》为题完成论文，取得了硕士学位。此后随我攻读博士学位，将重点放在战国秦汉的漆器研究，2011 年，以本书的初稿通过答辩，取得了博士学位。

2009 年以后数年间，盱眙大云山西汉江都王陵园的持续发掘，为秦汉漆器的研究增添了丰富的资料，刘芳芳也因此获得了在考古现场直接观摩并参与研究的机会。这样的实践工作，大大提升了她对秦汉漆器的认识高度，成为其申请国家社科基金“江淮地区出土汉代漆器的考古学研究”（2016 年）的学术基础，也成为其进一步修订和完善博士学位论文的契机。

战国秦汉漆器的种类非常繁多。本书选择的研究对象虽然只是“妆奁”这类小型日用容器具，但开展这项研究，必须掌握战国秦汉漆器发展演变的全貌，只有这样，作为器物的妆奁，其制胎、髹漆、装饰等生产工序及艺术成就才能得以明了。这一点，在本书中体现得非常明显，有关妆奁的生产工序及艺术成就，都是在战国秦汉漆器的整体背景下叙述的。

然而，本书又不仅仅止于工艺美术史的考察，更大的特点是基于出土资料展开的历史研究。

中国历史的叙述可以从多方面展开，基于所谓“无字的文献”即没有文字或少有文字的出土遗物及考古学现象展开叙述尤其不易，本书在这一方面做了很好的尝试。在论及楚国漆妆奁时，从内红外黑的用色格调、以凤鸟云气为主题的装饰纹样、从巫风神仙等要素显示出来的多元信仰等普遍性中，看到了楚文化对统一的秦汉文化在形成过程中所产生的意义，换言之，深刻认识到了秦汉文化对楚文化的继承和发展。在论及江汉地区秦墓出土漆妆奁时，认为妆奁外壁、外底、盖顶等部位烙印或针刻“咸亭”“咸市”“咸”等极具秦王朝时代特征的器物，在认可前贤主张这类器物应是在秦都咸阳制作、销售这一观点的基础上，认识到其器形、纹饰等要素并不是在秦原有漆器的基础上发展起来的，而是相当程度上继承了楚国的风格。从这些论述中，读者不难体会到在中国国家形态及灿烂文明的形成过程中，南方楚文化所发挥的重要作用。以至于文中总结出来的西汉中期以后漆器制作日趋程式化的现象，从另一个视角来看，也正是统一国家内部文化趋同现象的反映。

在墓葬的考古学研究中，就出土遗物与墓主人身份、性别的关联这一重大问题，长期以来存在着一种简单化的认识。如东汉画像石墓因门楣上刻有作战图，便简单地认为墓主人生前是一位将士。又因作战图中一方出现了高鼻深目的“胡人”形象，便进一步将墓主人推断为参加过“汉匈战争”的将士。这样的诠释，力图究明装饰纹样与墓主人之间的特殊关联，却没有顾及到装饰纹样在某个特定时代的普遍意义。又如，墓葬中出土了铜弩机或铁制刀剑，便简单认为墓主人生前是位将士，这同样未能顾及特定时代丧葬礼俗对随葬用品的要求，未成年人墓中出土的铜弩机或使用滑石弩机的现象告诉我们，这样的判断有失偏颇。对漆质妆奁的认识同样也存在着类似的现象，往往将出土妆奁的墓葬视为女性墓，或在合葬墓中将出土妆奁的一侧视为女性。本书在妆奁的研究上跨出了一大步，在正文首章介绍了妆奁的基本情况后，紧接着就安排了《髹漆妆奁内存物品》一章，通过对历史文献的梳理与妆奁内含物品的分析，有意识地区别了男女所用妆奁的异同，为今后妆奁及其与墓主人性别的判断提供了很好的研究视角。

我虽然是刘芳芳博士学位论文的指导教师，但自己对战国秦汉漆器的研究却知之甚少，请我作序，只能勉为其难，以备形式而已。但衷心希望刘芳芳能在这一领域继续耕耘，取得更多更好的成果。

目　录

序

绪　论 / 10

一、“髹漆妆奁”的概念及奁的早期文献记载与考古发现 …… 13

二、选题及研究方法 …… 16

第一章　漆奁胎骨 / 18

第一节　木　胎 …… 19

第二节　布脱胎 …… 23

第三节　竹胎与复合胎骨 …… 26

第二章　髹漆妆奁内存物品 / 30

第一节　面部用品 …… 31

一、面脂・香泽 …… 31

二、粉妆 …… 32

三、胭脂・唇脂 …… 35

四、眉妆 …… 37

第二节　梳妆用具 …… 39

一、铜镜 …… 39

二、梳・篦・茀・铜刷 …… 40

三、粉扑・镊・环首刀・眉笔・黛板・砚杵 42

四、小漆罐・耳杯 …… 44

第三节　头饰及其他 …… 46

第三章　漆奁的纹样及构图形式 / 50

第一节　纹样类别 …… 51

一、动物纹样 …… 52

二、植物纹样 …… 56

三、自然景象纹样 …………………………… 58
四、几何纹样 ………………………………… 59
五、社会生活与神话传说纹样 ……………… 61
第二节　纹样构图形式 ………………………… 65
一、连续纹样 ………………………………… 65
二、适合纹样 ………………………………… 66
三、独立纹样 ………………………………… 67
四、色线与色带 ……………………………… 70

第四章　漆奁装饰工艺 / 74

第一节　彩　绘 ……………………………………… 75
第二节　锥　画 ……………………………………… 82
第三节　镶　釦 ……………………………………… 92
一、釦器起源及发展 ………………………… 93
二、釦器繁盛期及镶釦漆奁 ………………… 98
三、柿蒂纹花片及嵌宝工艺 ……………… 109
第四节　金银贴花 ………………………………… 118
一、汉以前金箔工艺及考古发现 ……… 119
二、汉代漆奁的金银贴花工艺 ………… 120

第五章　战国时期的漆奁
——以楚墓出土漆奁为代表 / 132

第一节　楚漆器生产的历史背景 ……………… 133
第二节　楚漆奁溯源 ……………………………… 136
第三节　楚漆奁的种类与形制 ………………… 139
第四节　楚漆奁的特征 ………………………… 147
一、尚红爱黑 ……………………………… 147
二、凤鸟崇拜 ……………………………… 149

三、多元信仰与炽热巫风 ……………… 153
四、绚丽彩绘 ……………………………… 154

第六章 秦墓出土漆奁
——以江汉秦墓出土漆奁为代表 / 158

第一节 秦漆器的考古发现 ………………………… 159
第二节 秦墓出土漆奁的形制及特征 …………… 162
第三节 秦漆奁相关问题探讨 ……………………… 168
一、秦漆奁对楚漆奁的继承与发展 …… 168
二、新兴漆器制作中心的出现 ………… 173
三、秦漆器的生产与管理 ……………… 179
第四节 秦漆器的新特征 …………………………… 183
一、秦漆器种类的变化 ………………… 184
二、制胎工艺与彩绘纹样的特征 ……… 186

第七章 汉代漆奁的形制演变
以及相关问题探讨 / 192

第一节 汉代漆奁的形制演变 ……………………… 193
一、圆形漆奁 …………………………… 194
二、椭圆形奁与方形奁 ………………… 211
第二节 蜀郡与广汉郡漆器相关问题研究 …… 215
一、秦经营四川及对漆器的影响 ……… 216
二、楚文化对四川漆器的影响 ………… 219
三、汉朝开发四川及设立工官 ………… 220
第三节 汉代广陵漆工艺 …………………………… 223
一、战国时期的广陵漆工艺 …………… 223

二、西汉早期的广陵漆奁 …………………… 225
三、西汉中期以后的广陵漆奁 ………… 232

第八章　汉代厚葬之风及神仙思想 / 238

第一节　汉代奢侈及厚葬之风 ………………………… 239
第二节　汉代人的神仙思想 ………………………… 245
一、云气 ………………………………… 246
二、神山 ………………………………… 248
三、仙人 ………………………………… 249
四、祥瑞 ………………………………… 250

第九章　汉以后妆奁的发展 / 256

参考文献 / 280

一、传统文献 ……………………………… 281
二、今人论著 ……………………………… 282
三、论文 ………………………………… 285
四、考古简报 ……………………………… 289
五、考古报告 ……………………………… 298
六、图录 ………………………………… 300

附表一　战国楚墓出土漆奁一览表 / 302
附表二　秦墓出土漆奁一览表 / 312
附表三　汉墓出土漆奁一览表 / 320

后记 / 380

绪论

我国是世界漆手工艺的发源地。据前人研究，大约在两汉时期，中国漆工艺传入朝鲜半岛、日本列岛与琉球群岛及东南亚等地[1]，为世界文明的发展做出了巨大的贡献。漆器是指表面髹涂漆液的器具。古代髹涂的漆液不同于现代采用化学工业制造的人造漆，是漆树的树液或经加工精制而成的产品，是天然漆。在人类文明发展史上，漆汁的利用，最早应该是用于生产工具的粘连、加固，然后才有漆制日用品和带纹饰的漆工艺品[2]。由于漆器坚实轻便，耐热耐酸，抗潮防腐，又可施加纹样装饰，故兼具实用、美观等诸多优点。

先秦的文献中即有较多的漆树种植和漆液采集的记载。从这些记载中可知，漆树已成为西周、春秋时期的重要经济作物，漆树中不仅有野生的，而且还有人工栽培的。《诗经·鄘风·定之方中》云："树之榛栗，椅桐梓漆。"[3]可见，漆树与榛、椅、栗、梓、桐等树种一起，被人们普遍栽种。在生长、种植较为普遍的基础上，有部分劳动群体专门从事生漆的生产和漆器的制造。生漆的经济价值一向为人们所重视，课税亦很重。《周礼·地官司徒·载师》载："载师，掌任土之法，以物地事，援地职，而待其政令。……凡任地，国宅无征，园廛二十而一，近郊十一，远郊二十而三，甸稍县都皆无过十二，唯其漆林之征二十而五。"唐贾公彦疏曰："漆林之税特重，以其漆林自然所生，非人力所作故也。"[4]由于漆树经济价值较高，战国时出现了专门管理漆园的官吏。庄子就曾做过漆园吏。《史记·老子韩非列传》云："庄子者，蒙人也，名周。周尝为蒙漆园吏。"[5]《金石索》中录有"常山漆园司马""漆园司马"两颗汉印[6]，可知至迟在汉代已设漆园司马一职。

我国漆工艺历史悠久，从新石器时代开始一直延续至今。在几千年的漆工艺史中，分工越来越细，积累了丰富的经验，并世代相传。《管子·小匡》谈到手工业工人时说："少而习焉，其心安焉，不见异物而迁焉。是故其父兄之教，不肃而成。其子弟之学，不劳而能。"[7]为了能够更好地把手艺传承下来，也著书立说。第一部见于著录的专著是五代朱遵度所撰《漆

〔1〕王琥：《美术技法大全——漆艺概要》，第 33 页，江苏美术出版社，1999 年。

〔2〕王世襄：《中国古代漆工杂述》，《文物》1979 年第 3 期。

〔3〕《诗经》，见（清）阮元校刻：《十三经注疏》，第 315 页，中华书局，1980 年。

〔4〕（汉）郑玄注、（唐）贾公彦疏：《周礼注疏》，第 465 ~ 474 页，上海古籍出版社，2010 年。

〔5〕（汉）司马迁撰：《史记》卷六三《老子韩非列传》，第 2143 页，中华书局，1959 年。

〔6〕《续修四库全书》编纂委员会编：《续修四库全书·金石类·金石索》，第 221 页，上海古籍出版社，1996 年。

〔7〕黎翔凤撰、梁连华整理：《管子校注》，第 401、402 页，中华书局，2004 年。

经》[1]，惜原书已佚，只在其他书籍中录有部分佚文。明代黄成的《髹饰录》是目前所能看到的唯一的一部古代髹漆工艺专著[2]。

成书于战国秦汉时期的《禹贡》，在记述各地贡物时有“厥贡漆丝”“厥贡漆枲”之句，证明生漆的生产已成为某些地区农业经济中的重要项目。《史记·货殖列传》把漆的生产看作“山东”（函谷关以东）经济富庶的条件之一，“山东多鱼、盐、漆、丝、声色”[3]，“陈、夏千亩漆……此其人皆与千户侯等”[4]，又“木器髹者千枚……漆千斗……此亦比千乘之家。”[5]这里说有千亩漆的收入就相当一个千户侯，有千件漆器、千斗漆者，其财富也相当千乘之家的公侯。正因为如此，在战国时代就已经出现经营漆业的大商人。“白圭，周人也……夫岁熟取谷，予之丝漆”[6]。

汉代漆器的装饰往往非常豪华，十分珍贵。《盐铁论·散不足》载，“夫一文杯得铜杯十”[7]，意思是一个装饰华丽制作上乘的漆杯，其价值相当于十个铜杯。这就更刺激了漆业的发展，大地主中有人以种植漆树作为发财致富的手段，如东汉樊宏的父亲樊重，“世善农稼，好货值……尝欲作器物，先种梓漆，时人嗤之，然积以岁月，皆得其用，向之笑者咸求假焉。赀至巨万”[8]。

战国秦汉时期，漆器种类繁多，经过秦代的短暂发展，汉代漆器生产开始以日用生活器具为主，主要有圆盒、方盒、盘、双耳长盒、勺等盛食器，耳杯、耳杯盒、樽、扁壶、方壶、卮等酒水器，圆奁、椭圆奁、方奁、梳、篦等梳妆用具，床、几、案、箱、屏风、凳、枕等居室用具，瑟、琴、鼓、砚台、六博盘等文娱用具，还包括漆棺、俑、面罩等丧葬用具。

随着考古事业的蓬勃发展，学术界对漆器的相关问题进行了广泛的讨论，但对妆奁的系统研究尚较少见，除少量的专门研究外，妆奁的考古材料主要散见于一些考古报告和发掘简报。

本书拟在前人研究的基础上，对出土的战国秦汉时期的妆奁进行综合研究。以漆器中的髹漆妆奁作为研究对象，将漆工艺在中国古代的第一个繁荣期——战国秦汉时期作为考察阶

〔1〕（元）脱脱等撰：《宋史·艺文志》，第5292页，中华书局，1977年。
〔2〕王世襄：《髹饰录解说：中国传统漆工艺研究》，第5页，文物出版社，1998年。
〔3〕（汉）司马迁撰：《史记》卷一二九《货殖列传》，第3253页，中华书局，1959年。
〔4〕（汉）司马迁撰：《史记》卷一二九《货殖列传》，第3272页，中华书局，1959年。
〔5〕（汉）司马迁撰：《史记》卷一二九《货殖列传》，第3274页，中华书局，1959年。
〔6〕（汉）司马迁撰：《史记》卷一二九《货殖列传》，第3258、3259页，中华书局，1959年。
〔7〕（汉）桓宽撰、王利器校注：《盐铁论校注》，第351页，中华书局，1992年。
〔8〕（南朝宋）范晔撰：《后汉书》卷三二《樊宏传》，第1119页，中华书局，1965年。

段，利用考古发掘资料，力图对妆奁的形制、纹样、装饰工艺等方面的演变作一次细致梳理，并对漆器制作中心形成的原因以及妆奁的地域性特点展开探讨。

在进入具体问题的探讨之前，首先对本书使用的“髹漆妆奁”的概念，以及“奁”的早期文献记载和考古发现进行简要的说明与介绍；其次，简要回顾前人关于战国秦汉时期髹漆妆奁的研究情况；最后，对本书的选题及研究方法作简短说明。

一、“髹漆妆奁”的概念及奁的早期文献记载与考古发现

本书所指“髹漆妆奁”，是指在各种胎骨的内外面髹涂生漆、专门用来盛放梳妆用具的器具。为了方便行文，以下称这类器具为“漆奁”“妆奁”或“奁”。

我国古代妇女梳妆，男子渥发，都使用妆具。男子常见的妆具主要为梳、篦、簪及铜镜，而妇女除此之外还有各种面部化妆用品。为了集中存放这些梳妆用具以便使用，奁这种小型日用容器就登上了历史舞台。

“奁”原是用来盛放物品的小型容器，出现之初除盛放梳妆用具外，还用来盛放食物。后来“奁”才专指盛梳妆用品的器具。因奁中所盛之物多为化妆用具，故又称为“妆具”[1]。东汉人为避明帝刘庄讳，“庄”字多改用“严”字，同音字也均改称，故“妆具”亦改称“严具”。妆奁最早的文献记载见于《说文解字·竹部》释“籢”字：“籢，镜籢也。从竹，敛声。”[2]在许慎看来，“奁”最初是竹制品。奁多为圆形，方形奁也被称为匣[3]。

奁在汉代也被称为“检”“竟检”。湖北云梦大坟头一号墓出土的木方上记有“髹木检一合”“竟检一”[4]；湖南长沙马王堆一号汉墓出土的物疏简二三一记有“五子检一合”，简二三〇记作“九子曾检一合”[5]；江陵凤凰山一六八号汉墓出土的简一四记有“镜一，有检”[6]，指的就是一件针刻纹圆漆奁。阜阳双古堆西汉汝阴侯墓出土的一件布脱胎漆奁上有

〔1〕孙机：《汉代物质文化资料图说》，第302页，上海古籍出版社，2008年。

〔2〕（汉）许慎撰、（清）段玉裁注：《说文解字注》，第193页，上海古籍出版社，1981年。

〔3〕孙机：《汉代物质文化资料图说》，第302页，上海古籍出版社，2008年。

〔4〕陈振裕：《云梦西汉墓出土木方初释》，《文物》1973年第9期。

〔5〕湖南省博物馆、中国科学院考古研究所：《长沙马王堆一号汉墓》，第146页，文物出版社，1973年。

〔6〕纪南城凤凰山一六八号汉墓发掘整理组：《湖北江陵凤凰山一六八号汉墓发掘简报》，《文物》1975年第9期；湖北省文物考古研究所：《江陵凤凰山一六八号汉墓》，《考古学报》1993年第4期。

铭文“布检容二斗六升”[1]。以上这些简牍或漆器上出现的“检”或“竟检”，指的都是盛放梳妆用具的“奁”，读音均源自“籢”。铜镜长期暴露在空气中，表面氧化后会形成一层膜，镜面也就变得浑浊不清。为了延缓镜面氧化，铜镜常用丝织品包裹后倒扣在妆奁内。因铜镜是梳妆时必不可少的工具，故“妆奁”也称为“镜奁”。《后汉书·光烈阴皇后纪》载：“（明）帝从席前伏御床，视太后镜奁中物，感动悲涕，令易脂泽装具。”唐李贤注曰：“奁，镜匣也，音廉。”[2]

从考古资料来看，妆奁内部一般存放铜镜、梳、篦、胭脂、唇脂、假发、镜刷、小刀、香泽、白粉、眉黛、油彩、粉扑、香料、印章以及一些珍贵的小物品。

漆奁属于日常生活漆器，出现时间相对较晚，大约到战国中后期伴随着楚国漆制生活用器的激增才出现的。战国楚墓出土的漆奁主要分布在今湖北、湖南、安徽以及四川等地（详见附表一）。

秦将白起拔郢都之后，秦人逐渐占据了楚国昔日的文化中心区。今湖北江陵地区留下了许多秦人墓葬，出土了一批秦人使用的漆奁（详见附表二）。

汉代漆奁发展迅速，不但形制多样，而且装饰技法更加丰富。全国大部分省份都有出土，汉代前期的漆奁主要出土于湖北、湖南、山东、江苏、安徽等地，后期的漆奁出土范围更加扩大，边远地区如云南、贵州、广东等地都有出土。西汉中期以后的豪华漆奁主要出土于广陵地区（详见附表三）。

目前所见的漆奁研究，涉及的主要方面有漆奁的形制及演变[3]、漆奁的装饰图像研

〔1〕安徽省文物工作队等：《阜阳双古堆西汉汝阴侯墓发掘简报》，《文物》1978年第8期。

〔2〕（南朝宋）范晔撰：《后汉书》卷一〇《光烈阴皇后纪》，第407页，中华书局，1965年。

〔3〕洪石：《战国秦汉漆器研究》，文物出版社，2006年；陈春生：《西汉漆奁概述》，《南方文物》2001年第1期；黄纲正：《湖南楚墓出土的漆奁和漆樽研究》，《楚文化研究论集》第三集，湖北人民出版社，1994年；董天坛：《中国古代奁妆演变初探》，《西北第二民族学院学报》（哲学社会科学版）2005年第1期；高志强：《论古代漆奁设计的历史演进》，《南京艺术学院学报》（美术与设计版）2007年第4期。

究[1]、漆奁与其他种类漆器的比较研究[2]。部分研究漆器的论著中，在谈及漆器的装饰技法[3]、漆器的纹饰[4]、漆器的胎骨等问题时也对漆奁多有涉及[5]。专题研究方面，湖南省博物馆陈建明、聂菲的《马王堆汉墓漆器整理与研究》对马王堆三座汉墓出土的漆器，包括漆奁，进行了深入的全方面研究[6]。聂菲对湖南楚汉漆木器进行了全面研究，内容涉及漆奁[7]。秦始皇帝陵博物院朱学文对秦漆器进行了深入研究，内容涉及漆奁[8]。此外，多种

〔1〕胡雅丽：《包山2号墓漆画考》，《文物》1988年第5期；刘维之、田志梅：《漆画〈车马人物出行图〉的楚文化艺术特色》，《湖北工学院学报》2004年第1期；胡莺：《包山二号墓漆奁的出行图像与相关问题研究》，湖北美术学院硕士学位论文，2007年；张闻捷：《包山二号墓漆画为婚礼图考》，《江汉考古》2009年第4期；张启彬：《包山楚墓〈车马出行图〉新探》，《湖北美术学院学报》2009年第2期；陈振裕：《楚国车马出行图初论》，《江汉考古》1989年第4期；陈松长：《马王堆锥画漆奁盒上的狩猎纹图像解读》，《江汉考古》2008年第3期；张瀚墨：《襄阳擂鼓台一号墓出土漆奁绘画装饰解读》，《江汉考古》2017年第6期。

〔2〕刘芳芳：《樽奁考辨》，《东南文化》2011年第4期。

〔3〕傅举有：《描金银漆器——中国漆器金银装饰工艺之五》，《紫禁城》2007年第9期；傅举有：《中国漆器金银装饰工艺之一 金银箔贴花漆器》，《紫禁城》2007年第3期；傅举有：《中国漆器金银装饰工艺之三 金银釦漆器》，《紫禁城》2007年第7期；傅举有：《中国古代漆器的锥画艺术和鎗艺术》，《故宫博物院院刊》2007年第4期；朱学文：《试论釦器法在战国秦汉漆器制作中的应用》，《文物》2014年第7期；洪石：《马王堆汉墓出土油画漆器研究》，《江汉考古》2017年第1期；洪石：《汉代嵌宝石漆器研究》，《汉代陵墓考古与汉文化》，科学出版社，2016年；洪石：《先秦两汉嵌绿松石漆器研究》，《考古与文物》2019年第3期。

〔4〕陈振裕：《试论秦汉漆器的两种纹饰》，《全国漆器信息》1987年第11、12期；马金玲：《浅谈汉代漆器人物纹的意趣》，《文博》2008年第1期；张飞龙：《中国古代漆器纹饰艺术衍化研究》，《中国生漆》2009年第1期；陈振裕：《楚国漆器的装饰艺术》，《中原文物》1989年第4期。

〔5〕王红星：《包山二号楚墓漆器群研究》，《包山楚墓》，第488～500页，文物出版社，1991年；张飞龙：《中国古代漆器制胎技术》，《中国生漆》2008年第1期。

〔6〕陈建明、聂菲：《马王堆汉墓漆器整理与研究》，中华书局，2019年。

〔7〕聂菲：《湖南楚汉漆木器研究》，岳麓书社，2013年。

〔8〕朱学文：《秦漆器研究》，三秦出版社，2016年。

图录的文字综述中也部分涉及与漆奁相关的内容[1]。

二、选题及研究方法

之所以选择妆奁这个题材，是因为笔者硕士毕业论文中涉及一些妆奁的初步研究。笔者对光泽优美而沉稳的漆器颇有兴趣，在此后的学习过程中，发现战国秦汉妆奁的研究非常少，大部分学者把注意力集中到了漆器的具体问题上，如胎骨、种类、装饰技法、铭文、产地等，而对妆奁的整体研究缺乏应有的关注。

战国秦汉时期是漆器的大发展时期，妆奁也经历了产生、发展、繁荣的过程。在此数百年间，妆奁无论是在形制上，还是装饰工艺上，都较出现之初发生了巨大的变化。尤其值得重视的是，妆奁这类器物是研究汉代漆器的典型代表。后世的许多工艺都能在汉代漆工艺上找到源头，如宋代的戗金工艺、唐代的金银平脱工艺、清代的百宝嵌工艺，分别是在汉代漆器的锥画、金银贴花、嵌宝工艺的基础上发展起来的。镶釦技术虽萌芽较早，但是一直到了汉代，釦器才高度发达，成为汉代漆器的一个重要品种。汉代的制胎技术、堆漆技术，以及系列化、组合化的造物设计理念都非常先进，对后世影响很大。可以说，汉代漆艺所取得的成就，在妆奁上都有所体现。因而，对妆奁的相关探讨是必要的，也是具有相当的学术价值的。

本书立足于相关的考古资料，旨在利用考古类型学的方法对漆奁的形制演变、装饰工艺等展开相关研究。漆奁在战国、秦、汉这三个发展阶段各有特色，以下将分章叙述。

妆奁内部物品是用来美化人的，故在其出现之初，人们就比较重视妆奁自身的美化。战国、秦时妆奁的装饰技法主要是彩绘，汉以后妆奁的装饰技法日益多样化，除了彩绘外，还有锥画、镶釦、嵌柿蒂形金属片、金银贴花以及嵌宝等。本书将妆奁的纹样及装饰工艺单列两章分别叙述。另外，书中还涉及一些相关问题的探讨，如楚人的尚红观念、凤鸟崇拜、多元信仰和炽热巫风等；关于秦在漆器史上的贡献，主要涉及咸阳成为新的漆器制作中心，秦生产与管理制度对漆器生产的影响；汉代漆奁体现出的厚葬之风及长生求仙的思想等。最后，在余论中对汉以后的妆奁发展略加叙述。

汉代有四百年的历史。汉代漆奁在不同的历史阶段，纹饰、装饰工艺及器形等方面的变化

〔1〕王世襄、朱家溍：《中国美术全集·工艺美术编8·漆器》，文物出版社，1989年；李正光：《汉代漆器图案集》，文物出版社，2002年；陈振裕：《中国古代漆器造型纹饰》，湖北美术出版社，1999年；湖北省博物馆：《秦汉漆器——长江中游的髹漆艺术》，文物出版社，2007年；扬州博物馆：《汉广陵国漆器》，文物出版社，2004年；仪征博物馆：《仪征出土汉代漆木器》，江苏凤凰美术出版社，2015年。

都较为明显。为了方便叙述，本书采用学术界常见的分期方法，把高祖、惠帝或吕后期、文帝、景帝时期划为西汉早期，武帝、昭帝、宣帝时期划为西汉中期，元帝、成帝、哀帝、平帝时期划为西汉晚期，新莽另列一期或者并入西汉晚期，东汉则单独划为一期。

第一章

漆奁胎骨

漆器在各类器物中是比较特别的一类，它不似别的器物那样以质地来命名，诸如石器、陶器、铜器、玉器、金银器等，而是以其装饰手法来命名。这一方面体现了漆器具有独特的装饰性能，另一方面也体现了漆艺具有广泛适用性。我国古代技艺的传承主要依靠师徒相承、言传身教，这种方式有利于经验的积累和技术的改进。精美的漆器皆为富有经验、心灵手巧之匠人所造。汉代漆器制作技术主要包括制胎造型、垸漆糙漆、镶嵌附件和描绘纹饰四个步骤[1]。

漆器成型主要是靠制胎，漆器胎骨也称为器骨、坯胎。胎骨是漆饰的依托。胎骨所体现出来的材质之美是漆器艺术审美因素的一个重要组成部分。《周礼·考工记》就提出了“材美工巧”的原则，强调了器物的材质之美，“天有时，地有气，材有美，工有巧，合此四者，然后可以为良。材美工巧，然而不良，则不时、不得地气也”[2]。材美、工巧是指合理地利用材料的性能，发挥材料本身的自然美感，而且技术要精巧。离开了胎骨，器物的成型和制造皆无从谈起。黄成在《髹饰录》中论及漆器的法理时，强调“巧法造化、质则人身、文象阴阳”三法，“质则人身”即是将漆器的胎骨比喻为人体上的骨肉。杨明注曰：“质乃器之骨肉，不可不坚实也。”[3]“骨”指漆器的胎骨，“肉”指胎骨上的织物和漆灰层。由此观之，制胎是制作漆器极其关键的第一步，胎骨牢固与否直接决定了漆器质量的高低。

在我国古代漫长的漆艺发展史中，漆器的制胎技术不断革新，材料来源非常丰富，但凡有形之物，皆可以用来制作胎骨。漆器的胎骨主要有木胎、竹胎、藤胎、皮胎、布脱胎、金属胎、瓷胎、陶胎、锡胎等。漆奁作为小型日常器具，其胎骨以轻便为主，主要采用木胎、布脱胎、竹胎以及少量的复合胎骨。

第一节　木　胎

木胎是漆器中出现时间最早、使用最广、成本较为低廉的一类胎骨。从新石器时期的跨湖桥遗址的漆木弓、河姆渡遗址的漆木碗，直至今日，木胎依然是漆器中最为常见的胎骨。

战国以后，生产工具较前代更加先进。战国早期，生产工具虽仍以铜器为主，但是种类增多，如河南信阳长台关一号楚墓出土铜锯、铜锛、铜刻刀、铜夹刻刀、铜锥以及铜毛笔等

〔1〕张理萌：《汉代漆器初探》，《故宫博物院院刊》1989 年第 3 期。

〔2〕（汉）郑玄注、（唐）贾公彦疏：《周礼注疏》，第1526页，上海古籍出版社，2010年。

〔3〕王世襄：《髹饰录解说：中国传统漆工艺研究》，第 163 页，文物出版社，1998 年。

工具[1]。战国中晚期以后，铁质工具开始逐渐普及，促进了漆器制胎技术向精细加工方向发展，制作技术日益提高。木胎的制作方法很多，就漆奁来说，有斫制法、镟制法和卷制法等。一件漆木器往往有多个构件组成，其结合方法主要有榫接、铆接、嵌接、粘接四种。以荆州高台秦汉墓出土的漆木器为例[2]，榫接即榫头与榫眼的结合，主要用于几、案等器；铆接即铆钉结合法，主要用于奁、樽的足与器底的结合、卮鋬与腹壁的结合等；嵌接法主要用于樽、奁等器的器身与器底的结合，即先在器底边缘凿出相应的浅槽，然后将器壁下端嵌入浅槽，并用漆液粘牢；粘接法主要用于卷制器物的结合部件以及相关部件，常见的粘接剂为漆液。

斫木胎出现最早，一般是以木块通过剜、凿、削等工艺制作而成，如几、案等，胎骨厚重是斫木胎的特点。镟木胎至迟在商代就已出现，利用类似陶轮的旋转机械，配合青铜工具进行加工[3]。镟制出来的胎骨具有胎体匀称、木纹顺直的优点。圆形容器如鼎、盒等常用镟木胎，内部空间为挖制而成，器表则镟制而成。

因斫木胎与镟木胎一般较为厚重，从出土情况来看，采用这两种方式制胎的漆奁相对较少。江陵马山一号楚墓出土的蟠凤纹漆奁，盖顶为斫木胎，而器壁则为轻薄的卷木胎[4]。马王堆二号汉墓出土的一件残漆奁，其胎骨为斫木胎[5]。汉初，厚重的斫木胎在漆奁的功能设计中具有特殊的用途，能工巧匠们充分利用斫木胎的厚度，凿出数个不同形状的凹槽，凹槽内再嵌放多个子奁。马王堆一号汉墓出土的双层漆奁的下层底板为斫木胎[6]，厚达 5 厘米，在底板上凿出九个凹槽，九个子奁分别嵌放在凹槽之中（图一）。与此类似的还有西汉早期的湖南长沙望城坡渔阳墓出土的双层七子奁[7]、山东临沂银雀山 M4 针刻双层七子奁[8]，这两套七子奁形制与马王堆一号墓的双层九子奁相同，由盖、上层、下层三部分套合而成。器壁与器盖为薄木胎，内髹红漆，外髹黑漆，内外皆针刻云气纹，并加彩笔勾点。上层存放铜镜，下层在斫木胎底板上挖出七个凹槽，嵌放形态各异的七个子奁。

〔1〕河南省文物研究所：《信阳楚墓》，第 64 ~ 67 页，文物出版社，1986 年。

〔2〕湖北省荆州博物馆：《荆州高台秦汉墓》，第 116 页，科学出版社，2000 年。

〔3〕河南省信阳地区文管会、河南省罗山县文化馆：《罗山天湖商周墓地》，《考古学报》1986年第2期。

〔4〕湖北省荆州地区博物馆：《江陵马山一号楚墓》，第 79 页，文物出版社，1985 年。

〔5〕湖南省博物馆等：《马王堆二、三号汉墓》，第 16 页，文物出版社，2004 年。

〔6〕湖南省博物馆、中国科学院考古研究所：《长沙马王堆一号汉墓》，第 88 页，文物出版社，1973 年。

〔7〕长沙市文物考古研究所、长沙简牍博物馆：《湖南长沙望城坡西汉渔阳墓发掘简报》，《文物》2010 年第 4 期。

〔8〕山东省博物馆、临沂文物组：《临沂银雀山四座西汉墓葬》，《考古》1975 年第 6 期。

图一　双层九子漆奁

木胎制作中出现最晚的是卷木法，称作“曲木”“捲素”[1]或“棬棲”。战国时期出现了镟制的薄木胎和卷木胎。《孟子·告子》：“子能顺杞柳之性，而以栝棬乎？”《玉篇》：“棬，屈木盂也。”卷木法多用来卷制直壁容器的腹壁，再另接器底。这种手法常见于战国晚期楚国的圆筒形漆器制作。工匠利用木片具有一定的韧性、易于弯曲的特性，将其切成薄而长的木片，用木钉和生漆粘接接口。累年经月，卷制的薄木胎在接口处极易开裂。为了防止开裂，同时掩饰美化接口，使胎体表面平整，便于后续的髹饰工作，工匠在卷制的薄木胎表面用漆液裱上织物，大大提高了胎骨的牢固性。

战国楚墓出土的木胎漆奁，制胎时先制作一块长方形薄木板，木板的厚度要均匀，长度要稍长于器物壁的周长，将木板两端削成斜面，再采用一定的方法（可能是用温水浸泡，使木胎软化）将薄木板卷成圆筒状，使两端的斜面用生漆或木钉连接起来制成奁壁。奁的底和盖均选用较厚的圆木块镟制或斫制而成，制成后与奁壁粘接在一起。由于奁壁较薄，而盖、底的木胎较厚，一些破损的漆奁往往只剩下盖与底。出土的楚国漆奁实物表明，奁的底和盖与奁壁的粘接方式一般都是底、盖的外缘与奁壁的内表面粘接，这是因为底、盖为较厚的木块（有的厚达 1 厘米或更多）的缘故，外缘表面积较大，与奁壁内表面粘接后强度增大[2]。

〔1〕（元）陶宗仪《南村辍耕录·髹器》记：“凡造椀、楪、盘、盂之属，其胎骨则梓人以脆松劈成薄片，于旋床上胶黏而成，名曰捲素。”第 375 页，中华书局，1959 年。

〔2〕后德俊：《楚国的矿冶髹漆和玻璃制造》，第 219 页，湖北教育出版社，1995 年。

西汉早期马王堆一号墓出土的卷木胎用于直壁器形，主要见于奁、卮。工匠顺着木材的纹理，把薄木片卷成圆筒状器身，接口处用木钉钉接，底部为一块刨制的圆形平板与器壁结合，这种卷木胎一般要在胎骨上加裱麻布，然后上漆。上漆后光滑平整，不露接缝痕迹〔1〕。

子曰："工欲善其事，必先利其器。"匠人制作精美的漆器需配备精良的工具。黄成在《髹饰录》里把"利用第一"列为乾集首篇。杨明注："非利器美材，则巧工难为良器，故列于首。"〔2〕卷木胎技术的成熟离不开精良的铁质木工工具的推广。20世纪90年代初，安徽天长三角圩桓平墓出土一套完整的铁质木工工具，共25件，功能各异，是我国目前发现的保存最完整的一套手工业工具。铁质木工工具完好如新，刃、齿锋利。有的工具装有木柄，有的没有装木柄。铁质木工工具包括铲、斧、扁铲、凹凿、方凿、正方凿、尖凿、锉、刨刀、粗细齿锯、尖齿锯、花凿及1、3、5齿钻、细线锯等〔3〕。这些种类齐全的铁质木工工具，直接促进了西汉漆工艺向精细化方向发展。

木胎制成之后，并不能直接进行髹漆。由于天然木材上面有木材纹理，间或有洞眼、裂缝、刮痕等缺陷，需在胎骨上涂刷漆灰。漆灰俗称"腻子"。漆灰可以遮盖胎体纹理，填平缺损，还可以增强漆膜附着力和胎体的牢固度，从而达到省料、省工的目的。在器物上施漆灰的工序称为"垸漆"。垸漆之"垸"，汉代习用"丸"。《集韵·换韵》云："垸，亦作丸。""垸，以桼和灰髹也。"〔4〕调和漆用的各种物品的粉末，用来做漆器胎子用的，通称为灰。"垸漆，一名灰漆。用角灰、磁灰为上，骨灰、蛤灰次之，砖灰、坏屑、砥灰为下。"〔5〕后世漆灰分为多种，上漆灰时，依照粗、中、细的顺序，依次逐层涂抹于胎体之上。粗漆灰在下，可以快速填平胎骨的凹陷与裂缝，细漆灰在表层，可减少沙眼的出现，使表面光滑平整，利于后续上漆。每道漆灰层干透之后，都要刮削与打磨。

考古发现表明，至迟在西周时期，我国漆木器制造业就已开始在制成的木胎上涂抹漆灰了。宝鸡竹园沟出土的残漆器上，漆皮内侧都有极细小的沙粒黏料，发掘者认为应是髹漆前所上的漆灰〔6〕。

〔1〕湖南省博物馆、中国科学院考古研究所：《长沙马王堆一号汉墓》，第76页，文物出版社，1973年。

〔2〕（明）黄成著、杨明注、王世襄编：《髹饰录》，第107页，日本蒹葭堂藏本、朱氏丁卯年刊本合印本，中国人民大学出版社，2004年。

〔3〕安徽省文物考古研究所、天长县文物管理所：《安徽天长县三角圩战国西汉墓出土文物》，《文物》1993年第9期。

〔4〕（汉）许慎撰、（清）段玉裁注：《说文解字注》，第688页，上海古籍出版社，1981年。

〔5〕王世襄：《髹饰录解说：中国传统漆工艺研究》，第44页，文物出版社，1998年。

〔6〕宝鸡市博物馆：《宝鸡竹园沟西周墓地发掘简报》，《文物》1983年第2期。

战国时期，楚人已经认识到无机填料种类和粒径对漆灰层物化性质的影响，并且在涂刷漆灰的过程中，按照先粗后细的顺序进行涂刷，已经掌握了完善的漆灰层制作技术。湖北枣阳九连墩楚墓出土的漆器采用了石英和骨灰颗粒作为漆灰中的无机填料，漆灰层在髹制时首先涂刷混合有大颗粒骨灰的漆灰，然后再涂刷调和细粒径石英颗粒的漆灰。石英和骨灰成分在九连墩漆器漆灰层中的使用，在中国古代漆器工艺发展史上具有重要意义，是楚人在髹漆技术领域的重要贡献。漆灰作为一项重要技术的变革，对后世的漆器制作影响深远〔1〕。汉代漆灰也是用骨灰〔2〕、石英〔3〕等磨成细粉后调入漆液制成泥状物涂于胎骨之上，涂刷漆灰之后再髹漆，漆器表面十分光滑，漆层亦能牢固地附着在胎体之上。

现代检测设备能够使我们深入地了解古代漆器胎骨的具体制作过程。汉代漆灰中的添加料除了石英、骨灰之外，还添加淀粉。有学者通过检测长沙风篷岭汉墓中的漆器样品，发现该墓出土漆器样品漆灰层及布脱胎工艺中均加入了糊化后的淀粉，说明这批汉代漆器制作过程中使用了淀粉作为粘接剂。糊化温度大致在 60℃～80℃，加热时间大约在 30 分钟以内〔4〕。据笔者了解，现代漆艺中依然有以糊化后的小麦粉添入漆灰中增强漆灰粘接性能的做法。

第二节　布脱胎

古代工匠在多种胎骨上以漆裱糊织物〔5〕。利用大漆的黏性以及织物的张力加固后的木胎，其实依然是木胎。这种做法，可能是布脱胎的设计灵感来源。洪石认为关于漆器的发掘

〔1〕金普军等：《九连墩出土漆器漆灰层制作工艺研究》，《江汉考古》2012 年第 4 期。

〔2〕孙机：《关于汉代漆器的几个问题》，《文物》2004 年第 12 期。

〔3〕在江苏盱眙汉墓、安徽巢湖放王岗汉墓、北京老山汉墓、江西海昏侯墓出土的漆器中皆发现了添加石英颗粒的情况。参见金普军等：《江苏盱眙出土夹纻胎漆器的测试分析》，《分析测试学报》2008 年第 4 期；金普军等：《安徽巢湖放王岗出土西汉漆器漆膜测试分析》，《文物保护与考古科学》2007 年第 3 期；何秋菊、赵瑞廷：《北京老山汉墓出土漆器残片的髹漆工艺研究》，《文物》2013 年第 10 期；付迎春等：《应用热辅助水解甲基化裂解气相色谱质谱技术对古代漆器漆膜的分析研究》，《文物保护与考古科学》2018 年第 4 期。

〔4〕孙红燕等：《长沙风篷岭汉代漆器制作工艺中淀粉胶黏剂的分析》，《文物保护与考古科学》2011 年第 4 期。

〔5〕考古发现的漆器除了常见的在薄木胎上裱糊织物外，一些铜胎漆器也会在胎骨上裱糊织物，如山东巨野红土山西汉墓出土的铜胎漆罐，铜胎外附贴藤席，席外又贴多层麻布，再上黑漆，朱绘纹饰；同墓出土的两件铜胎漆盘也是采用这种制胎方式。铜胎上直接髹漆，日久易剥落，工匠们在铜胎之外附上藤、麻织物后再髹漆，漆层就牢固地附着在织物上，故而不易从铜胎上剥落下来。

简报和研究文章中，凡是言夹纻胎其实皆为纻胎即布胎[1]。笔者同意洪石的观点，但认为“布胎”之名，并不能直观地表达出这类胎骨是经过脱去内胎后而形成的，基于元代以后，这类胎骨常被形象地称为“搏换”“脱活”“脱胎”，故认为，将这类原料以织物与漆液为主，制作过程中需要进行脱胎工序的胎骨命名为“布脱胎”似乎更为准确，也便于理解。为了叙述方便，本文使用的原始材料均根据胎骨的实际情况进行了更正。

布脱胎是按照所需漆器的造型，以木或泥做成相应的内胎（或称为模具），再以涂漆灰的麻布或缯帛等织物在内胎上裱糊若干层后，脱掉内胎制作而成的。具体需裱糊织物、阴干、剪去交叉重叠的织物、刮灰涂漆等数道工序，并反复多次。达到一定的厚度后，在阴干的壳上，用锉刀磨平接口处，最后去掉内胎。制作而成的胎骨与内胎外形完全相同，只是尺寸略大。根据显微结构观察，安徽天长纪庄 M19 汉墓出土的漆笥胎体为四层漆灰粘结三层麻布而成，然后在漆灰之上髹底漆，最后外髹黑漆，内髹朱漆。器物壁厚为 0.39 ~ 0.48 毫米，漆膜厚度为 0.03 ~ 0.04 毫米，依赖漆的黏性以及麻布的张力，层层黏合重叠而成[2]。做胎用模具，可能借鉴了冶铸行业的作范法。胎内以麻布加固，以漆灰压缝，可能借鉴了大型土木建筑壁画的涂壁法。因此，脱胎漆器的出现是战国时期手工行业间相互渗透交流的结晶[3]。

布脱胎是以织物和漆液为主要原材料制成的胎体，因而轻巧结实，特别适宜制造形状复杂或不规则的器物。相对于木胎来说，布脱胎在不同气候环境下，其失水能力与吸水能力都比木胎要小，很少会膨胀、收缩、开裂、变形，造型非常稳定。织物与漆相结合后极其牢固。据《汉书·张释之传》记载，汉文帝视察霸陵时说：“嗟乎！以北山石为椁，用纻絮斮陈漆其间，岂可动哉！”[4]

布脱胎在漆器诸多胎骨中是出现较晚的一类，约出现于战国中晚期的楚国。制作布脱胎相对于木胎来说更为复杂，最初只是用来制造鞘、盘、耳杯、奁、卮等小型器物。江陵望山一号楚墓出土的彩绘漆鞘[5]、江陵马山一号楚墓出土的彩绘漆盘[6]、长沙左家塘三号墓出

〔1〕洪石：《战国秦汉漆器研究》，第 114 ~ 117 页，文物出版社，2006 年。

〔2〕陈华峰：《天长汉墓出土夹纻胎漆笥工艺与装具文化的研究》，《中国生漆》2020 年第 2 期。

〔3〕王红星：《包山二号楚墓漆器群研究》，《包山楚墓》，第 497 页，文物出版社，1991 年。

〔4〕（汉）班固撰：《汉书》卷五〇《张释之传》，第 2307 页，中华书局，1962 年。

〔5〕湖北省文物考古研究所：《江陵望山沙塚楚墓》，第 79 页，文物出版社，1996 年。

〔6〕湖北省荆州地区博物馆：《江陵马山一号楚墓》，第 80 页，文物出版社，1985 年。

土的黑漆杯和彩绘耳杯[1]等，胎骨皆为布脱胎。

布脱胎漆奁在战国墓葬中出土数量较少，仅在等级较高的墓葬中出土。湖北荆门包山二号楚墓，墓主为楚国贵族，生前官居左尹，执掌司法大权。墓中出土了一件彩绘车马人物出行图圆奁和一件素髹圆奁，遣册上记为“二革园”，胎骨很薄，厚仅 0.3 厘米，胎骨是在麻纱两面贴以皮革，以生漆粘接而成[2]。皮革性韧且分量轻，这两件奁的胎骨均夹有麻布，采用了脱胎工艺，也可归为布脱胎。此外，1959 年湖南常德德山战国晚期墓出土了一件深褐色朱绘龙纹漆奁，奁的胎骨亦为布脱胎[3]。

秦代漆器工艺主要是对之前漆工艺的吸收与传承，除了一些少量的新特征外，器形、装饰工艺等方面的创新并不多。江汉平原出土的秦代漆器，漆器胎骨均为木胎，不见布脱胎。在秦故土，陕西西咸新区坡刘村战国晚期秦贵族墓出土的漆器釦件中，有数件含有麻布布脱胎残痕[4]。整体来说，布脱胎在秦代并没有得到迅速发展。任何新生事物都有一个萌芽、发展、繁盛与衰弱等不同发展阶段。布脱胎这种工艺出现较晚，直到战国中晚期才在楚国出现，随着楚国势力的衰弱，并没有普及开来。继之而起的秦朝又速亡，漆器制胎工艺未能在秦代有较大的突破。

汉初，布脱胎依然是较为少见且较为贵重的一种胎骨，就墓葬资料来看，主要在部分等级较高的墓葬中出土。广汉郡与蜀郡制造的供宫廷使用的乘舆用具[5]，其胎骨有许多是布脱胎，且常饰金属釦，显得雍容华贵。布脱胎的运用对汉代漆奁来说具有十分重要的意义，这种轻便、易塑形的制胎技术的成熟，为多子奁的盛行提供了技术上的可能性。

西汉文帝时的阜阳双古堆汝阴侯墓中共出土了四套漆奁，皆为布脱胎，装饰技法主要有锥画、彩绘、镶釦等。其中一件圆形漆奁上有铭文“布检容二斗六升”[6]，可见当时这种麻布胎的漆奁被称为“布检”，即布奁。汉初，常见布脱胎和斫木胎拼接而形成的漆奁胎骨。

〔1〕湖南省博物馆等：《长沙楚墓》，第 354 页，文物出版社，2000 年。

〔2〕湖北省荆沙铁路考古队：《包山楚墓》，第 144 ～ 146 页，文物出版社，1991 年。

〔3〕湖南省博物馆：《湖南常德德山楚墓发掘报告》，《考古》1963 年第 9 期。

〔4〕陕西省考古研究院：《陕西西咸新区坡刘村秦墓发掘简报》，《考古与文物》2020 年第 4 期。

〔5〕“乘舆”为天子的代称。此处所说乘舆用具专指具有“乘舆”铭漆器，这类漆器制作规范、质量上乘，在汉代工官产品中规格最高，是汉代中央或地方官府作坊为供奉宫廷专门制作的一类高档漆器。

〔6〕安徽省文物工作队等：《阜阳双古堆西汉汝阴侯墓发掘简报》，《文物》1978 年第 8 期。

马王堆一号汉墓出土的双层九子奁，简二三〇作“九子曾检”[1]，“曾”通“层”，“曾检”即双层奁。盖和器壁为布脱胎，底为斫木胎，在木胎上凿出九个凹槽，内嵌九个子奁。墓主可能为某代长沙王后的长沙望城坡渔阳墓中出土的漆奁，胎骨有木胎和布脱胎两种[2]，其中一套银釦双层六子漆奁的胎骨为布脱胎。同时期的墓葬，如墓主人身份稍低的湖北江陵凤凰山九号墓[3]，出土的一些漆器中，如盘、双层奁、单层奁以及耳杯的纹饰几乎相同，漆奁全部为木胎，不见布脱胎。

西汉中期，布脱胎开始大量流行[4]，如湖南长沙、江苏扬州、安徽巢湖、河北满城、山东日照、贵州清镇、广东广州、朝鲜平壤等地出土的器物中，木胎漆器虽然不少，但杯、盘、卮、盒、奁等布脱胎器物明显增多。北京大葆台汉墓出土的漆器多为木胎，少数为布脱胎。一号墓出土一件损坏严重的漆奁，布脱胎，贴饰金箔，圆底[5]。

一般来说，布脱胎漆器相对于薄木胎漆器更结实，在墓葬中更易于保存。如西汉晚期的连云港海州霍贺墓的女棺中出土的一套七子奁[6]，这套漆奁中仅一件长方形子奁系木胎，且残破严重，其余均为布脱胎，保存较好。

第三节　竹胎与复合胎骨

竹子成材较快，分布广泛。竹胎是楚国漆器中常见胎骨之一。楚墓中常有竹胎漆器出土，如江陵拍马山楚墓就出土了多件竹胎漆器[7]。汉代竹胎漆奁目前仅有扬州邗江胡场五号西汉墓出土一件[8]，外髹酱褐色漆，内髹红漆。奁盖顶部贴饰柿蒂纹银片，盖身贴三只银箔白虎，

〔1〕湖南省博物馆、中国科学院考古研究所：《长沙马王堆一号汉墓》，第 88 页，文物出版社，1973 年。

〔2〕长沙市文物考古研究所、长沙简牍博物馆：《湖南长沙望城坡西汉渔阳墓发掘简报》，《文物》2010 年第 4 期。

〔3〕长江流域第二期文物考古工作人员训练班：《湖北江陵凤凰山西汉墓发掘简报》，《文物》1974 年第 6 期。

〔4〕王仲殊：《汉代考古学概说》，第 44 页，中华书局，1984 年。

〔5〕大葆台汉墓发掘组、中国社会科学院考古研究所：《北京大葆台汉墓》，第 53、54 页，文物出版社，1989 年。

〔6〕南京博物院、连云港市博物馆：《海州西汉霍贺墓清理简报》，《考古》1974 年第 3 期。

〔7〕湖北省博物馆等：《湖北江陵拍马山楚墓发掘简报》，《考古》1973 年第 3 期。

〔8〕扬州博物馆、邗江县图书馆：《江苏邗江胡场五号汉墓》，《文物》1981 年第 11 期。

图二　便携式梳妆盒

边缘用朱线勾勒，内存梳妆用具。

还有以复合材料为胎骨的漆奁，即一件漆奁的胎骨是由多种胎骨组合制作而成。战国中晚期的枣阳九连墩一号楚墓出土的便携式梳妆盒[1]，以木胎、竹篾为胎骨。此盒由两块木板雕凿铰结而成（图二）。器表一面篾青、篾黄镶嵌，篾青镶成外框，篾黄嵌为几何纹图案，器内相应部位挖孔以置放梳妆用具，构思巧妙。汉初马王堆一号汉墓出土的双层九子奁、单层五子奁都是以木胎与布脱胎相结合制成的胎骨。

江西南昌西汉海昏侯墓出土的一件银釦弧角长方形奁，胎骨为斫木胎和布脱胎的巧妙组合（图三）。器壁分内外层，外壁和器底为斫木胎。内壁为布脱胎，卷制，紧贴于斫制器壁，

〔1〕湖北省博物馆：《九连墩——长江中游的楚国贵族大墓》，第85页，文物出版社，2007年。

图三　银釦弧角长方形奁

向上延伸为子口。器盖的平顶和四面坡为木胎斫制，盖的四壁为布脱胎卷制，盖壁与盖顶之间以漆胶黏合，平顶边缘有一圈方形银釦，以漆胶粘贴。漆奁由盝顶式盖盒和弧角长方体盒身两部分组成，饰有立耳与铺首衔环。器盖的四面坡与盖壁交接处有一圈银釦。盒、盖之间以子母口相扣合。上下口沿均镶银釦。盒身内髹红漆，底部绘云气纹。所有纹饰除云气纹和珠蟞纹之外，均由金箔剪成贴于器表。长 19.5、宽 7、高 8 厘米[1]。装饰华美，器物坚实。

汉代还有以铜、木复合为胎骨的漆奁，如江苏邗江甘泉二号汉墓出土的鎏金铜釦九子方奁，九个子奁的底部均以薄铜皮为胎，边框和盖均为木胎[2]。

中国古代漆器木胎制造工艺，有一个从简单到复杂的发展过程，历史非常悠久[3]。随着生产力的进步与发展，制胎技术不断革新，日臻多元和完善。从厚木胎到薄木胎，再到布脱胎，日用漆器胎骨在整体上呈现出一种逐渐轻盈的趋势。古代工匠能够根据不同的器具，选择相应的胎骨，既使漆器具有良好的实用功能，也让其器形装饰更加美观。总体来说，漆器的胎骨逐渐变得轻盈。特别是布脱胎自战国中晚期出现后，在汉代成为漆奁最典型、最具时代特

〔1〕江西省文物考古研究所、北京师范大学：《江西南昌西汉海昏侯刘贺墓出土漆木器》，《文物》2018 年第 11 期。

〔2〕南京博物院：《江苏邗江甘泉二号汉墓》，《文物》1981 年第 11 期。

〔3〕聂菲：《湖南楚汉漆器制作工艺探讨》，《湖南省博物馆馆刊》（第十辑），岳麓书社，2014 年。

色的胎骨，从此漆奁的造型有了极大的突破，促成了多子奁的盛行。但这并不意味着木胎从此退出了漆器的舞台。事实上，即使在西汉中期以后，布脱胎风行于汉代的背景下，薄木胎依然是扬州地区出土漆器中最为常见的胎骨，这也是汉代扬州漆器的重要特色之一，如西汉晚期扬州平山养殖场出土的4件漆奁的胎骨均为薄木胎[1]。

木胎作为直接取材于自然的胎骨，时至今日，依然是制作漆器最为常用的胎骨之一。制作漆器选用何种胎骨与器物的用途密切相关，如桌、案等需要承重的器具依然以木胎甚至厚木胎为主，而妆奁这类小型日用容器，轻盈便携才较为合用，故而往往采用薄木胎、布脱胎等轻薄胎骨。

〔1〕扬州博物馆：《扬州平山养殖场汉墓清理简报》，《文物》1987年第1期。

第二章

髹漆妆奁内存物品

髹漆妆奁从楚国的单层扁圆形，发展到汉代最为常见的穹隆顶多子奁，奁内部的容量大幅增加。这种形制的演变，除了技术上的原因，也与从战国到汉代人们越来越重视梳妆，使用化妆品、化妆工具逐渐增多的趋势有关。多子奁的出现，应该主要是为了解决脂粉之类的面部化妆品不便与梳、篦、笄等梳妆工具混放在一起的问题。不同形态的物件直接影响并决定了存放这些物件的各个子奁的造型。

从考古资料来看，战国时期男性贵族就有化妆的习惯。由于古代男女都蓄长发，故铜镜、木梳、木篦这类工具是男女通用之物，也是漆奁中最为常见的物品。女性相对男性来说更加热衷于自身仪容的修饰。女性增艳的主要手段就是脸部化妆与头部梳妆，这种爱美需求，在秦汉时期得到了长足发展。当时天下一统，社会较为安定，经济得以发展，为人们的爱美需求提供了一个良好的物质基础和客观环境。

墓葬出土的妆奁内部存放的物品主要分为面部用品、梳妆用具、发饰及其他一些物品。这些物件也反映了当时贵族阶层颇具生活情趣，贵族女性重视修饰面容，贵族男性注重理鬓梳发。

第一节　面部用品

“士为知己者死，女为悦己者容。”传统社会自古便注重礼仪，而“容”是传统社会对女性的基本要求。《礼记·昏义》记有：“是以古者妇人先嫁三月……教以妇德、妇言、妇容、妇功。”[1]“妇容”后来成为传统礼仪中要求女性具备的四种德行之一。

战国秦汉时期，女性面部化妆包括敷脂、粉妆、点唇、画眉等步骤。面部妆饰大多由上流社会所倡导，进而在民间广泛流行。正如汉代长安流行的谚语：“城中好广眉，四方且半额。”[2]综合古代面妆美容的相关活动，笔者把战国秦汉时期的面妆美容用品细分为基础护肤、粉妆、胭脂、唇脂、眉妆等几个方面。下面的分类侧重于有考古资料印证的化妆用品。

一、面脂·香泽

秦汉时期，养生术兴起。成书于汉代的《神农本草经》中记载具有美容作用的中草药达30余种，如久服柏子仁令人悦泽美色等，并首次出现了面妆美容用品的正式名称，如白芷“长肌肤，润泽颜色，可做面脂”。

〔1〕（汉）郑玄注、（唐）孔颖达疏：《礼记正义》，第1622页，北京大学出版社，1999年。

〔2〕（南朝宋）范晔撰：《后汉书》卷二四《马廖传》，第853页，中华书局，1965年。

西汉女性在化妆之前，与现代女性一样，也使用基础护肤品，这种涂面的护肤品当时称为“脂”。刘熙《释名·释首饰》云：“脂，砥也，著面柔滑如砥石也。”[1]形容脸上涂了面脂之后极其光滑细腻。《急救篇》卷三“脂”条：“脂，谓面脂及唇脂，皆以柔滑腻理也。”当时脂的社会消费量估计比较大。《史记·货殖列传》中记载有人靠贩卖脂而发家致富的事例，“贩脂，辱处也，而雍伯千金”[2]。

香泽是用于抹发的香膏。《急救篇》卷三“膏泽”条：“膏泽者，杂聚取众芳以膏煎之，乃用涂发，使润泽也。”以香泽抹发之后，干枯的头发会显露光泽，更加柔顺，类似于如今的头油。

二、粉妆

古人用粉妆饰面部由来已久，但确切始于何时，历来争讼不已。《中华古今注》云：“自三代以铅为粉。”[3]元代伊世珍《琅嬛记》引《采兰杂志》：“黄帝炼成金丹，炼余之药，汞红于赤霞，铅白于素雪。宫人以汞点唇则唇朱，以铅傅面则面白，洗之，不复落矣。”[4]高承《事物纪原》云：“周文王时，女人始傅铅粉。”[5]中国古人习于把事情的源头追溯至三代以前，然而往往无所据。

战国时期，使用粉妆在有些地区的女性中已经比较普遍。《战国策·楚策三》中记载张仪谓楚王曰：“彼郑、周之女，粉白墨黑，立于衢闾，非知而见之者以为神。”[6]《韩非子·显学》云：“以仁义教人，是以智与寿说也，有度之主弗受也。故善毛嫱、西施之美，无益吾面，用脂泽粉黛则倍其初。言先王之仁义，无益于治，明吾法度，必吾赏罚者亦国之脂泽粉黛也。”[7]韩非子用“国之脂泽粉黛”来说明“法度”的重要性，反映出在战国晚期粉饰的普遍化和大众化。常璩《华阳国志·巴志》云：“（巴郡江州县）县下有清水穴。巴人以此水为粉，则膏晖鲜芳；

〔1〕（汉）刘熙撰、（清）毕沅疏证、王先谦补：《释名疏证补》，第163页，中华书局，2008年。

〔2〕（汉）司马迁撰：《史记》卷一二九《货殖列传》，第3282页，中华书局，1959年。

〔3〕（后唐）马缟集：《中华古今注》，第31页，商务印书馆，1956年。

〔4〕（元）伊士珍撰、席夫辑：《琅嬛记》，第27页，中华书局，1991年。

〔5〕（宋）高承撰：《事物纪原》卷三，第103页，商务印书馆，1937年。

〔6〕（汉）刘向集录、范祥雍笺证、范邦瑾协校：《战国策笺证》，第847页，上海古籍出版社，2006年。

〔7〕（战国）韩非著、陈奇猷校注：《韩非子新校注》，第1143页，上海古籍出版社，2000年。

贡粉京师，因名粉水。”[1]

楚人在日常生活中注重梳妆打扮。包山二号楚墓出土的车马人物出行奁，内部就有搽粉饰，证明这名楚大夫生前可能常在面部施粉。楚国妇女对发式和面颊的装饰极为考究。人死之后，妆奁也要被主人带到另外一个世界继续使用。长沙楚墓突出地反映了这一习俗，出土梳妆用品的墓葬达 30 多座[2]，随葬漆奁的墓主男女均有。长沙楚墓中的 M185、M569、M1140、M1195、M1058 等墓出土的漆奁内均有配套齐全的梳妆用品，如铜镜、木梳、木篦、假发等，M569 出土的漆奁，内部放了两个小粉盒，出土时内装白粉，M1140 则出土了铅质化妆品。

《急就篇》卷三“粉”条：“粉谓铅粉及米粉。皆以傅面，取光洁也。粉之言分也，研使分散也。”汉代，化妆粉分为多种，有植物白粉和矿物白粉。植物粉是以植物为原料研碾而成。研磨而成的米粉是最早使用，也是使用最普遍的化妆粉。矿物白粉有铅粉、石粉和珍珠粉等。铅粉是以铅、锡等材料经化学处理而成，主要成分为碱式碳酸铅。未经脱水的铅粉为糊状，因而糊状铅粉被称为“胡（糊）粉”。铅粉能使人容貌生辉，故而被称为“铅华”。铅华也成了化妆品的代名词，《洛神赋》中就以“芳泽无加，铅华弗御”来形容洛神的美貌。珍珠粉自古以来就被视为养容佳品。河南辉县路固有 20 余座汉墓的棺内各出土一两块白色粉块，经检测，此白色粉块由珍珠粉和少量植物香料制作而成，从而证明了汉代已使用珍珠粉做化妆品[3]。长沙马王堆一号汉墓出土的漆奁中既有木梳、木篦、木笄、铜镜等化妆用具，也有脂、粉、胭脂等化妆用品。洛阳烧沟 14 号汉墓出土了三公斤圆饼状的白色粉块，当为化妆用的白粉[4]，同时出土的尚有木梳一把，可作旁证。

汉代以白为美，汉初丞相张苍甚至因肤色白皙而免遭杀身之祸。《史记·张丞相列传》云：“苍坐法当斩，解衣伏质，身长大，肥白如瓠，时王陵见而怪其美士，乃言沛公，赦勿斩。”[5]汉代服饰衣领宽大，暴露颈部和手部的面积比较大。汉人又以白为美，为了使露在外面的肤色保持协调，贵族女性用粉量很大，不仅在面部敷粉，也会在胸部、颈部和手臂等部位施粉。《汉书·广川惠王刘越传》记载广川王刘去幸姬陶望卿当着画工的面裸身敷粉[6]，这种粉可

〔1〕（晋）常璩著、任乃强校注：《华阳国志校补图注》，第 30 页，上海古籍出版社，1987 年。

〔2〕湖南省博物馆等：《长沙楚墓》，第 535 页，文物出版社，2000 年。

〔3〕赵春燕等：《南水北调河南辉县路固汉代墓群出土白色粉块的化学分析及相关问题》，《华夏考古》2013 年第 3 期。

〔4〕洛阳市文物工作队：《洛阳烧沟西 14 号汉墓发掘简报》，《文物》1983 年第 4 期。

〔5〕（汉）司马迁撰：《史记》卷九六《张丞相传》，第 2675 页，中华书局，1959 年。

〔6〕（汉）班固撰：《汉书》卷五三《广川惠王刘越传》，第 2429 页，中华书局，1962 年。

能就是汉代小说中记载的“露华白英粉”[1]，是一种爽身香粉，通常制成粉末，添加香料，沐浴后撒抹于全身，具有清凉香滑之效。

汉代社会，化妆之风盛行，不仅女子施粉，男子也化妆敷粉，而且不限于上层社会，平民阶层也乐此不疲。《史记》云：“非独女以色媚，而士宦亦有之。”[2]《汉书·佞幸传》云：“孝惠时，郎侍中皆冠鵕鸃，贝带，傅脂粉。”[3]《后汉书·李固传》云：“顺帝时诸所除官，多不以次，及（李）固在事，奏免百余人。此等既怨，又希望（梁）冀旨，遂共作飞章虚诬固罪曰：‘……大行在殡，路人掩涕，固独胡粉饰貌，搔头弄姿，盘旋偃仰，从容冶步，曾无惨怛伤悴之心。’”[4]从这些诬蔑之词可看出当时男子确有敷粉之习尚。

汉代诸侯王墓葬中也有脂粉等化妆品出土。满城中山靖王刘胜墓出土一套银釦八子奁，母奁内除一枚铜镜外，还有八个子奁，内存黄、白色粉状物，当为化妆品。昌邑哀王刘髆墓出土七子奁内的两个圆子奁，分别存放着红色脂粉。马王堆三号墓出土双层六子奁内的一个圆形子奁出土时内有黑色酱状物，可能为铅粉一类的化妆品。汉代边远地区的朝鲜乐浪王盱墓出土一套漆奁盒，其中子奁内残留两种白色粉末，经测试分别为铅白和滑石粉，正是当时使用的妆粉[5]。马王堆三号墓《车马仪仗图》帛画的左上部第一排人物的身份地位较高，他们面部均涂粉，直观地反映出当时的贵族男性确有敷粉习尚。安阳高陵曹操墓中出土“胡粉二斤”刻铭石碑（M2：301）[6]，表明墓中曾随葬二斤胡粉，约为今500克。伴随出土的其他刻铭石牌上有文字“竹簪五千（十？）枚”“镜台一”“香囊卅双”“黄绫袍锦领袖一”等，内容均为日常用于修饰仪表的物品，故而曹操墓石牌上所刻“胡粉”当为化妆美容用品。

虽然汉代确有男子敷粉，但该类男子常被列入佞幸之属，或被冠以诬蔑之词，说明当时男子敷粉主要流行于仕宦阉党之内，是一种非常态，甚至病态的行为，并不为汉代史家所推崇。

〔1〕“后浴五蕴七香汤，踞通香沉水。坐燎降神百蕴香。婕妤浴豆蔻汤，傅（敷）露华百英粉。”参见（明）吴敬所编、（汉）伶玄撰：《国色天香·赵飞燕外传》，第352页，吉林文史出版社，1999年。

〔2〕（汉）司马迁撰：《史记》卷一二五《佞幸列传》，第3191页，中华书局，1959年。

〔3〕（汉）班固撰：《汉书》卷九三《佞幸传》，第3721页，中华书局，1962年。

〔4〕（南朝宋）范晔撰：《后汉书》卷五三《李固传》，第2084页，中华书局，1965年。

〔5〕［日］原田淑人：《古代人の化粧と装身具》，第144、145页，刀水书房，1987年。

〔6〕河南省文物考古研究所、安阳县文化局：《河南安阳市西高穴曹操高陵》，《考古》2010年第8期。

三、胭脂·唇脂

除面部施白粉之外，古人还利用红色染料在脸颊上涂抹，以期获得红润健康的肤色。汉代诗歌中就记载有少女脸上施过红妆后的动人姿色，“青青河畔草，郁郁园中柳。盈盈楼上女，皎皎当窗牖。娥娥红粉妆，纤纤出素手”[1]。

人们用于面部的最早的红色染料可能是天然朱砂。《释名·释首饰》云：“唇脂，以丹作之，象唇赤也。”毕沅曰：“唐人谓之口脂。”[2] 朱砂又名丹砂，化学成分为天然硫化汞。《说文解字》丹部说：“丹，巴越之赤石也。”段玉裁注：“巴郡南越皆出丹沙。”[3] 四川广汉三星堆文化遗址出土的青铜头像和人面像中，脸部和唇部涂朱所用的就是朱砂[4]。连云港海州霍贺墓出土的漆奁，内部的一个小圆盒中装有红色胭脂，经鉴定为硫化汞[5]，说明汉代妇女化妆用的胭脂有一部分是用朱砂配制而成的。

西汉除了朱砂配制的胭脂外，还有一种胭脂是用红花（又名红蓝花）汁掺合米粉制成，因花来自焉支山。“焉支”为胡语，故以红蓝花制成的化妆品被汉人称为“焉支”“燕支”“燕脂”或“胭脂”。汉武帝开通西域后，红蓝花最早由张骞带回汉地。

为了方便携带，无论是用朱砂还是用红蓝花制成的胭脂都要制成块状。马王堆一号墓双层九子奁内就有一个存放胭脂的子奁。广州汉墓东汉前期的墓中也发现了装于漆奁内的胭脂和粉块，这件漆奁内有两个半月形子奁，其中一个内盛一块白粉，另一个尚存少许胭脂[6]。块状的胭脂在使用前常在小型容器内用棒、匕等加水调合后再使用。安徽巢湖放王岗一号墓出土漆奁内的角质匕即为调脂用具[7]。满城汉墓窦绾墓中出土的朱雀衔环杯，造型独特，一朱雀衔环矗立于两高足杯之间的兽背上，通体错金，并镶嵌绿松石。宽 9.5、通高 11.2 厘米[8]。器

〔1〕隋树森：《古诗十九首集释》卷二，第 3 页，中华书局，1955 年。

〔2〕（东汉）刘熙撰、（清）毕沅疏证、王先谦补：《释名疏证补》，第 163 页，中华书局，2008 年。

〔3〕（东汉）许慎撰、（清）段玉裁注：《说文解字注》，第 215 页，上海古籍出版社，1981 年。

〔4〕四川省文物管理委员会等：《广汉三星堆祭祀坑发掘简报》，《文物》1987 年第 10 期。

〔5〕南京博物院、连云港市博物馆：《海州西汉霍贺墓清理简报》，《考古》1974 年第 3 期。

〔6〕中国社会科学院考古研究所：《广州汉墓》，第 354 页，文物出版社，1981 年。

〔7〕安徽省文物考古研究所、巢湖市文物管理所：《巢湖汉墓》，第 89 页，文物出版社，2007 年。

〔8〕中国社会科学院考古研究所、河北省文物管理处：《满城汉墓发掘报告》，第 265 页，文物出版社，1980 年。

图四　朱雀衔环铜杯

中尚存朱色痕迹，应为调脂的容器（图四）。

点染朱唇也是面妆的一个重要步骤，可修饰唇线，调整嘴形，并使唇部明艳动人，气色上佳。目前尚难断定唇部化妆起于何时。楚人宋玉在《神女赋》中云："眸子炯其精朗兮，瞭多美而可观。眉联娟以蛾扬兮，朱唇的其若丹。"〔1〕有学者认为诗文中之"若"为比喻，即将双唇比作丹，并非在双唇上涂丹，只是借此比喻妇女的天然姿色而已，据此认为在汉代以前点唇习俗并未产生，仅为其后唇部化妆的产生提供了审美上的依据〔2〕。

考古发掘出土的文物资料为我们提供了一些线索，让我们得以重新认识中国古代唇妆艺术的产生。

新石器时代的红山文化的女神头像已经出现唇部涂朱的现象〔3〕。时代属于夏商时期的四

〔1〕（梁）萧统编、（唐）李善注：《文选》卷一九，第 888 页，上海古籍出版社，1986 年。

〔2〕高春明：《中国服饰名物考》，第 392 页，上海文化出版社，2001 年。

〔3〕辽宁省文物考古研究所：《辽宁牛河梁红山文化"女神庙"与积石冢群发掘简报》，《文物》1986 年第 8 期。

川广汉三星堆遗址出土的青铜头像、人面像也已经出现唇部涂朱的现象[1]。春秋战国时期，女性脸部“施朱”的现象已较为普遍，春秋时期的山东章丘女郎山齐墓出土的乐舞陶俑均有唇部“涂朱”[2]。湖南长沙市郊陈家大山战国楚墓出土的帛画上，有一妇人的口唇及衣袖均施以朱色[3]。

汉代点唇的式样更加丰富，但一般以娇小浓艳为美。其样式可以从出土陶俑、帛画上得到了解，如长沙马王堆一号汉墓出土的点唇彩绘女侍乐俑[4]，其点唇状若一只小巧的红樱桃。徐州后楼山西汉墓出土的十件女俑皆模制，立姿，唇涂朱[5]。连云港市唐庄高高顶汉墓出土的抄手女侍俑高 54 厘米，长袍，广袖，唇施彩绘[6]。

汉代唇脂并非如现在常见的管状口红，而是黏稠的糊状。当时为了使朱砂这类红色染料能够更好地附着在嘴唇上，常加入动物油脂，以这类唇脂涂抹于唇部，不但可滋润唇部，而且具有较强的附着力，并呈现出一定的光泽度。

糊状唇脂显然不能直接与其他梳妆用具放在一起，而是盛放于特定的小型器皿中，使用时蘸取少许施以妆唇。大致从先秦至汉唐以前，唇脂多以圆形小盒贮存。唇脂在汉代考古发掘中常有实物发现，如马王堆一号汉墓出土的简二二六，其上书有文字“小付蒌三，盛节、脂、粉”[7]，出土的双层九子奁内的一个圆子奁内便有唇脂的痕迹。唐人段成式撰《酉阳杂俎》云：“腊日，赐北门学士口脂、蜡脂，盛以碧镂牙筩。”[8]直到唐代，人们使用的唇脂可能依然为糊状。

四、眉妆

“妇女之眉最善蛊人。故从女、从眉曰媚。”[9]眉和目是人类面部最生动、最能表情达意、充满个性的部位，许多成语如“明眸善睐”“眉目传情”“暗送秋波”等，无不是对眉、目最生动的描写。秦汉时期，眉妆颇受人们重视，甚至一些男性也参与到画眉中来。西汉京兆尹张敞和妻子感情甚笃，妻子化妆时，他常为妻子把笔画眉，人们用“张敞画眉”来形容夫妻恩爱。

[1] 四川省文物管理委员会等：《广汉三星堆祭祀坑发掘简报》，《文物》1987 年第 10 期。
[2] 李曰训：《山东章丘女郎山战国墓出土乐舞俑及有关问题》，《文物》1993 年第 3 期。
[3] 汪维玲：《中国古代妇女面妆概述》，《浙江学刊》1990 年第 2 期。
[4] 湖南省博物馆：《长沙马王堆汉墓》，第 12 页，湖南人民出版社，1979 年。
[5] 徐州博物馆：《徐州后楼山西汉墓发掘报告》，《文物》1993 年第 4 期。
[6] 周锦屏：《连云港市唐庄高高顶汉墓发掘报告》，《东南文化》1995 年第 4 期。
[7] 湖南省博物馆、中国科学院考古研究所：《长沙马王堆一号汉墓》，第 147 页，文物出版社，1973 年。
[8]（唐）段成式撰、方南生点校：《酉阳杂俎》，第 2 页，中华书局，1981 年。
[9]（明）田艺蘅撰、朱碧莲点校：《留青日札》，第 382 页，上海古籍出版社，1992 年。

先秦时期以弯弯的细长眉形为美。《诗经·卫风·硕人》中描写卫庄公夫人庄姜的美貌："手如柔荑，肤如凝脂，领如蝤蛴，齿如瓠犀，螓首蛾眉，巧笑倩兮，美目盼兮。"[1]

秦汉时期，爱美的女子已创作出了多种眉型，主要为蛾眉、长眉、八字眉、广眉、惊翠眉、愁眉、远山眉等。关于眉妆的文献记载就更多了。《汉书·扬雄传》载其所作《反离骚》云："知众嫭之嫉妒兮，何必飏累之蛾眉？""玉女无所眺其清卢兮，虙妃曾不得施其蛾眉。"[2]《西京杂记》云："（司马相如妻）文君姣好，眉色如望远山……"[3]《后汉书·五行志》："桓帝元嘉中，京都妇女作愁眉、啼妆、堕马髻、折腰步、龋齿笑。所谓愁眉者，细而曲折。啼妆者，薄拭目下，若啼处。"[4]

正如眉式的纷繁复杂，秦汉女性画眉的步骤也比较复杂，画眉所需的工具主要有镊子、刮刀、丝线、黛砚、砚杵、眉笔、黛等。一般的步骤是先除去部分眉毛，修饰眉形，然后把石黛或青黛等黛石在黛砚上磨好，再用眉笔蘸上研好的黛料描眉。

"黛"是一种青黑色颜料，主要成分为青石或螺黛。《楚辞·大招》中有"粉白黛黑，施芳泽只"[5]，化妆先用白色的粉敷面，再用黑色的黛画眉。贾谊《新书·劝学》云："尝试傅白騰黑，从容为说焉。"[6]騰即黛的本字。《释名·释首饰》："黛，代也，灭眉毛去之，以此画，代其处也。"[7]即剃去不成形的眉毛。《通俗文》说："染青石谓之点黛。"[8]由此看来，黛又是一种叫"青石"的矿物质。汉代除了石黛外，可能还有螺子黛。螺子黛在汉魏时期即已有之，明人田艺蘅《留青日札》[9]和张萱《疑曜》[10]都提到"汉给宫人螺子黛"，但不知所据。后唐马缟《中华古今注》也只是说，"魏武帝诏宫人……作白妆青黛眉"[11]，并说明用的黛石就是螺子黛。

〔1〕（清）阮元校刻：《十三经注疏》，第 322 页，中华书局，1980 年。
〔2〕（汉）班固撰：《汉书》卷八七《扬雄传》，第 3518、3531 页，中华书局，1962 年。
〔3〕（汉）刘歆撰、（晋）葛洪辑：《西京杂记》，第 11 页，中华书局，1985 年。
〔4〕（南朝宋）范晔撰：《后汉书·五行志》，第 3270、3271 页，中华书局，1965 年。
〔5〕（宋）洪兴祖撰、白化文等点校：《楚辞补注》，第 222 页，中华书局，2006 年。
〔6〕（汉）贾谊撰、阎振益等校注：《新书校注》，第 297、298 页，中华书局，2000 年。
〔7〕（东汉）刘熙撰、（清）毕沅疏证、王先谦补：《释名疏证补》，第 163 页，中华书局，2008 年。
〔8〕（宋）李昉等撰：《太平御览》卷七一九《服用部·黛》引《通俗文》，第 3185 页，中华书局，1960 年。
〔9〕（明）田艺蘅撰、朱碧莲点校：《留青日札》，第 381 页，上海古籍出版社，1992 年。
〔10〕（明）张萱撰：《疑曜》卷三（影印文渊阁四库全书），第 24 页，（台北）商务印书馆，1987 年。
〔11〕（后唐）马缟集：《中华古今注》，第 30 页，商务印书馆，1956 年。

广西贵县罗泊湾一号汉墓出土一包已粉化的“黛黑”[1]，为我们研究古人画眉材料提供了直接有力的证据。黛黑出土于二号殉葬棺内的马蹄形梳篦盒之中，梳篦盒内还放置有木梳、木篦各一件。黛黑和梳妆用品置于一处，当属于化妆品无疑。此黛黑为何种材料所制，报告中无相关检测分析。新疆温宿县包孜东乡墓地出土有眉笔、眉石。石墨质地，眉笔呈锥形，通体打磨光滑，一头尖，另一端系孔。眉石因多次取颜料被磨成不规则形，上面有凹槽[2]。石眉笔和眉石是古代妇女化妆用品，使用时，用眉笔在眉石上研磨，取下黑色粉状颜料即可描眉。

第二节 梳妆用具

一、铜镜

铜镜在日常生活中具有照面饰容、整理衣冠的作用，是一种重要的梳妆工具。据考古资料显示，目前所发现的最早的铜镜出土于金石并用的齐家文化时期，距今约 4000 年。后历经商周、春秋战国、汉、唐以至明清，铜镜始终伴随着人们的日常生活，直至近代被玻璃镜取代而退出历史舞台。铜镜背面的花纹和铭文，既是一种装饰，也是当时政治、经济、思想文化、社会生活和社会风尚的反映。

自古以来，男女皆用镜，只是目的略有不同，正如唐镜铭文所云：“照日菱花出，临池满月生。官看巾帽整，妾映点妆成。”古人用镜有手执、悬挂和置于案上三种使用方式。镜背有纽，纽上多系丝带，以便持握或悬挂。我国古代铜镜以汉镜的出土数量为最多，汉乐府诗《羽林郎》中所歌“贻我青铜镜，结我红罗裾”，反映出汉代女子可随身携带铜镜。满城汉墓窦绾玉衣左手中握着一个形体很小的连弧纹镜，径 4.8、厚 0.3 厘米，为随身携带之物[3]。铜镜男女皆用，为古人珍爱之物。由于铜镜表面易氧化，易积灰，汉代人常以丝织品包裹铜镜并倒扣于妆奁之内。有的铜镜还配有镜衣或镜擦，作用皆是保持镜面光亮，便于照容。

新疆维吾尔自治区和田地区民丰县尼雅 1 号墓地出土一件“君宜高官”铭文铜镜，镜径 12.3 厘米，存放于直径 13.5 厘米的绣花镜袋内。此铜镜为男人所用，铭文吉祥语寄托了强烈

〔1〕广西壮族自治区博物馆：《广西贵县罗泊湾汉墓》，第 76 页，文物出版社，1988 年。
〔2〕中国文物交流中心：《汉风：中国汉代文物展》，第 167 页，科学出版社，2014 年。
〔3〕中国社会科学院考古研究所、河北省文物管理处：《满城汉墓发掘报告》（上册），第 265 页，文物出版社，1980 年。

图五　龙纹铜镜

图六　丝绵镜擦

的进取愿望。镜袋方便携带，也表现了使用者对此镜的珍爱[1]。马王堆一号墓出土的龙纹铜镜，直径19.5厘米，出土时盛装在绣绢镜衣内，置于单层五子奁内，镜纽系两条绛色丝带(图五)。五子奁内的镜擦为锥形，底径5、高4.5厘米，用红绢和锦缝制而成，内絮丝绵（图六）。汉代镜擦也有铜锡合金的，仪征前庄M12出土的镜擦外观呈窝头状，宽1.5、高1.5厘米[2]。

二、梳·篦·茀·铜刷

古人认为，身体发肤受之于父母，因而对头发非常重视。整理头发的梳、篦总称为“栉”，篦又作“比”。《释名·释首饰》曰：“梳，言其齿疏也，数言比。比于梳，其齿差数也。比，言细相比也。”[3]齿疏为梳，用于梳发；齿密为篦，用于去除头发里的污垢。古代男女都蓄长发，梳、篦是整理头发的必备用具。江陵凤凰山一六七号汉墓出土的遣册书有“女子二人持疏枇

〔1〕中国文物交流中心：《汉风：中国汉代文物展》，第165页，科学出版社，2014年。
〔2〕仪征市博物馆：《江苏仪征国庆前庄12号墓发掘简报》，《东南文化》2017年第2期。
〔3〕（东汉）刘熙撰、（清）毕沅疏证、王先谦补：《释名疏证补》，第159页，中华书局，2008年。

图七 漆木梳、篦

绣大婢”[1]，对应随葬品中持梳、篦的两件女俑，服侍主人梳妆应是这两位侍婢的主要工作。

出土的战国秦汉时期的梳、篦几乎都为马蹄形，为了适应梳、篦的形状，汉代出现了马蹄形梳篦盒，专门置放梳、篦。妆奁内的梳、篦常常成组出现，同存于马蹄形小盒之内。多为一梳一篦组合，也有一梳二篦的组合，两篦的齿有疏密之分。青岛土山屯墓地 M6 棺 2 出土的漆木梳、篦三件为一套。半圆形梳背双面均有漆绘图案。其中漆木梳 27 齿，另外两篦分别为 52 齿、86 齿（图七）[2]。

茀通拂，其状如刷，用于清理梳篦的污垢。马王堆一号墓出土三件漆木柄棕茀，单层五子奁内一件，双层九子奁内两件。九子奁内的棕茀存于长方形子奁内，茀髹漆彩绘，形制相同，均由一束棕丝捆扎而成，柄部用丝织物包裹，再髹黑漆，在黑漆上以朱漆绘环状纹数圈。棕丝剪齐。简文二四〇“茀二其一赤”指的是置于九子奁中长方形小奁（北 443-12）内的一件毛刷部分为红色的棕茀（北 443-12③），长 15 厘米（图八）。马王堆三号墓锥画双层六子奁内也出土两件棕茀，形状相同，均长 16 厘米[3]。山东巨野红土山昌邑哀王刘髆墓出土一件铜柄茀，素面鎏金，体为圆柱形中空，銎内有细竹条[4]。总体来看，茀出土数量并不多，西汉中期以后，茀被铜刷取代。

汉代铜刷出土数量很多，铜刷以烟斗状居多，头部有刷毛，功能与茀相同。江苏盱眙大云山江都王刘非墓出土铜刷 114 件，依形制差异，分为“一”字形铜刷、烟斗形铜刷和“山”

〔1〕凤凰山一六七号汉墓发掘整理小组：《江陵凤凰山一六七号汉墓发掘简报》，《文物》1976 年第 10 期。

〔2〕青岛市文物保护考古研究所、黄岛区博物馆：《山东青岛市土山屯墓地的两座汉墓》，《考古》2017 年第 10 期。

〔3〕陈建明、聂菲：《马王堆汉墓漆器整理与研究》（上册），第 53、181 页，中华书局，2019 年。

〔4〕山东省菏泽地区汉墓发掘小组：《巨野红土山西汉墓》，《考古学报》1983 年第 4 期。

图八　漆木柄棕茀

图九　鎏银铜刷

字形铜刷。出土鎏银铜刷（M1K1 ⑥：2223），长 10.8、銎径 0.8 厘米[1]。烟斗形铜刷，通体鎏银，柄端饰龙首形，龙嘴伸长上翘，另一端上翘为圆形銎，銎内刷毛已朽（图九）。

三、粉扑・镊・环首刀・眉笔・黛板・砚杵

粉扑为敷粉用具，可使粉均匀、服帖地附着在肌肤上。包山二号楚墓出土的一件粉扑，与铜镜、骨笄、花椒等共存于一件彩绘漆奁之内[2]。马王堆一号墓出土的双层九子妆奁的两个圆形子奁内各存放一件粉扑和化妆品，粉扑用丝绵制成，略呈球状（图一〇）[3]。

许多女性先天眉形不尽人意，需要对眉形略作调整。画眉之前，要先去掉部分杂乱的眉毛，去眉所用工具即为镊或环首刀。《释名・释首饰》：“镊，摄也，摄取发也。”[4]广州玉子

〔1〕南京博物院、盱眙县文广新局：《江苏盱眙县大云山西汉江都王陵一号墓》，《考古》2013 年第 10 期。

〔2〕湖北省荆沙铁路考古队：《包山楚墓》，第 146 页，文物出版社，1991 年。

〔3〕湖南省博物馆、中国科学院考古研究所：《长沙马王堆一号汉墓》，第 89 页，文物出版社，1973 年。

〔4〕（东汉）刘熙撰、（清）毕沅疏证、王先谦补：《释名疏证补》，第 159 页，中华书局，2008 年。

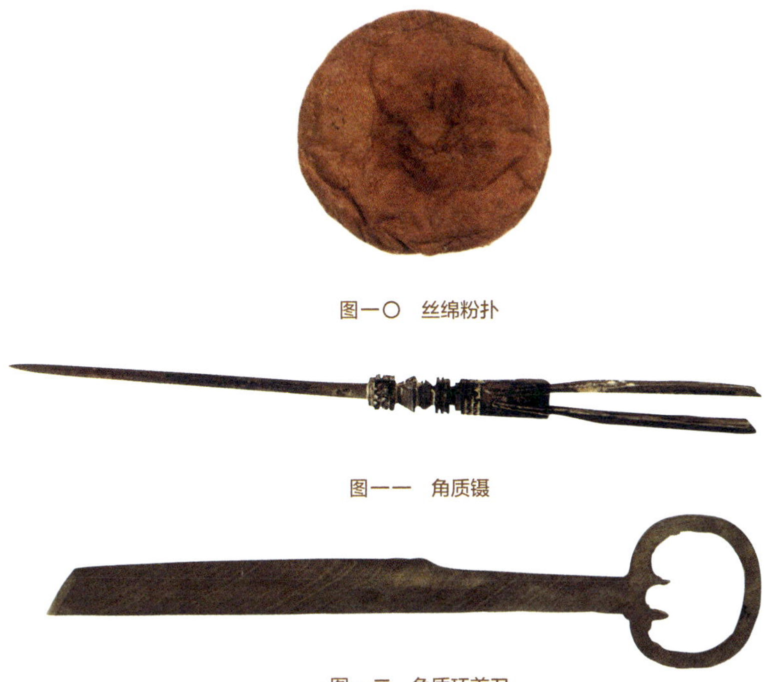

图一〇　丝绵粉扑

图一一　角质镊

图一二　角质环首刀

冈西汉墓中出土有铁镊[1]。湖南长沙马王堆一号汉墓单层五子奁内的角质镊[2]，长 17.2 厘米（图一一）。镊柄制作精细，并刻有几何纹。一头为锥形，另一头装镊片，镊片可以取下或装上。环首刀有角质和铁质两种。马王堆一号墓出土三件角质环首刀（图一二），大小各异，形状相同，出土于单层五子妆奁内。三号墓的锥画六子奁内出土一件铁质环首刀，长 15.5 厘米，环首呈椭圆形，刀部内凹，刀背较厚。

在拔除多余眉毛，修整眉形后，女性通常用眉笔蘸取磨好的黛料来画眉。眉笔在汉墓中出土数量较多。广州汉墓出土了一批眉笔，但由于时间长久，这些眉笔的笔锋大多已腐朽，仅存眉笔柄。眉笔柄身多为铜质，也有一小部分是铁质的，形状与现今所用的毛笔套相似，圆柱形，中空，笔毛套在筒内。有的还通体鎏金，有的笔端设计有龙头形精美图案，有的眉笔笔端有横穿孔，可以穿线带或缚结其他装饰物品[3]。

黛砚亦称黛板、板砚，是研磨化妆颜料的器具，黛砚多为长方形薄砚，与书写所用的砚台

〔1〕中国社会科学院考古研究所：《广州汉墓》，第 157 页，文物出版社，1981 年。
〔2〕湖南省博物馆、中国科学院考古研究所：《长沙马王堆一号汉墓》，第 96 页，文物出版社，1973 年。
〔3〕中国社会科学院考古研究所：《广州汉墓》，第 157 页，文物出版社，1981 年。

区别不大。黛砚在考古工作中常有发现，由于比较厚重，一般不放入奁内。从广陵地区汉墓的出土情况来看，黛砚多置于漆奁的周围，偶有放在奁内的情况，如广陵王刘荆墓出土的双层方奁内，上层置一面丝织物包裹的铁镜和一个长条形子奁，长条形子奁内存一件黛板。砚杵作为黛砚的辅助工具，用于研磨黛黑。

四、小漆罐·耳杯

近年来，笔者关注到一类小漆罐，有的报告中称其为“小漆壶”。这类小漆罐体形小巧，装饰精致，常与妆奁、铜镜、簪等梳妆用具同出，一般置于棺内墓主的头部附近。器物在墓葬中的出土位置对研究其用途具有较强的参考价值。尤其是未被盗扰的墓葬，器物的原始摆放位置对于研究其用途更具有重要的指示性。罐便于存储、倾倒液体。小漆罐附盖，便于密封油性流状梳妆用品。妆奁内还有搁置耳杯的现象，因耳杯形体小巧，不太可能是饮食器具。笔者推测妆奁内的小耳杯是与小漆罐配套使用的梳妆用具，在主人梳妆时，小耳杯用于临时盛放倾倒出来的液态化妆品。

山东青岛土山屯 M6 出土一套七子奁（M6 棺 2 ： 2）。大母奁内除七件存放梳妆用具的子奁之外，还置有漆金属胎罐、漆耳杯各一件。漆耳杯（M6 棺 2 ： 2-4），布脱胎，器身髹褐漆。椭圆形，两侧有斜翘长耳，弧腹，平底。内、外均绘黑色云气纹。长径 8.1、带耳宽 6.8、底长 4.2、底宽 2.4、通高 2.3、壁厚 0.2 ～ 0.6 厘米。漆金属胎罐（M6 棺 2 ： 2-5），盖及器身内均髹红漆。盖面微隆起，器身为直口，高领，溜肩，鼓腹，平底。器盖正中有柿蒂纹，盖外圈和器身腹部各有一道银釦，银釦上部镶嵌珍禽异兽图案金箔，器身下部镶嵌一周倒三角形金箔，三角形下各对应镶嵌珍禽或瑞兽图案。盖口径 4.3 厘米，器身口径 3.2、底径 3.5 厘米，通高 5.6 厘米，壁厚 0.15 厘米（图一三）〔1〕。

类似的漆金属胎小圆罐还见于山东诸城县西汉木椁墓。罐口沿厚 0.1、底厚 0.2 厘米。铜胎外施黑色漆，内髹棕色漆。圆形，双耳，口微侈，鼓腹，平底。口径 5、底径 4.8、通高 5.8 厘米。颈、腰、底部各饰弦纹三至四道，肩部绘制朱色云气、花草纹饰。此墓被扰动，小铜胎漆壶出土于东棺中，周围有铜镜、玛瑙饰件等〔2〕。

汉墓所出小漆罐多以彩绘、锥画、镶釦等工艺装饰，无疑为主人珍爱之物。陕西咸阳马泉西汉墓出土一件小漆罐，随葬于椁内木棺外南部，与一件三子奁伴出。小漆罐保存完整，直

〔1〕青岛市文物保护考古研究所、黄岛区博物馆：《山东青岛市土山屯墓地的两座汉墓》，《考古》2017 年第 10 期。

〔2〕诸城县博物馆：《山东诸城县西汉木椁墓》，《考古》1987 年第 9 期。

图一三　漆金属胎小罐

口，子母唇，鼓腹，小平底。盖隆起，上面有四叶蒂形金饰痕迹，身上有银釦三道与彩绘纹饰。口径 5.5、腹径 9.2、底径 5.4、高 8.2 厘米[1]。

扬州西汉“妾莫书”木椁墓出土三件彩绘小漆罐，布脱胎，其中一件尚完整。全身贴有鸟兽和云气纹金箔，腹下贴三角形金箔一圈，在口沿、腰和底部嵌银釦。罐高 6、径 8 厘米。盖中心嵌银片柿蒂，上套铜环。盖面上贴四兽金箔，边沿嵌银釦，口径 4.5 厘米[2]。扬州邗江姚庄 M101 女棺内出土一件锥画小漆壶，直口，上倒置一圜底形套盖。圆鼓腹，平底。外髹褐漆，内髹朱漆。外饰六道针刻几何纹带，腹部主体纹饰为如意勾云纹。盖侧面和沿面各针刻一道几何纹带。布脱胎。口径 4.2 、腹径 8、底径 4.5 、通高 7 厘米[3]。山东青岛土山屯 M148 号汉墓出土一件小漆罐（M148 ：7），小漆罐与竹簪同出于墓主头部。罐为布脱胎，直口，圆唇，弧肩，鼓腹，平底。口沿及器外表髹褐漆，器内髹红漆，部分漆皮已脱落。口径 4 .2、腹径 8 .4、底径 4.5、高 6.8、壁厚 0.4 厘米[4]。

小漆罐是西汉中晚期才出现的一类较为少见的漆器，目前仅在山东、陕西和江苏地区有出土。虽然小漆罐有可能是用于盛放药丸的器具，但是从其伴出器物及出土位置来看，笔者倾向于认为小漆罐为存放液态化妆品的梳妆容器，作用等同于宋代女性梳妆时所用的小油缸。

〔1〕咸阳市博物馆：《陕西咸阳马泉西汉墓》，《考古》1979 年第 2 期。

〔2〕扬州市博物馆：《扬州西汉“妾莫书”木椁墓》，《文物》1980 年第 12 期。

〔3〕扬州博物馆：《江苏邗江姚庄 101 号西汉墓》，《文物》1988 年第 2 期。

〔4〕青岛市文物保护考古研究所、黄岛区博物馆：《山东青岛土山屯墓群四号封土与墓葬的发掘》，《考古学报》2019 年第 3 期。

第三节　头饰及其他

妆奁内常见笄、擿等固定发髻的束发用具。笄是固定发髻的条状物。《周礼·士冠礼》郑玄注云："笄，今之簪。"〔1〕《释名·释首饰》曰："笄，系也，所以系冠，使不坠也。"先秦时期，未婚女性成年时称为"及笄"，即在发髻之上簪笄，以示到了婚龄，秦汉时犹沿袭此制。随着时代的演进，笄成为女性头上的装饰品，用以固定发髻。马王堆一号墓轪侯夫人辛追的发髻中有三个分别为玳瑁质、角质和竹质的梳形笄，三个笄插在轪侯夫人加接于真发末端、梳成盘髻式样的假发之上。马王堆一号、三号墓出土的妆奁内均存有笄。

擿，又名"揥"。《释名·释首饰》云："揥，擿也，所以擿发也。"〔2〕"擿"，又俗称为"搔头"，大抵是因为"擿"具有"搔爬"头皮止痒的作用。擿一端有多个细密长齿，形状与梳略同，但扁窄而细长，不宜梳发，其主要功能为簪发和搔首，男女均可使用。擿流行于西汉，皆由整块材料制作而成，材质有竹、木、玳瑁和骨角等，以角质擿最为常见。荆州高台秦汉墓出土各种擿八件〔3〕，分别出于四座墓中，且均出于棺内，有角质和竹质两种。这些擿出土时，或插于墓主发中，或盛放于长条形的漆子奁内，如 M28 出土的子奁（M28 ：乙 N3），长 17.5、宽 2.8、通高 4.7 厘米，出土时内部就盛放着长擿等束发用具。青岛土山屯汉墓六号墓 2 号棺出土两套角擿 12 件。标本 M6（2）：16，一套六件，大小及形制基本相同，角质，长方形，开七齿（图一四）。1 号，通长 18.6、宽 1.5、厚 0.1 ～ 0.15 厘米〔4〕。

不管是梳于脑后的垂髻，还是盘于头顶的高髻，古人皆以头发乌黑浓密为美。头发浓密者，一般气血旺盛，显得年轻有活力。《诗经·鄘风·君子偕老》云："鬒发如云，不屑髢也。"〔5〕意思说，卫夫人的黑发浓密如云，不需用假发。有些女性甚至因一头浓密乌黑的秀发而得宠于帝王。相传汉武帝第一次见到卫子夫就被她的一头秀发吸引，遂纳于宫中。汉明帝的马皇后，也以一头绝美的秀发使后宫佳丽颜色尽失。贵族女性往往喜欢梳高高的发髻，这一发型引领了当时的社会时尚潮流。《后汉书·马廖传》上太后疏里说："长安语曰：'城中好高髻，

〔1〕（东汉）刘熙撰、（清）毕沅疏证、王先谦补：《释名疏证补》，第 154 页，中华书局，2008 年。

〔2〕（东汉）刘熙撰、（清）毕沅疏证、王先谦补：《释名疏证补》，第 159 页，中华书局，2008 年。

〔3〕湖北荆州博物馆：《荆州高台秦汉墓》，第 207 页，科学出版社，2000 年。

〔4〕青岛市文物保护考古研究所、青岛市黄岛区博物馆：《琅琊墩式封土墓》，第 45 页，科学出版社，2018 年。

〔5〕（清）阮元校刻：《十三经注疏》，第 314 页，中华书局，1980 年。

图一四　角擿

图一五　假发

四方高一尺；城中好广眉，四方且半额。’”[1]当真发的长度与密度不足以满足高髻的要求时，就需要借助假发。

每个人的发量均是有限的，随着人之将老，头发逐渐稀疏，年老之人发量往往更少。为了拥有浓密的头发，可以梳成高大的发髻，爱美的贵族女性常于真发中掺接假发，插入数枝笄、簪将其固定。湖北江陵马山一号楚墓女墓主长发中掺假发，成双股，盘为圆髻，并用木笄固定。诸多楚俑像也表现出用假发作饰的特征[2]。马王堆辛追墓出土了用黑色蚕丝线制成的假髻（图一五），盛放在双层九子奁中的一个圆形子奁里[3]。一号墓遣策简二二五记有：“员（圆）付蒌（篓）二盛印副。”小奁谓之付蒌，“副”即假发[4]。

出土文物中也可以看到佩戴假发的人物形象。河南密县打虎亭二号汉墓中室东段北壁上部

〔1〕（南朝宋）范晔撰：《后汉书》卷二四《马廖传》，第853页，中华书局，1965年。
〔2〕王从礼：《从考古资料谈楚国服饰》，《文博》1992年第2期。
〔3〕湖南省博物馆、中国科学院考古研究所：《长沙马王堆一号汉墓》，第96页，文物出版社，1973年。
〔4〕湖南省博物馆、中国科学院考古研究所：《长沙马王堆一号汉墓》，第147页，文物出版社，1973年。

宴乐图壁画上有一组妇女，头上均绾一个圆形或椭圆形假发髻，髻上插许多支黑色发笄[1]。

贵族男性也使用假发。包山二号墓就有假发与梳篦等同出于竹笥之中[2]。马王堆三号墓出土的锥画狩猎纹双层圆奁，下层放有一束假发[3]，男性利用假发增高发髻可能是为了方便戴冠。

脂粉与香料皆为化妆常备之物。包山二号楚墓、马王堆一号汉墓漆奁内都盛放花椒[4]。花椒气味芬芳，性温暖，可做香料或药物。先秦两汉时期，男女都有佩戴香囊的习俗，花椒是贵族阶层最为崇尚的佩饰熏香物之一。马王堆一号墓出土的香囊内就有花椒、茅香、辛夷、杜蘅、桂皮等植物[5]。花椒香身洁体，籽粒繁多，象征强大而旺盛的繁殖力。《诗经·唐风·椒聊》云："椒聊之实，蕃衍盈升。彼其之子，硕大无朋。椒聊且，远条且。"[6]以花椒起兴，正是源于椒的多籽。汉代后妃的住所也被称为"椒房"。《汉书·车千秋传》中颜师古注曰："椒房，殿名，皇后所居也。以椒和泥涂壁，取其温而芳也。"[7]花椒的温热之性对女性有保健作用，利于后妃为帝王传宗接代，具有多子吉祥的象征含义。墓葬中出土花椒，是因为古人认为花椒还具有辟邪及交通神灵、导引魂灵的作用[8]。马王堆一号墓墓主手中就握有两个装有花椒的香囊[9]。故此，放置化妆品与梳妆用具的妆奁内常盛有花椒也就不足为奇了。

虽然妆奁的基本功能为盛放与梳妆相关之物，但因古代器物的用途往往并不单一，存在一器多用的现象，故而妆奁内还见手套、组带、冠、冠缨以及针衣、印章和骰子等小物件。这些物件应为墓主生前所用之"生器"。

〔1〕河南省文物研究所：《密县打虎亭汉墓》，第 298、299 页，文物出版社，1993 年。
〔2〕湖北省荆沙铁路考古队：《包山楚墓》，第 150 ~ 155 页，文物出版社，1991 年。
〔3〕湖南省博物馆、湖南省文物考古研究所：《长沙马王堆二、三号汉墓》，第 140 页，文物出版社，2004 年。
〔4〕除了作为药物、调味品外，楚墓棺内也常放花椒，可能是因为古人发现花椒的气味具有抑菌、杀虫之功效，棺内置花椒，可以防腐。春秋早期黄君孟夫妇墓的棺内、一些楚墓的棺内与竹笥内、满城刘胜墓的铜枕内均出有花椒。
〔5〕湖南农学院：《长沙马王堆一号汉墓出土动植物标本的研究》，第 41、42 页，文物出版社，1978 年。
〔6〕（清）阮元校刻：《十三经注疏》，第 362 页，中华书局，1980 年。
〔7〕（汉）班固撰：《汉书》卷六六《车千秋传》，第 2885 页，中华书局，1962 年。
〔8〕姚智远、徐婵菲：《先秦两汉花椒的用途及文化意义》，《农业考古》2008 年第 1 期。
〔9〕湖南省博物馆、中国科学院考古研究所：《长沙马王堆一号汉墓》，第 33 页，文物出版社，1973 年。

第三章

漆奁的纹样及构图形式

纹样是装饰艺术中一个重要内容，是按照一定的图案结构经过写实、抽象等方法而逐渐定型化的图形。纹样是装饰花纹的总称，又称花纹、花样，亦泛称纹饰或图案。纹样本身可以作这样的界定，它是审美的用于情感激发的自身完整的形象，它的构成要素是由节奏、对称、比例等抽象反映形式[1]。

纹样的本质在于它的审美意义，亦即装饰意义。随着人们生活需要的提高，纹样从早期的功能基础和符号系统，逐渐演变为审美意义占据主导地位，即追求纯粹的装饰美。纹饰的作用在于丰富器物本身，将人们生活中熟悉的动物、植物、自然景象及想象出来的神异纹样装饰在器物上，通过这些优美的物质性装饰，把人们领入到愉悦的精神领域。

在我国，纹样出现得非常早，从远古时期彩陶上的纹饰及商周青铜器、漆器残片上的饕餮纹、夔纹、雷纹、蕉叶纹[2]、少量几何纹，发展到战国时期种类众多的纹样。从商代到春秋，漆器的装饰纹样、器形都与青铜器相近。战国早期楚国漆器装饰脱胎于青铜器，但逐渐形成了自身的特色。战国漆器的纹样主要是用毛笔绘制，线条较为舒展流畅，所以相对于青铜器规整的铸造纹饰来说，漆器纹样具有更大的灵活性和表现力。战国中期以后，漆器的纹样却呈现出一派新风格，异常活泼，漆绘“细入微芒”“落笔一挥而就”[3]。可以说，在战国时期，我国发达的纹样和漆器的发展是相互影响的。

随着战国中期楚国生活用器的迅速发展，漆奁也逐渐成为常见的日用漆器之一，漆奁也就成为画工们绘制纹样的一种重要载体。战国时期，漆奁的纹样主要以彩绘来绘制。汉代漆奁除了以彩绘来绘制纹样外，还借助锥画、金银贴花来表现纹样，也就是说锥画与金银贴花工艺是纹样的其他表现技法。各种纹饰的表现手法可分为写实和变形夸张两种。

第一节　纹样类别

战国秦汉时期漆奁上的装饰纹样，类别和数量增多，纹样繁复多变。漆奁纹样可分为动物纹样、植物纹样、自然景象纹样、几何纹样、社会生活与神话传说纹样共五大类。

〔1〕［匈］乔治·卢卡契著、徐恒醇译：《审美特性》（第一卷），第257页，中国社会科学出版社，1986年。

〔2〕这几种纹样出现在台西村商代遗址出土的漆器残片上。见河北省博物馆台西发掘小组、河北省文管处台西发掘小组：《河北藁城县台西村商代遗址1973年的重要发现》，《文物》1974年第8期。

〔3〕王世襄：《中国古代漆工艺》，《中国美术全集·工艺美术编8·漆器》，文物出版社，1989年。

一、动物纹样

漆奁上的动物纹样主要有龙、凤鸟、虎、鹿、豹、骆驼、大象、蛇、狗、鹤、雁、兔、乌、孔雀、朱雀、九尾狐等写实纹样，还有兽纹、变形龙纹、变形凤纹、变形鸟首纹、怪兽纹等夸张变形纹样。这些动物纹样是长江流域楚墓出土漆器上常见的纹饰，但在黄河流域战国墓出土的漆器上较为少见。

楚国对凤的喜爱远超过其他诸侯国。楚国漆器中多见形色各异的凤鸟形象，可以说凤鸟形象是楚国艺术的装饰母题。楚国漆奁的中心纹样常以凤鸟为主，这些凤鸟纹样富于变化，兼具写实与抽象的风格特点。

四川地区楚国移民墓葬出土的漆奁上也常见凤鸟纹，风格与楚地类似。四川青川郝家坪41 号楚墓出土的凤纹漆奁，此凤鸟有长而飘逸的凤尾、修长的脖子、纤长的凤腿，风姿绰约（图一六，1）。郝家坪 41 号墓的凤纹漆奁，其凤鸟的形象与湖北沙市二龙戏珠 50 号墓出土凤纹奁上的凤鸟（图一六，2）非常相似，前者作展翅傲立状，后者作展翅欲飞状，皆灵动飘逸。

图一六　凤纹漆奁

1. 四川青川郝家坪41号墓凤纹奁　2. 湖北沙市二龙戏珠50号墓凤纹奁　3. 湖北江陵马山一号墓蟠凤纹奁　4. 四川青川郝家坪26号墓变形凤纹奁

除了单个大凤鸟之外，楚国漆奁上还常见多个凤鸟。包山二号楚墓彩绘人物出行奁在盖面上绘制了许多凤鸟[1]。马山一号墓蟠凤纹漆奁[2]，盖面三只抽象的凤鸟盘旋交错（图一六，3）。九店东周墓出土的凤鸟纹漆奁（M712 ：16），三只凤的身体甚至弯曲抽象成盘旋的细线条，富有动感。四川青川郝家坪26号墓出土的漆奁，盖面以变形凤鸟纹三分圆形画面（图一六，4）。

云梦秦墓出土漆器上也绘有凤鸟纹，秦漆奁主要以抽象凤鸟纹、变形鸟首纹以及鸟首云身的云鸟纹为主。此外，还有各种变形凤鸟纹，形式多样（图一七），多与云气纹、云龙纹相杂。

图一七
鸟首纹

〔1〕湖北省荆沙铁路考古队：《包山楚墓》，第144页，文物出版社，1991年。
〔2〕湖北省荆州地区博物馆：《江陵马山一号楚墓》，第79、80页，文物出版社，1985年。

图一八　彩绘变形凤鸟纹样

变形鸟首纹是秦汉高度发达的纹样，据统计，其种类多达 39 种（图一八）。有些变形鸟首纹在考古报告中被称为“B”形纹[1]，陈振裕认为此纹饰应该称为“鸟首纹”[2]。同一种纹饰却有不同称呼，正说明了秦汉漆器纹样既具有一定的程式化，又在不断地发展演变，这也许就是秦汉纹样的魅力所在。

在汉代，身具五彩之色的凤鸟被认为是重要的祥瑞之一。此外，汉代漆奁上最常见的动物纹在汉武帝以后较之前大幅增加，这些飞禽走兽是汉代人观念中的祥瑞，它们穿梭在层层云气之中，呈现出迷离的幻象，常见的主要有龙、凤、鹿、鹤、虎、雁、麒麟、九尾狐等。漆奁上的动物纹样大部分是写实性的，表现技法除了传统的彩绘外，还采用锥画、金银贴花工艺。这些动物纹样极具装饰性，非常生动活泼，如奔跑的鹿、飞翔的鸟、怒吼的虎豹、回首的九尾狐，以及跳跃的野兔，周边以植物纹、自然景象和几何纹等作为衬托，千姿百态，美不胜收。还有少数怪兽纹样，在社会生活场面和神话传说的画面中起烘托作用，如湖北襄阳擂鼓台一号汉墓出土的人物纹漆奁盖内与内底的人物纹中夹杂着数只不知名的怪兽，其具体寓意，尚不明确（图一九）。

〔1〕湖南省博物馆、中国科学院考古研究所：《长沙马王堆一号汉墓》，第 87 页，文物出版社，1973 年。

〔2〕陈振裕、左德承：《试论秦汉漆器的两种纹饰》，《全国漆器信息》1987 年第 11、12 期合刊。

1

2

图一九　人物纹漆奁上的怪兽纹样

1. 盖内纹样　2.内底纹样

二、植物纹样

人们在长期的农业生产活动中，在与大自然长期的接触中，许多植物被人们赋予了各种不同的象征意义，这些纹样往往寄寓着人们祈求平安、丰收、趋吉避凶等良好愿望。植物纹已成为了一种生活化的艺术形式，体现了人们与大自然和谐交融的一面。植物纹样在漆奁的各种装饰纹样中所占的比例较少，多用于衬托主要纹饰，并不作为主要纹饰。

战国时期，楚国漆器出现以花草植物为题材的纹样，常见的植物纹样主要有柳树、扶桑树、四瓣花等，少数将花卉进行抽象变形。树木一般多完整地表现其形态，如包山二号墓车马人物出行图漆奁上的柳树，但是柳树却不是漆画的主体，而是作为不同绘画场景的"隔断"。花瓣纹样常被抽象成四瓣花纹，江陵马山一号墓凤纹耳杯的内中心、江陵天星观一号墓虎座鸟架鼓的鼓面中心都有漆绘的四瓣花纹。江陵九店东周墓出土的三凤纹漆奁（M712 ：16），每只凤鸟卷曲的身体内都点缀一朵太阳花，画面如同凤鸟在追逐太阳花，颇有意趣（图二〇）。长沙楚墓出土漆奁（M1195 ：9）盖面中心绘两只反向对称的抽象龙纹，数支蔓草状花草纹陪衬在龙纹身体的周围，画面显得更加丰满。

图二〇　漆奁上的植物纹样

图二一　并蒂蓓蕾花纹

1　　　　　　2

图二二　汉代植物纹样

1.柿蒂纹、花瓣纹、树纹　2.草叶纹漆奁内底纹饰

总体来说，楚漆奁上的植物纹相对其他种类的纹样来说是比较少的，仅有少数在漆器上做主体装饰纹样，多数作为辅助装饰衬托神话故事、人物或动物。

秦汉时期，植物纹样多由花卉之花、蕾、瓣和枝叶等元素变幻、组合而成。主要有柿蒂纹、梅花纹、连枝花蕾纹等，既能看出花卉之原貌，也能在此基础上进行抽象变形。梅花纹是云梦睡虎地出土漆奁盖面上常见的辅助纹样，一般作散点状，分布在主体纹样中间。云梦睡虎地出土的椭圆奁（M39 ：21）的盖壁上绘有四只行走的鸟，鸟中间隔写实性的并蒂蓓蕾花纹（图二一）。

汉代漆器植物纹样有树纹、梅花纹、蓓蕾纹等，以各种变形的柿蒂纹最为多见（图二二，1）。柿蒂纹常常作为汉代漆奁盖顶的中心纹样，在诸多植物纹样中独领风骚，成为汉代漆奁的一个重要特点。关于柿蒂纹，将在后文详述，此处不再赘述。汉代漆奁也有用抽象线描草叶纹来装饰漆奁内部，如长沙沙湖桥汉墓出土的漆奁，其内底纹饰为弯曲旋转的草叶纹，线条舒展简洁，在构图上形成了稳定的三分结构（图二二，2）。

三、自然景象纹样

战国时期，自然景象纹样主要有云纹、涡纹、波折纹、山字纹、水波纹、绹纹、勾连雷纹、变形三角形雷纹、勾连雷纹等。这些纹样中尤以云纹最为变幻多端，如云纹有云气纹、卷云纹、勾连云纹，以及与动物纹结合后幻化出来的云鸟纹、云兽纹、云龙纹等。变幻莫测的云纹承载着人们非凡的想象力，云纹由于常常和想象中的神仙联系在一起，在战国时期就深受人们的喜爱。《庄子・逍遥游》云："（神人）乘云气，御飞龙，而游乎四海之外。"〔1〕

自然景象纹样不断发展变化，有一个产生、发展、演变和消亡的过程。例如，绹纹多见于望山楚墓随葬的漆器，在年代略晚的楚墓中逐渐消失。构图严谨的勾连云纹始见于战国中期，汉代以后逐渐消失。

楚漆奁上常见的自然景象纹样是勾连云纹、波折纹。包山二号楚墓、江陵马山一号楚墓、江陵九店 M712 出土漆奁的盖面中心纹样的周围、盖壁、器身近底处、器底等部位常见勾连云纹组成的带状装饰带。安徽舒城秦家桥三号楚墓出土的漆奁盖壁与身壁均有波折纹，中间点缀着稀疏的点纹（图二三）。

秦漆奁上常见的自然景象纹样主要是卷云纹、云气纹、波折纹。波折纹是云梦睡虎地出土漆奁上最常见的纹样，波折纹中常点缀小圆点〔2〕，构图注重线与点的结合，流畅而生动。

汉代，气韵流畅的云气纹、山峰形纹等成为自然景观纹样的主题。尤其是云气纹，是汉代漆

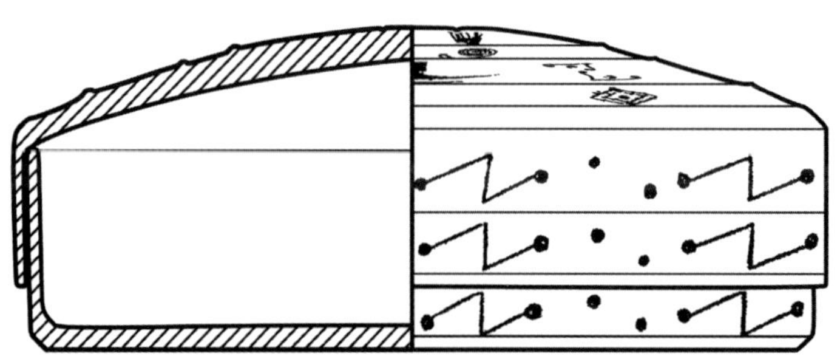

图二三　漆奁上的波折纹

〔1〕（清）郭庆藩撰、王孝鱼点校：《庄子集释》，第 28 页，中华书局，1961 年。

〔2〕这种波折纹中点缀圆点纹共同组成的纹样，貌似天空的星斗，或许也可以称之为"Z"形星斗纹。

图二四
油彩双层长方形漆奁

奁的最主要、最常见、最富时代特色的装饰题材。云气纹形制复杂，以卷曲状云纹居多，填以密集的小圆卷云纹。云气纹具有无处不在的广泛适用性，既可作为主体纹样，给人以一种“乱云飞渡”之感，又能作为辅助纹样，给人以一种“腾云驾雾”之感，具有浓厚的浪漫主义色彩。在汉代，云气纹早已不是自然现象的描写和抽象，而是一个被神化、符号化，代表社会思想的纹样符号，其流行应该与当时社会敬鬼事神有关。

以云气纹为主要装饰纹样的汉代漆器，数量上不胜枚举。马王堆三号墓出土的油彩双层长方形漆奁（北 162），器身分上、下两层，连同器盖共三部分。内髹朱漆，外绘油彩纹饰。盝顶盖面中心用白色颜料堆起凸起的边，再用红、蓝色油彩填绘卷云纹，盖面四斜面均用油彩绘卷云纹（图二四）[1]。盖外壁、器身上层外壁，构图与盖顶相似，均以汹涌流动的大面积云气纹为主。

四、几何纹样

几何纹样是以点、线、面的形式组成规则或不规则的花纹图案，是各类装饰纹样中出现较早的一类纹样。几何纹样在漆器的各种纹饰中占有相当多的数量。这类纹样主要有圆点纹、菱形纹、杯纹[2]、方块纹、弦纹、方格纹、方格点纹、圆圈纹、“S”形纹、三角形纹、平行直线和弧形纹等。几何纹样具有简洁性、明晰性和符号性。这些具有浓厚的神秘色彩的抽象纹样是如何产生的，众说纷纭，至今仍是世界艺术史上的难解之迷。

〔1〕陈建明、聂菲：《马王堆汉墓漆器整理与研究》（上册），第 178 页，中华书局，2019 年。

〔2〕汉代刘熙《释名·释采帛》中“有杯文，形似杯也”。杯纹是在菱形的基础上组合而成的，即在一个大菱形的两侧，附加一个不完整的小菱形，形似耳杯，汉代称为杯文。

图二五
锥画双层六子奁上的几何纹

几何纹样虽然是以简单的点、线、面的形式构成图案，但由于组合方式的不同，使纹饰显得千差万别，互不雷同。一般来说，几何纹常与其他几类纹样相组合，形成二方连续纹饰带，起衬托主体纹饰之效果。但是，也有漆器主要以几何纹进行装饰。江苏邗江姚庄 M101 出土的锥画漆罐[1]，漆罐的胎骨是轻薄的布脱胎，器高仅 6.9、腹径 8 厘米，通体髹褐色漆，从器盖沿侧到腹部皆以针刻弦纹划分出 9 条纹饰带，主体为斜十字纹、锯齿纹、“S”纹、菱形纹等几何纹，繁而不乱，其装饰风格富有广陵地方特色。

几何纹样在汉代的漆奁上得到了广泛运用。一般都是组成带状二方连续纹样，时而围绕在盖面的主题纹样之间，时而成为盖壁、器身壁的主题纹样的上下栏，更常常作为盖壁、器身口沿内侧的纹样。马王堆三号墓锥画双层六子奁（北 159）母奁盖面和器壁都有多条由栉纹、菱形纹、点纹组成的二方连续几何纹带（图二五）。奁盖面中心部分锥画云气纹。器中心部分从内往外数，第一圈为栉纹，第二圈为图案化的飞鸟纹，第三、四、六、八、十、十二、

〔1〕扬州博物馆：《江苏邗江姚庄 101 号西汉墓》，《文物》1988 年第 2 期。

十三圈均为几何纹[1]。锥画几何纹非常密集。第五、第九圈为素面，作用是缓解视觉疲劳，并可以突出锥画纹样。盖壁锥画两周几何纹，中间夹一周云气纹。底外壁锥画云气纹一周、几何纹一周。

五、社会生活与神话传说纹样

社会生活和神话传说纹样相对其他种类纹样，出现最晚，此类纹样的出现是漆器装饰题材的一个重大突破。

神话色彩浓厚的图案在楚国漆器图案中所占的比例比较大，应该与楚地浓郁的巫风有关。这种巫文化神话图案，线条生动流畅，母题多以现实生活为基础，在现实动物原形上进行加工、变形。以战国早期的长台关楚墓出土的漆瑟为例[2]，狩猎图中有屈身欲奔的鸟兽及细腰、长腿的怪物，还有巫师持法器图、巫师戏蛇图、默祷图、宴乐图等，非常生动，反映了战国时期楚人生活的一个侧面。就目前楚墓出土的漆奁来看，神话题材相对较少。河南泌阳秦墓出土了一件方奁盖[3]，奁盖左上角和右下角各彩绘一怪兽，伸肢展翅。对比其他秦墓出土的漆器，纹样几乎都是写实性的，不见形象怪诞的图案。泌阳秦墓年代为秦末或秦亡不久，泌阳在战国晚期为楚之边界，这种怪兽图案显然受到楚国漆器的影响。

社会生活题材取材于当时的社会生活，画面生动，生活气息浓郁。这类纹样的表现方式和其他几类纹样存在较大差别，在表现技法上的要求也高于其他纹样，在描绘上多综合运用上述数类纹样。目前在黄河流域出土的战国漆器中未见社会生活和神话传说纹样，只有楚地出土的漆器上有少量发现，如曾侯乙墓出土的一件漆衣箱盖顶绘后羿射日，同出的漆鸳鸯盒两侧的乐舞场面[4]，信阳长台关一号墓彩绘锦瑟上的宴乐图和射猎图[5]。包山二号楚墓漆奁上的人物车马画卷[6]，是我国目前所见年代最早的一幅写实性叙事漆画。画面上共有26人、4辆车、10匹马、1头猪、2条狗、9只雁、5颗柳树，写景状物，栩栩如生地展示了周代婚礼的场面[7]。

〔1〕湖南省博物馆、湖南省文物考古研究所：《长沙马王堆二、三号汉墓》，第141页，文物出版社，2004年。

〔2〕河南省文物研究所：《信阳楚墓》，第29～31页，文物出版社，1986年。

〔3〕驻马店地区文管会、泌阳县文教局：《河南泌阳秦墓》，《文物》1980年第9期。

〔4〕湖北省博物馆编：《随县曾侯乙墓》，第355、362页，文物出版社，1980年。

〔5〕河南省文物研究所：《信阳楚墓》，第29～31页，文物出版社，1986年。

〔6〕湖北省荆沙铁路考古队：《包山楚墓》，第144页，文物出版社，1991年。

〔7〕张闻捷：《包山二号墓漆画为婚礼图考》，《江汉考古》2009年第4期。

图二六 东汉彩绘漆箧（局部）

汉初漆奁的装饰题材比战国时期更加广泛，内容也更为丰富，除了云气翻涌的神话题材外，也出现了反映人间生活的内容，如狩猎、歌舞、宴乐、车马出行、马术表演等。这类题材不仅是社会现实的反映，也是当时社会思潮的反映。长沙砂子塘一号汉墓出土的舞蹈奁、人物车马出行奁〔1〕，襄阳擂鼓台一号墓出土的人物纹圆奁〔2〕，都用写实风格描绘现实故事。有研究者认为擂鼓台一号墓出土漆奁所绘七幅图画反映的是以西施、郑旦为中心的美人计细节〔3〕。

东汉时期，绘画古代圣贤、烈女贞妇得到了时人的推崇。《后汉书·赵岐传》载："（儒臣赵岐）建安六年卒。先自为寿藏，图季札、子产、晏婴、叔向四像居宾位，又自画其像居主位，皆为赞颂。"〔4〕朝鲜平壤彩箧冢出土的彩绘人物图漆箧，在箧身口缘的黑漆地上，以红、黄、赭、绿等色绘制花纹，并在菱形、点、圆圈、三角纹等花纹带中绘制孝子、义士、烈女、圣贤等众多人物形象（图二六）〔5〕。这幅彩绘在一定程度上反映了当时的统治阶层试图以儒家的礼仪道德规范来统领社会各阶层的思想。

西汉中期以后出现了更多的狩猎、宴乐、马术等纹饰，与前期不同的是，均为云气所缭绕，应该是被神仙化了的上层社会现实生活的写照。西汉中期以后，神话题材的纹样是漆奁的常见纹样，反映了当时社会天人感应、以儒学为宗和宗教神学思想成为当时社会的主流思潮。

狩猎在汉代非常盛行，深受社会各阶层的喜爱。王粲《七释》中有关于狩猎的精彩描写："农功既登，玄阴戒寒。乃致众庶，大猎中原。植旌拊表，班授行曲。罝网连置，弥山跨谷。流锋四射，

〔1〕湖南省博物馆：《长沙砂子塘西汉墓发掘简报》，《文物》1963年第2期。
〔2〕襄阳地区博物馆：《湖北襄阳擂鼓台一号墓发掘简报》，《考古》1982年第2期。
〔3〕张瀚墨：《襄阳擂鼓台一号墓出土漆奁绘画装饰解读》，《江汉考古》2017年第6期。
〔4〕（南朝宋）范晔撰：《后汉书》卷六四《赵岐传》，第2124页，中华书局，1965年。
〔5〕朝鲜外国文出版社编辑部：《朝鲜的文化遗物》，第86、87页，朝鲜外国文出版社，1957年。

毕罕横厉。奋千殳而捎系，驰鹰犬以搏噬。弦不虚控，矢不徒注。僵禽连积，陨鸟若雨。”[1]马王堆三号汉墓出土的锥画狩猎纹漆奁表现了狩猎时的紧张场面[2]。在形体小巧的漆奁上展现了动人心魄的场景：云气弥漫的青山绿水中，山兔跳跃，田鼠爬行，虎豹怒吼，一个手执长矛、健步如飞的猎人正奋力追赶着两只仓惶逃命的鹿，只见其中一只鹿撒腿急忙逃窜并惊恐回首，另一只鹿腾空跳跃着奔跑，气氛紧张，动感强烈。此外鱼儿在水中或潜游，或跃出水面，不远处又有仙人乘豹云游于天地之间。画面中人神杂处，飞禽走兽浑然一体，让人有一种置身于梦幻中的感觉，分不清是天上还是人间，难怪有些学者认为这幅狩猎图实际上是“神人羽化神仙图”[3]。

人与兽或兽与兽之间激烈的格斗是战国青铜器上常见的纹饰内容。格斗的规模和激烈的气氛都给人以深刻的印象。野兽既是被猎取的对象，也向狩猎者进攻，短促劲健的线条更突出了狩猎时紧张激烈的场面。器物上所见的汉代狩猎场面，则以流畅的线条展示狩猎者优雅而从容的姿态，画面中再也没有紧张激烈的大规模格斗痕迹。汉代一些著名文学家的作品，如司马相如的《子虚赋》和班固的《两都赋》中，都描写了皇帝及其随从人员狩猎的壮观场面。这种贵族狩猎并不是在野兽出没的荒野中进行，多数是在封闭的皇家猎苑中展开。在如此神奇环境中的狩猎，定然可以满足皇室贵族们置身祥瑞世界中的愿望。与此同时，狩猎也为汉朝廷提供了一个展示富有和奢华的机会[4]。由此可见，汉代的狩猎图不同于战国狩猎图，其中寄寓了统治阶层希望像仙人一样置身于祥瑞之中，祈求长生不老的美好愿望。

汉代漆器的神话题材更多来源于南方楚文化光怪陆离的神怪传说和道家的遗世绝俗、寄情自然及仙境的思想。现实生活题材则受到北方儒家“敬鬼神而远之”和“制天命而用之”思想的影响。受黄老之学和求仙之风的影响，云气纹中穿插神禽、神兽和神仙，构成了一种称为“云虡纹”或称为“虡纹”的新纹样。扬州姚庄 M101 出土的银釦嵌玛瑙七子奁[5]，母奁的盖顶用金箔贴饰羽人跽坐操琴、羽人骑狼等形象。奁盖外壁以三道银釦形成了上下两栏纹饰带，纹饰带内用金箔和彩绘组成山水云气纹，山水之间装饰以车马出行、狩猎、斗牛、六博、听琴、羽人祝寿等。这类纹样就是云虡纹，习称为“云气神兽纹”。汉代一般观念中的所谓“虡”

〔1〕俞绍初校点：《王粲集》，第 35 页，中华书局，1980 年。

〔2〕湖南省博物馆、湖南省文物考古研究所：《长沙马王堆二、三号汉墓》，第 140 页，文物出版社，2004 年。

〔3〕陈松长：《马王堆锥画漆奁盒上的狩猎纹图像解读》，《江汉考古》2008 年第 3 期。

〔4〕[美]巫鸿：《三盘山出土车饰与西汉美术中的”祥瑞”图像》，《礼仪中的美术——巫鸿中国古代美术史文编》，第 158 页，三联书店，2005 年。

〔5〕扬州博物馆：《江苏邗江姚庄 101 号西汉墓》，《文物》1988 年第 2 期。

图二七　银釦漆奁器身展开图

或“巨虚”头长鹿角，具有孔武有力、能辟除邪厉和体型矫健、迅捷善跑的双重属性。“虡”实际上是对神兽的笼统的泛指[1]。汉代人认为虡具有驱邪吉祥的神力，能够使人们延年益寿、长乐万世。马王堆一号汉墓黑地彩绘云虡纹漆棺在漫卷的云气中总共绘了一百多种灵兽、神禽和仙人，其中出现最多的就是虡这种神兽。在漆奁的装饰中，除单独使用云气纹，涂满整个漆奁的装饰面外，更为多见的是以云气纹与珍禽、异兽、神仙、植物纹组合起来成为云虡纹。漆奁上的云虡纹一般点线结合、疏密有致，组成一个长条形纹饰带，以二方连续的方式分布在漆奁中心纹样的周围与器壁上。

云虡纹烘托出一种灵禽异兽与神怪、仙人共处、其乐融融的场景。江苏盱眙东阳汉墓出土的漆奁（M30 ：5），奁盖、身外壁均在黑色漆地上镶嵌三道银釦[2]。银釦间内以金箔贴饰两道纹饰带，山石、树木、云气掩映，无数神态各异的人、神、动物置于其间。人的形态各异，有的正独自狩猎，有的信步漫游，有的追逐嬉戏（图二七）。云虡纹这种幻想与现实浑然一体的漆器装饰画，表现出一种轻快的调子，给人以虚幻缥缈的感觉，使汉代漆绘工艺达到了轻盈飘逸的美的艺术高峰[3]。

描写太虚幻境的云虡纹几乎见于全国各地的漆器，从西汉初年开始，特别是西汉中期以后，汉代漆器上随处可见云气缭绕、怪兽奔腾、神鸟雀跃的天上人间奇观，充分表现了当时社会各阶层幻化成仙、追求长生的美好愿望。汉代人所向往的神仙世界是在现实生活的基础上加入了天才想象而形成的，神仙世界和现实生活往往水乳交融，难以分清。

汉代漆奁云虡纹绘画题材的出现和发展是一种新的流变趋势，标志着社会生产力的提高以及社会形态、政治制度、社会文化、社会风俗等多方面因素的变迁。云虡纹散发出浓郁的汉代生活气息，对于研究当时人们的现实生活与精神信仰，具有重要意义。

〔1〕孙机：《几种汉代的图案纹饰》，《文物》1982 年第 3 期。
〔2〕南京博物院、盱眙县博物馆：《江苏盱眙东阳汉墓群 M30 发掘简报》，《东南文化》2013 年第 6 期。
〔3〕傅举有：《东方的神秘——汉代漆器云虡纹主题画》，《广州文博》2017 年第 1 期。

第二节　纹样构图形式

人们在观摩漆器的时候，常常为漆器艳丽的纹饰所吸引。战国秦汉时期的漆器上动感的线条互相交织，难免给人一种神龙见首不见尾的感觉。由于漆器上的纹饰多是由色漆绘制而成，而色漆非常黏稠，这就限定了工匠在运笔的时候不能有太多的迟疑，必须随心所动，一挥而就，也就形成了纹饰洒脱的风格。这些变化莫测的线条或粗或细，或长或短，气势磅礴却又似无章可循，其实这些纹样几乎都是按照一定的规律进行绘制的。由于纹饰均为手工绘制，不同于模印，所谓的规律是在某种“神似”与“形似”的基础上总结出来的。

前文分类叙述了五类纹样。这些纹样总是按照一定的方式组合起来的。这种组合方式称为“纹样的构图形式”。战国秦汉漆奁上有多彩多姿的装饰纹样，说明当时的漆画匠师已经熟练地掌握了图案的构图法则〔1〕。连续纹样、适合纹样和独立纹样这三种形式是漆奁最基本的纹样构成形式。工匠根据漆器的具体造型，灵活运用这三种构图形式。

一、连续纹样

漆奁的中心纹样周围及其口沿内外，往往饰以连续的带状纹样，增加了器皿的层次感及美感。这种纹样以二方连续居多，绝大多数是横式的左右联系。二方连续的装饰构成，就是以一个单元或多个单元的纹样作上下或左右两个方向的反复延伸。二方连续构图是按一定秩序循直线方向、曲线方向延伸反复，具有一定的节奏感，常见的构图方法有连圆式、连环式、波线式和散点式。

边缘连续纹样常见于一些漆盘、长方盒、方盒、圆盒、圆奁等器物。边缘连续纹样是用一个或几个单位纹样组成一个单元纹样，向两方反复连续，布置在中心纹饰的外轮廓周围。漆奁所绘饰的云纹、勾连云纹、三角纹、方格纹、卷云纹和一些几何形纹样，均以连环式、波折式和散点式等不同方法构成边缘连续纹样，使纹样既复杂多变，又有规律可循。这些纹样也比较讲究对称，并有四面与两面的对称形式；还有少数采用平衡组合的形式，以烘托主题纹饰。

带形连续纹样与边缘连续纹样基本相同，在耳杯、盘和圆奁等器物的外壁和口沿内外，多绘有变形云雷纹、卷云纹、弧形纹、点纹和几何纹，组成带形连续纹样。它也是作为主要纹样的衬托，起到主次分明的艺术效果。

〔1〕陈振裕：《楚国漆器的装饰艺术》，《中原文物》1984年第4期。

二、适合纹样

适合纹样是具有一定外形限制的纹样，图案素材经过加工变化，组织在一定的轮廓线以内。适合纹样具有严谨的艺术特点，要求纹样的变化既能体现物象的特征，又要穿插自然，形成独立的装饰美。

漆奁从战国中期开始出现以来，最基本的形状是圆形，秦时出现了椭圆形。西汉多子奁盛行以后，内部的子奁的形状更加多样化，主要有圆形、椭圆形、长方形、长条形、正方形、马蹄形等。漆奁的造型限定了纹饰的构成形式。漆奁的适合纹样是依据漆奁的造型，描绘出与器形相适合的纹样。以最常见的圆奁为例，奁盖与底部为圆形单独适合纹样，而器壁一般是环带状二方连续纹。单独适合纹样表现为局域性的，具有装饰面的意义。二方连续纹具有流动性，是线型的。这种带状结构有时成为主体的局域性适合纹样的一部分，有时又起着区划装饰界域的作用，本身也是一种装饰形态。一件漆奁的适合纹样常常与多条环带纹样配合

图二八
云虡纹银釦五子奁
盖顶纹样

出现。多子奁中的马蹄形、长方形、正方形、椭圆形等子奁也都是同样的形式，盖顶部中心为马蹄形、长方形、正方形、椭圆形的适合纹样，外有环带，奁外壁也是由多条装饰带组成。

江苏仪征国庆前庄 M12 出土一套银釦彩绘漆五子奁。母奁（M12 ∶ 23），布脱胎。圆筒形，内置五子奁[1]。奁外髹黑漆、内髹朱漆。盖顶中心以朱漆勾绘、银箔贴饰而成的四叶柿蒂纹为中心适合纹样。柿蒂外有三道银釦形成纹饰带，朱漆绘云虡纹（图二八）。彩绘云气纹银釦子奁 5 件，马蹄形 1 件、长方形 2 件、圆筒形 2 件，盖顶分别镶嵌变形三叶、二叶或四叶银柿蒂等适合纹样。

三、独立纹样

独立纹样是相对于连续带状纹样而言的，指在漆器的器物中心位置或某一面上，描绘独立的个体单位或几个单位的装饰纹样。

楚国漆器上较多为动物纹样，常作为漆器上的独立纹样，如漆奁上常仅绘一只大凤鸟作为独立纹样。

当独立纹样是由几个单元组成时，其基本组合形式有对称、旋转、平衡、辐射等几种。在漆器装饰中，圆形适合纹样的众多结构形式，从二分式对称结构到四分、五分等多分式结构，最能表现动感、最适应圆形规范、最适宜漆器装饰要求和最简洁易行的可以说就是三分式回旋结构了[2]。

湖北包山二号楚墓出土的人物车马出行奁的盖面中间圈内采用工整的四分结构布置纹样。用深红、橘红、土黄、青共四色绘相背对称四分龙凤图案，每一单元有一长嘴龙盘绕其间并填以两对小龙小凤，单元之间以蝶状纹间隔。安徽阜阳双古堆西汉汝阴侯一号墓出土的云纹银釦漆奁，布脱胎。盖顶中心的独立纹样为四分结构的云气纹，最中心绘一小太阳纹，周围四条短线划分出四个区域，每个区域内各彩绘一组云气纹，云气纹首尾相连，气势磅礴（图二九）。

圆形适合纹样的骨架结构几乎都是由三组单个纹样呈回旋式组成，这是秦汉圆形适合纹样形态结构上的一个显著特点。这样的例子不胜枚举，在盘、奁、鼎盖、卮盖、樽盖等各类圆形漆面上，比比皆是。

马王堆二号墓出土漆奁盖（北 31）[3]，盖面中心从内向外数共分六圈，用朱漆绘云气

〔1〕仪征市博物馆：《江苏仪征国庆前庄 12 号墓发掘简报》，《东南文化》2017 年第 2 期。

〔2〕李砚祖：《装饰之道》，第 390 页，中国人民大学出版社，1993 年。

〔3〕湖南省博物馆、湖南省文物考古研究所：《长沙马王堆二、三号汉墓》，第 16 页，文物出版社，2004 年。

图二九　四分式构图

纹与几何纹等。中心内圈朱漆绘三组翻卷的漩涡状云气纹，每组漩涡云气纹又以一大一小两组勾连云气纹并连，间隙朱漆绘三组点纹与涡纹组成的三角形云雷纹。漩涡云气纹盘旋的中心绘三只变形小鸟纹，三只小鸟首尾相连呈逆时针涡状纹，整个图案充满了运动感（图三〇，1）[1]。墓葬年代比马王堆二号墓略晚的扬州西汉刘毋智墓出土的四子漆奁（M1C ：39），母奁盖顶中心锥画三组旋转云气纹[2]。江苏盱眙大云山二号墓出土一件漆奁，器身内底纹样分为内外两区，内区中心线描三组旋转的云气纹[3]，颇有情趣，装饰效果上佳

〔1〕陈建明、聂菲：《马王堆汉墓漆器整理与研究》（上册），第 114 页，中华书局，2019 年。

〔2〕扬州市文物考古研究所：《江苏扬州西汉刘毋智墓发掘简报》，《文物》2010 年第 3 期。

〔3〕南京博物院、盱眙县文广新局：《江苏盱眙大云山江都王陵二号墓发掘简报》，《文物》2013 年第 1 期。

1

2

图三〇　三分式构图

1.马王堆二号墓漆奁盖面纹样
2.大云山一号墓漆奁内底纹样

图三一　二分反向对称构图

（图三〇，2）。三分回旋式结构组成的圆形适合纹样的熟练运用，说明了秦汉时期漆器工艺技术已高度成熟。

椭圆形及长方形漆器的适合纹样的结构大都是二分对称式或四分对称转换式。马王堆一号墓出土的刻有“君幸酒”文字的变形龙纹漆耳杯[1]，为两对互为转换的对龙结构，这种结构非常适合椭圆形的漆器。西汉早期，椭圆奁较多的采用二分反向对称方式进行构图，如湖北江陵凤凰山 M168 云纹椭圆奁就是这种构图方式（图三一）[2]。

四、色线与色带

漆奁盖与壁上的连续纹样之所以醒目，离不开色线和色带。它们能够使零散多变的纹饰归于统一。器盖与器身扣合交界处，两条并列上下的色线和色带，不仅作为装饰，而且在视觉上巧妙地遮蔽了扣合处的缝隙，使其成为统一的整体。1998 年，扬州市邗江西湖山头 1 号西汉墓出土的彩绘云气谷粒纹漆奁（图三二）[3]。此奁的盖壁上画了四道红色的色线，构成了两道谷粒环带纹的上下边界，中间两条红色色线之间又不加彩绘，露出一道黑色的宽色带，

〔1〕湖南省博物馆、中国科学院考古研究所：《长沙马王堆一号汉墓》，第 83 页，文物出版社，1973 年。

〔2〕纪南城凤凰山一六八号汉墓发掘整理组：《湖北江陵凤凰山一六八号汉墓发掘简报》，《文物》1975 年第 9 期；湖北省文物考古研究所：《江陵凤凰山一六八号汉墓》，《考古学报》1993 年第 4 期。

〔3〕1998 年发掘的邗江西湖山头 1 号西汉墓为西汉早期墓葬。此墓没有相关发掘报告，本文的图片采自扬州博物馆：《汉广陵国漆器》，文物出版社，2004 年。

这样盖壁就形成了三个同宽的纹饰带，构图简单而巧妙。

色线与色带不仅常常出现于漆奁的外部，而且也较多地运用在漆奁的盖内、内底甚至外底。它们围绕在适合纹样的外面，形成了鲜明的对比，具有一动一静之美感。江苏仪征前庄 M12 出土的云虡纹彩绘银釦五子漆奁，其大母奁与 5 个小子奁皆盖内与器内髹朱漆地，在盖内顶与身内底的中心髹黑漆，在黑漆地上朱绘云气纹，周围露出红色的地漆，形成了一道较宽的红色无纹带，动静结合，匠心独具（图三三）。此外，在漆盘等漆器上也常见此类宽色带。

西汉中后期以后，釦器盛行，漆奁内部还是常见髹漆宽色带，而外部则很少见到这种宽色带，金属釦取代这种宽色带，漆奁的连续纹样呈带状分布在金属釦之间。金属釦的熠熠光辉与深色底漆的含蓄之美交相辉映，呈现出别样的美感（图三四）。

战国秦汉漆奁有多种装饰纹样。工匠依据漆奁的具体造型，选用适合的构图形式，并灵活运用多种装饰技法，从而使漆奁的造型与装饰纹样相得益彰，达到最佳的装饰效果。

图三二　彩绘云气谷粒纹漆奁

图三三　漆子奁盖内顶与奁身内底色带

图三四　银釦方形漆奁（局部）

第四章

漆奁装饰工艺

装饰是以秩序化、规律化、程式化、理想化为要求，改变和美化事物，形成合乎人类需要，并与人类审美理想相统一和谐的美的形式。中国古人对漆器的装饰由来已久。《韩非子·十过篇》云："尧禅天下，虞舜受之，作为食器，斩山木而财之，削锯修之迹，流漆墨其上，输之于宫以为食器……舜禅天下而传之于禹，禹作为祭器，墨染其外，而朱画其内……觞酎有采，而樽俎有饰。"[1]从中国漆器发展的脉络来看，黑、红两色是漆器的基本色彩。红色活泼跃动，黑色深沉稳重。在黑地上朱绘，或朱地墨绘，红与黑相互衬托，交相辉映，相得益彰。黑色为中性色，其明度低，运用到器物上，显得博大、宽厚、沉稳。同时，黑色具有调和性，可以将众多饱和的暖色、冷色调和在一起。西汉后期，即使漆奁的装饰越来越复杂，在黑（褐）色漆地上，也不会觉得颜色繁杂。

战国秦汉时期的漆奁，其器表的纹样大多数是在黑（褐）这类深色底漆上彩绘，而器内常见的是红底上墨绘纹样，色彩对比强烈。漆奁上丰富多样的装饰纹样是通过彩绘、锥画、镶釦、金银贴花、嵌宝等装饰工艺表现出来的。装饰纹样分为动物纹、植物纹、云气纹、几何纹、人物纹和神话传说等，形象生动，色彩绮丽，可以把人们带入一个现实主义和浪漫主义相互融汇的艺术世界。从器物艺术装饰的角度看，不同时代的漆奁，其装饰方式侧重点皆有变化，具有比较鲜明的时代气息和浓厚的民族特色，体现了工艺技术的变化，反映了中国器物装饰技术在手法和技巧上的丰富性和多样性，也折射出不同时代人们对审美的不同追求。

第一节　彩　绘

彩绘是漆器最基本的装饰工艺之一。漆器之美，很大程度上在于它的多彩。新石器时代，先民就掌握了简单的漆器彩绘技术，如河姆渡遗址出土的鹭鸶太阳纹漆画木片、漆绘木蝶形器。早期彩绘颜色有红、黑、白、橙、黄等色，这几种颜色均较为醒目，具有较强的视觉冲击力，其组合配色奠定了中国装饰色彩审美的基础。

将生漆加热后去掉漆中的水分，生漆就会变成红棕色的半透明漆液，称为精制漆。《髹饰录》杨明注中指出："黑唯宜漆色，而白唯非油则无应矣"[2]。又云："如天兰、雪白、桃红，则漆所不相应也。"漆无论如何炼制，总不能明透如水[3]。要描绘浅淡或其他鲜艳的花纹，

〔1〕（战国）韩非著、陈奇猷校注：《韩非子新校注》，第221页，上海古籍出版社，2000年。

〔2〕王世襄：《髹饰录解说：中国传统漆工艺研究》，第76页，文物出版社，1998年。

〔3〕王世襄：《髹饰录解说：中国传统漆工艺研究》，第93页，文物出版社，1998年。

一定要用植物油，以油代漆调制颜料。战国时期漆器彩绘的色彩已十分丰富，有黑、红、黄、绿、灰、金、赭、银等多种颜色。信阳楚墓出土的漆瑟上使用的颜色近十种[1]，湖北荆门包山二号墓出土的车马出行奁的彩绘也使用了多种颜色[2]。色漆既具有色彩，又具有一定的遮盖力，提升了漆膜的强度与耐久性，能有效地阻止紫外线的穿透，保护了胎骨，延长了漆器的使用寿命。楚国漆器体现的艺术风格为追求色彩斑斓、富丽堂皇、精工高雅的格调。这股艳丽浪漫的楚风，一扫商周青铜器单调、凝重的气氛，把人们引入了一个多彩而活泼的世界。

战国时期，有一种特殊的彩绘方式——描金银。描金银是在油中调入极细的金粉或银粉，制成糊状，用毛笔蘸取后在漆地上描绘花纹。包山二号楚墓的内棺[3]、江陵马山一号墓出土的一件漆耳杯上皆有用描金银的技法绘制出的凤纹[4]。由于所用油脂日久会氧化，描金银极易脱落。汉代以后，金银贴花工艺非常发达，相对于描金银，金银贴花工艺不但省金而且表现力更强，故而汉代漆奁很少采用描金银工艺。据考古资料显示，采用描金工艺装饰的汉代漆奁目前仅见一例，即仪征张集团山 M1 所出四子奁[5]。

有研究者对云梦睡虎地出土的秦国漆器进行了仔细观察，发现当时漆画工为了使装饰纹样描绘得准确无误、布局匀称美观、比例大小得当，往往先打底稿，用一种褐色无光漆在器表上先绘出纹样的初步轮廓，然后再用调好的色漆仔细描绘正式纹样[6]。漆器彩绘利用画笔，以色漆或油彩为颜料来绘制纹饰。彩绘主要包括线描、平涂、堆漆和渲染共四种方法，最常用的是线描与平涂。

从出土的战国帛画来看，以线条为主要造型手段的中国绘画传统在这一历史时期已经形成且达到了很高的水平。线描法是漆器最常见的彩绘手法之一。战国秦汉时期漆器彩绘不能采用模印法批量绘制，线条是以毛笔手工勾勒而成。由于漆液自身浓淡干湿的差异，画工用笔转折顿挫、轻重缓急、刚强纤弱的不同，各种物象的形态与质感都能通过线描生动地展现出来。

马王堆一号汉墓出土的漆器纹饰细致而流畅。彩绘纹样除了平涂外，还大量使用了线条勾勒。线条勾勒根据纹样的不同，风格也不相同，如几何类型纹样，线条一般比较刚劲；龙凤、云鸟以及花草类型的纹样，线条一般比较柔和；猫龟纹样则采用类似近代写生的线条。

〔1〕河南省文物研究所：《信阳楚墓》，第 29 ～ 31 页，文物出版社，1986 年。

〔2〕湖北省荆沙铁路考古队：《包山楚墓》，第 144 页，文物出版社，1991 年。

〔3〕湖北省荆沙铁路考古队：《包山楚墓》，第 63 页，文物出版社，1991 年。

〔4〕湖北省荆州地区博物馆：《江陵马山一号楚墓》，第 77 页，文物出版社，1985 年。

〔5〕南京博物院、仪征博物馆筹备办公室：《仪征张集团山西汉墓》，《考古学报》1992 年第 4 期。

〔6〕陈振裕：《楚文化与漆器研究》，第 313 页，科学出版社，2003 年。

图三五
双层九子漆奁内底
线描云气纹

有些器物上的花纹，同时使用几种线条勾勒，使画面更加生动活泼[1]。弯曲的线条更易展示力量和气势，如长沙马王堆一号汉墓出土的双层九子漆奁的盖顶、内底都以长短随意、转曲自如的曲线云气纹组成画面[2]，整个画面给人一种云海翻腾之感，具有运动不息的动感之美（图三五）。

平涂方法有三种：一是用线条勾勒物象后涂色；二是先平涂物象，然后再用线条勾勒轮廓；三是用颜色平涂物象后，再用线勾勒主要部位，以表现物象的形体结构。长沙砂子塘一号汉墓出土的舞蹈纹漆奁（图三六，1）、人物车马漆奁（图三六，2）的盖壁纹饰就

〔1〕湖南省博物馆、中国科学院考古研究所：《长沙马王堆一号汉墓》，第 77 页，文物出版社，1973 年。

〔2〕湖南省博物馆、中国科学院考古研究所：《长沙马王堆一号汉墓》，第 88、89 页，文物出版社，1973 年。

1

2

图三六 彩绘漆奁平涂纹样

1.舞女奁盖壁纹饰（局部） 2.人物车马奁盖壁纹饰（局部）

是采用的第三种平涂方法[1]。

堆漆法是利用漆液黏稠、不易展开的特性，在漆器表面堆起花纹的一种技法。这种技法可用来表现具有立体感的物象。长沙楚墓出土的一件漆樽的纹样采用堆漆法，用红色表现五层不同的场景和人物[2]。扬州西湖山头1号西汉墓出土的云气谷粒纹漆奁[3]，主要纹饰带上均有以堆漆法点画而出的饱满的圆点纹。马王堆一号汉墓的黑地彩绘棺所绘的神

〔1〕湖南省博物馆：《长沙砂子塘西汉墓发掘简报》，《文物》1963年第2期。由于此墓被盗，报告中并未提及漆奁等相关信息。墓中出土的漆奁纹饰信息，均从相关图录中收集。

〔2〕湖南省博物馆等：《长沙楚墓》，第355页，文物出版社，2000年。

〔3〕扬州博物馆：《汉广陵国漆器》，第31页，文物出版社，2004年。

图三七　油彩双层圆漆奁

怪，其眼、爪和肌肉明显凸起，具有浮雕的艺术效果[1]。马王堆三号墓中的油彩双层长方形漆奁、油彩双层圆漆奁盖面中心也均采用了堆漆法[2]。油彩双层圆漆奁（北 155），盖为圆形隆起，盖面中心用白色凸起线条勾边，内用矿物颜料调油勾填一组朱、绿二色“S”形卷云纹（图三七）。

渲染法是利用由浓到淡的色彩变化，以表现物象的明暗或云雾的显隐。汉代漆器彩绘渲染法的使用仅见于朝鲜平壤彩箧冢出土的龙纹漆奁。龙的头、足、腹部在平涂地色后，再用渲染法表现明暗。这种方法很少见，可以说是绘画技术的一大进步[3]。长沙子弹库楚墓出土的《驭龙图》则兼用平涂法与渲染法进行彩绘，此帛画上部分施有金白粉彩，以平涂设色，并采用渲染的技法。楚国绘画此种赋彩的方法，为后代所继承，为两汉及魏晋时期人物画的发展创造了条件。

彩绘漆奁器表几乎都是在黑色或褐黑色的底漆上以朱漆进行绘制纹样，辅以多种色漆或油彩。战国楚墓出土的漆奁几乎都只装饰漆奁的器表，即器物扣合起来之后，目力所能及之处。目前仅见安徽舒城秦家桥出土的一件漆奁在内部也绘制纹样，由于奁内部髹红漆，工匠别出心裁地在内顶、内底各加黑漆圆心，圆心纹饰与盖面风格相同。江汉平原秦墓出土的漆奁，也有少部分开始在漆奁内壁的口沿等处绘制纹样。

〔1〕湖南省博物馆、中国科学院考古研究所：《长沙马王堆一号汉墓》，第 14 ~ 26 页，文物出版社，1973 年。

〔2〕湖南省博物馆、湖南省文物考古研究所：《长沙马王堆二、三号汉墓》，第 155 页，文物出版社，2004 年。

〔3〕李正光：《汉代漆器图案集》，第 13 页，文物出版社，2002 年。

楚国漆奁彩绘时常多种方法同时使用，大大增强了彩绘的表现力度。荆门包山二号墓出土的人物车马漆奁[1]，盖面绘制了众多凤纹，却繁而不乱。为了使同一平面的装饰纹样呈现层次感，采用平宽的线条与穿插相结合的画法，盖面纹样的线条转折起伏较大，灵活的线条

〔1〕湖北省荆沙铁路考古队：《包山楚墓》，第144页，文物出版社，1991年。

图三八　彩绘人物车马图

可以交接穿插于较大空间，使上下左右联系、呼应起来，甚至显得错综复杂，难以分辨，勾画出了复杂的盖面纹样。奁壁的彩绘人物车马图主要采用色块平涂再以单线勾边，也有一些画面在平涂的漆地上不勾轮廓线。尤其值得注意的是，人物造型不但有侧面的脸，还出现了背面形象（图三八）。虽然这个形象在今天看来略显稚嫩，但已是打破程式化的人物侧面表现的一次重要尝试，说明了楚国绘画造型能力在不断提高。

秦漆奁所见彩绘，最常用的也是线描与平涂技法。彩绘所用的颜色主要以红、褐色为主。秦国漆奁以及秦许多日用漆器上都出现了大量的鸟首云身的云鸟纹。一般是用线条勾勒出抽象的鸟首，鸟身用色块平涂的方法绘制出翻滚的云雾，云纹往往是写实的曲线形团块状，云的特征被大大强化。

整体来说，汉以前的漆奁，彩绘既有大块面积的色块平涂，也有粗细刚柔相间的线条勾勒，还有平涂填充、线描和点彩相结合。由于漆器表面髹涂黑色或红色的底漆，只需根据审美需要和器物的形制，运用局部小面积的点彩来活跃大面积的底色。

线条是汉代漆画的灵魂，线描法极易表现汉代流动飞扬的云气纹。云气纹虽有多种形式，但一般都用流畅匀称的线条描绘，蜿蜒舒卷，变幻无常，层次感强烈。除小部分的素髹漆奁外，绝大多数汉代漆奁都是在深色底漆上，以红色及其他颜色漆液以线描法勾勒出纹饰，较少采用勾勒轮廓和平填彩绘的技法，这是汉代漆器不同于前代的显著特征。

西汉早期长沙、江陵等地出土的漆奁底色都是正红、正黑，彩绘用的颜色除了红、黑二色外，往往采用蓝、绿等冷色调，讲究颜色之间的对比，具有强烈的视觉冲击力。西汉后期的扬州漆奁底色一般是褐色、黄褐色、棕色，彩绘很少用冷色调，以暖色调为主，具有温柔莹润的特质。这也是西汉前、后期漆奁的用色差别。

第二节 锥 画

锥画即在干透的漆面上用坚硬的针或锥作绘画笔刻划纹饰[1]。锥字从金，说明锥是一种金属工具。《说文解字·金部》云：“锥，锐也。”又说：“锐，芒也。”段注：“芒者，草端也。草端必纤，古引申为芒、角字。”[2]《释名·释用器》云：“锥，利也。”[3]由此可知，锥在汉代是一种非常尖锐的金属工具。

汉代，称以锥代笔，绘制的纹饰为“锥画”[4]。后代也常称之为针刻纹饰，这是由作画

〔1〕从当今福州地区漆器制作来看，针刻法所用之漆地宜硬不宜软，漆地软则难以刻划与研磨，行刀时也会因为漆地软而使线条拉毛或破损，破坏线条的流畅质感。笔者推想汉代锥画也应是在比较硬但未干透的漆地上刻划的。

〔2〕（东汉）许慎撰、（清）段玉裁注：《说文解字注》，第707页，上海古籍出版社，1981年。

〔3〕（东汉）刘熙撰、（清）毕沅疏证、王先谦补：《释名疏证补》，第221页，中华书局，2008年。

〔4〕长沙马王堆三号墓出土的简二七一“布曾检一，锥画，广尺二寸”，就是指墓中出土的一件锥画狩猎纹漆奁。参见湖南省博物馆、湖南省文物考古研究所：《长沙马王堆二、三号汉墓》，第140页，文物出版社，2004年。

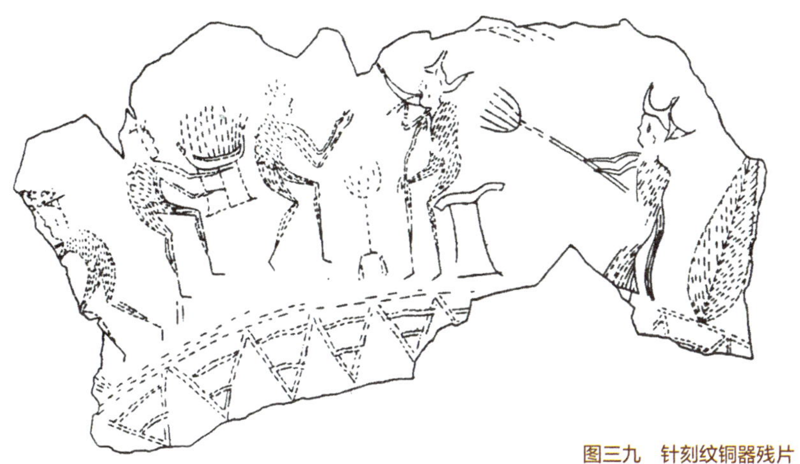

图三九　针刻纹铜器残片

工具而定名的漆绘形式。锥画使漆器的纹饰更为流畅、飘逸，具有细致的线描风格和纤丽的装饰效果。后来，在锥画的基础上还进一步发展出了夹杂油彩、填充金粉等新的形式。锥画（针刻）漆器在汉以前很少见，主要流行于汉代。

关于针刻花纹的起源，从现有资料来看，最迟在春秋中期的铜器上就已出现，刻纹铜器一直到汉代还比较常见。春秋时期的刻纹铜器花纹有两种表现形式，一类是以若干连续的錾刻短线组成，另一类是以无数点连线而成。刻纹铜器的花纹常见的有抽象的几何纹和写实的亭台楼阁、飞禽走兽、贵族生活等。

目前所见刻纹铜器年代最早的为春秋中期，实物为山西隰县瓦窑坡墓地 M30 出土的两件锡青铜斗，铜斗 M30 ： 20、21 的器盖和器身内外壁均饰有大量錾刻几何纹或鱼纹〔1〕。江苏六合程桥吴墓发现的针刻纹铜器残片〔2〕，上面刻划了贵族宴饮图（图三九）。红铜的质地比青铜更为柔软，易于刻划、錾刻，六合程桥吴墓的针刻图像的线条比较简朴，以点连续成线刻绘而成，布局也不如辉县赵固村、琉璃阁、长治分水岭等地出土的紧凑〔3〕，这些都是早期针刻纹饰的特征。

〔1〕南普恒、王晓毅等：《山西隰县瓦窑坡 M30 出土刻纹铜斗的制作工艺》，《考古》2020 年第 7 期。

〔2〕江苏省文物管理委员会、南京博物院：《江苏六合程桥东周墓》，《考古》1965 年第 3 期。

〔3〕中国科学院考古研究所：《辉县发掘报告》，科学出版社，1956 年；山西省文物管理委员会：《山西长治市分水岭古墓的清理》，《考古学报》1957 年第 1 期；黄河水库考古工作队：《1957 年河南陕县发掘简报》，《考古通讯》1958 年第 11 期；郭宝钧：《山彪镇与琉璃阁》，科学出版社，1959 年。

战国时期青铜器的针刻工艺已经十分发达，画像主题主要为宴会、狩猎、采桑和水陆攻战等。这类纹饰是采用极锐利的锋刃刻划的，马承源曾赞叹道：“线条细如毫发，几乎为目力所不及，非全神贯注是不能看清的。”[1]刻划如此精细的纹饰，当然离不开尖锐的铁质工具。雷从云认为：“战国早期的铁器，数量、器类、出土地点，都有增加……在出土的全部铁器中，战国中晚期的铁器占了绝大部分。”又云“手工业工具有斧、斤、锛、凿、刀、削、锉、锤、锥、钻、针……铁器，到了战国时期已经深入到社会生产和生活的各个领域。”[2]这里提到的手工业工具几乎都是漆器制作过程中所需要的工具。

针与锥是针刻花纹、刻写文字时所必需的工具。针与锥是有差别的。从汉墓中出土的针来看，针是比较细小的，不方便手握，睡虎地秦墓出土的漆器上许多刻写的文字歪歪扭扭，不甚工整，可能是用针来刻写的，故称其为针刻文字是比较合适的。而锥的一端有着坚锐的锋芒，另一端又相对比较粗，便于手握。从马王堆漆奁锥画的精细、工整程度来看，工匠应该使用的是锥，所以将这些细若游丝的刻画纹饰称为“锥画”似乎更为合适，况且有相伴出土的竹简为证。但在当代福州，不少漆工能制作针刻漆器，所用之针则是普通的做针线活使用的针。他们把针插入小木棒的一端，针尖露出，然后用胶布缠绕固定即可使用。汉代是否也使用针来刻划纹饰，因缺乏考古资料，目前尚不得而知。

从出土文物来看，汉初漆器的锥画技术已经相当成熟。这种技术不会突然出现，应该在战国和秦之间就有一个缓慢的发展期。遗憾的是，考古发掘的战国墓中并未发现锥画漆器[3]。但应当说明考古发掘中没有发现并不代表战国时期就没有锥画漆器。《韩非子·外储说左上》记载：“客有为周君画荚者，三年而成。君观之，与髹荚者同状。周君大怒。画荚者曰‘筑十版之墙，凿八尺之牖， 而以日始出时加之上而观。’周君为之，望见其状尽成龙

〔1〕马承源：《漫谈战国青铜器上的画像》，《文物》1961年第10期。

〔2〕雷从云：《三十年来春秋战国铁器发现述略》，《中国历史博物馆馆刊》1980年第2期。

〔3〕部分学者认为，战国墓出土过锥画漆器，如杨宗荣《战国缯画资料》，沈福文《中国漆艺美术史》，两书均记载1941年湖南长沙黄土岭战国楚墓出土一件“针刻凤虎云气纹漆奁”。傅举有认为此器为盗墓者从墓中盗取，又无判断该墓年代的墓葬形制和结构，以及其他随葬品；同时，锥画的内容、风格和装饰手法都与马王堆三号墓出土的锥画狩猎纹漆奁一致，故傅举有认为这是西汉初年的锥画漆奁，后德俊持相同的看法。参见傅举有：《中国古代漆器的锥画艺术和戗金艺术》，《故宫博物院院刊》2007年第4期；后德俊：《湖北科学技术史稿》，第119、120页，湖北科学技术出版社，1991年。

蛇禽兽车马，万物之状备具。周君大悦。此荚之功非不微难也，然其用与素髹荚同。”[1]“荚”即“筴”，即漆笥。周君从外地请来的名工匠，花了三年的时间才制成的笥就是锥画笥。由此观之，战国晚期漆器就已经有锥画这种装饰工艺了。

秦朝历时十五载而亡，漆器技术基本因袭楚国。秦政府对外穷兵黩武，对内徭役众多，很多工匠脱离手工业生产，秦漆器中虽见较多针刻文字与符号，却不见耗时甚多的锥画漆器。在漆奁上锥画纹饰的装饰方法，主要流行于西汉中期以前，西汉中期以后逐渐为新兴的釦器法、金银贴花所取代。

马王堆汉墓出土的锥画漆奁，线条飘动飞舞，技法娴熟。细观圆形锥画面的中心都有一个细小的孔，说明当时已经出现了比较精确的作圆工具。锥画的主题纹饰多为云纹和山纹，空隙处有的间或饰以禽兽、羽人等，边饰则以几何纹为主。

马王堆一号汉墓出土的 184 件漆器中有奁、卮等小型器物以锥画装饰，有的针刻花纹中夹杂油彩，使花纹有粗有细，非常具有立体感。双层九子奁和单层五子奁中一部分小子奁，就是用这种刻绘方法，显得更加精巧纤丽。以漆绘单层五子奁（北 441），内盛子奁（441-5）为例，盖里外中心部分针刻云气纹，并加朱绘，盖边缘及器身近底处针刻几何纹，并朱绘点纹（图四〇）。通高 8、直径 12 厘米。出土时内绷绛色绢，绢上放花椒[2]。

马王堆三号墓出土梳妆用具共计 20 件，均出自椁室北边厢。盛放梳妆用具的妆奁有锥画双层六子奁、锥画狩猎纹奁、油彩双层圆形奁以及油彩双层长方形奁等。锥画狩猎纹奁（北 160），卷木胎，顶微拱，直壁，平底。器身分上、下两层，连同器盖共三部分。上层器身的上半部套入盖内，下部套在下层器身的外面。外髹黑漆，内髹红漆。周边以锥画云纹、菱形纹相间各两周，顶面满布云气纹。正中锥画一长翅的怪兽。其外在云气中等距离锥画三只兔形动物，再外圈在云气中锥画一只兔形动物、一只匍匐着的鼠和两条游动着的鱼。奁盖内部，在中心部分黑地上锥画云气纹，当中为一展翅飞翔的鸟。器底内锥画纹饰与器盖内纹饰相同。器底纹饰与盖顶纹饰相同。器身下层内外壁上、下一圈几何形纹饰。主要部位锥画神人乘龙、飞马、狩猎等纹样。特别是猎人追鹿图占据主要的位置，极其生动。只见这位猎人身着兽皮短衣，手执长矛，疾飞如风。两只鹿，其中一只边跑边惊恐回头，另一只仰首飞奔，身体近乎于直线，而猎人奔跑的速度似乎比鹿还要快。画匠用锥只对人物的腰、臂、腿施以明确、有力的线条，

〔1〕（战国）韩非著、陈奇猷校注：《韩非子新校注》，第 677 页，上海古籍出版社，2000 年。

〔2〕湖南省博物馆、中国科学院考古研究所：《长沙马王堆一号汉墓》，第 96 页，文物出版社，1973 年。

图四〇　锥画云气纹子奁及内含粉扑

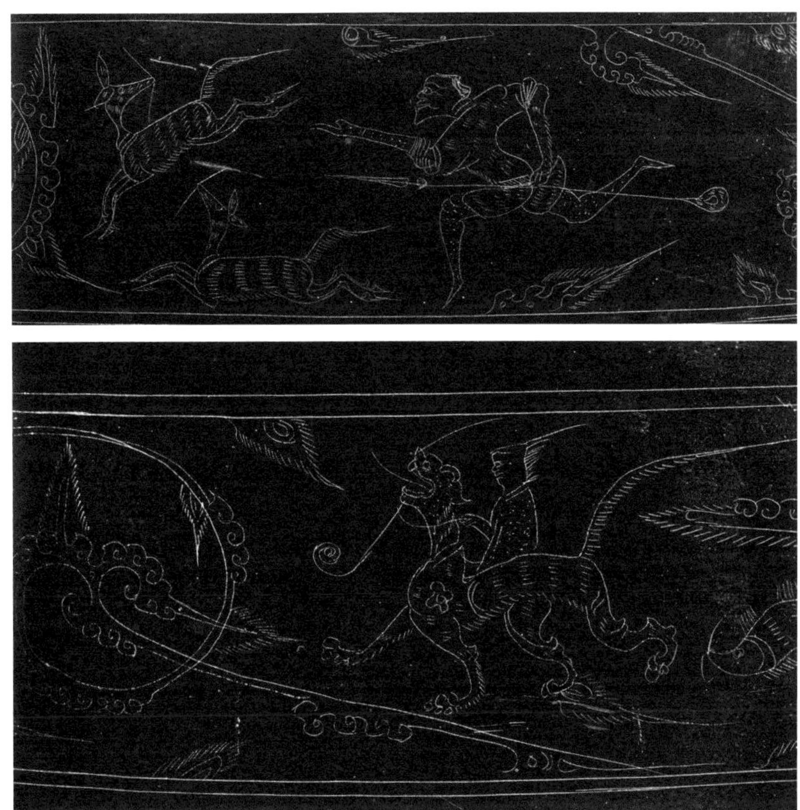

图四一
锥画狩猎纹与神人乘龙纹

寥寥数笔，一幅紧张刺激的狩猎图便展现于人们眼前（图四一）。出土时内盛丝带、假发之类的物品。通高 16、盖高 13.8、口径 32.3 厘米，器身高 11.2、口径 31.3 厘米。简二七二“锥画广尺三寸”就是指的此奁[1]。

马王堆一号墓、三号墓妆奁上的锥画虽然同为锥画，风格却略有不同。一号汉墓的锥画技法不单独使用，而是和彩绘结合起来综合运用，同时锥画的线条内填彩后使纹饰更醒目且变化多端。三号汉墓出土的四套妆奁，其中两套就采用了锥画，锥画已成为当时非常重要的装饰技法。上文所述的锥画狩猎纹漆奁，通体只采用锥画技法绘制纹样，刻划的狩猎纹、神

〔1〕陈建明、聂菲：《马王堆汉墓漆器整理与研究》（上册），第 177、178 页，中华书局，2019 年。原考古发掘报告内这件漆器的胎骨、尺寸均与《马王堆汉墓漆器整理与研究》略有出入，考虑到田野考古工作的繁重，在编撰考古报告的时候，因时间仓促，难以完全避免细小误差，所以在此谨以最新的研究报告为准。最初的锥画狩猎纹漆奁公布材料参见湖南省博物馆、湖南省文物考古研究所：《长沙马王堆二、三号汉墓》，第 140 页，文物出版社，2004 年。

龙乘龙等形象非常生动活泼。马王堆汉墓出土的漆器说明了文帝时期的工匠已熟练地掌握了漆器锥画技术〔1〕。

扬州刘毋智墓为西汉初期吴国墓葬〔2〕，绝对年代为公元前 199 ～前 154 年。墓主与吴王刘濞有关，身份高贵。墓中出土了一套四子奁，一套六子奁，全部为布脱胎，母奁与子奁都采用锥画工艺，纹样以云气纹为主。

文景时期的湖南长沙望城坡渔阳墓〔3〕，墓主为汉初吴氏长沙国的某代王后〔4〕，出土了一套银釦双层六子漆奁（D ： 72），布脱胎。通体髹黑漆，奁盖周身及子奁锥画云气纹、凤鸟纹、几何形纹，并朱绘点线于其中。同墓出土的另外一套双层七子奁锥画纹饰与前者相同。山东临沂银雀山四号墓出土了一套双层七子奁〔5〕，形制与马王堆一号汉墓出土的双层九子奁相同。母奁纹样主要为锥画云气纹，辅以成排的短线或针刺点纹，锥画云气纹中彩笔勾点，画面犹如翻动的云气（图四二）。画面布局讲究对称，但并不拘泥于均匀，交错勾连，使整个画面显得繁缛多变，富有层次。

出土锥画漆奁的西汉早期墓葬，比较重要的还有荆州凤凰山 168 号汉墓〔6〕，沅陵虎溪山一号汉墓〔7〕，荆州高台 3 号、6 号、33 号汉墓〔8〕。荆州高台汉墓的锥画漆器，在云虡纹中间穿插了许多动物，锥画动物的头部还敷陈蓝色。锥画纹上面还常点缀众多的红色小点。圆奁（M6 ： 116）器盖与器壁的锥画纹样殊为精美、复杂（图四三）。

从以上数座西汉早期的墓葬我们可以看出，无论是墓主身份尊贵者如长沙王后渔阳墓、轪侯夫人辛追墓，还是墓主属于统治阶级下层的山东临沂银雀山 4 号墓，这些墓出土的漆奁

〔1〕马王堆三号汉墓的墓葬年代为文帝十二年（前 168 年），一号汉墓的年代为文帝十二年之后的数年。

〔2〕扬州市文物考古研究所：《江苏扬州西汉刘毋智墓发掘简报》，《文物》2010 年第 3 期。

〔3〕长沙市文物考古研究所、长沙简牍博物馆：《湖南长沙望城坡西汉渔阳墓发掘简报》，《文物》2010 年第 4 期。

〔4〕据黄展岳考证，墓主可能是汉皇室的某位公主，由于政治等方面的原因而适长沙王，“渔阳”乃墓主所食封邑之称。参见黄展岳：《长沙望城坡西汉“渔阳”墓墓主推考》，《先秦两汉考古论丛》，第 54 ～ 56 页，科学出版社，2008 年。

〔5〕山东省博物馆、临沂文物组：《临沂银雀山四座西汉墓葬》，《考古》1975 年第 6 期。

〔6〕纪南城凤凰山一六八号墓发掘整理组：《湖北江陵凤凰山一六八号汉墓发掘简报》，《文物》1975 年第 9 期。

〔7〕湖南省文物考古研究所等：《沅陵虎溪山一号汉墓发掘简报》，《文物》2003 年第 1 期。

〔8〕湖北省荆州博物馆编：《荆州高台秦汉墓》，第 187 ～ 195 页，科学出版社，2000 年。

图四二
锥画点彩云气纹

都采用了锥画纹饰，可见锥画纹饰在汉初文景时期已经非常流行。当然，这几件漆奁整体装饰技法也略有差别，如望城坡渔阳墓的漆奁上饰有银釦，轪侯夫人墓的九子奁上贴有金箔，而银雀山 4 号墓出土的漆奁相对来说显得朴素。

从汉初的漆奁来看，锥画除了个别器物，如湖南沅陵虎溪山吴阳墓出土的漆奁是在红色的底漆上锥画纹饰[1]，大部分是在黑色的底漆上锥画纹饰，而且胎骨也多为布脱胎。西汉中期以后，漆奁上的锥画除了常见的与彩绘结合起来绘制纹样、在锥画的线条内填彩外，还有

〔1〕湖南省文物考古研究所等：《沅陵虎溪山一号汉墓发掘简报》，《文物》2003 年第 1 期。

图四三　锥画圆奁纹饰

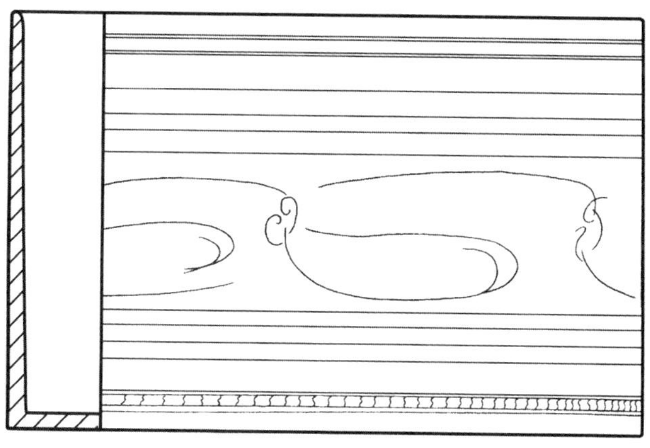

图四四　漆奁锥画纹饰

在其表面髹一层透明漆形成暗花的装饰方法。如西汉中期的放王岗一号墓，墓主可能为该地区（汉庐江郡居巢县）最高行政长官（县令长）或富甲一方的大商贾。墓中出土了一套五子奁（FM1 ：314），布脱胎，长方形，盝顶，高圈足，外髹黑漆，内施红漆。盖面及底座先在黑漆地上用锥刻划极细的花纹，深浅适度，基本不露胎，然后在其表面髹一层无色透明漆，形成暗花。线条精细均匀，构图新颖别致。同墓出土的一件奁上的锥画纹饰一改汉初锥画纹样繁缛的作风。奁（FM1 ：319）缺盖，直壁，平底，布脱胎。器表髹黑漆，在黑地上用针刻出细如毫发的变形云纹和平行线纹数周，然后用朱漆勾描，纹饰简约朴实（图四四）[1]。

西汉中期以后，漆奁流行镶釦带和贴饰金银箔片，锥画开始衰弱。需要说明的是，这里所说锥画开始衰弱，并非指锥画已经绝迹，而是说西汉中期以后，锥画与蓬勃发展的釦器、金银贴花等工艺相比不如汉初流行。

西汉中期偏早的长沙陡壁山曹嫘墓出土的漆器纹饰多见针刻纹[2]，再髹漆并以朱绘点缀，部分奁盒和漆案还有平脱金银箔贴花。基本纹饰有云气纹、龙凤纹、怪兽纹、水波纹、几何纹等，变化多样。满城汉墓、盱眙大云山江都王陵、湖南望城风篷岭、泗阳陈墩汉墓、定县怀王刘修墓等高等级墓葬出土的漆奁都流行镶釦、金银箔贴花、嵌宝。上层统治阶级的时尚，很快成了统治阶级中下层甚至是富商大贾的喜好。从全国范围来看，武帝以后的漆奁

〔1〕安徽省文物考古研究所、巢湖市文物管理所：《巢湖汉墓》，第 62 ~ 64 页，文物出版社，2007 年。

〔2〕长沙市文化局文物组：《长沙咸家湖西汉曹嫘墓》，《文物》1979 年第 3 期。

都流行镶釦、贴饰金银箔片，漆奁的装饰越来越华丽。西汉中后期以后，扬州出土的漆器常常采用锥画技法，以锥画作为装饰的漆器占广陵国漆器的 10% 强[1]。西汉晚期的扬州姚庄 M101[2]，出土的布脱胎漆器上几乎都有锥画，除了云气纹、几何纹外，还锥画了许多鸟兽，并在鸟兽的眼、口、爪、尾等部位填充色漆，不但使锥画动物纹饰更加醒目，而且增添了花纹的层次感。

扬州邗江甘泉广陵王刘荆墓出土一件锥画工艺与镶釦工艺相结合的方奁[3]，盖面上露漆的部分均有锥画云气纹和菱形纹等几何纹。山东日照海曲 106 号墓出土的漆奁（M106 ：69）为布脱胎，奁身与奁盖各嵌三道银釦，银釦间细线刻绘云纹及鸟兽纹[4]。盖顶中部刻绘云纹。不过，这种锥画与镶釦相结合的漆器，从目前的考古资料来看还是比较少的。

锥画漆器经过了战国时期的草创，到汉初就非常流行了。由于锥画费工费时，又不太耀眼夺目，所以西汉中期以后，漆奁上的锥画逐渐让位于新兴的镶釦、金银贴花、镶嵌宝石等工艺。这种演变也使西汉中期以后漆奁更加注重雕饰，漆奁逐渐具有了工艺品的特征。但是，锥画这种特种工艺并没有销声匿迹。湖北光化五座坟 M3、M6 各出土一件锥画漆卮[5]，黑漆地上，锥画云虡纹，所有动物、神怪与流云的线条内均填金彩，形成类似铜器上错金银工艺的效果。这是目前所见最早的戗金漆器实物，这一发现证明我国戗金漆工艺早在西汉中期已经趋于成熟。这两件汉代锥画填金彩漆卮成了宋代戗金工艺的先声。可以说，宋代的戗金工艺和清代的雕填工艺就是在汉代锥画的基础上，又借鉴春秋战国、秦汉青铜器的金错工艺而发展起来的。

第三节 镶 釦

中国的镶嵌艺术历史悠久。镶嵌是指把较小的物体（客体） 嵌在较大的物体（主体）上的一种工艺，通过两种或多种不同物体的材质、形状及色泽的配合而取得特有的视觉效果或实用功能。战国时期，我国青铜制造业日渐式微，代之而起的是发达的漆器手工业。在汉代，漆器迎来了我国漆器的第一个鼎盛发展期，出现了一类以金属带镶嵌装饰的名贵漆器，文献中称之为“釦器”，今人多称之为“扣器”。“釦器”是一类以装饰技法命名

〔1〕扬州博物馆：《汉广陵国漆器》，第 12 页，文物出版社，2004 年。

〔2〕扬州博物馆：《江苏邗江姚庄 101 号西汉墓》，《文物》1988 年第 2 期。

〔3〕南京博物院：《江苏邗江甘泉二号汉墓》，《文物》1981 年第 11 期。

〔4〕山东省文物考古研究所：《山东日照海曲西汉墓（M106）发掘简报》，《文物》2010 年第 1 期。

〔5〕湖北省博物馆：《光化五座坟西汉墓》，《考古学报》1976 年第 2 期。

的器物。通常意义上“釦器”是指以金属箍施于器物的口沿、底部、腹部、转角或附加纽、环、錾、足、铺首等金属构件的一类漆器。釦器滥觞于西周，初步发展于战国及秦，兴盛于汉，中兴于宋。釦器是汉代最具特色的漆器品种之一。

漆器在战国秦汉时期迎来了长达四百年的持续发展时机。釦器的发展与漆器胎骨的演变有着密不可分的关系。制胎成型是漆器制作的第一个步骤，木胎是漆器中最常见的胎骨。战国中期，木胎普遍较为厚重，为方便使用，一些漆器上出现了金属质地的纽、环、铺首、足等小型构件。战国后期至汉，随着铁器的广泛应用，制胎技术进一步提高，木胎开始变薄，然而日久年深，却易磨损开裂。为了固胎防裂，流行一种在漆器口沿、器身及器底镶嵌金属带的工艺。至迟在西汉中期，时人称这类漆器为“釦器”。

一、釦器起源及发展

《说文解字·金部》中释“釦”字云：“釦，金饰器口。”[1]许慎所指之“金”泛指金属。按照许慎的解释，凡是用金属加固和装饰器物口沿的器物就称为釦器。《后汉书》有“蜀汉釦器”的记载。李贤注：“釦音口，以金银缘器也。”[2]李贤对“釦器”的解释显然要比许慎要宽泛，李贤认为器物上有“金银缘器”就可以称之为釦器，而许慎认为在口部装饰金属的器物才是釦器。两种解释的差异，一方面说明金属釦最初主要是镶嵌在器物的口沿上，另一面也说明了釦器发展到唐代，其外延已经扩大。

釦器的出现离不开生产技术的进步。战国时期，铁质生产工具开始得到了广泛使用，这为金属加工工艺的进一步提高提供了必要的前提。人们在生产中对贵重金属的性能有了进一步了解。釦器中所用的金属一般是金、银、铜。纯金为黄色，具有优美的光泽和良好的延展性，可制成极薄的金箔或拉成细丝，化学性能非常稳定。纯银是一种银白色的金属，白银的延展性仅次于金。铜相对金、银来说是一种比较廉价的金属。从出土实物来看，铜釦漆器比金釦漆器、银釦漆器数量要多。由于铜的化学性能不如金、银稳定，容易锈蚀，所以铜釦上常常鎏涂金或银，具有良好的装饰效果，称为鎏金铜釦、鎏银铜釦，以鎏金铜釦最为常见。由于铜釦涂层较薄，经地下埋藏若干年之后，涂层容易脱落，出土时常呈斑驳状。

〔1〕（汉）许慎撰、（清）段玉裁注：《说文解字注》，第705页，上海古籍出版社，1981年。

〔2〕（南朝宋）范晔撰：《后汉书》卷一〇《和熹邓皇后纪》，第422页，中华书局，1965年。

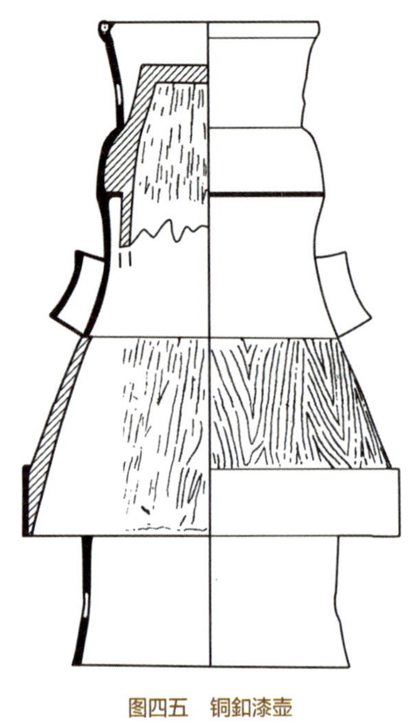

图四五　铜釦漆壶

目前考古所见年代最早的釦器为山西洪洞永凝堡西周墓出土的一件铜釦木胎漆壶[1]。器盖、口、腹与足皆镶十分宽大的铜部件（图四五）。这件铜木结合的器物是早期釦器的雏形，其制作风格与后世釦器有显著的区别。20世纪80年代，沣西张家坡西周墓地出土了一批铜漆木器具。数件铜釦均有折角，有利于牢固地箍紧木胎。镶嵌方式有箍镶、包镶、平嵌和立嵌等四种形式[2]，不同的镶嵌形式可单独使用，也可分别使用在同一器具的不同部位，以取得实用美观的效果。

战国时期是我国古代漆器发展的一个重要时期。这一历史时期的出土漆器，无论是数量、工艺水平，还是艺术价值，都以楚国漆器为最。透过数量庞大的楚国漆器，我们能够一窥战国时期釦器的发展历程。战国中期，楚国漆木器开始与金工相结合，多为厚木胎制成后就安装足、铺首和纽环等金属构件，然后再髹漆与描绘花纹。江陵望山一号楚墓出土的漆樽[3]、荆州天星观二号楚墓出土的漆奁[4]，均为顶部安一铜环，腹部饰铜质铺首环，底侧等距离安装三个兽面铜蹄足。望山一号楚墓出土彩绘漆案，四角镶铜，近长边的两端皆有铜矮蹄足与铜铺首衔环各一个。长141、宽64、高10.8厘米[5]。战国中期，这类附小型金属构件的漆器，其口沿与底部尚未施环状釦带。此时，木胎的制作方法主要为挖制、斫制、雕刻，这类木胎普遍较为厚重。奁、卮、樽、盒、案这类生活用器应是由于胎重，为便于提握或承重而采用金属质地的纽、足、鋬、铺首等构件。

战国晚期楚墓中出现了在口部或底部镶嵌釦带的漆器，真正意义上的釦器诞生了。20世

〔1〕山西省文物工作委员会、洪洞县文化馆：《山西洪洞永凝堡西周墓葬》，《文物》1987年第2期。
〔2〕张长寿、张孝光：《西周时期的铜漆木器具——1983～86年沣西发掘资料之六》，《考古》1992年第6期。
〔3〕湖北省文物考古研究所：《江陵望山沙塚楚墓》，第85页，文物出版社，1996年。
〔4〕湖北省荆州博物馆：《荆州天星观二号楚墓》，第162页，文物出版社，2003年。
〔5〕湖北省文物考古研究所：《江陵望山沙塚楚墓》，第89页，文物出版社，1996年。

纪下半叶，考古人员在长沙发掘了两千余座楚墓，仅在晚期墓中出土两件铜釦漆樽[1]。铜釦仅镶于器物底部，口沿与腹部皆无铜釦，这不同于汉代釦器口沿必施釦这一特点。湖南桃源三元村战国晚期楚墓出土一件彩绘铜釦漆卮，扁圆盖的顶部饰三只铜立纽，器身腰侧装一个铜环形鋬手，平底下包镶铜釦，釦上等距离铸三足。卮通高 17.5、径 11.5 厘米[2]。为了美化铜釦，铜釦上还见镀银工艺。安徽舒城秦家桥晚期楚墓出土一件彩绘铜釦木盒，圆形，全器施数道镀银铜釦。盒通高 19.5、口径 20、圈足径 11.2 厘米[3]。

战国晚期的铜釦漆器上偶见银质附件，铜、银共饰一器。更加注重铜釦的装饰效果，铜釦除表层鎏金、镀银之外，还有错金银花纹或雕镂纹样。扬州西湖镇果园楚墓出土一件漆卮，布脱胎。圆唇，直腹，银质环状把手，底镶铜釦，三铜蹄足。器表黑底，外壁以朱彩带分隔成上、中、下三组纹饰，朱绘变体菱纹与凤鸟纹等纹饰。口径 11.7、高 12.3 厘米[4]。成都羊子山 172 号战国墓出土九件釦器[5]，一件漆盒的铜釦上有错银纹样。

要之，釦器在楚漆器中仅占较低的比例，器形主要为樽、壶、卮、盒、案等生活用器。纽一般等距立嵌于盖顶，鋬则嵌于器腰侧，足最初嵌于木胎底部，后来器底镶釦带后，足等距铸于底釦之下。值得注意的是，楚墓中常见的漆耳杯中，却不见镶釦耳杯。直到汉代，我们才得以见到数量较大的镶釦耳杯。个中缘由，可能一是因为大部分战国时期耳杯采用坚实的厚木胎，而大部分汉代耳杯胎骨较为轻薄，镶釦有助于固胎防变形；二是因为战国时期釦器法尚未成为漆艺中最流行、最成熟的技法之一。

常德德山寨子岭一号楚墓出土一件铜釦漆盒，布脱胎，外髹黑漆，器内不髹漆。口微内敛，口外壁一圈凸箍承盖。弧腹，圜底，矮直圈足。口沿和圈足镶铜釦。口部包边铸内凹对顶三角纹及云纹，凹槽内错红铜。器腹彩绘几何纹、变形云纹和凤鸟纹。口径 18.2、通宽 21.4、高 12.3 厘米，圈足径 11.2、高 1.5 厘米。底部针刻铭文，中间方块内铭文为“十七年大（太）后詹事丞□，工师□，工季”，左边铭文为“上巳”（图四六）[6]。此漆盒铭文之多，记载

〔1〕湖南省博物馆等：《长沙楚墓》，第 355 页，文物出版社，2000 年。

〔2〕常德地区文物工作队、桃源县文化局：《桃源三元村一号楚墓》，《湖南考古学辑刊》（第四集），第 27 页，岳麓书社，1987 年。

〔3〕舒城县文物管理所：《舒城县秦家桥战国楚墓清理简报》，《文物研究》（第六辑），第 137 页，黄山书社，1990 年。

〔4〕扬州博物馆：《江苏扬州市西湖镇果园战国墓的清理》，《考古》2002 年第 11 期。

〔5〕四川省文物管理委员会：《成都羊子山第 172 号墓发掘报告》，《考古学报》1956 年第 4 期。

〔6〕常德市文物处：《湖南常德寨子岭一号楚墓》，《湖南考古 2002》，第 406 页，岳麓书社，2003 年。

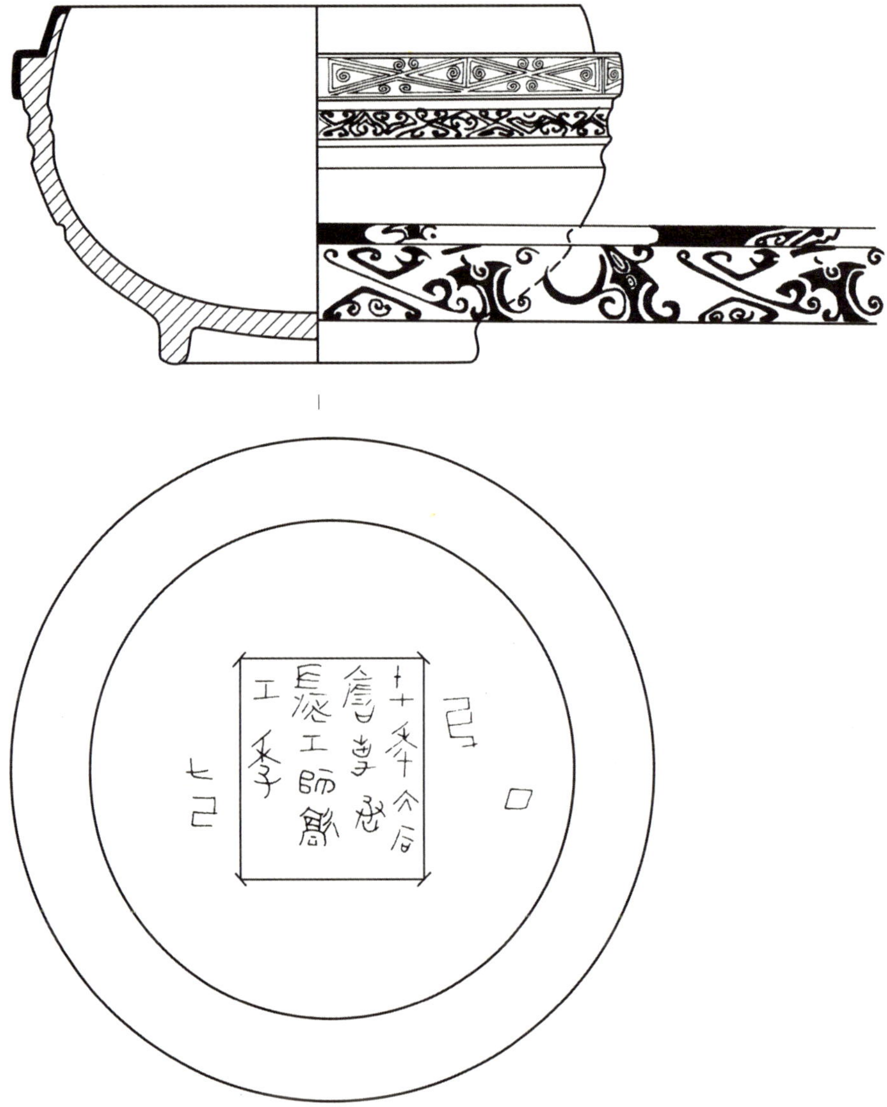

图四六　铜釦漆盒及盒底铭文摹本

内容之详细，在出土战国漆器中相当罕见。据铭文与纹饰推测，其可能为秦宫之物。“詹事”，为秦国专为太后、王后、太子诸宫所置，负责宫内庶务，到汉代仍在沿用。“工师”丞其副官为工官之长，工为造器者。据考证，此盒制作于秦昭襄王十七年，为宣太后宫中之物[1]，但笔者认为此盒制成年代无法排除秦始皇十七年（前230年）的可能性，也有可能为华阳太后宫中之物，因宣太后与华阳太后皆为嫁入秦国的芈姓楚国贵族。那么这件漆盒的制作年代最早为公元前290年，最晚为公元前230年，似较为妥当。

秦釦器出土数量较少[2]，器形有所增加，盂、舟是新出现的釦器类型，存在一定数量的银釦漆器。釦器上文字较多，书写方式以针刻为主，兼有少量漆书。内容主要有制作年份、制作部门、物主姓名以及工匠名，反映了秦生产方面的“物勒工名，以考其诚”的质量负责制度。

湖北江陵凤凰山70号秦墓出土的银釦漆盂，镶嵌花纹，器上针刻小篆铭文为“廿六年左工最元”[3]。“廿六年”系秦始皇纪年，即公元前221年，秦中央“九卿”之一的“少府”，其属官有“左右司空”。左乃对右而言，“左工”就是在“左司空”监督下制作漆器的工人。“最元”为制造者的名字。四川涪陵小田溪三号墓中出土一件漆樽[4]，樽身上施三道铜釦[5]。铜釦漆卮在江陵岳山秦墓也出土过两件[6]。河南泌阳秦墓出土三件釦器，有盒、舟、樽。圆盒（M3：25），子母口，身、盖皆施镀银红铜釦，盖顶及器底的圈足也施镀银铜釦。子母口镀银釦上皆针刻“平安侯”三字，此外尚有“壶工匠□士川”“卅七年工左匠造”“工”等文字。通高20、足高1、口径17、圈足径12、圈足厚1、镶银釦的子母口高4厘米。“卅七年”均系秦始皇纪年，即公元前210年。“左匠”是左司空监造下制作漆器的最直接负责人[7]。舟的底部施镀银铜釦，釦的四角各铸一蹄足。樽底也镶铜釦，釦上铸三蹄足。腹部有一环形把纽，盖上饰三个“S”形铜纽[8]。据出土铜鼎的铭文及纪年方式，这批漆器可能制作于秦代。

〔1〕龙朝彬：《湖南常德出土“秦十七年太后”釦器漆盒及相关问题探讨》，《考古与文物》2002年第5期。

〔2〕秦釦器是指战国时期的秦国、秦统一至秦亡这段历史时期生产的镶釦漆器。

〔3〕文物编辑委员会：《文物考古工作三十年》，第303页，文物出版社，1979年。

〔4〕原发掘简报称为漆奁。“奁”“樽”实为两类不同器物，参见刘芳芳《樽奁考辨》，《东南文化》2011年第4期。

〔5〕四川省博物馆等：《四川涪陵地区小田溪战国土坑墓清理简报》，《文物》1974年第5期。

〔6〕湖北省江陵县文物局、荆州地区博物馆：《江陵岳山秦汉墓》，《考古学报》2000年第4期。

〔7〕王学理：《秦物质文化通览》，第117页，科学出版社，2017年。

〔8〕驻马店地区文馆会、泌阳县文教局：《河南泌阳秦墓》，《文物》1980年第9期。

秦釦器常见不同材质的金属构件共饰一器的现象，釦器的釦带为银质，纽、蹄却为铜质。云梦睡虎地出土漆樽（M11：3），圆筒形，有盖。底下有三个铜矮蹄足，盖上有三个铜纽饰，口、腹、底部均有一道银釦，腹外还有一铜环形鋬。内底中部及器表的黑漆地上用朱漆绘几何纹饰。盖内及外底有“亭”字烙印文字。口径 11.5、通高 12.5 厘米〔1〕。

釦器常见的金属配件在战国晚期已发展完备，主要包括釦带、纽（环）、鋬、铆钉、底座（上铸有足）以及铺首。陕西西咸新区坡刘村战国晚期秦贵族墓 M3 出土釦器为卮、杯、壶、盒、奁或樽等，胎骨有木胎与布脱胎，朽甚。漆器金属附件组合形式为盖顶中心圆形或铺首提环、三纽和口、底釦边以及铺首。金属附件有铜质与银质，数件铜釦器表错银饰弦纹、菱形纹、卷涡纹并錾刻文字数处，有“廿六年左工章”“王廿”“公”“升”“十”等文字。墓主身份高贵，发掘者推测或许墓主和《史记》所载昭襄王时期参与乐毅伐齐之战的秦将斯离、蜀地的主要管理者张若有关〔2〕。陕西蒲城永丰战国晚期大墓中出土多件漆器的铜构件，为镶釦漆樽、漆卮的铜配件〔3〕。西安尤家庄二十号战国晚期墓，墓主可能为入秦为士的楚人〔4〕。墓中出土 30 余件铜构件，有环状纽、蹄足、凤鸟形饰、釦带、铺首以及圈足，均为釦器的构件。

二、釦器繁盛期及镶釦漆奁

釦器在汉以前尚未成为漆器的一个常见品类，考古中发现的数量不多。随着制胎技术的进步，西汉中期以后，出现于战国时期的布脱胎开始成为漆器最常见的胎骨，釦器在漆器中所占比例开始明显上升。漆奁胎骨也较多为轻盈结实的布脱胎，镶釦成为漆奁常见的装饰技法之一。昂贵的釦器在《后汉书》《汉旧仪》等文献中均有提及，扬雄有“雕镂釦器，百伎千工”之叹〔5〕。

汉代釦器有特供、赏赐、买卖以及承继等流通方式。流通范围较广，南至广东，西南至云南，北至蒙古诺音乌拉，东北至朝鲜平壤，西至甘肃均有出土，集中分布于湖北、湖南、江苏、安徽和山东地区。景帝到武帝时期，中央集权大大增强。《汉书·地理志》记载西汉在八个

〔1〕湖北孝感地区第二期亦工亦农文物考古训练班：《湖北云梦睡虎地十一号秦墓发掘简报》，《文物》1976 年第 6 期。

〔2〕陕西省考古研究院：《陕西西咸新区坡刘村秦墓发掘简报》，《考古与文物》2020 年第 4 期。

〔3〕陕西省考古研究院、渭南市文物保护考古研究所：《陕西蒲城永丰战国秦汉墓发掘简报》，《考古与文物》2016 年第 5 期。

〔4〕西安市文物保护考古所：《西安北郊尤家庄二十号战国墓发掘简报》，《文物》2004 年第 1 期。

〔5〕张震泽：《扬雄集校注》，第 28 页，上海古籍出版社，1992 年。

郡设立工官，为河内郡怀、河南郡荥阳、颍川郡阳翟、南阳郡宛、济南郡东平陵、泰山郡奉高、广汉郡雒、蜀郡成都，涉及今天的河南、山东和四川等省。西汉中期到东汉元兴元年，蜀郡、广汉郡工官生产的乘舆漆器，供宫廷贵族使用，代表着当时官营漆器制作的最高水平。"蜀广汉主金银器，岁各用五百万。三工官官费五千万。"[1]贵州清镇汉墓出土的3件乘舆鎏金铜釦耳杯产自广汉郡工官和蜀郡西工[2]。朝鲜平壤[3]、蒙古诺音乌拉[4]等地出土的部分釦器自铭为蜀郡、广汉郡工官的产品。二工官所生产的釦器在绘画图案、铭文体例上较为相似，产品主要供宫廷使用，或供朝廷用于赏赐。此外，少府工官也生产釦器，铭文体例及内容与蜀郡、广汉郡工官有所不同，应是不同工官的性质区别而造成的。

汉官营生产部门继承并发扬了秦"物勒工名"制度，釦器上常见大段铭文，详细记载着制作时间、出处、器物性质、器名、度量、各道工序的工匠名以及各级管理官吏的姓名。目前考古所见最早的汉代纪年釦器是朝鲜石岩里丙坟出土的"永始元年"蜀郡西工造的黄涂釦漆盘。湖南永州鹞子岭西汉墓出土的六件釦器上共有铭文371字，其中一件元延四年漆耳杯竟有72字铭文。鹞子岭漆盘（M2 ：66）外沿下部锥刻铭文63字，为"建平五年，广汉郡工官造乘舆髹汈画纻黄扣旋，径九寸。髹工福、上工恩、铜扣黄涂工伟、画工武、汈工忠、清工立、造工章造。护工卒史显、守长竟、丞尚、掾宗、令史梦主"[5]。釦器生产涉及素工、髹工、上工、铜耳黄涂工、画工、汈工、清工、造工等近十道工序。

釦器法成为汉代漆器常见的装饰技法之一。汉代釦器的釦带相较于战国明显变薄，原有的固胎功能逐渐弱化，装饰功能不断强化。绝大多数釦器的制作工序为：首先，制胎并做漆灰，釦件直接镶嵌在第一道漆灰层之中，不打磨漆灰，未经打磨的粗糙漆灰层可以增加摩擦力，使釦件牢固地附着在漆灰之上；其次，再刮漆灰、髹底漆，反复数次，打磨使漆面与釦件相平；最后，施以彩绘或以其他装饰技法进行装饰。仅有少部分釦器先髹漆，再彩绘，最后镶釦。釦器是西汉中期以后极具时代特色的漆器品种之一，数量激增，器形更多，主要有盒、罐、樽、卮、奁、耳杯、高足杯、勺、盘等。器物的开合处以及常被触摸的部位，如耳杯的双耳、口沿也以金属包镶，美观结实。铭文中常见的"铜耳黄涂工"即是对耳杯的铜耳进行鎏金的工序[6]。

〔1〕（汉）班固撰：《汉书》卷七二《贡禹传》，第3070页，中华书局，1962年。
〔2〕贵州省博物馆：《贵州清镇平坝汉墓发掘报告》，《考古学报》1959年第1期。
〔3〕［日］梅原末治：《支那汉代纪年铭漆器图说》，京都桑名文星堂，1944年。
〔4〕［日］梅原末治：《蒙古ノイン・ウラ発見の遺物》，东京，1960年。
〔5〕湖南省文物考古研究所、永州市芝山区文物管理所：《湖南永州市鹞子岭二号西汉墓》，《考古》2001年第4期。
〔6〕洪石：《战国秦汉漆器研究》，第186页，文物出版社，2006年。

官府制器与宫廷用器常含有别尊卑、明等级的意味。汉代釦器分为黄金釦器、白银釦器和铜釦器三大类。铜釦表层常鎏金或鎏银以防锈蚀并增强装饰效果，以鎏金铜釦最为常见[1]。釦器在汉代被赋予了权力的象征意义，有使用等级规定。宗庙祭祀时，“高祖南面，幄绣帐，望堂上西北隅……曲几，黄金釦器。高后右坐……白银釦器”[2]。又云：“大官尚食用黄金釦器。中官私官尚食用白银釦器，如祠庙器云。”[3]皇帝的餐具为黄金釦器，皇后与太子的餐具为白银釦器。铜相对于金、银来说是一种较为廉价的金属，铜釦漆器在汉代没有使用等级限制，可大量生产。铜釦漆器在出土釦器中所占比例最高。

考古工作中尚未发现汉室皇帝所用的金釦漆器。广州南越王墓出土一件金釦漆卮，仅余金釦，器件的式样、铸造、大小皆与另一件金釦牙卮相似[4]。釦含金量约为98.34%，厚1毫米。釦外壁平滑，为便于镶嵌，内壁留有多道凿痕和锉痕。据汉礼，南越王使用黄金釦器是一种僭越行为，这与南越王称帝的史实相符。汉阳陵帝陵东侧11 ~ 21号外藏坑出土铜口沿与铜耳饰等釦器构件，大部分表面鎏金。铜耳饰呈月牙形，沿下沿内收，有些表面阴线刻菱形几何纹，错金银[5]。长沙望城风篷岭长沙王后墓出土一件马蹄形小奁，器身口沿施一圈金釦，中部与底部各施一道银釦[6]。西汉中期墓葬中，目前仅发现此一件金釦小奁[7]。

〔1〕据漆器铭文，铜釦鎏金工艺在汉代除被称为“黄涂”外，还被称为“金釦黄涂”与“黄釦”，如扬州邗江宝女墩新莽墓出土的两件鎏金铜釦漆盘分别针刻文字：“元康四年，广汉护工卒史佐（？）上（？）、工官长意、守丞建、令史舜。漆泡髹工顺食邑金釦黄涂工护都、画工隶谊、涓工马年造”和“[乘][舆]髹涓画纻黄釦斗饭槃。元延三年，供工工彊造，画工政、涂工彭、涓工章，护臣纪、啬夫臣彭、掾臣承主，守右丞臣放、守令臣省”。参见扬州博物馆、邗江县图书馆：《江苏邗江县杨寿乡宝女墩新莽墓》，《文物》1991年第10期。

〔2〕（晋）司马彪撰、（梁）刘昭注补：《后汉书·祭祀志》，第3195页，中华书局，1965年。

〔3〕（汉）卫宏：《汉旧仪》，《四部备要·史部·汉官六种》，第15页，上海中华书局据金坛刻本校刊。

〔4〕广东省文物管理委员会等：《西汉南越王墓》，第132、139、140页，文物出版社，1991年。

〔5〕陕西省考古研究院：《汉阳陵帝陵东侧11 ~ 21号外藏坑发掘简报》，《考古与文物》2008年第3期。

〔6〕长沙市文物考古研究所、望城县文物管理局：《湖南望城风篷岭汉墓发掘简报》，《文物》2007年第12期。

〔7〕笔者认为长沙王后墓中所出金釦漆器可能来自于朝廷的赏赐。如非朝廷赏赐，是否说明在西汉中期金釦漆器还没有形成严格的使用等级制度？如同以玉衣为核心的葬玉体系一样，到了东汉才被制度化和缕属分级，成为丧葬礼仪的重要内容。关于这点还有待以后更多的考古资料来加以深入研究。

西汉早期，釦器在上层统治阶层的生活中尚未普及，镶釦妆奁更为罕见。文景时期的高等级墓葬，如长沙陡壁山一号墓，墓主为吴氏长沙王的王后，出土了一套九子奁、一套十一子奁，装饰技法与马王堆一号汉墓类似，都是以彩绘、锥画为主。湖南沅陵侯吴阳墓〔1〕，出土的15件（套）漆奁也均为布脱胎，采用锥画纹饰，无釦器。长沙砂子塘一号汉墓墓主为长沙王吴著〔2〕，墓中出土的舞蹈纹漆奁和车马人物纹漆奁，装饰技法以彩绘为主，未见金属釦饰。马王堆汉墓出土大量精美漆器，数套精美的妆奁中却无一件为釦器。汉人事死如生，以上墓葬罕见釦器的原因，笔者认为不能仅从墓主人的财力方面来考虑，这可能和汉初统治者崇尚节俭以及在贵族阶层中釦器并未开始流行有关，因而几乎不见镶釦漆奁出土。

从考古资料来看，西汉早期釦器仅出土于某些身份非常尊贵的刘姓贵族墓葬中。山东齐王随葬器物坑出土许多金属构件，以银釦居多〔3〕，施银釦的漆器多为布脱胎。漆器包角上饰鎏金流云纹和齿纹。湖南长沙望城坡西汉渔阳墓〔4〕，该墓采用题凑之制，由梓宫、便房、黄肠题凑、外藏椁等部分组成，属于汉代天子、诸侯王级别的高规格葬制。根据该墓出土的“长沙后府”封泥、书写“陛下赠物”等材料，推测墓主可能是汉皇室的某位公主，由于政治等方面的原因而嫁于长沙王，“渔阳”乃墓主所食封邑之称〔5〕。渔阳墓虽然被盗，但仍出土了许多精美的漆器，如银釦双层六子漆奁，布脱胎，已残损，上层为“凸”字形，上部分作子口，套入盖内，下半部分套合在下层的外部。下层盛放3件大小不同的圆形子奁、1件长方形子奁、1件长条形子奁、1件椭圆形子奁，共6件。母奁盖顶镶嵌银质柿蒂纹，盖缘与盖壁有5道银釦，子奁亦均饰银釦，其中一件圆形子奁盖顶也镶嵌柿蒂纹银饰。通体髹黑漆，奁盖周身及子奁在银釦间均锥画云气纹、凤鸟纹、几何形纹，并朱绘点、线于其中，异常精美（图四七）。

长沙陡壁山一号墓墓主与望城渔阳墓墓主身份相当〔6〕，两墓均被盗，一墓不出银釦漆奁，另一墓却出土银釦漆奁。渔阳墓中出土的双层银釦漆奁采用锥画绘制纹饰，这是汉初非常流行的装饰技法。妆奁的顶部较为缓平，不同于西汉中期以后，漆奁顶部常高高隆起，甚至呈半球状。双层六子奁的造型与马王堆三号墓出土的双层六子奁形制相同，纹样都是以锥画云

〔1〕湖南省文物考古研究所等：《沅陵虎溪山一号汉墓发掘简报》，《文物》2003年第1期。

〔2〕湖南省博物馆：《长沙砂子塘西汉墓发掘简报》，《文物》1963年第2期。

〔3〕山东省淄博市博物馆：《西汉齐王墓随葬器物坑》，《考古学报》1985年第2期。

〔4〕长沙市文物考古研究所、长沙简牍博物馆：《湖南长沙望城坡西汉渔阳墓发掘简报》，《文物》2010年第4期。

〔5〕黄展岳：《长沙望城坡西汉“渔阳”墓墓主推考》，《先秦两汉考古论丛》，第54～56页，科学出版社，2008年。

〔6〕长沙市文化局文物组：《长沙咸家湖西汉曹嫘墓》，《文物》1979年第3期。

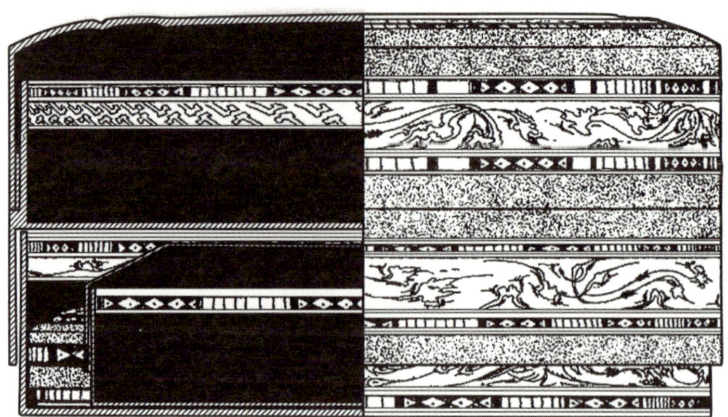

图四七　双层银釦六子奁

气纹为主，内、外边缘锥画以菱形纹为主体的带状纹饰，这些特点都非常相似。两者最大的区别在于，渔阳墓双层六子奁镶嵌银釦，并在盖顶镶嵌柿蒂纹银饰，而马王堆三号汉墓的双层六子奁则没有镶嵌银釦与柿蒂纹银饰。

马王堆汉墓出土的漆器上有许多铭文表明这批漆器大部分产自成都市府作坊。马王堆三号墓漆奁的锥画纹饰与成都凤凰山西汉木椁墓出土的针刻漆奁盖上的纹饰非常相似〔1〕。马王堆出土的漆奁与其他烙印“成市”“市府”文字的漆器一样是否都产自成都，或本地，还需要借助未来新的考古资料做进一步研究。长沙陡壁山曹𡞟墓、江陵凤凰山一六八号汉墓、湖南沅陵侯墓等墓中出土的漆奁也都与马王堆漆奁非常相似。这些出土于长沙、江陵的高等级墓葬的漆奁，很可能产自成都市府作坊，而非产自当地〔2〕。

汉初，朝廷赋予诸侯王各种特权，在政治上，诸侯国“百官同制京师”，在经济上，封国内又可设独立的官营手工业机构。漆器生产同样有专门管理系统和制度。由受封诸侯直接经营或管辖的漆器作坊是西汉早期官营漆器制作与市府作坊并存的另一种形式。据《汉书·食货志》载，诸侯王国漆器业的“租税之入”“皆各为私奉养”，即为国君私有。出土漆器铭文和简帛文字表明，各诸侯王不但有自己的漆器生产部门，而且与蜀郡、广汉郡工官生产的“乘舆”漆器和汉都城考工、供工生产的御用纪年漆器一样，各诸侯王国生产的漆器也有自己的纪年，有专门的管理机构及生产漆器的管理工官〔3〕。

汉初受封列侯也自产釦器。墓主身份与年代都与马王堆一号汉墓墓主相当的安徽阜阳双古堆汝阴侯墓〔4〕，为文帝时期的墓葬。一号墓中出土两套四子银釦长方奁，布脱胎，长方奁作盝顶式盖，针刻云气纹，内盛小长方奁三件、马蹄形奁一件。还出土一套银釦圆奁，布脱胎，圆形，针刻、彩绘云纹，周饰几何纹，盖顶镶嵌柿蒂形银片，内盛长方盒、银发针、铜镜各一件。这三套漆奁上多饰针刻云气纹，具有鲜明的汉代风格，显示了在大一统的环境下文化上的趋同性。然而，汝阴侯墓漆器有自身的鲜明特色，在出土的 20 余件漆器中，有近一半为釦器。除了银釦漆奁外，还有银釦大平盘、银釦小平盘、银釦卮等。汝阴侯墓中漆器多有“女阴侯”

〔1〕徐鹏章：《成都凤凰山西汉木椁墓》，《考古》1991 年第 5 期。

〔2〕笔者认为马王堆出土的漆器不可能全部产自成都，如形制巨大的木棺，很难想象是从四川运来的。木质偶人、笭床均带有鲜明的楚风，应该是产自本地。总之，长沙、江陵等地出土的漆器的产地要具体分析，既有当地的产品，也有远销至本地的四川产漆器。

〔3〕聂菲：《海昏侯墓漆器铭文及相关问题探讨》，《南方文物》2018 年第 2 期。

〔4〕安徽省文物工作队等：《阜阳双古堆西汉汝阴侯墓发掘简报》，《文物》1978 年第 8 期。

年号、司造官吏和制造工匠的姓名、器物名称、尺寸与容量等铭文。一号墓中出土的银釦布脱胎盘上书有铭文“女阴侯布平盘径尺三寸七年吏讳工速造”，一件耳杯上有“女阴侯杯容一升半六年库己工年造”铭文，表明这些漆器是汝阴侯自设漆工作坊的制品。汝阴侯墓主身份与马王堆墓主身份相当，却比渔阳墓主身份低很多，其漆奁制作工艺的差别，笔者认为可能是产地差别所致，是诸侯自作漆器与成都市府漆器的差别，也与诸侯本身的实力有关。

武帝时期是汉代釦器发展的一个重要时期，此时精美的釦器大量生产。一些诸侯王墓动辄出土数十件釦器。王侯贵族似乎已经不满足于常见的银釦、鎏金铜釦以及错金银铜釦的装饰效果了，出现了镂空云虡纹釦带、镂空云虡纹角质带，且在这类釦带上镶嵌宝石等贵重装饰材料，装饰华丽。中山王后窦绾的一套五子奁，盖壁有云虡纹镂空铜饰带，带内刻划有怪兽、长龙、云纹、山纹、几何纹等，纹样上并错以金银、镶嵌绿松石与玛瑙[1]，奢华之气扑面而来，是一件不可多得的汉代艺术珍品（图四八）。

江苏盱眙大云山江都王刘非墓前室盗洞内出土一套七子奁，布脱胎。M1K1⑥：1402，盖顶正面通髹黑漆，以一圈银釦和两道出筋隔出三圈纹饰。顶心嵌银柿蒂纹，边饰四组镂空透雕嵌金箔角质饰片，纹饰主题为动物云气纹（图四九）。由内至外三圈均以镂空透雕嵌金箔角质饰片为装饰主体。第三圈纹饰由多段金箔角质饰片填嵌而成，角质饰片上用镂空透雕技法刻出纹饰，并填入金箔，有人物、动物、云气等题材。盖身残损严重，从残存迹象看，盖壁外侧嵌有大量绿松石，推测镂空处填嵌绿松石。盒内底外圈饰一圈银釦，中心髹黑漆，余髹朱漆。中心针刻两组云气纹，其外针刻七道弦纹，弦纹间夹饰朱漆点纹。盖口径25、奁口径24.1厘米。内部七个子奁的装饰风格与母奁相同。此件漆奁最特别之处为，以镂空透雕角质带代替了传统的金属釦带，制作工艺更加复杂，极为罕见，彰显出一代汉诸侯的王者风度。

汉代漆器在武昭宣时期最为精良。《汉书·宣帝纪》载：“孝宣之治，信赏必罚，综核名实，政事文学法理之士咸精其能，至于技巧工匠器械，自元、成间鲜能及之。”[2]造型典雅、做工考究、装饰华丽的釦器是当时漆器手工业技术的杰出代表。釦器的材质之美、工艺之美皆被发挥到了极致。釦带多为银质或鎏金铜质。釦器上常见彩绘、锥画、金银贴花、镶嵌玉石（玛瑙、绿松石、云母、琥珀、珍珠、玉片等）等多种工艺。金属釦既发挥固器、美器的功用，

〔1〕中国社会科学院考古研究所、河北省文物管理处：《满城汉墓发掘报告》，第148、300～306页，文物出版社，1980年。

〔2〕（汉）班固撰：《汉书》卷八《宣帝纪》，第275页，中华书局，1962年。

图四八　镂空云虡纹铜饰带花纹（局部）

图四九
镂空云虡纹透雕嵌金箔角质饰带

又起分隔纹饰带、突出主题的效果。釦的上、下常各绘出一道漆线，纹饰呈环带状分布于釦间，画面具有较强的秩序感。

西汉中期以后，奢靡之风逐渐蔓延，一些等级规范也开始松弛，很多非皇室王侯的墓葬中也常出土银釦漆奁，釦器已经成为当时社会最流行的奢侈品之一。中小地主的墓葬中也常出土鎏金铜釦器、白银釦器。白银釦器的使用人群发生了很大变化，富有却卑微之人僭越使用银口黄耳釦器的情况十分普遍。《盐铁论·散不足》说："今富者银口黄耳，金罍玉锺。中者野王纻器，金错蜀杯，夫一文杯得铜杯十，贾贱而用不殊。箕子之讥，始在天子，今在匹夫。"[1]

安徽巢湖放王岗吕柯墓出土漆奁（FM1 ： 311）内盛放小圆盒和角质匕。圆筒状，直口，直壁，盖面微弧，顶中心饰银质柿蒂纹。盖内顶部黑漆绘云纹和兽纹。盖与器身各镶三道银釦。釦外髹紫黑色漆，内髹红漆。盖面、盖身和器壁各饰两条花纹带。在云虡纹中朱绘山、水、树、桥和站

〔1〕（汉）桓宽撰、王利器校注：《盐铁论校注》，第 351 页，中华书局，1992 年。

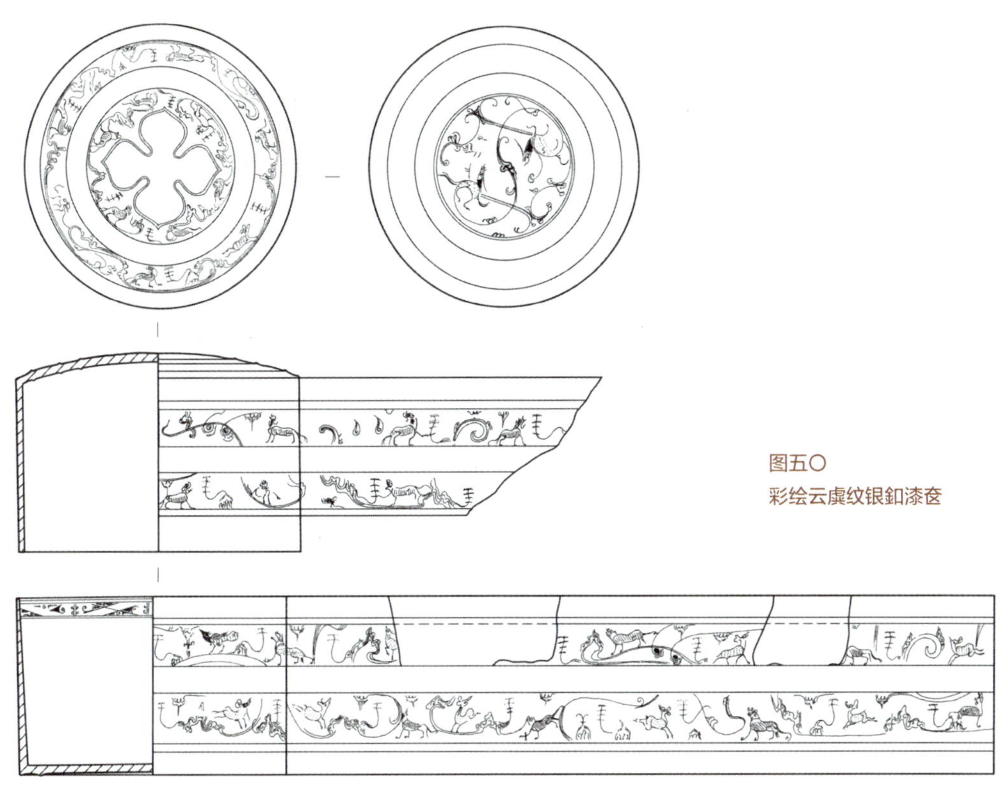

图五〇
彩绘云虡纹银釦漆奁

立的鸟、行走的虎、猎犬和奔跑的梅花鹿等。器内侧绘饰三角纹一周。盖口径14.3、合盖通高12厘米（图五〇）[1]。

近年来，山东日照海曲M106、山东青岛土山屯汉墓均出土了一批银釦彩绘贴金箔漆奁，装饰均相当精美，纹饰、风格与扬州汉墓所出漆奁类似。山东出土的这批釦器说明今山东东南沿海一带也是当时漆器的重要产地之一，工艺技术方面可能受汉代广陵地区的影响。西汉中后期以后，大量的银釦漆奁主要出土于江苏扬州、安徽地区、山东地区，尤其是扬州出土的银釦多子奁不仅数量多，而且工艺尤为精湛，代表了西汉中期以后漆奁制作的最高水平。

汉代镶釦漆奁不仅出土数量多且分布十分广泛，即便地处边陲的云南晋宁[2]、广西合浦

〔1〕安徽省文物考古研究所、巢湖市文物管理所：《巢湖汉墓》，第59页，文物出版社，2007年。

〔2〕李家瑞：《云南晋宁石寨山古墓出土漆器复原》，《文物》1964年第12期。

图五一　月牙形银釦漆盒

等地也有出土[1]，所施金属釦为银釦或鎏金铜釦。

汉以前釦器的釦带强调的是其“固器”功能，釦带的实用性被强化。汉代釦器的釦带强调的是其“美器”功能，釦带的美观性被重视。战国秦汉时期釦器具有釦带逐渐变薄、施釦数量逐渐增加的趋势。战国晚期至秦，釦一般施在盖口、盖顶、器口、器底，极少出现在器身腹部与盖面中心周围。西汉中期以后，不仅在易磨损的部位，如口、底镶釦，一些难以磨损的部位如盖中心周围也镶釦。一些釦器镶釦甚至多达十道，完全超越了加固、防磨的功能需求，釦器被赋予了很高的审美价值。

安徽天长三角圩 M1 出土一件月牙形漆盒（M1：3），布脱胎，内红外黑，由长方形盒和月牙盒上下叠加而成，造型独特。通高 6、壁厚 0.2 厘米，长方盒高 3.4、长 6.5、宽 3.2 厘米，月牙盒高 2.5、长 12.1、宽 4 厘米，内盒高 2.4、长 6、宽 2.7 厘米，银釦宽 0.2 ~ 0.5 厘米（图五一）[2]。同墓出土的漆奁（M1：1），盖顶镶嵌柿蒂形银片，盖身饰银釦六道，

〔1〕广西壮族自治区文物考古写作小组：《广西合浦西汉木椁墓》，《考古》1972 年第 5 期。

〔2〕安徽省文物考古研究所：《天长三角圩墓地》，第 126 ~ 129 页，科学出版社，2013 年。

器身饰银釦四道，全器共施十道银釦[1]。

漆奁上的深色漆膜与釦带的金属光泽形成鲜明对比，使漆奁显得格外典雅华丽。汉代流行的多子奁，母奁常饰金属釦，子奁一般也采用同样的装饰技法，具有内外协调之美。汉代漆奁装饰的银釦其实已远远超出了保护器物的作用，这类穷加装饰、对皇家范式模仿的漆奁，甚至模仿过度，成为彰显身份的一种用具。

器表镶嵌多道釦带，同时盖顶嵌柿蒂纹金属片，是汉代漆奁区别于楚式漆奁、秦式漆奁的一个显著特征，笔者称之为“汉式漆奁”。

三、柿蒂纹花片及嵌宝工艺

西汉中期以后，樽、卮奁等漆器的盖上常镶嵌柿蒂纹金属片，有的片上附纽环，这是除镶釦之外的另外一种金银镶嵌工艺。《髹饰录》将镶釦工艺分为“嵌金”“嵌银”“嵌金银”，并认为“右三种片、屑、线各可用。有施纯者，有杂嵌者，皆宜磨显揩光”[2]。也就是说镶嵌花纹或由片组成，或由屑组成，或由线组成，或由片、屑、线组合组成。古代中国有着漫长的制造金银箔片的历史，及至汉代，打制成的柿蒂形的金属花片常常用来作为妆奁盖顶上的装饰物，尤其以柿蒂形银花片最为常见。

“柿蒂纹”是今人对四叶花瓣式纹样的称呼，这种纹样的历史非常悠久。顾名思义，这种纹样外形如同柿子之蒂，多作四瓣（四出）状。柿蒂纹最早可追溯至战国晚期，常饰于楚国各类彩绘陶器、漆器、玉器以及琉璃器上，是当时人喜爱的吉祥纹样。

柿蒂纹盛行于汉代，运用面极广，在许多类文物上皆有其身影，是一种具有鲜明特色的装饰纹样，又因有不同的式样，还被称作“四叶纹”“花叶纹”“扁叶形纹”“花苞纹”“四瓣花纹”“花瓣纹”“莲瓣纹”“花朵纹”等。柿蒂纹不同的称呼，大多是根据花纹的形状来命名。学者对柿蒂纹的含义看法不一，有学者认为是辟邪的茱萸纹[3]，有学者认为是古代宇宙图式中的天穹之花[4]。田自秉认为：“有人认为它是花而非叶。因为流行在南方的楚国，所以也有认为这是荷花……芙蓉就是荷花，这是楚国爱赏的植物。用它作为铜镜的装饰，也是很自然的。”[5]以上看法的分歧主要在于这种花瓣式纹样到底是何种花卉，但都认为是一

〔1〕安徽省文物考古研究所、天长县文物管理所：《安徽天长县三角圩战国西汉墓出土文物》，《文物》1993年第9期。

〔2〕（明）黄成著、杨明注：《髹饰录》，坤集，1927年紫江朱氏刊本。

〔3〕诸葛铠：《墨朱流韵：中国古代漆器艺术》，第84页，三联书店，2000年。

〔4〕张朋川：《宇宙图式中的天穹之花——柿蒂纹》，《装饰》2002年第12期。

〔5〕田自秉：《中国工艺美术史》，第94、95页，知识出版社，1985年。

种具有吉祥寓意的花瓣纹。

李零提出了与以上学者不同的观点，认为柿蒂纹，如同战国柿蒂纹铭文镜铭文："方华（蔓）长，名此曰昌。"〔1〕《说文解字·日部》释昌字："昌，一曰日光也，诗曰东方昌矣。"〔2〕柿蒂纹是光明即天的象征。

无论柿蒂纹代表花瓣，还是代表光明，柿蒂纹在汉代均具有吉祥的隐喻，这一点毋庸置疑。笔者在此采用业界习惯称呼，统称这种四瓣形的花纹为"柿蒂纹"。柿蒂纹每一瓣的主体呈横向的椭圆形，前部尖凸。汉代柿蒂纹的花瓣一般比较圆润饱满，以四瓣为多，也有三瓣、六瓣。在汉代，柿蒂纹广泛出现在奁、樽、卮、耳杯、盘等日用漆器上，漆棺、面罩等丧葬用具上也常以柿蒂纹进行装饰。

据笔者统计，出土汉代漆奁中几乎所有的镶釦漆奁，其盖顶都会嵌柿蒂纹片，花片的材质一般与釦带材质相同。若漆奁没有镶釦，那么盖顶也很少嵌柿蒂纹金属片。西汉早期，镶釦漆奁并不多见，漆奁上也并不流行装饰柿蒂纹金属片。仅个别墓葬如除渔阳墓出土的银釦双层六子奁、安徽阜阳汝阴侯墓出土的银釦圆奁盖顶嵌柿蒂纹银饰外，其他时代相当、出土漆器较多的墓葬如长沙陡壁山曹嫫墓、沅陵侯墓、马王堆汉墓、荆州高台秦汉墓、江陵凤凰山168号墓、大坟头一号墓、扬州刘毋智墓等，漆奁的顶部纹饰主要以彩绘或锥画云气纹、凤鸟、云鸟纹为主，并不嵌柿蒂纹饰。

细察渔阳墓嵌柿蒂纹银饰的银釦双层妆奁，我们依然能看出此奁和西汉武帝以后的多子奁在装饰风格上的细小差别。武帝以后，多子奁盛行于汉朝，此时，内部子奁装饰风格一般与母奁完全相同，母奁盖顶嵌柿蒂纹饰片，内部的小子奁亦嵌柿蒂纹饰片。渔阳墓的双层银釦六子奁，皆镶嵌银釦，然仅母奁盖顶与内部的一个小圆奁盖顶嵌柿蒂纹银饰，其余子奁盖顶均无柿蒂纹银饰，柿蒂纹为非常规整、外形圆润的四出花瓣式（图五二）。

西汉武昭宣时期，王侯墓葬中的奢华妆奁充分展示了当时漆器制作的高超技术，尤以嵌宝的镶釦妆奁最为典型。此类妆奁在河北满城汉墓、湖北光化五座坟西汉墓、湖南望城风篷岭汉墓、江苏泗阳陈墩汉墓、江苏盱眙大云山江都王陵均有出土。金属柿蒂纹片被加工得更加精美，或错金银，或在柿蒂纹片中心与叶尖上錾刻出圆形、水滴形（有学者称之为"瓜子形""桃

〔1〕李零：《"方华蔓长，名此曰昌"——为"柿蒂纹"正名》，《中国国家博物馆馆刊》2012年第7期。

〔2〕（汉）许慎撰、（清）段玉裁注：《说文解字》，第306页，上海古籍出版社，1981年。

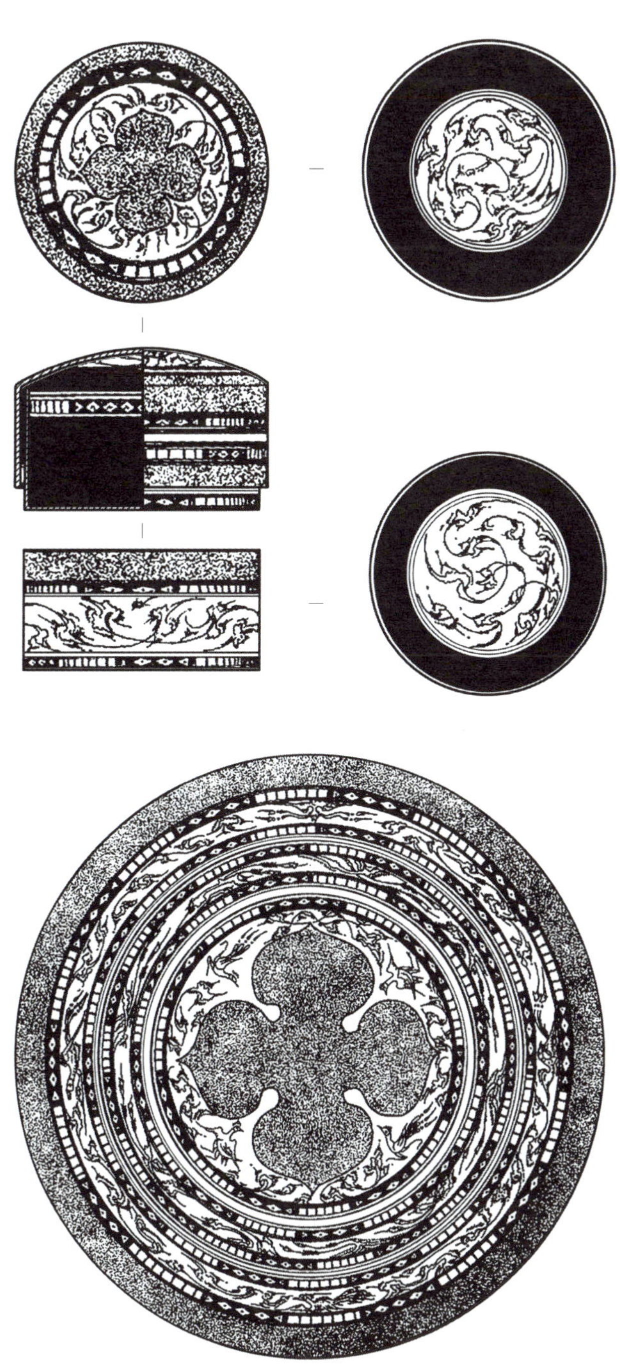

图五二　银釦嵌柿蒂纹银饰的母奁与小圆奁

形”）等形状的嵌窝，有的在釦带里也会设置嵌窝，孔内镶嵌玛瑙、绿松石、水晶、黄玉、珍珠、琥珀、料珠等颜色各异的美丽宝石。学界一般把透明度较好，与现代玻璃相似的称为玻璃，把透明度差的称为琉璃，把色彩鲜艳的小件器物称为料器[1]。孙机认为汉代的玻璃器，是被作为玉器的代用品看待的[2]。故而，笔者把汉代料珠作为一种人造玉石列入汉代宝石。嵌宝工艺即明清百宝嵌工艺的前身[3]。宝石镶嵌在金属嵌窝之前，都要先选料研磨，嵌在孔洞里的一面一般较平，露在金属外面的一面比较圆滑。镶嵌布局常见的是红色玛瑙与绿松石、圆形与水滴形，即选用不同颜色、不同形状进行交错、搭配使用。从出土漆奁来看，宝石是用漆液粘贴上去的，漆液日久老化之后，这些玛瑙、琥珀、绿松石等玉石往往会脱落，仅嵌窝犹存。

满城中山王后窦绾墓出土两套五子奁[4]。漆奁（2 ： 4024），布脱胎，直径约为25厘米，出土在棺内玉衣腿部，当为主人珍爱之物。金属附饰中除前文述及的云虡纹镂空铜饰带外，盖顶残存的柿蒂形铜饰也极为精美。柿蒂形铜饰上装饰有错金银的卷云纹和流云纹，纹样细致流畅。四叶各镶一桃形玉片，中心圆形也有镶嵌物，惜已不存。外圈环形铜饰上亦有错金银和镶嵌玛瑙、绿松石的装饰，纹样和上述铜饰带的上下花纹带相同（图五三）。子奁仅残存银釦和盖顶铜饰。盖顶铜饰有方形、长方形、椭圆形、圆形各一件，纹饰的内容和风格基本相同。铜饰当中为错银柿蒂形纹，柿蒂中心镶嵌玛瑙，四叶镶嵌绿松石，柿蒂的周围有错金流云纹等装饰，周边有错银轮廓线。铜饰的厚度皆为0.1厘米。长方形铜饰在柿蒂纹的两端加饰错金的对兽，对兽的细部有错银装饰。椭圆形与圆形铜饰皆表面鼓起。这些长方形、方形、圆形、椭圆形铜饰分别为相应形状子奁的顶部装饰物（图五四）。

窦绾墓出土柿蒂纹纽座铜釦在以后的漆奁中并不多见。子奁顶部镶嵌与相应器形相状相同的铜片，并在此铜片顶部银错柿蒂纹、金错怪兽纹、镶嵌玛瑙及绿松石，这种工艺的复杂

〔1〕安家瑶：《中国的早期玻璃器皿》，《考古学报》1984年第4期。

〔2〕孙机：《汉代物质文化资料图说》（增订本），第427页，上海古籍出版社，2008年。

〔3〕《髹饰录·坤集》记载：“百宝嵌，珊瑚、琥珀、玛瑙、宝石、玳瑁、钿螺、象牙、犀角之类，与彩漆板子，错杂而镌刻镶嵌者，贵甚。”杨明注：“有隐起者，有平顶者”，王世襄解说：“用百宝刊刻的物象，有两种不同的做法：有隐起如浮雕的，有表面齐平，不见起伏的。”参见王世襄：《髹饰录解说：中国传统漆工艺研究》，第151页，文物出版社，1998年。

〔4〕中国社会科学院考古研究所、河北省文物管理处：《满城汉墓发掘报告》，第300～306页，文物出版社，1980年。

图五三　窦绾墓漆奁盖面纹饰

程度远远超出普通柿蒂纹银饰，显示了汉代繁盛时期的诸侯王气派。刘胜墓中出土的八子奁，母奁与子奁皆镶嵌银釦，镶嵌金箔、珍珠和银质、骨质动物形饰片。这类镶嵌多种宝石、金银贴花的银釦漆器，可谓熠熠生辉，光彩夺目。

西汉中期以后，伴随着漆器镶釦工艺的兴起，漆奁盖顶的中心纹样几乎为清一色的柿蒂纹所占据。除了个别为彩绘而成的柿蒂纹外，大部分为白银制成的柿蒂纹片。部分经过检测的柿蒂纹银片，含银量高达 95% 以上，与此配套镶嵌的银釦含银量也达到 90% 以上[1]。饰柿蒂形黄金箔片的漆奁在河南淅川西汉中期墓 M28 有出土[2]，其中一个柿蒂形黄金箔片外套一个圆圈，一个为柿蒂形，另一个为“十”字柿蒂花形黄金箔片，原应镶嵌于长方形子奁

〔1〕陈华峰：《馆藏天长汉墓出土漆奁的保护与研究》，《中国生漆》2019 年第 1 期。

〔2〕湖北文理学院襄阳及三国历史文化研究所等：《河南淅川李沟汉墓发掘报告》，《考古学报》2015 年第 3 期。

图五四　窦绾墓漆奁及子奁盖顶错金银铜饰

图五五 嵌柿蒂形金箔银釦漆奁

之上。山东日照海曲 M106 出土的嵌金漆奁（M106 ：4）盖顶镶嵌柿蒂纹金箔[1]，这件漆奁盖内顶甚至还镶嵌柿蒂形银饰。盖顶、盖壁、器身及器身口沿内侧皆以金箔、银箔纹样贴饰。此墓出土银釦漆器甚多，然金银贴花漆器仅此一件，却异常精美（图五五）。湖南望城风篷岭长沙王后墓出土的三个子奁上也都贴有柿蒂形黄金箔片[2]，除了这数座墓葬外，其他汉墓均未发现镶嵌柿蒂纹金片的漆奁。

西汉中期，多子奁开始流行以后，子奁的装饰技法一般与母奁相同，漆奁制作讲究系列性。子奁的形状主要有圆形、方形、长方形、长条形、椭圆形、马蹄形等。为适应这些不同形状的子奁，盖顶镶嵌的柿蒂纹花片也作了相应的改变，如长方形奁上的柿蒂纹往往两边长、两边短，马蹄形上的柿蒂纹变成了三叶形，形成了最佳的顶面适合纹样。

江苏泗阳陈墩汉墓出土一套嵌宝银釦金银贴花五子奁[3]，母奁（M1 棺：3、M1 棺：4），布脱胎，盖顶中心饰四叶柿蒂纹银片，上面镶嵌玛瑙，周围以金箔饰环绕。中心部位的一颗宝石已经脱落，四个叶片的中心各镶嵌一枚水滴形玛瑙（图五六）。盖与奁身皆镶嵌银釦，器表用金银箔分层贴饰纹样带，图案为羽人、神兽、飞禽、卷云纹等，在金银箔的间隙，漆

〔1〕山东省文物考古研究所：《山东日照海曲西汉墓（M106）发掘简报》，《文物》2010 年第 1 期。

〔2〕长沙市文物考古研究所、望城县文物管理局：《湖南望城风篷岭汉墓发掘简报》，《文物》2007 年第 12 期。

〔3〕江苏泗阳三庄联合考古队：《江苏泗阳陈墩汉墓》，《文物》2007 年第 7 期。

图五六
大型漆奁盖顶

绘卷云纹。奁盖高 11、直径 17.5 厘米，奁身高 9.3、直径 16.6 厘米。5 件子奁装饰技法与母奁相同，皆嵌宝、银釦、金银贴花和彩绘。

在西汉中期以前，嵌宝漆奁使用者的身份都很尊贵，多为诸侯王等贵族及其妻妾。江苏盱眙大云山汉墓出土了多件嵌宝银釦耳杯、嵌宝银釦金银平脱漆盘，尤其是“南工官”铭文漆器的出土，都说明当时江都国能够制作高档釦器供王室使用。西汉中后期以后，特别是西汉晚期到东汉时期，嵌宝镶釦妆奁主要出土于今扬州地区、安徽天长以及山东地区。山东青岛土山屯出土的嵌宝釦器，具有非常明显的扬州特色，应该是受广陵髹漆工艺的影响，或者购置于广陵。因而，嵌宝漆奁是广陵漆器中极富艺术特色的一类漆器。

广陵出土圆形漆奁上的柿蒂纹除了常见的四叶形外，还有六瓣形，饱满圆润。在扬州杨庙出土的四子奁[1]、邗江姚庄 M101 男棺内出土的七子奁上都有这种六瓣形的柿蒂纹，并在柿蒂纹饰上镶嵌玛瑙（图五七）[2]，其他地方出土的漆奁未曾发现这种六叶柿蒂纹饰。

〔1〕扬州博物馆：《汉广陵国漆器》，第 119 页，文物出版社，2004 年。
〔2〕扬州博物馆：《江苏邗江姚庄 101 号西汉墓》，《文物》1988 年第 2 期。

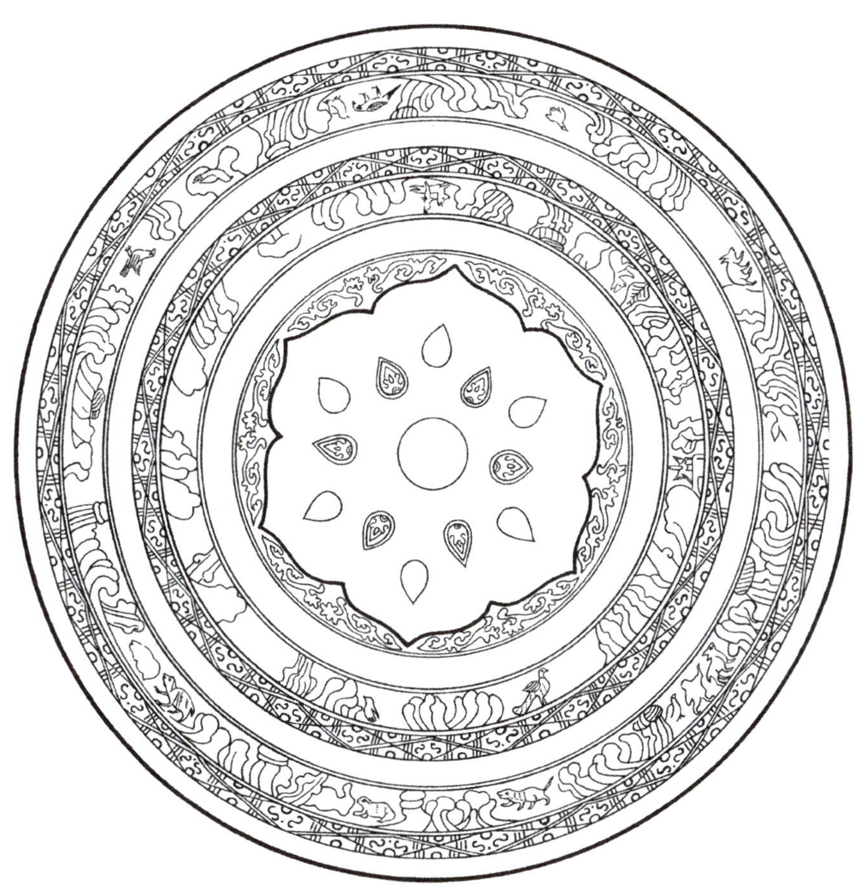

图五七　银釦嵌宝七子奁盖面

宝石美观又昂贵，汉代漆工多把宝石镶嵌在器物最明显、最突出的部位上，如樽、奁、卮等器物的盖顶、杯的双耳以及盘的口沿等部位，达到了最佳装饰效果。因镶嵌宝石需要嵌窝，而在漆面上镶嵌宝石却既不方便操作，也不够牢固。故汉代漆工一般把宝石镶在金属嵌窝里，这类金属载体为柿蒂纹金属片或釦带，以嵌于柿蒂纹金属片者居多，大概是因为宝石镶嵌于器物的顶部最能达到耀眼夺目的装饰效果。

嵌宝漆奁中也有非釦器者，仅有极少数个例。1997 年，扬州邗江西湖胡场 20 号西汉墓出土一套彩绘鸟兽纹七子奁，直径 20.1、高 14 厘米[1]。盖顶贴饰镶嵌宝石的银质柿蒂纹片。

〔1〕扬州博物馆：《汉广陵国漆器》，第 84、85 页，文物出版社，2004 年。

盖顶及器身周围贴银箔神兽、凤鸟，并彩绘大幅云气纹，器物无釦带装饰。绝大部分采用嵌宝工艺的漆奁皆为釦器，反之，镶釦漆奁却不一定都嵌宝。故而，笔者在探讨漆奁装饰工艺时，就不再把嵌宝工艺单列，以免重复。汉代镶釦嵌宝漆奁上常还贴饰各种形状的金箔与银箔，即施以金银贴花工艺。五彩斑斓的宝石与金银共饰一器，金银与宝石在深沉的漆面上如同夜空中的点点繁星，交相辉映，附以彩绘烘托，成为了雍容华贵的汉式妆奁。

制作釦器耗费甚多，尤其在朝廷财力不够时，更是难以支撑这种昂贵奢侈的生产与消费。东汉元兴元年（105 年），朝廷为去奢省费，“悉斥卖上林鹰犬。其蜀、汉釦器九带佩刀，并不复调。止画工三十九种”〔1〕。至此，依靠中央财力支撑的蜀汉釦器日渐式微。

最后需要说明一个问题，釦器中最常见的器类是饮食器和妆奁，饮食具类釦器常见铭文甚至大段铭文，然而，精美的镶釦妆奁却罕见铭文。笔者认为个中原因可能有二。其一，早期楚国漆奁只装饰器表，战国末期至秦时，开始注重漆奁内部装饰。汉代继承了这个传统，大型墓葬出土的漆奁，盖顶、盖顶内部、盖壁、器身侧壁、器身内底、器身外底盖与器身的口沿内外，这些部位一般都会绘制纹样，如马王堆三号汉墓出土的锥画双层漆奁，连上层隔板的上、下面均锥画纹饰。既然装饰部位如此之多，如若再刻划或书写文字，会破坏妆奁的整体美感。其二，髹漆妆奁为置于居室里的器具，内部物品又具有一定的私密性，一般贵族地主个体只需一套或几套即可，属于私人专用型器物，故不似耳杯、盘等这些用量比较大的饮食器具需刻上编号以备管理。

第四节　金银贴花

黄金是人类较早利用的金属之一。它的出现稍迟于红铜和青铜，早于白银〔2〕。由于黄金光泽美观，永不变色，延展性能良好，易于加工，最迟在商代，古代工匠们便已利用其性能，制成金箔，剪制、压印、针刺成各种纹饰，粘附在漆器上，使之成为华贵的日用品。到了汉代，在漆奁上贴金银箔片成为汉式漆奁的常见装饰工艺之一，笔者称这种工艺为“金银贴花工艺”。

〔1〕（南朝宋）范晔撰：《后汉书》卷一〇《和熹邓皇后纪》，第 422 页，中华书局，1965 年。

〔2〕安志敏、安家瑗：《中国早期黄金制品的考古学研究》，《考古学报》2008 年第 3 期。

一、汉以前金箔工艺及考古发现

从考古资料来看，先秦时被金箔装饰的器物有铜器、玉石器、漆木器及衣帽等。金箔是先秦金质器物中出土最多的一类，考古报告中常称之为“金叶”“金页”，稍厚的称为“金片”。金属片或直接包于器物的外表（即包金），或按照器物装饰部位，把金箔裁剪成需要的形状贴于器物的表面（即贴金）。贴金时有的用胶，有的用漆，利用其粘附力，使金箔紧贴于器物的表面。

商周到春秋战国，随着青铜器制造工艺的突飞猛进，也促使了黄金制品工艺的发展。先秦时，已基本上形成并掌握了诸如铸造、捶揲、包金、贴金、平脱、掐丝、錾刻、鎏金、金错和镶嵌等金器制作的基本工艺[1]。如今，制作极薄的金片是用皮革或纸张将经过加工后的金片夹住，再进行反复捶打而成，这种薄薄的金片，一般叫金箔。《天工开物》载：“凡造金箔，既成薄片后，包入乌金纸内，竭力挥椎打成。”[2]先秦金箔制作技术当然没有今日发达，但是当时制作的金箔随着技术进步已经越来越薄。

1953年，安阳大司空村171号商墓出土的薄金片，厚仅0.010±0.001毫米，技术上经过了锤锻加工和退火处理[3]。1973～1974年，河北省藁城台西村商代遗址墓葬中出土四件漆器。M14出土的一件圆盒朽痕中有一段半圆形金箔贴花，厚不到0.1厘米，正面阴刻云雷纹，“显然是原来贴在漆器上的金箔”[4]。这是我国目前发现最早的镶嵌在漆器上的金箔实物。不过这块金箔还显得很厚重，很原始，也没有被做成特定的花式图案。

山东临淄郎家庄东周墓出土一件用针刺出蟠龙兽面纹的金箔，针孔细密整齐，金箔厚仅0.04毫米，似为漆器上的装饰[5]。与台西发现的金箔相比，其厚度明显变薄，并且出现了花纹图样。安徽寿县春秋晚期蔡侯墓中出土金箔12片，压印有多种花纹图案[6]。湖北曾侯乙墓出土金箔共计940片，金箔表面很少见到因捶制不当而产生的破裂、空洞等现象，可见捶

〔1〕陈振中：《先秦金器生产制作工艺的初步形成》，《中国经济史研究》2007年第1期。

〔2〕（明）宋应星：《天工开物》，第349页，巴蜀书社，1989年。

〔3〕北京钢铁学院《中国冶金简史》编写组：《中国冶金简史》，第34、35页，科学出版社，1978年。

〔4〕河北省文物管理处台西考古队：《河北藁城台西村商代遗址发掘简报》，《文物》1979年第6期。

〔5〕山东省博物馆：《临淄郎家庄一号东周殉人墓》，《考古学报》1977年第1期。

〔6〕安徽省文物管理委员会、安徽省博物馆：《寿县蔡侯墓出土遗物》，第15、16页，科学出版社，1956年。

制工艺已达一定的水平[1]。

总体来说，先秦时期漆器上贴饰的金箔片外形较为简单，比如说圆形、方形、长条形等。另外，金箔纹样主要仿自当时高度发达的青铜器的纹样，如兽面纹、云雷纹、蟠螭纹等。

二、汉代漆奁的金银贴花工艺

高雅的艺术有赖于发达的技术，金银贴花工艺的发达离不开冶金技术的进步。汉代的冶金业十分发达。《盐铁论·复古》云："采铁石鼓铸，煮海为盐。一家聚众，或至千余人。"[2]当时有人因为从事冶铸而富可敌国，如汉文帝"赐邓通蜀严道铜山，得自铸钱，'邓氏钱'布天下"[3]。汉政府对于盐、铁、铜、造船、漆木业等也设置专门的官吏进行生产管理。这些规范化、规模化的生产都促使了分工的细密化和生产技术的进步，同时金、银、铜等金属的大量开采，也促使了这些延展性比较好的金属在漆器装饰中的运用。

汉代黄金产量到底有多大，目前很难统计，然而据史书上只言片语的记载，其数量足以惊人。《史记·平准书》载汉武帝元朔五年（前 124 年），"遣大将（卫青）将六将军，军十余万，击右贤王，获首虏万五千级。明年，大将军将六将军仍再出击胡，得首虏万九千级。捕斩首虏之士受赐黄金二十余万斤。"[4]又元狩四年（前 119 年）"大将军（卫青）、骠骑（霍去病）大出击胡，得首虏八九万级，赏赐五十万金"[5]。自元朔元年至元朔六年（前 128 ~前 123 年），汉使卫青、霍去病每年出击匈奴，以至匈奴远遁，漠南无王庭，其间仅此两次捕斩首虏的将士所得的赏赐已达七十余万斤黄金。地方诸侯王藏金量也很大。《汉书·文三王传》载："（梁）孝王未死时，财以钜万计，不可胜数。及死，藏府余黄金尚四十余万斤，他财物称是。"[6]王莽灭亡时，"时省中黄金万斤者为一匮，尚有六十匮，黄门、鉤盾、臧府、中尚方处处各有数匮"[7]。

据统计，西汉一代赏赐黄金 899530 斤，而东汉一代的赏赐则仅有 21470 斤，仅约为西汉的 2%[8]。为何前后会出现如此巨大的落差？据大量的汉墓考古资料显示，汉墓中并不多藏

〔1〕湖北省博物馆：《曾侯乙墓》，第 390 页，文物出版社，1989 年。

〔2〕（汉）桓宽撰、王利器校注：《盐铁论校注》，第 78 页，中华书局，1992 年。

〔3〕（汉）司马迁撰：《史记》卷一二五《佞幸列传》，第 3192 页，中华书局，1959 年。

〔4〕（汉）司马迁撰：《史记》卷三《平准书》，第 1422 页，中华书局，1959 年。

〔5〕（汉）司马迁撰：《史记》卷三《平准书》，第 1428 页，中华书局，1959 年。

〔6〕（汉）班固撰：《汉书》卷四七《文三王传》，第 2211 页，中华书局，1962 年。

〔7〕（汉）班固撰：《汉书》卷九九《王莽传》，第 4188 页，中华书局，1962 年。

〔8〕彭信威：《中国货币史》，第 113 页，上海人民出版社，2007 年。

黄金，西汉多金很可能是文献中存在的表面现象。针对西汉多金的真实性问题，早就有史学家提出质疑并进行过解释。晋灼曰：“凡言黄金，真金也。不言黄，谓钱也。”颜师古认为：“诸赐言黄金者，皆与之金。不言黄者，一金与万钱也。”[1]海昏侯刘贺墓中出土大量黄金的情况，单从考古学发现而言，仅是一个特例，这不仅与汉代制度无关，也与汉代风俗无关[2]。

《汉书·食货志》云：“金有三等，黄金为上，白金为中，赤金为下。”[3]即金属以黄金最为昂贵，其次为白银，再次为铜。又云：“黄金重一斤，值钱万。”[4]在汉代，黄金无疑是最贵重的金属。

漆器本身价值昂贵，黄金又是贵金属，且采用贴花工艺费工费时，能使用金银贴花漆器的人自然是非富即贵。汉代的金银贴花漆器在古代文献中不乏记载。《后汉书·舆服志》记载汉代皇帝的车子“贰毂两辖，金薄缪龙，为舆倚较”[5]，即汉代帝王髹漆的车上贴着用黄金箔片制成的交龙图案。

考古资料表明，西汉早期贴花漆器数量非常少，而且只出于身份高贵的王侯墓葬中。西汉中后期，布脱胎成为日用漆器的常见胎骨，镶釦技术十分成熟，金银贴花工艺发达，金银贴花镶釦漆奁的数量较汉初大幅上升，且很多精美的漆奁出自墓主身份不高，比如县吏之类的墓葬之中。

汉初墓葬如长沙马王堆、江陵凤凰山、云梦大坟头汉墓，都随葬了大批精美的漆器，保存极好，完美如新，种类齐全，几乎涉及社会生活的各个方面，但用金箔装饰的漆器仅有马王堆一号墓出土的双层九子奁。简二三〇称这套漆奁为“九子曾检”。盖和器壁为布脱胎，双层底为斫木胎。器身分为上、下两层，连同器盖共三部分。器表髹黑褐色漆，再于漆上贴金箔，尤其是上半部，金箔痕迹相当清楚，拼合接头处非常规整。金箔上施有油彩绘[6]。较马王堆一号汉墓年代稍晚的长沙陡壁山曹嫘墓出土了一套九子奁、一套十一子奁[7]，有金箔，惜简报中的描述过于简单，无从了解此金箔贴花工艺的具体情况。湖南长沙望城坡渔阳墓出

〔1〕（汉）班固撰：《汉书》卷二《惠帝纪》，第 86、87 页，中华书局，1962 年。
〔2〕刘瑞：《海昏侯刘贺墓中多金的原因探析》，《唐都学刊》2016 年第 3 期。
〔3〕（汉）班固撰：《汉书》卷二四《食货志》，第 1163 页，中华书局，1962 年。
〔4〕（汉）班固撰：《汉书》卷二四《食货志》，第 1178 页，中华书局，1962 年。
〔5〕（晋）司马彪撰、（梁）刘昭注补：《后汉书·舆服志》，第 3644 页，中华书局，1965 年。
〔6〕湖南省博物馆、中国科学院考古研究所：《长沙马王堆一号汉墓》，第 88 页，文物出版社，1973 年。
〔7〕长沙市文化局文物组：《长沙咸家湖西汉曹嫘墓》，《文物》1979 年第 3 期。

土的双层银釦六子奁是目前考古所见年代最早的、装饰最豪华的镶釦妆奁，装饰工艺包括彩绘、锥画、银釦、嵌柿蒂纹银饰，却无金银贴花。说明文景时期，金银贴花漆器极其少见，工艺尚未成熟。

从汉武帝时期的诸侯王墓葬来看，在武帝时期，金银贴花工艺似乎也并未流行。金银贴花工艺的流行要晚于镶釦技法。河北满城中山王刘胜墓中出土一套八子漆奁，在漆木碎片中夹杂着一些珍珠、金箔片、银质（镶玛瑙）和骨质动物形饰片，这些应是镶嵌或贴附在漆奁上的装饰物。窦绾墓出土两件大型漆樽，其一饰三角形镂孔银饰片 29 片，另一件残存三角形银饰片 37 片，俱镂刻成形。漆奁（1 ∶ 5113）上的金片为锤锻而成，经过检测，最薄的金片为 0.15 毫米，最厚的金片为 0.24 毫米[1]。银片厚度不详。金片形状莫辨，银片与西汉中晚期贴花漆器常见的三角形箔片形状相似，两者与后来的贴花漆器所用箔片相比，显然要厚太多。此时可能初具金银贴花漆器的雏形[2]。江苏盱眙大云山江都王墓出土的漆奁也仅见金箔填饰，未见裁剪成纹样的金银贴花。山东巨野红土山昌邑哀王刘髆墓为一座大型崖墓，保存完整，随葬品非常丰富，漆器中有两套妆奁，却仅有镶嵌铜银釦饰，不见残留金银贴花。

湖南望城风篷岭一号墓出土了三件子奁，有正方形、长方形、椭圆形，装饰风格一致，原应是多子奁内部的子奁。以长方形子奁为例，布脱胎，子奁外髹黑漆，器身口沿、中部、底部均有银釦加固，银釦间是两周金箔动物纹，有凤、虎、兔、马、飞鸟等 20 余个（图五八），并用毛笔细致地勾画出动物的身体细节，如眼睛、关节、毛发等。所用金银箔片非常薄，工匠以毛笔在箔片上轻描线条，使箔片与周围纹饰融为一体，更加协调自然。盖顶中央嵌柿蒂纹金箔片，金箔片中部和盖顶中央各有一圆形小孔，原应镶嵌有玛瑙珠类饰物，盖肩部贴云气纹金箔。长 8、宽 3.6、高 6.7 厘米[3]。

湖南望城风篷岭一号墓为大型竖穴岩坑木椁墓，墓中出土了金缕玉衣以及书有“长沙王后家杯”字样的漆耳杯，这些都表明墓主应为某代长沙王后。简报中说“该墓下葬年代的上限为武帝元狩五年（前 118 年）。长沙王王位至东汉光武帝建武十三年（37 年）取消，因此该墓下葬年代的下限为东汉光武帝建武十三年（37 年）”。笔者认为简报估计的墓葬年代跨度（155 年）过长。从这几件漆奁装饰来看，如采用了银釦装饰、镶嵌了银柿蒂纹和玛瑙类珠

〔1〕中国社会科学院考古研究所、河北省文物管理处：《满城汉墓发掘报告》，第 148、300、389、390 页，文物出版社，1980 年。

〔2〕展梦夏：《汉代漆器镶嵌工艺》，《艺术品》2018 年第 6 期。

〔3〕长沙市文物考古研究所、望城县文物管理局：《湖南望城风篷岭汉墓发掘简报》，《文物》2007 年第 12 期。

图五八 望城风篷岭一号墓长方形子奁及动物形金箔

料、金箔贴花等，此墓的年代应该比文景时期的湖南望城坡渔阳墓要晚。另外，对比长沙出土的西汉晚期漆奁镶嵌的金箔，风篷岭一号墓的墓葬规格无疑要比 1951 年长沙发掘的 211 号汉墓（下文述及）的墓葬规格要高出许多，而 211 号汉墓出土的金箔却比风篷岭一号墓的金箔内容要丰富得多。形成两者差异的原因，笔者认为最有可能的是时间上的早晚不同，且多子奁中的正方形子奁，到武帝时期才出现。如若推测无误，那么风篷岭一号汉墓的年代应该在武帝以后，但不会晚于西汉晚期。

西汉中期以后，诸侯王墓葬中常有数件金箔贴花漆奁出土。河北定县中山怀王刘修头两侧各放银釦贴金箔漆奁一件，脚的左侧放银釦贴金箔七子漆奁一套[1]。徐州石桥汉墓的墓主

〔1〕河北省文物研究所：《河北定县 40 号汉墓发掘简报》，《文物》1981 年第 8 期。

可能为某代楚王和王后[1]，从墓中散布的漆片、银釦件和金箔来看，应该是多子奁上的饰件。二号墓中清理出来的金箔达8克之多。这些金箔上有不同颜色的纹饰，可以分为三类：一是大雁、狮、虎、豹、狐、游鱼等动物图案，二是三角形、长方形、圆形等几何图案，三是线条流畅的流云纹。

西汉中期的金银贴花漆器在全国很多地方都有出土，贴花漆器的技术已经成熟，纹样种类也开始变多，但是与西汉后期的贴花漆器比起来，纹样设计依然不够细致，人物与动物也不够传神。

河北北关汉墓发现金箔片19件[2]。金箔很薄，皆为动物造型，一面为素面，一面用墨线勾画出动物的轮廓及部分器官、皮毛、关节等。动物神态各异，有卧、立、行、奔等姿态，生动有趣，栩栩如生。动物有虎、象、鹿、九尾狐、牛、雁、袋鼠[3]、狗等。这些金箔片均出在一件腐朽的漆器上。河南淅川李沟汉墓群共出土11件漆奁，均已朽，残存漆器上的贴花饰件。除两片铜柿蒂贴花饰外，其余均为金箔饰件。金箔贴花皆属于M28：35-39，共计37片。金箔饰件有柿蒂形、“十”字形、三角形、菱形。动物形有鸭、鸟、狗、马、鹿、骆驼等姿态各异的各类飞禽走兽。人物形金箔亦姿态各异，有持弩状、站立扶马状、骑马状、半蹲吹口技状。动物与人物形金箔虽然形态各异，但是造型略显呆板。出土金箔贴花漆奁的墓葬皆为西汉中期的单椁单棺墓[4]。

西汉晚期，等级较低的地主阶层的墓葬中也有金银贴花漆器出土。西汉晚期的金银箔上往往有细致的纹样，金银箔纹样也更加丰富。长沙211号汉墓出土了数量较多的金箔[5]，见著图录的有74片。这些金质贴花是由极薄的金箔片剪下的。金箔贴花样式分为五种：一种是人物，有驾车的、骑马的、骑龟的、负弩的、舞蹈的、奏乐的、表演杂技的及人形怪兽等；一种是动物，有虎、鹿、猪、羊、兔等，亦有种属不详者；一种是飞禽，有写实的和图案化的；一种是曲线图案，包括流云纹和云气纹，与通常漆器上所绘描的云纹相似；一种是长条状、三角形和圆形，其上另有菱格状和涡卷状的线纹。发掘报告从漆痕推测原器为一个“圆形的大漆盒”。

〔1〕徐州博物馆：《徐州石桥汉墓清理报告》，《文物》1984年第11期。

〔2〕河北省文物研究所：《河北阳原县北关汉墓发掘简报》，《考古》1990年第4期。

〔3〕袋鼠原产于澳大利亚大陆和巴布亚新几内亚的部分地区。中国本土不产袋鼠。但是从金箔的形状来看确实很像袋鼠。何以中国不产袋鼠而有袋鼠形象的金箔，或者是这个图形比较抽象，是古人想象中的怪兽而已，却恰巧与袋鼠相似。

〔4〕湖北文理学院襄阳及三国历史文化研究所等：《河南淅川李沟汉墓发掘报告》，《考古学报》2015年第3期。

〔5〕中国科学院考古研究所：《长沙发掘报告》，第122、123页，科学出版社，1957年。

图五九　咸阳马泉出土金箔纹样

据此盒内置一面铜镜来看，笔者认为此漆器称为圆形漆奁更为恰当。这些金箔原来是贴饰在一件直径约 25 厘米的漆奁上的。

陕西地区由于土质的原因，漆器一般难以保存，仅留下漆痕及漆器残件。1975 年，咸阳马泉西汉墓出土一件漆奁[1]，上贴有飞禽、走兽、马术、狩猎和车马出行的金箔图像。尤其是马术，工匠准确捕捉到骑士一刹那间的体态特征，只见骏马飞驰，马背之上一名骑士双手紧握一木棒竖立在马鞍之上，而身体却斜立中空中，衣袂飘飘。还有骑士单足蹲立在马背上，昂首前视，体型矫健，右手扬鞭，策马奔腾。人与马的造型都生动传神。金箔纹样之间点缀以彩绘流云纹，美轮美奂（图五九）。秦汉时期是中国历史上骑兵的第一个大发展时期，马术也随之发展和兴盛起来[2]。这件漆奁的图像即生动地反映了汉代社会的马术活动。

除金箔贴花漆器之外，银箔贴花漆器也有不少。江苏连云港海州网疃庄汉墓出土了一套银釦贴银箔七子奁[3]。母奁与七件子奁均布脱胎。凡方形和椭圆器的盖都是盝顶，盖顶中部

〔1〕咸阳市博物馆：《陕西咸阳马泉西汉墓》，《考古》1979 年第 2 期。
〔2〕白云翔：《考古发现与秦汉时期的体育活动》，《考古》2008 年第 7 期。
〔3〕南京博物院：《江苏连云港市海州网疃庄汉木椁墓》，《考古》1963 年第 6 期。

饰平脱四叶纹（马蹄形子奁盖顶作三叶纹）银片，每叶中以鸡心形玛瑙小珠点缀其间。全器的口沿和转角处均用银质箔片包镶，较大的如母奁在器壁再增加一圈，最多的达七圈，少的也有五圈。全器外髹黑漆，内髹赭红色漆。平脱的花纹图案丰富多彩，有奔跑的野兽、飞翔的禽鸟，也有舞蹈和狩猎的人物。在禽兽中有雀、鹰、雁、鹿、马、虎和捣药的兔子等。在器表贴饰银箔以外的空间，朱绘纤细的流云纹，画面布局十分活泼生动。

贴银箔的漆奁主要出自西汉中晚期及以后的广陵国及周边地区，主要包括江苏扬州、仪征、连云港、淮阴东阳、安徽天长，此外还有山东部分地区。广陵国地区出土的银釦、镶柿蒂纹饰、嵌宝、金银贴花并彩绘、锥画的多子漆奁代表了西汉中晚期以后汉代漆奁制作的最高水平。这类漆奁富丽堂皇，其工艺的复杂程度、精湛水平远非汉初漆奁所能比拟。

广陵地区出土的漆奁金箔贴花多以金、银箔片配合一起使用。扬州邗江姚庄 101 号汉墓出土的银釦嵌玛瑙七子奁（M101 ：190）[1]，母奁的盖顶中心为镶嵌玛瑙的银质六出柿蒂纹，在器表的银釦之间贴满金银箔，并用朱、黑两色在金银箔片上绘山水云气纹，山水之间有羽人祝寿、车马出巡、狩猎、斗牛、六博、听琴等，场面非常热闹（图六〇）。奁盖、器身内壁口沿等处也贴金箔，内部七个子奁的装饰技法与母奁相同。姚庄 M101 墓主生前为广陵国中级武官，他能随葬如此精美的漆奁，说明广陵漆器手工业在汉代是非常发达的，漆器已成为当地的特色产品。1996 年发掘的扬州西湖胡场 14 号西汉墓，为土坑单椁单棺墓。墓中出土一套金银贴花彩绘银釦三子奁，布脱胎，内含三个子奁。奁口、腹和底边皆镶银釦，外髹褐漆，上绘云虡纹。云气间用金箔、银箔间隔贴饰狩猎、马术、羽人及飞禽走兽图案。内髹朱漆，内口沿以黑漆绘几何纹，底心绘云气纹。直径 14.6、高 10.4 厘米（图六一）[2]。

江苏泗阳贾家墩一号墓出土一套银釦七子漆奁（M1 ：39）。木胎，银釦。外髹黑漆，内髹朱漆。奁盖顶部曲隆， 盖面纹饰由里至外作六层分布。顶部嵌柿蒂纹银箔， 正中嵌玛瑙珠一颗， 其外平脱四只金箔虎兽， 间嵌玛瑙珠四颗。第三～六层朱绘流云纹、几何纹，贴饰奔鹿、三角形、菱形金箔。奁身圆筒形， 器腹上下亦朱绘几何纹， 贴饰三角形、菱形金箔。腹中朱绘云气纹、间绘鸟、龙、羽人， 并等距平脱金箔奔鹿四只。奁径 20 、高 14 厘米。奁内有七个子奁，均镶银釦，盖顶嵌玛瑙。奁内除了七个子奁外，尚有铜镜、铜刷、木梳等物件[3]。

〔1〕扬州博物馆：《江苏邗江姚庄 101 号西汉墓》，《文物》1988 年第 2 期。
〔2〕扬州博物馆：《汉广陵国漆器》，第 116 页，文物出版社，2004 年。
〔3〕淮阴市博物馆：《泗阳贾家墩一号墓清理报告》，《东南文化》1988 年第 1 期。

图六〇　漆奁金银贴花纹样（局部）

图六一　金银贴花彩绘银釦三子奁

图六二　金银贴花七子奁身底部金银箔纹样

2011年，山东青岛土山屯汉墓出土了一批精美的漆器，其中金银贴花嵌宝银釦多子奁尤为精美。M6出土七子圆奁一套八件。大母奁内还放有漆耳杯、漆金属胎罐各1件。大圆奁1件（M6棺2：2-1）。木胎，内髹红漆，外髹黑褐漆。由盖、盒身两部分组成，圆筒形，盖顶部隆起。盖顶正中有红漆绘四瓣柿蒂纹，中心及四叶镶嵌玛瑙饰件，柿蒂纹周边镶嵌金箔，往外有三周银釦，银釦间有红漆弦纹及镶嵌变体云纹金箔，云纹间为珍禽异兽图案银箔，盖口沿内壁黑色弦纹内镶嵌几何纹金箔。盒身有三层银釦，上、下层银釦分别绘两道红色弦纹带，弦纹内镶嵌有变体几何纹金箔，几何纹下部为主体纹饰，镶嵌变体云气纹金箔并以红漆勾勒轮廓，云气纹间镶嵌有金银箔制珍禽怪兽图案。底部在红色弦纹带内镶嵌几何纹金箔，圆心在红色弦纹圈内绘红色云气纹，中心部分外圈为红色弦纹带内镶嵌几何纹金箔，正中部分有红漆云气纹镶嵌银箔怪兽图案（图六二），盒内口沿在黑色弦纹内镶嵌几何纹金箔，内底以黑漆绘云气纹。盖直径22、高14.6厘米，盒身直径20.8、高13厘米，壁厚0.45厘米[1]。

〔1〕青岛市文物保护考古研究所、黄岛区博物馆：《山东青岛市土山屯墓地的两座汉墓》，《考古》2017年第10期。

汉代边远地区出土的金银贴花漆器，其精致程度并不逊于内地，体现了在当时大一统环境下文化交流的频繁。1983 年，内蒙包头召湾一带清理了一批汉代墓葬，M63 出土了一批从漆器上脱落的动物形金箔片，计 30 余件[1]。1986 年，当地又清理了两座墓葬，M88 也出土了类似的金箔片[2]，共 80 余件，这些金箔片都为漆器上的饰件。包头出土的金箔造型主要为动物，主要有龙、虎、鹿、狐、兔、骆驼、怪兽等走兽，飞凤、孔雀、雁、神鸟等飞禽，仙人降蛇、怪面人形、各种翩翩起舞的飞天等人物，此外还有壶、罐、瓶等数种器物，纹样异常丰富。广西合浦木椁墓一次出土了 113 金箔片，是从一件鎏金铜釦漆器上脱落下来的。箔片上有的彩绘狩猎、飞禽走兽和海水翔云等纹样，飞鸟展翅，走兽奔跑，狩猎者骑马飞驰，或引弓待发，或张索欲投，造型生动活泼[3]。

汉代贴花漆器在器表装饰金银箔片有两种方式：一为镶嵌，一为粘贴。不少研究者一度认为，汉代金银贴花漆器的金银箔在贴附于漆器表面之后，都需要再上漆数道，使漆面齐平，最后磨显抛光，露出金银箔。其实，在金银箔片上涂面漆，最后把金银箔磨显抛光，这只是汉代装饰金银箔的一种方法，即镶嵌法。研究者已经发现山东日照海曲汉代贴花漆器采用了镶嵌方式[4]。

装饰金银箔除了镶嵌法，还有粘贴法，前者需要上漆磨平，后者无需再上漆磨平。以江苏泗阳陈墩汉墓出土的马蹄形子奁为例，薄木胎，马蹄形，由盖与身套合而成。盝顶盖，顶部贴三叶柿蒂纹银饰，其上镶嵌红色玛瑙，柿蒂纹两端贴以金银箔的神兽、鸟禽，间以漆绘的卷云纹[5]。细观其盖面，脱落的长尾神兽在漆面上留下了一个清晰的剪影，其周围尚存黏稠漆液描画出的轮廓（图六三）。所有镶嵌的装饰物，如柿蒂纹银片、玛瑙、金箔在粘贴以后，工匠都以毛笔勾勒其轮廓。勾勒轮廓的作用除了凸显纹样之外，漆液还可使装饰物更加牢固地贴附于器表之上。由于金箔很薄，工匠尤其要注意使金箔边缘平整服帖，防止起翘。鸟的尖喙部，尚可见到工匠的小小失误，即黏稠的漆液盖住了鸟的喙部。鸟的身部以及三角形金箔上黏稠的漆液，都说明这些金箔是髹完面漆之后，直接贴在了漆器的表面，最后才勾勒细部如鸟眼、羽毛、云气以及这些装饰物的轮廓。

〔1〕包头市文物管理处：《包头召湾 63 号汉墓清理简报》，《包头文物资料》第二辑，1991 年。

〔2〕魏坚：《内蒙古中南部汉代墓葬》，第 247 页，中国大百科全书出版社，1998 年。

〔3〕广西壮族自治区文物考古写作小组：《广西合浦西汉木椁墓》，《考古》1972 年第 5 期。

〔4〕吴双成等：《山东日照海曲汉代夹纻胎漆器金银装饰工艺浅析》，《文物保护与考古科学》2019 年第 6 期。

〔5〕江苏泗阳三庄联合考古队：《江苏泗阳陈墩汉墓》，《文物》2007 年第 7 期。

图六三　贴花梳篦盒局部

广陵地区出土的西汉金银贴花漆奁，使我们对当时金银贴花的粘贴工艺有了一个整体的了解。西汉金银贴花漆器的粘贴工艺大致有以下几个步骤：首先，按照预先设计好的图案样式，把金或银制成的薄片，裁剪出所需图案；其次，用漆或胶平涂图案的反面后，直接贴在黑或黑褐色的深色漆面上，并进行适当调整，使其平整服帖；再次，在金箔上施以彩绘，或加刻细线纹理；最后，用墨线、朱线或银色漆勾画金箔或银箔图案的轮廓，描绘出逼真的形象效果。

贴饰镶嵌物后再上漆数道，最后磨显抛光是唐代金银平脱、螺钿工艺的通用做法。唐代金银平脱需要在漆器的表面全部上漆，反复多次，待漆层达到一定的厚度后，再磨显抛光。故而，镶嵌的金银片与漆器的面漆层就完全在一个平面上，金银片镶嵌得很牢固，并不易脱落，即使脱落下来，也会在漆器表面留下一个比较明显的凹坑。从出土的唐代漆器来看，唐代所用金银片普遍较汉代要厚，上面可以进行复杂雕刻。考古出土的汉代贴花漆器，金属箔片非常薄，由于漆液老化以及热胀冷缩，很多箔片边缘在漆面上起翘，容易脱落。

西汉晚期以后，金银贴花形象特别丰富。形象主要为现实生活中的飞禽、走兽，想象中的仙人、羽人、西王母、飞龙、凤鸟、怪兽，图案化的云气纹、山川纹、几何纹。最为生动的是一些场景性的纹样如狩猎、车马出行、操琴、杂技、骑射、六博、宴饮、兔子捣药、神人祝寿等，林林总总，生机勃勃。

漆奁上的金属主要包括釦带、柿蒂纹片和金银贴花这三种。漆奁上其他的金属附件非常少，偶见金属小纽、金属环、铺首、泡钉等。漆奁上附铺首、环纽借鉴于樽、卮、筒等漆器的制法，全国仅有少量此类漆奁。荆州高台 M28 出土的双层五格漆奁[1]，盖顶和器底分别装三个对称的铜质圆纽，圆纽极其矮小，揭开盖后，把盖倒扣以圆纽为支撑，可防止奁盖漆面磨损。

〔1〕湖北省荆州博物馆：《荆州高台秦汉墓》，第 195 页，科学出版社，2000 年。

河北满城窦绾墓出土的一套五子奁[1]，有几个子奁在柿蒂纹纽座上附一圆环。北京大葆台刘建墓出土的奁盖上有圆环纽饰[2]，有铜衔环铺首。河北阳原三汾沟汉墓出土的一件长方形漆奁[3]，奁盖四周各有两个铺首，左右两侧各有一个铺首。广陵王刘荆墓出土十子奁的内框四角各有一个泡钉，起加固胎骨的作用[4]。这类附件在漆奁上功能意义不大，借鉴过来主要是出于装饰性的需要。

东汉墓葬中镶釦漆奁出土数量较少，主要见于扬州广陵王刘荆墓、安徽寿县茶庵马家古堆汉墓[5]、洛阳市苗南村东汉墓[6]和朝鲜平壤古乐浪郡的几座汉墓。这与墓葬环境不利于漆器的保存有一定的关系。此外，东汉中晚期青瓷开始创烧，物廉价美的瓷器逐渐取代了费工费时的漆器，漆器手工业开始衰弱。

汉代漆奁数量多，分布广泛，在造型与装饰技法方面均取得了全面突破。这种盖顶镶柿蒂纹片并嵌宝其中，盖与身皆镶数道釦带，其间以金银箔贴饰人物、神怪、鸟兽等形象，并以彩绘的云气、山石等作衬托背景的漆奁，释放出前所未有的高贵艺术气息。这种奢侈物件就是贡禹所云"尽文画金银饰"[7]类漆器，它们是反映汉代社会政治、经济、文化与习俗的生动载体。

〔1〕中国社会科学院考古研究所、河北省文物管理处：《满城汉墓发掘报告》，第302、303页，文物出版社，1980年。

〔2〕大葆台汉墓发掘组：《北京大葆台汉墓》，第54页，文物出版社，1989年。

〔3〕河北省文物研究所、张家口地区文化局：《河北阳原三汾沟汉墓群发掘报告》，《文物》1990年第1期。

〔4〕南京博物院：《江苏邗江甘泉二号汉墓》，《文物》1981年第11期。

〔5〕安徽省文化局文物工作队、寿县博物馆：《安徽寿县茶庵马家古堆东汉墓》，《考古》1966年第3期。

〔6〕洛阳市文物考古研究：《河南省洛阳市苗南村三座东汉墓发掘简报》，《洛阳考古》2016年第2期。

〔7〕（汉）班固撰：《汉书》卷七二《贡禹传》，第3070页，中华书局，1962年。

第五章

战国时期的漆奁

——以楚墓出土漆奁为代表

战国时期，我国漆器制作迎来了第一个黄金发展时期，战国漆器是我国悠久的漆器工艺史上的一朵奇葩。这一历史时期的漆器在我国大部分地区皆有出土，但从地域分布情况来看，当时疆域最为辽阔的楚国出土的漆器数量之多、品种之繁、制作之精、分布之广，都远超其他地区。楚国的漆器制作可追溯到商代中期，一直延续至春秋时期，并于战国时期达到了鼎盛。战国时期，楚地出土漆器的数量不仅非前代可比，而且也是同时期其他诸侯国所望尘莫及的。大中型楚墓中往往有几十件甚至上百件漆器随葬，一些墓主身份较低的小型楚墓中出土的漆器也常有十余件，种类涉及日常生产、生活、饮食、礼乐及丧葬等各个方面。人们从楚国漆器新颖多变的造型、红黑相间的底色、神奇飘逸的纹饰以及绚丽夺目的色彩上，能感受到楚文化的神秘、瑰丽和浪漫。

第一节　楚漆器生产的历史背景

楚人原为华夏后裔。《史记·楚世家》载："楚之先祖出自帝颛顼高阳。高阳者，黄帝之孙，昌意之子也。高阳生称，称生卷章，卷章生重黎。重黎为帝喾高辛居火正，甚有功，能光融天下，帝喾命曰祝融。"〔1〕荆门包山二号楚墓出土的竹简中记录了墓主祭祀的祖先，其中包括祝融，这也是楚人视祝融为先祖的佐证之一。西周初年至两周之际的三个世纪中，楚国正处于创立阶段。楚国地狭势弱，和巴、濮、邓一道被视作周之"南土"〔2〕，文化面貌与中原类似。从西周末年起，楚国逐渐步入开疆拓土的强盛阶段。春秋时期，楚国先后灭国 48 个〔3〕，到了战国时期，楚国统一了长江中下游地区，南部发展到湖南的大部分地区，西疆已经扩展到汉中、川东、川南、云贵一带，形成了对巴、蜀的包围之势。楚国在逐渐强大、扩展的过程中，不断吸收、融合周围各诸侯国的优秀文化，创造了灿烂的楚文化。同时，楚国也通过战争、移民等方式，使楚文化向周边地区辐射。楚国在占领了周边地区之后，多以迁徙楚国贵族的方法对新的疆域进行充实。《吕氏春秋·贵卒》载："吴起谓荆王（楚悼王）曰：'荆所有余者地也，所不足者民也。今君王以所不足益所有余，臣不得而为也？'于是令贵人往实广虚之地，皆甚苦之"〔4〕。这些贵族，或为戍守与长期驻屯，或为内部矛盾而远徙至此，或为有罪谪居，

〔1〕（汉）司马迁撰：《史记》卷四〇《楚世家》，第 1689 页，中华书局，1959 年。

〔2〕《左传·昭公九年》载周詹桓伯语。见杨伯峻：《春秋左传注》（修订本），第 1308 页，中华书局，1981 年。

〔3〕何浩：《楚灭国研究》，第 149 页，武汉出版社，1989 年。

〔4〕（战国）吕不韦著、许维遹集释：《吕氏春秋集释》，第 597 页，中华书局，2009 年。

但在客观上，为楚文化的传播创造了条件。秦昭王二十九年（前 278 年），秦将白起攻下楚国郢都（今湖北江陵县北之纪南城），楚被迫迁都于陈（今河南省淮阳县），楚国实力大为削弱。其后在与秦国的争斗中，屡次失败，大片国土沦丧。公元前 241 年，楚又迁都于寿春（今安徽寿县）。公元前 223 年，楚王负刍为秦军所俘，楚国灭。

在春秋战国初期的三百多年时间中，楚国实力逐渐强大，国土纵横数千里，北至黄河之南，南达湖南中部，东至山东，西到四川。楚国是战国时期的南方大国，号称“楚地千里”，但其疆域主要包括汉水流域和长江中游地区。这个地区气候温和，阳光充足，雨量适宜，湿度较大。气候上基本属于亚热带气候。曹金柱认为：“从新石器至战国时期，今陕西省南部、湖北省北部、安徽省西北部、山东省西部、河北与山西省南部以及河南省之大部分的元宝形地域，漆树资源尤其丰富，属于这一历史时期的漆树分布中心区。”[1]由此观之，战国时期的生漆资源主要集中在楚国疆域以内。从生漆资源的占有量上来看，楚国也具有得天独厚的优越的自然条件。春秋时期，“割漆”在楚国已是一项十分普遍的生产活动。《庄子·人世间》记载，楚昭王时，孔子南游到楚国，楚狂接舆游其门曰：“桂可食，故伐之；漆可用，故割之。”[2]制作漆器所需的原料主要有漆液、木材，这些原料在楚地均唾手可得，因此优越的客观条件促进了漆器手工业的繁荣发达。

此外，楚地温暖湿润的气候不但有利于漆树的生长，而且也有利于漆膜的硬化。实践表明，在制作漆器时，当温度在 20℃～30℃、湿度在 60%～70%的条件下，漆膜比较容易干燥。在这种条件下形成的漆膜，其硬度、亮度、粘着力均比较好。楚国地区，尤其在春末夏初之际，气候的温度和湿度都最利于漆膜干燥。楚地气候上的得天独厚的优越性也促进了楚国漆器的生产与繁荣。

楚墓的埋葬条件也有利于漆器的保存。考古资料表明，漆奁这种小型日用器具在战国中期以后的楚墓中首先出现。郢都易主以前，江汉平原楚墓中出土的漆奁为典型楚式漆奁。白起拔郢之后，出土楚式漆奁墓葬地区更为集中，主要包括以下三个地区：一是湖南地区的楚墓，二是楚国最后的政治文化中心即安徽及周边地区的楚墓，三是四川地区的楚移民墓葬[3]。

在秦将白起拔郢前，楚文化的腹心地区为今湖北地区，这里的楚墓保存了很多漆器。白起拔郢以后，秦人对楚文化的中心区即今湖北省加强了控制。在墓葬表现上，秦文化影响深

〔1〕曹金柱：《中国原始社会末期至战国时期的漆树地理分布》，《陕西生漆》1979 年第 3 期。

〔2〕（清）郭庆藩集解、王孝鱼点校：《庄子集释》，第 186 页，中华书局，1961 年。

〔3〕战国楚墓出土漆奁详见附表一《战国楚墓出土漆奁一览表》。

刻。云梦睡虎地秦墓表现出与关中地区秦墓相似的秦文化属性，但睡虎地秦墓位于楚国旧地，依旧保留了部分楚文化特征，因而形成了具有地方特色的文化特征。例如漆奁，从郢都易主之后至秦灭亡之前，也出现了新的变化与特征，将在后一章中述及。

秦政府为了巩固战争成果以及边塞开发之需，采取了移民政策。这些移民中包括部分楚贵族，他们被强制迁到四川地区。“秦灭楚，徙楚严王之族于此，故谓之严道。”[1]严道故地就是今日四川省荥经县。楚人向巴蜀移民一直持续到西汉。《华阳国志·巴志》云：“江州以东，滨江山险，其人半楚，精敏轻疾。”[2]在这一背景影响下，巴蜀地区所发现的墓葬中，很多体现出一定的楚文化因素，如四川青川、荥经、成都羊子山等地都留下了许多楚移民墓葬[3]，这些移民墓葬中往往有漆器出土。由于移民处于众多民族杂居的环境中，所以墓葬体现的文化面貌除了有楚文化因素，也有其他文化因素。

战国时期，吴、越之间战争频繁，最后越灭吴，楚灭越。“楚怀王槐十年（前 319 年）城广陵”[4]，今日之扬州地区遂归楚之版图。楚人势力约在战国中期以后进入了今天的扬州地区。战国后期，楚国在强秦逼迫之下，都城从郢迁到河南陈郢，最后迁到安徽寿春，直至国灭。战国时的安徽是楚国向东扩展的重要地区，楚文化也随之逐渐东渐，进而影响到整个江淮大地。安徽与江苏等东部地区都受到楚文化的影响，直到西汉初期这些地区的墓葬还带有浓厚的楚文化特征，如棺椁制度、白膏泥填塞棺椁周围、使用透雕笭床、随葬漆器等。

先秦时期，长沙为楚国南疆重镇。自春秋晚期楚人入长沙，到战国末年楚灭亡的近 300 年，楚文化在这里得到长足的发展。特别是秦攻占郢都之后的战国晚期，楚文化在这里更是发扬光大，这一时期长沙的楚文化成为楚国晚期文化的代表之一。长沙以西则经湘西连巴蜀[5]。巴蜀地区又受长沙楚文化的影响。秦攻取长沙的确切时间，史书无载，但是从战国末期长沙地区的墓葬依然表现出浓厚的楚文化特征来看，推测秦攻占长沙时间应该较晚。由于秦国传统文化落后于楚国，秦统治长沙的时间又很短暂，故其文化影响并不会深广，长沙原有的楚文化、社会习俗较多地得到了保留。另外，汉初长沙地区的统治阶层大部分都是南方本地人，因此，直至汉初，长沙地区保留着浓郁的楚文化因素。马王堆三座汉墓可见许多楚文化因素，

〔1〕（宋）李昉等撰：《太平御览》卷一六六《州郡部一二》引《蜀记》，第 809 页，中华书局，1960 年。

〔2〕（晋）常璩著、任乃强校注：《华阳国志校补图注》，第 20 页，上海古籍出版社，1987 年。

〔3〕关于巴蜀文化中的楚文化因素，本书将在第七章第二节进行阐述，此处从略。

〔4〕（汉）司马迁撰：《史记》卷一五《六国年表》，第 731 页，中华书局，1959 年。

〔5〕湖南省博物馆等：《长沙楚墓》，第 547 页，文物出版社，2000 年。

例如漆木器，虽然从漆器的铭文可知多为成都所造，但器形、纹饰等都有对楚文化因素的继承〔1〕，一些无文字的漆器很可能产自本地，尤其是形制巨大、套合紧密的四层套棺更不太可能来自于千里之遥的成都。楚墓中常见的透雕笭床在年代为西汉中期的长沙王后曹娱墓中依然有出土〔2〕，可见西汉时期长沙地区受楚文化影响之深。

第二节　楚漆奁溯源

我国古代漆器分布很广，据统计，全国已有 40 多个县、市的近 80 个地点出土了战国漆器，包括当时的楚、秦、齐、燕、三晋、中山、鲁、曾、蔡等国的故地〔3〕。然而，直到楚墓大量漆器的出土，才使今人有机会欣赏到一个令人耳目一新、绚丽多彩、光怪陆离的漆器世界。楚国作为战国时期重要的漆器生产地区，突出表现为湖北江陵、湖南长沙的楚墓中出土漆器最多，工艺水平最高，保存也最好。河南信阳和安徽地区也有不少发现，这些地区都曾经是楚国的政治、经济和文化中心。

楚国漆器种类繁多，然而由于文献资料的缺乏以及漆器文字辨析考证的难度，都在一定程度上制约了器物的考证与定名。古代对奁的称谓在不同时代可能有所不同。奁最初仅指用于盛放物品的小型容器，除了盛放梳妆用具外，还用来盛放食物和其他物品。一般意义上的妆奁是指秦汉时期那种主要用来盛放梳妆用具的小型贮物容器。这类容器以圆形为主，此外还有椭圆形、方形、长方形等。

从目前的考古资料来看，楚墓中出土的漆奁数量并不多，一方面与此类器形出现较晚有关，另一方面可能与当时漆奁作为盛妆器的功能还没有完全确定下来有关，即属于梳妆用具的器具常不放在妆奁中，而是放在其他容器内，也可以说，其他容器承担着妆奁的盛妆器功能。因此，漆奁逐渐发展成为专门化妆用具，有一个渐进的过程。

妆奁起源于何时，目前尚难以确定。考古所见年代最早的妆奁为战国中期的天星观二号墓出土的漆奁（M2 ： 11），薄木胎，盖顶隆起，上饰三道弦纹，顶部中间安一铜质铺首环组。器身圆形，较宽薄，腹壁直，平口，平底。外腹壁上饰两个对称的铜质铺首环。底侧等距离地安装三个兽面蹄形足。内红外黑。口径 32、足高 5.4、通高 13.2 厘米。奁内盛素面铜镜 1 面、漆绘铜镜 1 面、铜带钩 1 件、大玛瑙环 1 件、小玛瑙环 1 件、铜环首铜削刀 1 件、玉环首铜

〔1〕高至喜：《马王堆汉墓的楚文化因素分析》，《湖南博物馆文集》，岳麓书社，1991 年。

〔2〕长沙市文化局文物组：《长沙咸家湖西汉曹娱墓》，《文物》1979 年第 3 期。

〔3〕《中国大百科全书·考古学》“东周漆器”条，中国大百科全书出版社，1986 年。

削刀 2 件、骨珠 75 颗、陶璜 8 件[1]。对照墓中出土的 2 件樽，整体造型非常相似，樽为酒器，腹壁为斜直壁，而奁为直壁。此奁造型较为矮扁，从内存物品来看，无疑为女性贵族的盛妆器，笔者称这种早期形态的奁为“樽式奁”，即外形与樽相似的一种奁。

湖北枣阳九连墩 1 号楚墓为战国中晚期墓葬，墓主为壮年男性。墓中出土一件便携式梳妆盒。此盒通长 35、宽 11.2、厚 4 厘米。盒由两块木板雕凿铰结而成。器表一面以蔑青、蔑黄镶嵌，蔑青镶成外框，蔑黄嵌为几何纹图案[2]，是一种以木胎与竹胎复合为胎的盛妆器。

战国中晚期，圆奁的形态已经基本稳定。内部存放物品除了梳妆用具之外，尚有其他物品，圆奁作为一种小型储物容器，存在一器多用的情况。包山二号楚墓比天星观二号墓年代稍晚，墓中出土的圆奁已经具备了楚国漆奁的常见形态。墓中出土的遣册上记载有“二革园”，指的就是墓中出土的两件皮革胎漆奁。“园”有圆形、旋转之意[3]。可能当时楚人称圆奁为“园”。“革”指兽皮，是此奁的主要材质。车马人物出行奁内盛放花椒、铜镜等梳妆用具[4]。江陵马山一号楚墓出土的蟠凤纹漆奁内盛放的并不是梳妆用具，而是八个泥质金饼。铜镜、木梳、木篦等梳妆用具放在墓中的小竹笥之内[5]。竹笥承担着妆奁的功能。包山二号楚墓除了漆奁盛放梳妆器具以外，墓中出土的众多竹笥也有部分盛放梳、篦、笄、头饰、假发等梳妆用具和装饰品[6]。笥最开始指一种长方形竹质储物箱。《说文・竹部》：“笥，饭及衣之器也。从竹，司声。”[7]然而，考古发现的笥所盛放之物种类很多，绝不仅仅是食品与衣服。江陵九店楚墓有 17 座墓出土的 26 件竹笥内盛有物品[8]，竹笥呈长方盒形，盖、身相套合，这些竹笥除了放花椒、算筹、漆卮、耳杯外，大部分盛有木梳、木篦与铜镜。竹笥（九店 M295 ：4）里放木篦一，木梳二。竹笥（九店 M13 ：12）内存有铜镜、木梳、木篦及竹笔筒、竹毛笔。此外沙市罗场高家坟楚墓中也发现竹笥内装铜镜、铜带钩及大量花椒[9]。江陵秦家咀楚墓中

〔1〕湖北省荆州博物馆：《荆州天星观二号楚墓》，第 162 页，文物出版社，2003 年。
〔2〕湖北省博物馆编：《九连墩——长江中游的楚国贵族大墓》，第 85 页，文物出版社，2007 年。
〔3〕聂菲：《湖南楚汉漆器制作工艺探讨》，《湖南省博物馆馆刊》（第十辑），岳麓书社，2014 年。
〔4〕湖北省荆沙铁路考古队：《包山楚墓》，第 144 ~ 146 页，文物出版社，1991 年。
〔5〕湖北省荆州地区博物馆：《江陵马山一号楚墓》，第 89 页，文物出版社，1985 年。
〔6〕湖北省荆沙铁路考古队：《包山楚墓》，第 150 ~ 155 页，文物出版社，1991 年。
〔7〕（汉）许慎撰、（清）段玉裁注：《说文解字注》，第 192 页，上海古籍出版社，1981 年。
〔8〕湖北省文物考古研究所：《江陵九店东周墓》，第 318、319 页，科学出版社，1995 年。
〔9〕沙市市博物馆：《沙市罗场高家坟楚墓清理简报》，《江汉考古》1988 年第 2 期。

有小竹笥内盛梳、篦等梳妆用具[1]，长沙楚墓也有用竹笥盛放梳妆用具的情况[2]。

除了竹笥外，楚墓中还常见用竹圆盒盛放梳妆用具的情况。江陵九店楚墓出土三件竹圆盒。圆形，盖、身相扣合，均为双层，表面为彩漆篾、里层素篾精工编织而成。圆竹盒（九店 M712 ： 15），盖高 6、径 16.1、通高 6.8 厘米，内装铜镜、木梳、篦、笄各一及竹签牌二个。圆竹盒（九店 M410 ： 42），残，内装铜镜、丝织腰带（附铜带钩一）、料珠各一件。常德德山楚墓中也发现盛放铜镜及装饰品的竹筐[3]。

从东汉许慎对奁的释文中是能看出奁的最初材质。《说文解字·竹部》释籢字曰："籢，镜籢也。从竹，敛声。"[4]在许慎看来汉代称为"奁"的这一器具最初是竹制品。甚至在漆奁作为妆奁的功能已完全固定下来的汉代，依然存在以制作方便的竹笥盛放梳妆用具的情况。山东日照大古城汉墓出土竹笥（M2 ： 38）长约 46、宽 24 厘米，系用竹片编成[5]。出土时竹笥已腐烂，内盛放一面木镜、三面铜镜、五件木梳篦。汉代有漆木笥，盛放物品有文具、食物、衣物以及梳妆用具等。从考古发掘情况来看，在汉代广陵地区，以漆木笥这类器物充当妆奁的情况并不少见，如仪征国庆前庄 M12 出土漆笥内置铜镜、梳、篦、镜擦等成套化妆用具[6]。

古人制造器物多因地取材。楚国地处南方，气候温暖湿润，盛产各种竹子。战国以后铁器的使用，也促进了竹器手工业的发展。陈振裕认为，战国时期的楚国竹器手工业在当时的社会生活中占有一定的地位，楚国生产的竹器数量是相当惊人的。由于竹器比漆器更不易保存，所以迄今考古发现先秦时期楚国的竹器，在数量上远比不上同一时期的漆器，而且一般竹器在造型与纹饰上亦不如漆器精美，因而未能引起人们更多的注意[7]。

战国中晚期，后世称为"奁"的器物已出现，但奁作为一种小型日用容器，其盛放梳妆用具的功能在郢都易主前还没有完全确定下来。楚人把梳妆用具常常放在取材方便、制作相对

〔1〕荆沙铁路考古队：《江陵秦家咀楚墓发掘简报》，《江汉考古》1988 年第 7 期。

〔2〕湖南省博物馆、湖南省文物考古研究所等：《长沙楚墓》，第 408 页，文物出版社，2000 年。

〔3〕湖南省博物馆：《湖南常德德山楚墓发掘报告》，《考古》1963 年第 9 期。

〔4〕（汉）许慎撰、（清）段玉裁注：《说文解字注》，第 193 页，上海古籍出版社，1981 年。

〔5〕日照市博物馆：《山东日照市大古城汉墓发掘简报》，《东南文化》2006 年第 4 期。

〔6〕仪征市博物馆：《江苏仪征国庆前庄 12 号墓发掘简报》，《东南文化》2017 年第 2 期 。

〔7〕陈振裕：《楚国的竹器手工业初探》，《考古与文物》1987 年第 4 期；又载于陈振裕：《楚文化与漆器研究》，第 154 ~ 164 页，科学出版社，2003 年。

简单的竹笥、竹盒或竹筒中也就不难理解了。漆木器在楚国主要出土于大夫和士一级的楚墓中，在庶民墓中比较少见。漆器不是普通百姓所能享用，而漆奁这种制作考究的器具更不是一般人所能拥有，因此，普通百姓用的更多可能是制作简单的竹器。

春秋战国时期，宗法制度瓦解，礼崩乐坏，僭越现象层出不穷，但有大量的考古资料证明，即使在礼崩乐坏的战国时期，楚国随葬的用鼎数量和棺椁层数，仍能反映出当时的等级制度〔1〕。《长沙楚墓》中记录了 1952 年夏到 1994 年在长沙近郊发掘的 2048 座楚墓的资料，分为甲类（大夫级）墓、乙类（士级）墓 717 座、丙类（庶民）墓 1289 座，还有 34 座墓葬无法归类。其中 8 座甲类墓除了 1 座墓葬外，都出土了大量的漆器，而 1289 座丙类墓却仅有 16 座墓出土漆器，且数量极少，仅 1 ~ 2 件，种类也非常单调，仅限于生活用品。长沙楚墓中虽然出土的漆奁数量不多，仅有 14 件，但是这些漆奁内部盛放的全部都是梳妆用具，说明在战国末期，漆奁作为盛妆器的功能已经完全确定。

第三节　楚漆奁的种类与形制

战国晚期，随着对外战争的失败，楚国损兵折将，大片国土沦丧，民众流离失所，楚国的髹漆业也受到了严重的打击。漆奁在战国中期开始出现雏形，到楚国灭亡，漆奁存在也只有短短百年时间。这段时期漆奁形制变化较小，变化主要体现在形体大小、纹样、胎骨等方面。除了个别漆奁形制特殊外，漆奁在器形成熟之后，基本上呈扁圆形，器盖与器身直口扣合至器身的近底部，金属附件如足、铺首、环纽极为少见。

楚漆奁主要出土于湖北荆州天星观二号楚墓〔2〕、荆门包山二号楚墓〔3〕、荆门左冢一号楚墓〔4〕、枣阳九连墩楚墓〔5〕、江陵马山一号楚墓〔6〕、江陵九店楚墓〔7〕、阳新半壁山一号

〔1〕湖南省博物馆等：《长沙楚墓》，第 529 页，文物出版社，2000 年。
〔2〕湖北省荆州博物馆：《荆州天星观二号楚墓》，第 162 页，文物出版社，2003 年。
〔3〕湖北省荆沙铁路考古队：《包山楚墓》，第 144 页，文物出版社，1991 年。
〔4〕湖北省文物考古研究所等：《荆门左冢楚墓》，第 87 页，文物出版社，2006 年。
〔5〕湖北省博物馆：《九连墩——长江中游的楚国贵族大墓》，第 85 页，文物出版社，2007 年。
〔6〕湖北省荆州地区博物馆：《江陵马山一号楚墓》，第 79、80 页，文物出版社，1985 年。
〔7〕湖北省文物考古研究所：《江陵九店东周墓》，第 285 页，科学出版社，1995 年。

墓[1]，湖南长沙楚墓[2]、常德德山楚墓[3]、益阳楚墓[4]，四川青川战国墓[5]、成都龙泉驿区北干道木椁墓[6]、荥经曾家沟 21 号墓[7]、曾家沟战国墓群[8]、荥经古城坪墓葬[9]、渠县城坝墓葬[10]，浙江安吉楚墓[11]，安徽舒城秦家桥楚墓[12]、安徽六安市白鹭洲战国墓等[13]。上述墓葬共出土了 90 余件漆奁，可惜大部分保存不佳，多数无法分型分式。根据保存较好的 20 余件漆奁，按照形状不同进行分型分式，可分为三类。

第一类为樽式奁。这类奁与樽外形相似，有足、铺首、环纽等金属附件。荆州天星观二号墓出土 1 件（M2 ： 11），出于东南室。薄木胎，保存较好。盖顶隆起，上饰三道弦纹，顶部中间安一铜质铺首环纽。器身圆形，较宽薄，腹壁直，平口，平底。外腹壁上饰两个对称的铜质铺首环。底侧等距安装三个兽面蹄形足。器内及口沿髹红漆。器外髹黑漆。口径 32、足高 5.4、通高 13.2 厘米（图六四）。奁内盛铜带钩 1 件、大玛瑙环 1 件、小玛瑙环 1 件、铜环首铜削刀 1 件、玉环首铜削刀 2 件、素面铜镜 1 面、漆绘铜镜 1 面、骨珠 75 颗、陶璜 8 件。墓葬年代为战国中期，墓主身份较高，为楚卿上大夫级。对比此墓以及其他楚墓出土的漆樽，

〔1〕咸宁地区博物馆、阳新县博物馆：《湖北阳新县半壁山一号战国墓》，《考古》1994 年第 6 期。

〔2〕湖南省博物馆等：《长沙楚墓》，第 358 ～ 363 页，文物出版社，2000 年。

〔3〕湖南省博物馆：《湖南常德德山楚墓发掘报告》，《考古》1963 年第 9 期。

〔4〕益阳市文物管理处、益阳市博物馆：《益阳楚墓》，第 199 页，文物出版社，2008 年。

〔5〕四川省博物馆、青川县文化馆：《青川县出土秦更修田律木牍——四川青川县战国墓发掘简报》，《文物》1982 年第 1 期。

〔6〕成都市文物考古研究所、龙泉驿区文物管理所：《成都龙泉驿区北干道木椁墓群发掘简报》，《文物》2000 年第 8 期。

〔7〕四川省文物管理委员会、荥经县文化馆：《四川荥经曾家沟 21 号墓清理简报》，《文物》1989 第 5 期。

〔8〕四川省文管会等：《四川荥经曾家沟战国墓群第一、二次发掘》，《考古》1984 年第 12 期。

〔9〕荥经古墓发掘小组：《四川荥经古城坪秦汉墓葬》，《文物资料丛刊》4，文物出版社，1981 年。

〔10〕四川省文物考古研究院等：《四川渠县城坝遗址 2005 年发掘简报》，《四川文物》2006 年第 4 期。

〔11〕浙江省文物考古研究所：《浙江安吉五福楚墓》，《文物》2007 年第 7 期。

〔12〕舒城县文物管理所：《舒城县秦家桥战国楚墓清理简报》，《文物研究》第六辑，黄山书社，1990 年。

〔13〕安徽省文物考古研究所、六安市文物管理局：《安徽六安市白鹭洲战国墓 M566 的发掘》，《考古》2012 年第 5 期；安徽省文物考古研究所、六安市文物管理局：《安徽六安市白鹭洲战国墓 M585 的发掘》，《考古》2012 年第 11 期。

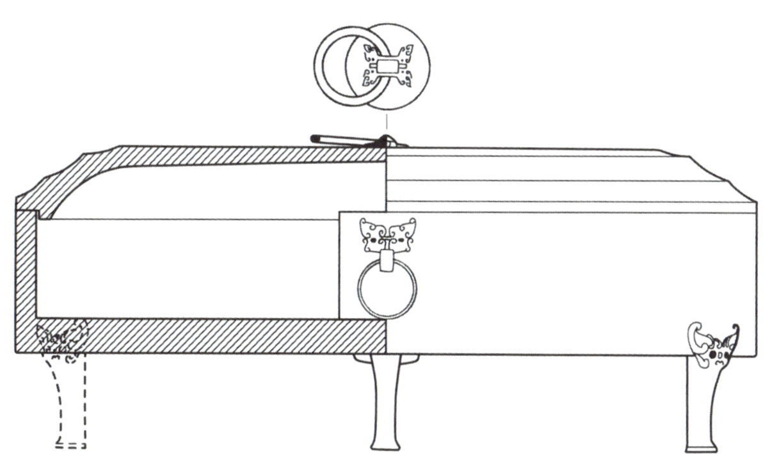

图六四　樽式奁

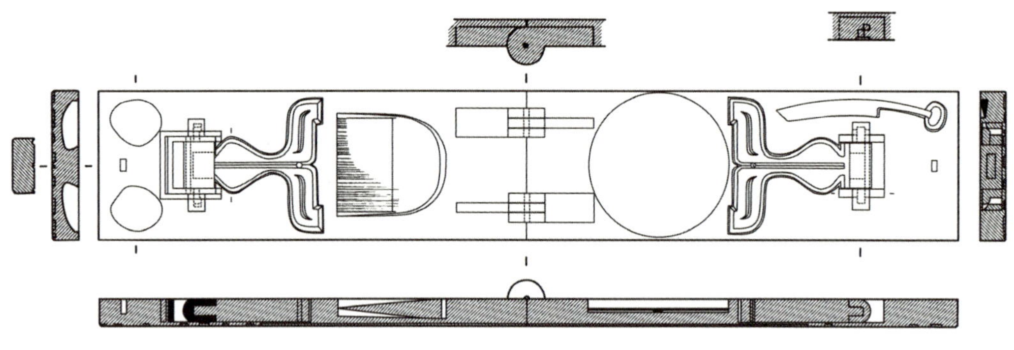

图六五　长条形折叠式梳妆盒

此奁与樽相似。差别主要在于壁与腹，奁为直壁，而樽为斜直壁，奁腹部比樽要浅。樽式奁做工考究，目前仅出土于大夫级的墓葬中，数量极少。汉代有些漆奁偶见饰铺首、足、环纽等附件，滥觞于此。

第二类为长条形折叠式梳妆盒。目前，这类妆奁仅此一件，出土于湖北枣阳九连墩一号楚墓。梳妆盒（M1 ：669-1），长方体，由两半通过根部的铜合页扣接，内面分别按照盛装物品的外形挖成凹槽，中间均各安装一个铜活环连接木质"Y"形活动支架。一半内壁有可能盛放化妆品的凹槽和篦子，另一半装铜削刀、铜镜。长 27.8、宽 9.3、厚 3.4 厘米[1]。"Y"形活动支架打开后可作为镜撑，梳妆功能齐全，构思巧妙，做工精致，堪称一绝（图六五）。

九连墩一号楚墓便携式梳妆盒不同于常见的楚式漆奁（圆形、扁体），其工艺更加复杂，做工精湛，内存全套梳妆用具，承担着妆奁的功能，表明战国中晚期楚国男性贵族在日常生活中也十分注重修饰仪表，并且拥有自用妆奁。

第三类为扁圆形。根据胎质不同，分二型。

A 型： 漆奁的胎骨全部为木胎。直口，器盖套合在器身的外部至近底处。根据盖顶、胎骨的厚薄、器形的大小、装饰的变化，分为五式。

Ⅰ式：顶部微微隆起，盖顶、器底均为厚木胎，器壁为薄木胎卷制而成，接缝处斜面相交。盖顶饰二至三道凹弦纹，无彩绘纹饰。四川荥经曾家沟 M12 ：9，内髹红漆，外髹黑漆。底径 21、盖径 22、高 10 厘米。曾家沟 M16 ：1，内外均髹黑漆，盖上面刻划一"成"字，盖内面刻划"成草"二字。底径 20、盖径 21、高 10.4 厘米（图六六，1）。

〔1〕湖北省文物考古研究所等：《湖北枣阳九连墩 M1 发掘简报》，《江汉考古》2019 年第 3 期。

1

2

3

4

5

6

7

图六六　A型圆奁

1. Ⅰ式（曾家沟M16：1）
2. Ⅴ式（长沙楚墓M569：46）
3. Ⅱ式（荆门左冢楚墓M1N：44）

4、5. Ⅲ式（江陵马山17-14、九店M712：16）

6、7. Ⅳ式（长沙楚墓M1195：9、安徽舒城秦家桥M3：4）

Ⅱ式：平顶，薄木胎，中部微凹，直腹，平底，器形较大。盖上面一周凹弦纹。通体髹黑漆，无彩绘纹饰。荆门左冢楚墓 M1N ： 44，复原直径 30、底径 28.8、复原高 14.8 厘米（图六六，3）。

Ⅲ式：盖顶、器底为厚木胎，器壁为卷木胎，盖顶外沿逐渐隆起，平顶，平底，器形较小，彩绘纹饰。江陵马山 17-14，器表髹黑漆，器内髹红漆，盖顶中间饰“⊙”纹，周绕三只蟠凤，斜边及底壁下部饰变形凤纹，盖壁外绘卷云纹、点纹。盖径 13.1、盖高 6、底高 6.1、直径 12.8、盖壁厚 0.2、底壁厚 0.4、高 7.9 厘米（图六六，4），奁内装泥金饼八个。九店 M712：16，器身平口，平底，器内髹红漆，器表髹黑漆，用红、赭色漆绘纹饰，盖顶为旋转式流线型凤纹[1]，间饰太阳花纹。盖周饰二方连续菱形纹、云纹，间花瓣云纹。盖、身壁饰二方连续菱形纹、云纹。盖高 6.2、径 13.4 厘米，器身高 7.6、径 12.8 厘米，通高 8.9 厘米（图六六，5）。

Ⅳ式：盖顶、器底为厚木胎，壁为薄木胎。盖面为弧形，平底，彩绘纹饰。长沙楚墓漆奁（M1195 ： 9），盖套合在器身的外部，器身靠底部内收，平底。内置铜镜、木梳、木篦等物。盖、底皆内髹红漆、外髹黑漆。整器纹样特点呈对称式环绕形布局。器盖用黄、褐色彩绘，中部绘有两条反向对称的“S”形龙纹，龙头用朱线勾勒，线内平涂赭色，龙身用朱、赭色相间并加饰变形云纹，龙身有朱色云纹环绕，龙云交融，浑然一体。奁盖中心有一圈连弦纹，内绘一昂首奔腾状的小马组成适合纹样，外围有三周装饰带，绘二方连续的云纹、菱形纹和变形凤纹，并用朱色勾线，线内平涂赭色和朱色等。盖壁中部无纹饰，上下各绘一圈变形鸟纹。直径 23.4、高 8 厘米（图六六，6）。浙江安吉五福楚墓出土一件圆奁，内髹红漆，外髹黑漆。盖面饰三道凸弦纹，间有朱绘几何纹。盖壁中部无纹饰，上下各朱绘一周变形凤纹。器身近底处朱绘两道平行线纹，平行线内绘一周“Z”形星斗纹。漆奁内髹红漆，无彩绘。口径 27、通高 8.5 厘米。青川 M41 ： 2，盖顶朱绘四龙纹，间以云纹，周围一组几何纹，通体髹黑漆，器身上有两组填朱的“成亭”烙印文字。安徽舒城秦家桥出土漆奁（M3 ： 4），以黑漆为地，朱绘纹饰。盖壁绘两道“Z”形星斗纹，器身近底处也绘一道“Z”形星斗纹。盖面中心绘一圈连弦纹，弦纹内绘一小凤鸟组成中心纹样，周围绘两道细长的蔓草纹间以涡纹。外围绘三圈由卷云纹、鸟纹和几何纹组成的二方连续纹样。漆奁内髹红漆，内顶、内底各髹黑漆圆心，圆心内彩绘纹饰，纹饰与盖面相同。口径 25.6、通高 9.8 厘米。出土时器内装有铜镜、木梳、木篦等（图六六，7）。

〔1〕原报告称之为“旋转式流云纹间太阳纹”，笔者经仔细观察，认为其是三凤纹，凤身抽象成了旋转的线条，凤冠非常明显，凤头在追逐嬉戏包在凤身内的太阳花。见湖北省文物考古研究所：《江陵九店东周墓》，第 285 页，科学出版社，1995 年。

Ⅴ式：盖、底为厚木胎，壁为薄木胎，形体较大。长沙楚墓 M569 ： 46，仅存奁盖，出土时内存铜镜、木梳、木篦、铜刷柄和两个圆形小漆盒。器表髹黑漆，中间绘一只小凤鸟，周围为两蔓草纹组成的适合纹样，周围三道环状纹饰带，纹样为几何纹和云气纹。两个小漆盒（子奁）采用了堆漆的技法，彩绘凤鸟、云纹和几何纹，出土时内部盛放灰白色脂粉。漆奁直径 34、高约 10 厘米（图六六，2）。长沙楚墓 M569 ： 55，大小、纹样与前者类似，奁的外底与奁盖的里面都阴刻“王二”二字，出土时直径 34、高 10 厘米。

以上 A 型五式漆奁的变化趋势如下。器形方面，早期胎骨较厚，晚期变薄；奁盖早期多平顶，晚期多弧形顶；晚期出现了器形较大的奁，并且内部出现了多个脂粉盒。装饰方面，早期多素髹无纹，晚期彩绘较多，并且到战国末期时，不但在器表彩绘纹饰，而且盖内、内底亦彩绘纹饰；早期彩绘的边缘纹样多为勾连云纹，晚期常见菱形纹、杯纹等几何纹，还有“Z”形星斗纹及变形鸟头纹。铭文方面，四川地区出土的漆奁上文字出现较早，内容多是标明产地为成都；而楚国旧地出土的漆奁一直到晚期才出现文字，并且有文字的漆奁数量极少，文字内容多为物主姓名。

B 型： 漆奁的胎骨为布脱胎或以布脱胎与木胎组成的复合胎骨，直口，直壁，平底。根据奁盖与器身的扣合方式及纹饰的不同，分三式。

Ⅰ式：布脱胎，器盖套合至器身近底处，素髹无彩绘纹饰。包山 2 ： 414，胎是在麻布两面用生漆贴上皮革制作而成。盖顶微隆起，上饰三道凸弦纹。通体内髹红漆，外髹褐漆。直径 26.4、胎厚 0.3、通高 14 厘米（图六七，1）。

Ⅱ式：布脱胎，彩绘纹饰。包山 2 ： 432，盖与器身以子母口扣合。整器直径 27.9、胎厚 0.3、通高 10.8 厘米（图六七，2）。器身胎骨上薄下厚，下部所贴麻布层数比上部层数多。盖面中部微隆起，通体内髹红漆，外髹黑漆，用深红、橘红、土黄、棕褐、青等色彩绘纹饰。盖顶面用红漆绘三周圆圈纹。中间圈内用深红、橘红、土黄、青四色绘相背对称四分龙凤图案，每单元有一长嘴龙盘绕其间并填以两对小龙小凤，单元之间以蝶状纹间隔。外圈亦用红、黄、金三色绘二方连续龙凤纹，每单元各绘一相背对称长嘴龙和长冠凤及小龙小凤，单元之间亦用蝶状纹相间隔（图六七，4）。盖外壁上、下各绘一周红色带纹，带纹之间用橘红、土黄、棕褐、青等色绘一组由二十六个人物、四乘车、十匹马、五棵树、一头猪、两条狗和九只大雁组成的出行迎宾图。画面以树为间隔分成五段（图六七，3）。整幅画通长 87.4、宽 5.2 厘米。器身外壁用深红、土黄、青三色绘折线式二方连续勾连云纹。器底绘以两道红色带纹，其间绘折线式二方连续勾连云纹（图六七，5）。奁内盛花椒（约占内部空间的三分之二），一枚方形铜镜，一枚圆形铜镜，一件搽粉饰，两件骨笄，两个木片饰，一个蛤蜊壳。湖南常

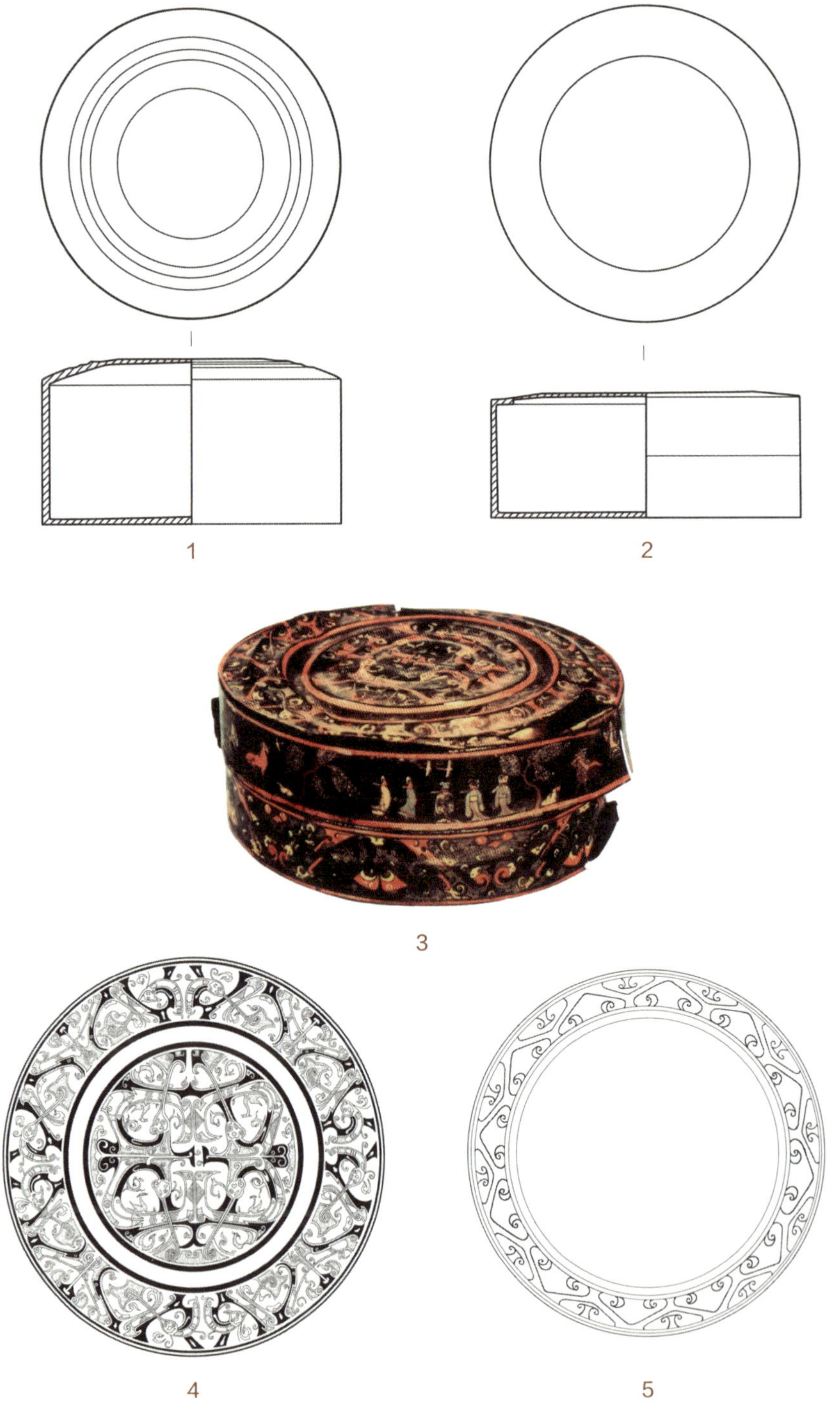

1

2

3

4

5

图六七　B型圆奁

1、Ⅰ式（包山2：414）　2、3、4、5. Ⅱ式（包山2：432）

德德山楚墓出土一件布脱胎漆奁，残破，只存奁盖与底，外髹深咖啡色底漆，上绘几何纹及变形朱绘龙纹。

Ⅲ式：盖、底为厚木胎，边为布脱胎。长沙楚墓 M1140 ：6，盖顶略凸，直口，直腹，平底，内髹红漆，外髹黑漆。盖表在黑漆上施以红彩，中心绘凤纹，两边绘变形云纹，其外绘几组菱形纹，盖里以红漆为地，在“田”字形纹外绘变形云纹。奁内置铜镜一面，梳、篦各一件，另外还有一些粉质的化妆品。直径 25、高 9 厘米。

以上 B 型三式漆奁变化趋势是：战国中晚期出现布脱胎，战国末期出现了布脱胎与木胎结合形成的复合胎骨；早期流行的勾连云纹到战国末期已逐渐消失，常见的辅助纹样为菱形纹等几何纹；早期盖顶的适合纹样常常是工整的十字对称形，到了晚期常见的是在奁盖顶部中心绘一动物纹样形成中心独立纹样，周围以旋转式的二分反向对称或三分对称的方式布置适合纹样，纹样具有更强的动感。

第四节　楚漆奁的特征

楚漆奁在制胎、装饰方面都具有较为鲜明的时代特色。从器形来看，奁的直径一般是高的两倍以上，看起来非常扁矮。早期奁多平顶，晚期盖顶逐步隆起，隆起的盖顶一方面可以增加盖顶的强度，另一方面也可以增加奁的内部容量，可以存放更多的物品。长沙楚墓出土的战国晚期的漆奁如 M569 ：46，出土时内存铜镜、木梳、木篦、铜刷柄和两个圆形小漆盒。脂粉之类的物品和其他梳妆用具放在一起容易被污染，影响使用，小圆漆盒专门用来盛放脂粉，但是这时尚未出现盛放梳、篦的马蹄形盒和其他形状的小子奁。西汉初期出现的多子奁，其设计理念应该是在这种奁的基础上，同时受具杯盒组合化、系列化设计的影响演变而来。

战国时期，楚国漆器以华丽的装饰闻名遐迩。《韩非子·外储说左上》记载了买椟还珠的故事：“楚人有卖其珠于郑者，为木兰之柜，薰以桂椒，缀以珠玉，饰以玫瑰，辑以翡翠，郑人买其椟而还其珠。”[1]说明当时楚国的日用漆器装饰中有镶嵌珠玉等多种技法，然而就目前的考古资料来看，楚漆奁的装饰工艺仅见彩绘，未见嵌宝。

一、尚红爱黑

楚墓出土漆奁，其底色除了个别漆奁内外均髹黑漆外，几乎都是内髹红漆，外髹黑漆，并彩绘纹饰。红色漆是古人在天然漆中调入了天然颜料朱砂而制成的。朱砂又名丹砂、辰砂，

〔1〕(战国)韩非著、陈奇猷校注：《韩非子新校注》，第 668 页，上海古籍出版社，2000 年。

是水银和硫磺的天然化合物即硫化汞。中国古人使用朱砂由来已久，山顶洞人的墓葬[1]、河姆渡的朱漆碗都使用了朱砂作为颜料[2]。朱砂在湖北、湖南、贵州、云南等地均有出土[3]。除了红色艳丽夺目，惹人喜爱以外，先民热爱红色可能也与当时赖以生存的恶劣自然环境有关。红色为太阳之色，万物有了太阳方可生存，同时红色也是火的颜色，火可驱除野兽的侵袭以确保生命安全。或许正是由于对生命最本能的渴求，才使先民们对红色有着深厚的感情与依托，视红色为吉祥之色。

一个民族或文化群体的色彩观念受到社会环境、自然环境、民族文化、宗教信仰、经济条件和群体心理等因素的影响[4]。楚人自认为是祝融的后代，祝融为帝喾（高辛）时的火正。火正的主要职责为掌祭火星、行火政，观象授时。祝融死后被楚人尊为火神，成为楚人世代祭祀崇拜的始祖之一。祝融既为楚之火神，楚人崇拜火，推及崇尚火的颜色，"以红色为贵"[5]。"一鸣惊人"的楚庄王的朝冠就是红色的。《墨子·公孟》云："昔者楚庄王鲜冠组缨，绛衣博袍，以治其国，其国治。《玉藻》云："玄冠朱组缨，天子之冠也。"[6]江陵马山一号楚墓出土了大量的衣衾，图案繁缛，色彩鲜艳，而以红色为主色调。河南淮阳马鞍冢车马坑为战国晚期楚王的陪葬坑[7]，出土了六面战旗，全为炽热的火红色。楚国的宫室建筑业也喜爱用红色装饰，屈原《招魂》这样描写楚国宫室建筑："网户朱缀，刻方连些"及"红壁纱版，玄玉梁些。"[8]

黑色也是古人喜爱的颜色之一，它与其他多种颜色搭配起来都非常协调。《淮南子·齐俗训》中有"漆不厌黑，粉不厌白"[9]。由于黑色也是漆器最常见的颜色之一，《周礼·巾车》贾氏注中有"凡漆不言色者皆黑"之说[10]。用天然漆髹涂过的器物，阴干后，其表面的漆膜会逐渐氧化成深褐色，接近黑色，但是这层漆膜不久又会变成半透明体。所以，在制黑色漆时，一般都要加入颜料。当时楚国采用的黑色颜料可能有烟炱、天然铁黑等。

出土的楚国漆器，尤其是生活用具如盘、耳杯、豆、鼎、奁等，其外部多髹黑漆，内部涂朱漆，

〔1〕裴文中：《周口店山顶洞之文化（中文节略）》，《文物春秋》2002年第2期。
〔2〕陈元生等：《史前漆膜的分析鉴定技术》，《文物保护与考古科学》1995年第2期。
〔3〕赵翰生：《中国古代纺织与印染》，第157页，商务印书馆，1997年。
〔4〕郭廉夫、张继华：《色彩美学》，第12页，陕西人民美术出版社，1992年。
〔5〕夏晓伟：《从楚墓出土丝织品的色彩看楚人"尚红"》，《江汉考古》2003年第3期。
〔6〕（清）孙诒让撰、孙启治点校：《墨子间诂》，第452、453页，中华书局，2001年。
〔7〕河南省文物研究所、周口地区文化局文物科：《河南淮阳马鞍冢楚墓发掘简报》，《文物》1984年第10期。
〔8〕（宋）洪兴祖撰、白化文等点校：《楚辞补注》，第203、206页，中华书局，2006年。
〔9〕张双棣：《淮南子校释》，第1122页，北京大学出版社，1997年。
〔10〕（汉）郑玄注、（唐）贾公彦疏：《周礼注疏》，第1046页，上海古籍出版社，2010年。

绝少例外，楚墓中的众多漆器大都红黑搭配，对后世影响深远。

在漆器发展的最初阶段，红漆和黑漆无疑是最容易制作的色漆。然而，经过楚国漆器的繁荣发展后，楚人把黑色与红色锁定成为漆器的基本色，或者说正是楚人对颜色的选择才奠定了秦汉漆器的基本色调。楚国漆器绘饰技艺已十分娴熟，常把这两种颜色配合使用，或在黑色底上绘饰朱纹，或在红色底上绘饰黑纹。这种色彩搭配产生了极为热烈而又神秘的效果，使漆器世界笼罩在一片神秘、绚丽、热烈的氛围之中。从视觉效果来看，红色色相鲜亮而饱和，是有彩色中纯度最高的颜色；而黑色博大宽厚而稳健，是明度最低的颜色。这对高纯度和低明度的色彩相配，深沉而不沉闷，华贵而不招摇。红、黑二色的色彩特性在与漆相调配和使用中得到了充分的发挥，其色彩的特性能够完全代表和反映天然漆坚韧、柔和、光洁的特点，其他色彩几乎都不能取代这两种色彩的价值功能和视觉效果。楚国漆器以红、黑二色主导，并以此为风格特征延袭后世，成为中国古代漆器永不褪色的两大标志性色彩。

当然，这里所说的红、黑二色主宰的漆器世界，并不意味着楚国漆器不使用其他颜色。事实上，楚人一直努力创造新的颜色来装饰漆器，不过，这些颜色都处于装饰性的配角地位。楚国漆器除了一小部分为素髹无纹漆器外，大部分都有多种颜色表现的彩绘。

二、凤鸟崇拜

在有关楚国的文献、诗辞以及出土文物中，凤鸟无疑是最惹人注目的艺术形象。楚国故地出土的文物除了漆器常绘凤鸟纹之外，铜器、玉器、丝织品也常常制作成凤形，或以凤纹装饰，凤的雕像和图像不胜枚举。因此，从某种意义上来说，楚文化是以凤鸟为母题的兼容并蓄的文化，楚国艺术品在某种程度上也是展示楚国“凤文化”的载体，并随着楚国的扩张而影响了大半个南中国。楚人对凤鸟的推崇影响到了整个战国秦汉漆器的纹饰甚至造型，可谓影响深远。

楚国漆器的装饰以各种各样的凤鸟纹为主，工具中的盾、马鞍、刀鞘，乐器中的琴、瑟、鼓，食具中的盘、勺、杯、盒、盂，日常用具中的奁、箱、柜、案、俎、几及丧葬用具上都能看到凤的形象。如著名的虎座立鸟、虎座凤架鼓、木双连杯、彩绘木雕小座屏上均雕绘着神态傲然的凤鸟形象。表现手法既有写实，又有抽象，如四川青川郝家坪出土的漆奁既有完全写实性的大凤鸟（M41 ：4），盖面上黑地用朱、白二色单绘一只大凤鸟，又有以简单的线条，寥寥数笔绘出三只变形凤鸟纹（M26 ：4）（图六八）。后期出现了变形鸟头纹，常作为漆奁带状纹样的组成元素。楚人日常穿着的丝织品上，凤纹也是最常见的纹样，如江陵马山一号楚墓出土了大量的丝织品，大到衣衾，小到盛放铜镜的镜衣，均装饰有各种形象的凤纹[1]。楚民族具

〔1〕湖北省荆州地区博物馆:《江陵马山一号楚墓》，第19～71页，文物出版社，1995年。

图六八
三凤纹漆奁

有很强的“凤鸟情结”。

凤是中国古代传说中的一种神鸟，在华夏有悠久的历史和深厚的根源，直至今日，凤纹依然是人们喜爱的吉祥纹样。远古时代的图腾崇拜中，很多部落以鸟为图腾。《诗经·商颂·玄鸟》曰：“天命玄鸟，降而生商。”〔1〕玄鸟可能是商人的先祖图腾。楚人先祖祝融所依附的高辛部落可能也以鸟为图腾。高辛又名夋，“夋”字在古文字中作鸟形〔2〕。凤是古人在鸟的基础上，加上天才的想象而虚构出来的。《说文解字》云：“凤，神鸟也。天老曰：凤之象也，麐前、鹿后、蛇头、鱼尾、鹳嗓、鸳思、龙文、龟背、燕颔、鸡喙。五色备举。”〔3〕这种神奇的大鸟，能够自由翱翔于天地之间，成为古人与上天相通的“使者”。甲骨文中，“凤”与“风”相通，缘于古人以为凤鼓翼而生风，风是凤带来的〔4〕。商代卜辞中有“帝吏（使）凤”的刻辞。

楚人为何如此喜爱凤？这与楚之先祖以鸟为图腾、楚地巫风盛行及神话传说有关。凤是古老传说中火中再生之鸟，楚人认为其先祖祝融死后，凤就成了祝融的精灵。《白虎通·五行篇》中说：南方之神“祝融”，“其精朱鸟，离为鸾”（鸾为凤的一种）〔5〕。楚人心目中的这种神奇大鸟是其先祖祝融的化身，楚之先民以凤为图腾〔6〕，这或许出于楚人固有的信仰，但也可能是从高辛部落集团移植过来的。楚人之凤鸟虽有多种形态，但都显得雍容华贵，他

〔1〕《诗经》，见（清）阮元校刻：《十三经注疏》，第622页，中华书局，1980年。
〔2〕胡厚宣：《甲骨文商族鸟图腾的遗迹》，《历史论丛》，中华书局，1964年。
〔3〕（汉）许慎撰、（清）段玉裁注：《说文解字注》，第148页，上海古籍出版社，1981年。
〔4〕张正明、王劲：《凤及其与龙的沉浮》，《长江文化论集》第一辑，湖北教育出版社，1995年。
〔5〕（清）陈立撰、吴则虞点校：《白虎通疏证》，第177页，中华书局，1994年。
〔6〕张正明等：《凤斗龙虎图像考释》，《江汉考古》1984年第1期。

们相信凤鸟和他们的祖先有某种亲缘关系，所以把自己认为美好的特性和特征都赋予了凤鸟。他们尊崇凤鸟，就是尊崇自己的祖先；他们钟爱凤鸟，就是钟爱自己的民族[1]。无论是日常的生活还是巫术礼仪，楚人都离开不了凤鸟，并好以凤鸟自喻。楚庄王以“此鸟不鸣则已，鸣将惊人”比喻自己的雄心壮志。楚辞中关于“凤”的记载更是不胜枚举。屈原在《九章·怀沙》中也以凤鸟自喻：“凤皇在笯兮，鸡鹜翔舞。”[2]宋玉在《九辩》中还借凤鸟暗喻自己的卓尔不群，曰：“众鸟皆有所登栖兮，凤独遑遑而无所集。”[3]楚辞中仅屈原对凤鸟的描述就有近20次，如“吾令凤鸟飞腾兮，继之以日夜”[4]，“凤皇既受诒兮，恐高辛之先我”[5]等。

在楚人的想像中，凤鸟不仅有曼妙的身形、活泼的体态，而且具有美好的灵性和卓异的神通，它能够引魂升天。包山二号楚墓出土的彩绘龙凤纹漆木棺[6]，棺内髹红漆，棺外以黑漆为地，周身用红、黄、金三色绘满龙凤纹。无论是色彩还是纹样结构，都能看出凤纹比龙纹处于更加醒目的位置。在楚人的心中，凤是通天达地的神鸟，人死之后，只有在凤或龙的引导之下，人的灵魂才能飞登九天，周游八极。湖南陈家大山楚墓出土的《人物龙凤帛画》形象地描绘了龙凤“引魂升天”的场面。

楚漆奁其他动物纹样还有龙（图六九，1）、马、狗、老鼠等。四川青川圆奁（M41：2），盖径21.5、底径17、通高11.7厘米。盖顶隆起，朱绘四龙，间以云纹，周围还有一组几何形图案。通体髹黑漆，上有两组填朱的“成亭”烙印戳记。有趣的是，不怎么惹人喜爱的老鼠形象也会出现在漆奁之上。青川郝家坪出土圆奁（M23：8），器身已残，仅存一盖，径16.6厘米[7]。盖面朱绘一只三尾兽，形若老鼠，作张嘴吐舌状，周围间以云纹，饶有趣味（图六九，2）。

我国先民大多依水而居，鱼是水中的常见之物，鱼纹很早就出现在古代的器皿之上。仰韶半坡彩陶以鱼纹最为普遍[8]。然而在漆器上绘制写实性鱼纹大约到秦才出现。楚文化中也有鱼的艺术形象，楚国墓葬中常有铜鱼、木鱼出土，如襄阳蔡坡12号墓[9]、荆门左冢楚墓

〔1〕张正明：《楚文化史》，第7页，上海人民出版社，1987年。

〔2〕（宋）洪兴祖撰、白化文等点校：《楚辞补注》，第143页，中华书局，2006年。

〔3〕（宋）洪兴祖撰、白化文等点校：《楚辞补注》，第189页，中华书局，2006年。

〔4〕（宋）洪兴祖撰、白化文等点校：《楚辞补注》，第29页，中华书局，2006年。

〔5〕（宋）洪兴祖撰、白化文等点校：《楚辞补注》，第34页，中华书局，2006年。

〔6〕湖北省荆沙铁路考古队：《包山楚墓》，第63页，文物出版社，1991年。

〔7〕四川省博物馆、青川县文化馆：《青川县出土秦更修田律木牍——四川青川县战国墓发掘简报》，《文物》1982年第1期。

〔8〕李泽厚：《美的历程》，第16页，三联书店，2009年。

〔9〕襄阳首届亦工亦农考古训练班：《襄阳蔡坡12号墓出土吴王夫差剑等文物》，《文物》1976年第11期。

1

2

图六九　四龙纹漆奁与三尾鼠纹漆奁

1.四川青川M41：2　2.四川青川郝家坪M23：8

M1[1]、荆门包山一号楚墓[2]、江陵李家台楚墓等[3]。长沙子弹库出土的《人物御龙帛画》，在帛画的下面画一条鱼以象征龙在水面之上。

楚漆器众多的纹饰中却至今没有发现鱼纹，可能和楚国社会等级之分有关系。《国语·楚语下》中记载："子期祀平王，祭以牛俎于王，王问与观射父，曰："祀牲何及？"对曰："祀加于举。天子举以大牢，祀以会；诸侯举以特牛，祀以太牢；卿举以少牢，祀以特牛；大夫举以特牲，祀以少牢；士食鱼炙，祀以特牲；庶人食菜，祀以鱼。上下有序，则民不慢。"[4]楚国国君吃牛肉，大夫吃羊肉，士吃猪肉、犬肉，庶人才吃鱼。祭祀时鱼是庶人的供品，这样形成的等级差别就使鱼在楚文化中地位低下。当然也有可能是楚人的凤鸟情结，以及楚地巫风盛行，在钟爱的漆器上多爱描绘凤鸟和各种怪诞不经的动物形象，从而忽略了鱼纹。

战国末期四川楚墓出土的个别漆器上出现了鱼纹。四川青川 M50 ：6，盖径 13.7、底径 13、高 9 厘米。盖顶黑地朱绘，并间以黄褐等色，以十字四分对称的方式将圆形画面四等分，间以双钩图案，器壁绘水草及变形鱼纹[5]，鱼纹十分抽象。青川战国墓为秦灭巴蜀后的楚移民墓葬，这件漆奁上的鱼纹或是受到了新的文化因素影响才产生的。

楚漆奁的植物纹样比较少，以太阳花纹、蔓草纹较为常见。自然景象纹样早期常见规整的勾连云纹，晚期为洒脱的"Z"形星斗纹（波折纹）、涡纹所代替，此外几何纹样也成了常见的辅助纹样。

三、多元信仰与炽热巫风

楚人有重巫、信鬼、敬神的文化传统，具有鲜明的民族特色。楚地之民"信巫鬼，重淫祀"[6]。楚人这种意识形态的形成可能与楚国周边生活着众多民族有关。春秋战国时期，随着楚国政治实力的强大和疆域的扩张，楚人除信奉太乙、东君、云中君等众多本民族神外，还信奉高辛、轩辕等北方诸夏之神和伏羲、女娲等南方夷越之神。楚人将形形色色的鬼神兼容并蓄于自己的意识之中，逐渐形成了多元信仰。"中国古代文明中一个重大观念，是把世

〔1〕湖北省文物考古研究所等：《荆门左冢楚墓》，第 73 页，文物出版社，2006 年。

〔2〕湖北省荆沙铁路考古队：《包山楚墓》，第 44 页，文物出版社，1991 年。

〔3〕荆州博物馆：《江陵李家台楚墓清理简报》，《江汉考古》1985 年第 3 期。

〔4〕上海师范大学古籍整理组校点：《国语》，第 564、565 页，上海古籍出版社，1978 年。

〔5〕四川省博物馆、青川县文化馆：《青川县出土秦更修田律木牍——四川青川县战国墓发掘简报》，《文物》1982 年第 1 期。

〔6〕（汉）班固撰：《汉书》卷二八《地理志》，第 1666 页，中华书局，1962 年。

界分成不同的层次……天、地、人、神等不同层次，和不同层次的沟通，乃是宗教人物的重要任务。”[1]楚地巫风浓郁并由巫师负责与鬼神沟通。战国时期，楚国“原始氏族社会结构有更多的保留和残存，依旧强有力地保持和发展绚烂的远古传统……在意识形态领域，依然弥漫在一片奇异想象和灼热情感的图腾——神话世界之中。”[2]楚国漆器上常见的人首兽身、兽首人身、人首鸟身、怪兽纹、巫师作法等怪诞图案，皆是楚人这一思想特征的反映。

楚人通过各种巫术活动如医药、降神、娱神、禳灾、占筮、巫术性歌舞表演等，与神灵交流，达到趋灾避祸、祈福迎祥的目的。江陵天星观一号楚墓中出土了一批竹简，其中有2700字是关于卜筮、祭祀的[3]，印证了战国时期楚地巫风极盛。随县曾侯乙墓出土的彩绘漆棺，内外皆髹朱漆，外表以黑、灰、黄等色漆作画，满饰各种繁缛多变的花纹，棺的两侧绘有小门，门的两侧各有手执双戈戟的人头兽身、兽头人身的守卫门神，这些既恐怖又神秘的人兽神怪能驱邪除害，保护逝者的灵魂。

公元前223年，楚亡于秦，但一直到西汉早期，昔日楚文化的核心区，如长沙等地楚文化的影响仍然非常强烈[4]。马王堆一号汉墓的黑地彩绘漆棺上绘有许多流连于云气之中的神人与怪兽。漆髹黑地似为深邃幽远的宇宙，勾画出了楚人幻想的长生不死的神仙世界，符合巫学以宇宙空间为背景，阴阳变化为动因的思想[5]。同墓出土的帛画更直观地描绘了楚人精神世界中的地府、人间、天堂的场景，整幅画笼罩在一片神秘的氛围之中。

楚地幽冥神奇、变化莫测的崇山峻岭、密林大泽也容易引起人们深深的畏惧和无穷的遐想[6]。漆器上变幻莫测的云纹、涡状纹、波折纹及衍生的各种变形纹样时时连成一片，源自于信奉万物有灵的楚人对河泽、山水、烟云等自然景象天才的抽象化处理。

四、绚丽彩绘

楚人彩绘用的色漆或为彩漆，或为油漆。一些颜色比较深的色漆，如红、黑二色，只要把生漆精制之后加入天然颜料即可制成。为了获得描绘浅淡鲜艳的花纹所用的色漆，一

〔1〕张光直：《考古学专题六讲》，第4页，文物出版社，1986年。
〔2〕李泽厚：《美的历程》，第67页，天津社会科学院出版社，2001年。
〔3〕湖北省荆州地区博物馆：《江陵天星观1号楚墓》，《考古学报》1982年第1期。
〔4〕湖南省博物馆等：《长沙楚墓》，第557、558页，文物出版社，2000年。
〔5〕张正明：《巫、道、骚与艺术》，《文艺研究》1992年第2期。
〔6〕冷金成：《中国文学的历史与审美》，第36、37页，中国人民大学出版社，1999年。

定要用植物油，在当时的楚国油漆工艺中使用荏油（紫苏籽油）的可能性较大[1]，也有可能使用的是桐油等其他植物油。这类植物油都属于干性油，可以增加漆器的色泽度、提高漆膜的硬度[2]。生漆和植物油的混用是我国制漆工艺史上一项最杰出的创举，使漆器装饰艺术的表现力出现了历史性的突破，迎来了漆器工艺千文万华、色彩缤纷、兴盛繁荣的新时代，达到了空前的水平[3]。

战国早期的河南信阳长台关楚墓出土的小瑟，彩绘用了鲜红、暗红、浅黄、黄、褐、绿、蓝、白、金共九种颜色，花纹精美生动，说明至少在战国早期楚国工匠已能够在漆中勾兑油料，制作色彩浅淡的多种色漆。包山二号楚墓出土的车马人物出行奁，采用了鲜红、橘红、土红、棕褐、土黄、青等多种颜色。盖顶绘四分凤纹；盖壁上下各绘一道红带，内绘车马出行图；器身上下也均绘一道红带，内绘二方连续勾连云纹，彩绘布局有着较强的秩序美。用色主要用黑、红、青、黄等冷暖反差较强的颜色，具有较强的视觉冲击力。在艺术形式上采用了横向平移的散点透视方法，追求平面效果和秩序美。全图以随风摇曳的柳树分割为五段，各段场景内容不同，或长或短，分别绘对话、迎送、出行等情节，最短的一段仅绘腾跃而起的犬、豕各一，各段画面相对独立又首尾相连。这样的构图在此后的中国长卷人物画中较为常见，通常是为表现某些故事情节而设计，如东晋顾恺之《洛神赋图》与《女史箴图》，五代顾闳中《韩熙载夜宴图》等，但在楚漆器纹饰中却不多见。包山二号楚墓出土的车马人物出行奁，无论是制胎工艺还是彩绘技术，都可以代表战国漆奁的最高制作水平。

楚国彩绘多采用线描与平涂相结合的方式，出现了堆漆技法。早期漆奁彩绘位于器表的盖顶、盖壁、器身近底处、器底等部位，安徽舒城出土的战国晚期的漆奁已开始注重漆奁内部的装饰，在漆奁的盖内顶、内底都先绘黑漆圆心，然后绘制纹样，同时纹样注重内外的协调一致，内外纹样风格相似。

楚漆奁中心适合纹样的构图方式主要有二分式、三分式、四分式，以三分式为主。早期漆奁的盖面往往中心绘制一个大的适合纹样，周围留一道空白无纹带，靠盖面边缘处再绘一道纹样带。因楚国漆奁的中心纹样往往比较繁缛，故这种露出底漆的无纹带具有较好的视觉缓冲效果。晚期漆奁的盖面在中心纹样周围往往环绕一至四道二方连续纹样环状纹饰带，几

〔1〕后德俊、陈赋理：《楚国漆制品生产与使用中的几个问题》，《中国生漆》1983年第1期。

〔2〕付迎春等：《应用热辅助水解甲基化裂解气相色谱质谱技术对古代漆器漆膜的分析研究》，《文物保护与考古科学》2018年第4期。

〔3〕张飞龙：《中国漆文化历史渊源研究》，《中国生漆》2006年第3期。

图七〇　楚墓出土漆奁盖面纹饰带

乎无露出底漆的空白无纹带。长沙楚墓出土漆奁（M1195 ：9），厚胎，扁圆形，盖顶略凸，直口，盖系套入器身。靠底部内收，平底。内置铜镜、木梳和木篦等物。盖、底皆内髹红漆，外髹黑漆。整器纹样呈二分对称式环绕布局。器盖用黄、褐色彩绘，中部绘有两条对称的“S”形龙纹，龙头用朱漆勾勒，线内平涂赭色，龙身用朱、赭色相间并加饰变形云纹，龙身有朱色云纹环绕，龙云交融，浑然一体。奁中心有一圈连弦纹，内绘一昂首奔腾状的小马组成适合纹样。器身的外围有三周装饰带，绘二方连续的方连云纹、菱形纹和变形凤纹，并用朱色勾线，线内平涂赭色和朱色等。高 8、径 23.4 厘米（图七〇）[1]。

每个时代器物的发展都与当时文化的发展有着密切的联系。因此，一部漆器发展史，也是一部物化的文化史。漆器是楚文化中最具有代表性的物质文化标签。楚国漆器鲜艳夺目的彩绘，新颖诡谲的造型，飘逸轻盈、神奇怪异的纹样，或柔情细腻，或狂放不羁，虽无定法，却巧夺天工。

楚国漆器上自然景象纹样取材于楚地湿润的自然环境，而各种神怪图案则源于楚人信巫

〔1〕湖南省博物馆著：《长沙楚墓》，第 362、363 页，文物出版社，2000 年。

鬼、重淫祀及无拘无束的浪漫思想。楚国漆器艺术极大地影响着秦汉以后漆器艺术的发展与方向。漆奁作为楚国漆器的典型器形，作为盛妆器的功能在战国末期基本确定下来。秦式、汉式漆奁是在楚式漆奁的基础上发展起来的。秦式漆奁主要是纹样上有所创新与侧重，而汉代漆奁的装饰工艺比楚式漆奁更加复杂，增加了锥画、镶釦、金银贴花、嵌宝等工艺，另外，圆筒形的外表也被继承下来，整体高度有所增加，盛放梳妆用具的功能也被进一步强化。

汉文化是在楚文化的基础上发展起来的，因此，汉代漆器艺术也与楚国漆艺一脉相承。楚国漆器对汉代漆器的影响主要体现在三个方面：一是髹漆方面，楚人崇红尚黑；二是纹饰方面，楚人偏爱凤鸟纹；三是思想意识方面，楚人多元信仰与炽热的巫风。这几方面对漆器的纹饰和造型皆产生了重要的影响。

秦汉漆奁内红外黑的用色格调，凤纹及各种变形凤鸟纹、鸟头纹、云鸟纹等都是在楚国漆器纹饰的基础上发展起来的。汉初漆器风格与楚漆器如出一辙。直到武帝时期，融合吸收中华各民族的优秀文化而形成的当时水平最高的、更加光辉灿烂的汉文化风行全国，汉代漆器才逐渐形成了自身风格。汉代漆器的动物纹样更加丰富，凤并不是唯一的形象，例如汉代漆奁上的动物群是由各种祥瑞组成的，很少见到动物之间的争斗，它们能和睦相处，游戏于青山与祥云之间，这正说明了汉文化是在长期的大一统的政治体制内，融汇不同渊源的区域文化而形成的。楚人创造的漆器，无论是造型还是纹样都富有灵性且神秘诡谲，而汉以后的漆器，从整体上来看，造型与纹样逐渐趋于程式化、规范化，显然受到了儒家文化的影响。

第六章

秦墓出土漆奁

——以江汉秦墓出土漆奁为代表

战国七雄的争斗中，西秦与南楚都比其他诸侯国更具有统一中国的实力。然而，自秦昭王采纳了范雎的“远交近攻”策略后，在外交与军事上不断取得胜利，秦昭王二十九年（前278年），秦将白起攻下楚国郢都（今湖北江陵县北之纪南城），楚被迫迁都于陈（今河南省淮阳县），楚国的力量大为削弱。随着楚国日益衰微，在战国中期盛极一时的楚国漆器也开始走向衰弱，晚期楚墓随葬漆器的数量较中期有明显的减少趋势。秦始皇奋六世之余烈，于公元前223年灭楚，并于公元前221年统一六国，建立了我国历史上第一个中央集权的封建国家。

由于秦王朝仅存续短短十五年，单就某件漆器而言，确实很难断定是否为秦代器物。同为秦墓出土的漆器，固然部分为秦代所制，但也有些为秦统一前所制，还有一些漆器虽出土于西汉初年的墓中，却为秦代制品。因此在谈及秦代漆器时，主要指战国末期的秦国、秦统一至秦亡以及汉初这段时期的漆器。

秦代在中国历史上是一个承上启下的朝代，秦代漆器工艺在中国髹漆史上也具有继往开来的地位。秦代漆器既继承了以前的髹漆技术，同时在漆器制作中也融入了新的文化因素。因此，秦代漆艺成为我国古代漆艺史上的重要一环。

第一节　秦漆器的考古发现

我国古代生漆的主要产地，春秋以前大约沿秦岭、渭河流域向东到黄河中下游分布，即今陕西、河南、湖北、山东的一条线上〔1〕。竺可桢认为：“近五千年期间，可以说是仰韶和殷墟时代是中国的温和气候时代，当时的西安和安阳地区有十分丰富的亚热带植物种类和动物种类。”〔2〕说明战国时期，秦地的气候条件适合漆树生长。

秦人自西周开始就在陕西关中一带活动，至战国晚期秦统一六国，几百年间，这个区域一直是秦国的政治、经济与文化中心。这里发现的秦墓和随葬器物代表了典型的秦文化〔3〕。随葬器物情况最能反映秦在统一六国之前的文化面貌。春秋战国时期，文献中并无秦对漆器手工业管理情况的记载。考古发现的实物资料亦无铭文。春秋时期秦国最有代表性的漆器出土于凤翔秦公一号大墓内，器形有几、案、猪、盒、勺等。保存较为完整的漆器，均为木胎。

〔1〕林剑鸣：《我国古代劳动人民对生漆的发现和利用》，《西北大学学报》（自然科学版）1978年第1期。

〔2〕竺可桢：《中国近五千年来气候变迁的初步研究》，《考古学报》1972年第1期。

〔3〕陈振裕：《从湖北发现的秦墓谈秦楚关系》，《楚文化新探》，湖北人民出版社，1981年；又见陈振裕：《楚文化与漆器研究》，第236～245页，科学出版社，2003年。

器底髹黑、红两种颜色的漆，然后再绘出橙黄、红和黑色的各种几何形图案。其他早期关中秦墓则很少出土漆器。宝鸡西高泉村春秋秦墓亦未见出土漆器[1]。

战国秦墓在凤翔西村共清理了 42 座[2]，分为三期，从战国早期晚段到战国晚期，不出漆器，也未见漆痕。此外在宝鸡斗鸡台[3]、大荔县朝邑[4]、临潼县城北[5]、西安半坡[6]、长安县沣西等几百座小型秦墓均未出漆器[7]。

战国晚期的凤翔高庄秦墓出土了少量漆木器[8]。甘肃天水放马滩发掘 13 座秦墓[9]，其中较大的秦墓有少量漆器出土，共 11 件，有耳杯、樽、奁、盘等，均为生活用具。其中耳杯（M4 ：2）底部刻有“田贷”字样。漆器均为木胎，黑漆，无彩绘。陕西西咸新区坡刘村秦墓为战国晚期的秦国贵族墓葬，M3 墓主为秦国贵族，身份为大夫级。墓中出土精美的铜釦镶玉漆卮以及一些釦器的附件，如铜提环、铜釦边以及铜铺首等。发掘者推测墓主和《史记》所载昭襄王时期参与乐毅伐齐之战的秦将斯离、蜀地的主要管理者张若有关[10]。

从精美漆器仅出土于秦公大墓以及秦高级贵族墓的情况来看，秦漆器手工业在春秋战国时期还仅局限于中央直属的手工业作坊。地方官署或私人，可能还不具备经营的条件[11]。

关中战国秦墓漆器数量非常少，究其原因，笔者认为一方面是由于年代久远，北方的土壤环境、墓葬埋藏情况等都不利于漆器的保存，考古发现的很多漆器都已经炭化；另一方面是因为这些墓葬中随葬漆器原本就少，甚至没有漆器。相较于楚人，秦人没有以大量漆器随葬的传统。倘若当初下葬时随葬了大量漆器，即使漆器保存条件不好，千百年后，在墓葬里也能发现大量漆痕，说明战国晚期以前秦国本土漆器手工业并不发达。

〔1〕宝鸡市博物馆等：《宝鸡县西高泉村春秋秦墓发掘记》，《文物》1980 年第 9 期。
〔2〕雍城考古队李自智、尚志儒：《陕西凤翔西村战国秦墓发掘简报》，《考古与文物》1986 年第 1 期。
〔3〕苏秉琦：《斗鸡台东区墓葬图说》，中国科学院，1954 年。
〔4〕陕西省文管会、大荔县文化馆：《朝邑战国墓葬发掘简报》，《文物资料丛刊》2，文物出版社，1978 年。
〔5〕临潼县文化馆：《陕西临潼发现秦墓》，《考古》1965 年第 5 期。
〔6〕金学山：《西安半坡的战国墓葬》，《考古学报》1957 年第 3 期。
〔7〕中国科学院考古研究所：《沣西发掘报告》，文物出版社，1962 年。
〔8〕雍城考古工作队：《凤翔县高庄战国秦墓发掘简报》，《文物》1980 年第 9 期。
〔9〕甘肃省文物考古研究所、天水市北道区文化馆：《甘肃天水放马滩战国秦汉墓群的发掘》，《文物》1989 年第 2 期。
〔10〕陕西省考古研究院：《陕西西咸新区坡刘村秦墓发掘简报》，《考古与文物》2020 年第 4 期。
〔11〕王学理：《秦物质文化通览》，第 117 页，科学出版社，2017 年。

随着战国晚期秦的兼并活动持续进行，到最终统一全国，秦国漆器生产发展迅速。目前学术界就 1975 ~ 1978 年云梦睡虎地发掘出土的漆器为秦器，基本上达成了共识。云梦县地处湖北省中部偏北，在战国中期以前是楚国故地，秦昭王二十八年（前 278 年）秦将白起攻占楚国北部，云梦从此归为秦地。考古工作者在云梦县睡虎地前后进行了三次发掘〔1〕，共发掘了 49 座墓葬，出土了一大批秦国（战国晚期）、秦代和秦汉之交的漆器，总数达 560 余件。这批漆器的出土填补了战国至西汉这段历史的空白，为我们提供了十分珍贵的实物资料。云梦睡虎地 M11 墓主喜，身份为县令史，随葬漆器近 40 件〔2〕，占该墓随葬器物总数的一半以上，说明漆器的使用者身份已经扩展到了中下层官吏以及富有之家。

此外，出土秦漆器的墓葬还有河南泌阳秦墓〔3〕，江陵凤凰山秦汉墓地〔4〕，湖北云梦龙岗墓地〔5〕，陕西临潼秦始皇兵马俑一、二号坑〔6〕，云梦木匠坟秦墓〔7〕，江陵扬家山 135 号秦墓〔8〕，关沮秦汉墓〔9〕，江陵岳山秦汉墓〔10〕，荆州擂鼓台秦墓等〔11〕。

〔1〕三次发掘分别为 1975 ~ 1976 年发掘的睡虎地 12 座秦墓，均有漆器出土，共 186 件，参见《云梦睡虎地秦墓》编写组编：《云梦睡虎地秦墓》，文物出版社，1981 年。1975 年、1977 年发掘的睡虎地 10 座秦汉墓，有 8 座出土漆器，共 168 件，参见云梦县文物工作组：《湖北云梦睡虎地秦汉墓发掘简报》，《考古》1981 年第 1 期；1978 年发掘睡虎地 27 座秦汉墓，有 9 座墓出土漆器，共 200 件，参见湖北省博物馆：《1978 年云梦秦汉墓发掘报告》，《考古》1986 年第 4 期。

〔2〕孝感地区第二期亦工亦农文物考古训练班：《湖北云梦睡虎地十一号秦墓发掘简报》，《文物》1976 年第 6 期。

〔3〕驻马店地区文管会、泌阳县文教局：《河南泌阳秦墓》，《文物》1980 年第 9 期。

〔4〕郭德维：《试论江汉地区楚墓、秦墓、西汉前期墓的发展与演变》，《考古与文物》1983 年第 2 期。

〔5〕湖北省文物考古研究所等：《云梦龙岗秦汉墓地第一次发掘简报》，《江汉考古》1990 年第 3 期；湖北省文物考古研究所等：《湖北云梦龙岗秦汉墓地第二次发掘简报》，《江汉考古》1993 年第 1 期。

〔6〕陕西省考古研究所、始皇陵秦俑坑考古发掘队：《秦始皇陵兵马俑一号坑发掘报告（1974 年 ~ 1984 年）》，文物出版社，1988 年；始皇陵秦俑坑考古发掘队：《秦始皇陵东侧第二号兵马俑坑钻探试掘简报》，《文物》1978 年第 5 期。

〔7〕云梦县博物馆：《湖北云梦木匠坟秦墓发掘简报》，《江汉考古》1987 年第 4 期；又载于云梦县博物馆：《湖北云梦木匠坟秦墓》，《文物》1992 年第 1 期。

〔8〕湖北省荆州地区博物馆：《江陵扬家山 135 号秦墓发掘简报》，《文物》1993 年第 8 期。

〔9〕湖北省荆州市周梁玉桥遗址博物馆：《关沮秦汉墓清理简报》，《文物》1999 年第 6 期。

〔10〕湖北省江陵县文物局、荆州地区博物馆：《江陵岳山秦汉墓》，《考古学报》2000 年第 4 期。

〔11〕荆州市荆州区博物馆：《荆州擂鼓台秦墓发掘简报》，《江汉考古》2003 年第 2 期。

第二节　秦墓出土漆奁的形制及特征

就目前的考古资料来看，秦式漆奁主要出土于江汉地区，其中圆奁56件，椭圆奁16件。漆奁是江汉地区秦墓中的常见品类之一。

以1975～1976年湖北云梦睡虎地发掘的12座秦墓为例，这些小型土坑木椁墓中出土了漆器、铜器、陶器等387件，其中漆器186件[1]。主要器形有圆盒、盂、双耳长盒、圆奁、椭圆奁、笥、樽、扁壶、耳杯等15种，以耳杯数量最多。许多器物上有烙印文字和针刻文字。12座秦墓共出土19件漆奁，其中18件圆奁，1件椭圆奁。这些墓葬除了八号墓未出土漆奁外，其余11座墓都出土漆奁。1978年发掘的睡虎地秦汉墓也出土了200件漆器[2]，其中以耳杯最多，圆奁次之，25座秦墓中，出土了15件圆奁。说明漆奁已成为随葬漆器组合中仅次于耳杯的一个重要组成部分。

秦墓出土的漆奁除了楚墓常见的扁圆形漆奁外，还出现了椭圆形漆奁。漆奁全部为木胎。圆奁、椭圆奁均分为两部分，盖套合在器身的外部近底处。盖壁与器壁用薄木胎卷制，再与厚木胎的盖与器底粘合而成。大部分保存完好[3]。

根据奁的形状可分为两类。

第一类为圆奁。器身扁矮，平底，盖顶微微隆起，盖套合于器身的外部近底处。根据纹饰、大小差异，可分二型。

A型：素髹，均无彩绘纹饰。有的内外均髹黑漆，有的内红外黑。盖顶逐层略微隆起，平顶，饰数道弦纹，大部分有文字。睡虎地M44：7，睡虎地M46：34，内外均髹黑漆，盖内针刻“工泪”。口径20.8、通高10.3厘米。睡虎地M27：1，内髹红漆，外髹黑漆，盖上烙印“亭”两处，外底烙印“亭”并针刻“大女子”。睡虎地M3：18，内髹红漆，外髹黑漆，盖顶凸起三道弦纹，平顶，无纹饰。外底、盖顶烙印“亭”字。盖径22、高10厘米（图七一，1）。龙岗M6：1，盖内及底内各针刻“冯”字。盖径20.6、底径19.4、通高10.7厘米。木匠坟M2：8，盖内顶烙印“亭”字两处，内底烙印“亭”字一处，内置木篦。盖径21、底径20、通高9.5厘米（图七一，2）。江陵扬家山M135：70，腹部较深，腹部饰数道凹弦纹，无彩绘纹饰。口径22.2、通高15厘米。

〔1〕《云梦睡虎地秦墓》编写组：《云梦睡虎地秦墓》，第27页，文物出版社，1981年。
〔2〕湖北省博物馆：《1978年云梦秦汉墓发掘报告》，《考古学报》1986年第4期。
〔3〕详见附表二《秦墓出土漆奁一览表》。

B型：奁内髹红漆，外髹黑漆，彩绘纹饰。根据器形大小、纹样的差异、有无文字，可分三式。

Ⅰ式：器形较小，直径在20厘米以下。奁呈矮扁的圆筒形，器表黑地彩绘纹饰，漆奁内髹红漆，有的奁内也有彩绘纹饰。睡虎地M47：96，盖顶部绘点纹、线纹，器壁绘波折

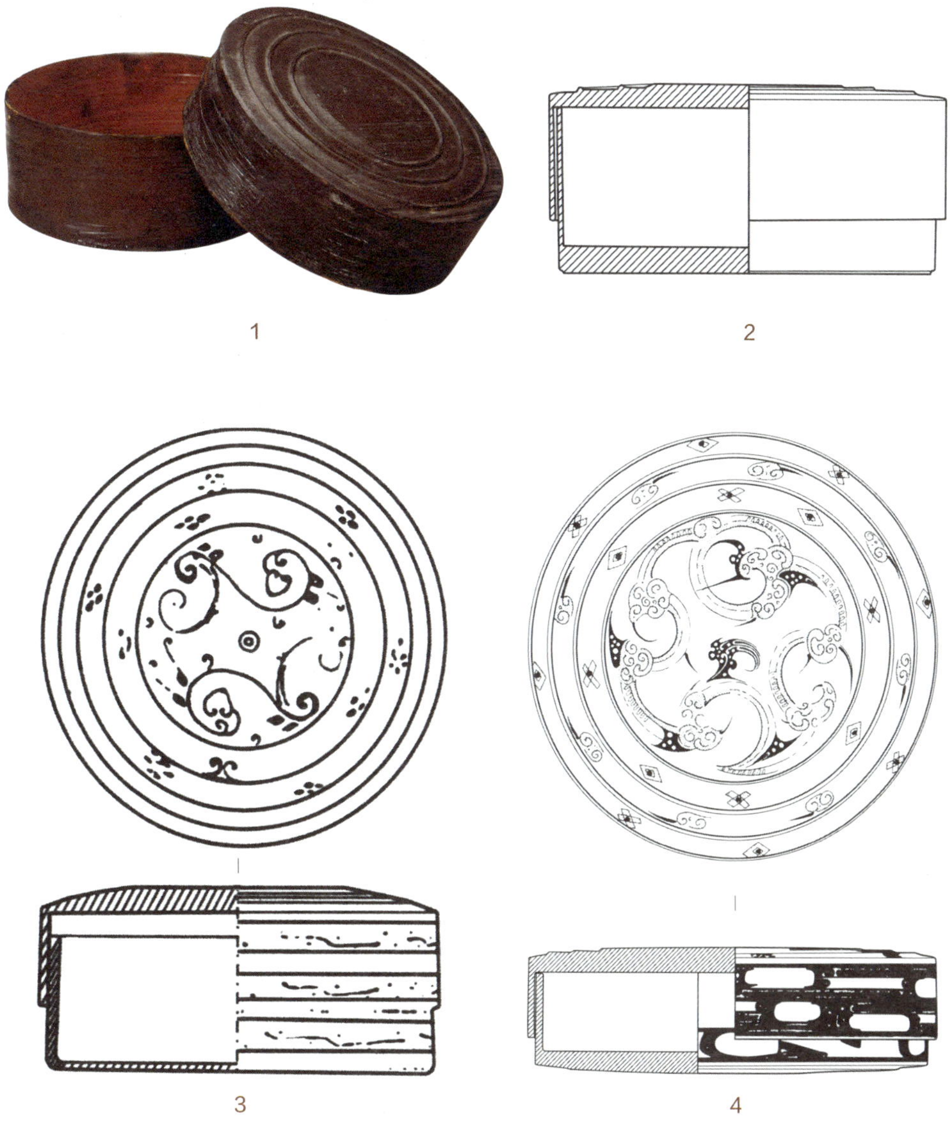

1　2

3　4

图七一　楚墓出土圆奁

1、2. A型（睡虎地M3：18、木匠坟M2：8）　3.B型Ⅰ式（云梦龙岗M10：1）　4.B型Ⅱ式（睡虎地M34：60）

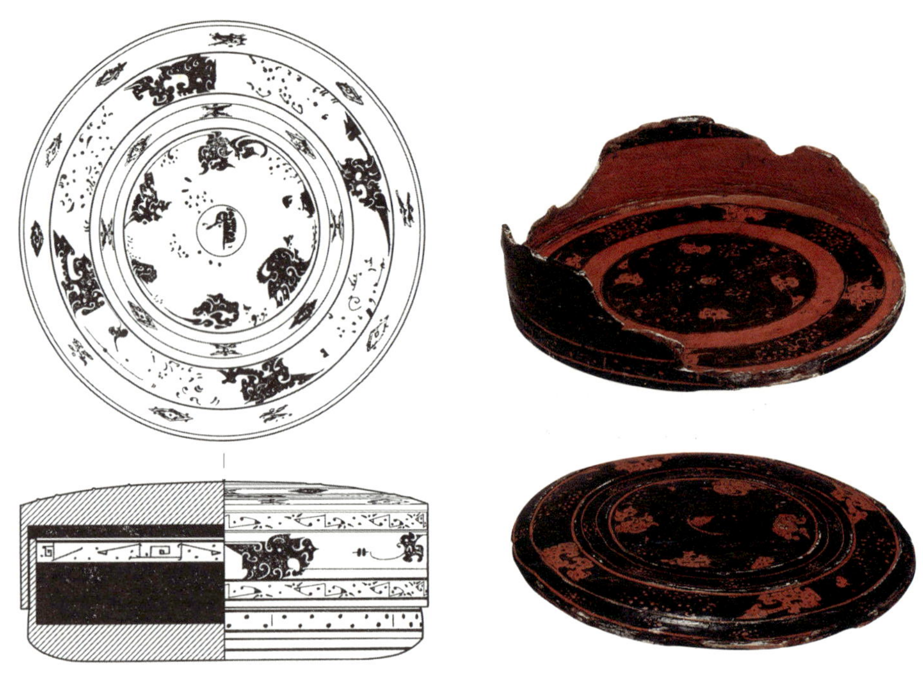

图七二　秦墓出土B型Ⅱ式圆奁（睡虎地M25：5）

纹，器身近底处也绘波折纹[1]。盖内烙印“咸亭”二字。口径7.8、通高5厘米。睡虎地M13：5，器表饰变形鸟纹、梅花纹、波折纹等，外底针刻、烙印“亭”“□亭”“□里”文字。盖径15.5、底径14、通高7厘米。龙岗M10：1，盖面有四道弦纹，微隆平顶，直壁微斜。红漆绘鸟云纹、菱形纹、云纹、波折纹等，奁内置木梳、木篦、铜镜、铜发夹各1件。盖径16、底径15.6、通高7.3厘米（图七一，3）。

Ⅱ式：奁中等大小，直径20～25厘米。呈矮扁的圆筒形，内髹红漆，器表髹黑漆，彩绘纹饰，有的有文字，有的无文字。睡虎地M44：12，内髹红漆，外髹黑漆，用红、褐色漆

〔1〕材料来自湖北省博物馆：《1978年云梦秦汉墓发掘报告》，《考古学报》1986年第4期，报告中所说有自相抵牾之处，叙说这批墓葬出土的漆奁，最小者口径为8.4厘米，然而所举例子中如睡虎地M47：96的口径仅7.8厘米，大概是后期漆器胎骨收缩变形的缘故。

绘“Z”形星斗纹、鸟首纹、菱形纹、点纹。口径22.4、通高9.2厘米。外底烙印不明文字，内底、盖内各烙印一个“市”字。奁内盛放铜镜、木梳、木篦各一件。荆州周家台30号秦墓出土一件圆奁（ZM30 ：14）圆筒形，平口，直壁，平底，盖面微凸，盖大于身。通体髹漆，内髹红漆，外髹黑漆，再以红褐、深褐、浅褐色漆在器表彩绘纹饰。盖顶中心饰变形鸟纹、云气纹，其外为三环带，间饰菱形纹、变形鸟纹、卷云纹、点纹。盖侧壁绘两道等分的鸟首纹饰带，器身近底处也绘一道鸟首纹饰带。盖内外、内底、器腹外壁有烙印、刻划文字符号。口径21.7、盖径23.1、通高7.7厘米。睡虎地M34 ：60，盖、底为厚木胎，斫制；盖壁与器壁为薄木胎，卷制。由盖与器身相套合而成。圆筒状，直口，直壁，平底。器内髹红漆，器表髹黑漆。并用红、褐漆彩绘花纹。盖顶绘云鸟纹，其余部位绘“B”形鸟纹、几何纹。器外壁烙印“亭”字，盖外与器外壁均有“大女子小”针刻文字，内置铜镜、木篦各1件。盖径22.2、底径21.3、通高6.7厘米（图七一，4）。

Ⅲ式：器形较大，内髹红漆，外髹黑漆，内外均彩绘纹饰。睡虎地M25 ：5，为木胎卷制而成，直口，直腹，盖顶微微隆起，器身靠底部内收，平底。盖径38.3、残高8.9、底径35.5、高12厘米。盖顶绘云鸟纹，间隔以点纹、花叶纹。盖壁上、下各绘两道较窄的平行线纹，内各绘一圈“Z”形星斗纹。两道星斗纹之间有一道较宽的纹饰带，内绘云鸟纹间以点纹。器身外部近底处也以红漆绘两道平行线纹，内绘竖线纹间隔以点纹。器身内口沿处也绘两道平行线纹，平行线内绘“Z”形星斗纹。盖内顶与内底纹饰相同，都是在红色的底漆上涂黑色大圆心，大圆心中间绘一小圆圈，内绘“十”字纹，小圆圈周围彩绘对称的“S”形蔓草纹，间隔以鸟首纹、涡纹。大圆心周围露出一道红色宽色带，无纹饰。在宽色带周围再髹一道黑色环带，环带内朱绘云鸟纹、点纹及涡纹（图七二）。

第二类为椭圆奁，器盖套合在器身的外部。器身直腹，平底，盖微微隆起，平顶。长24～30、宽10～13厘米。有的素髹无彩绘纹饰，有的有彩绘纹饰，盖顶纹饰以云鸟纹为主，盖壁纹饰以波折纹为主。根据纹饰、大小差异，可分二型。

A型：椭圆形，直口，直腹，平底，有的内、外均髹黑漆，有的内髹红漆，外髹黑漆，均无彩绘纹饰，大部分有文字。江陵扬家山M135 ：49，内髹红漆，外髹黑漆，无文字。长25.4、宽10.8、通高8.7厘米。龙岗M6 ：10，器形与前者相同，盖长25、宽10.6、底长24、宽9.8厘米。盖内针刻“冯”字并烙印“平”“户”字，内底烙印“平”“里亭”字。睡虎地M11 ：6，内、外均髹黑漆。器上有烙印与针刻文字“张”等。长24.5、宽12、通高7.3厘米（图七三，1）。

B型：内髹红漆，外髹黑漆，彩绘纹饰。根据奁内部是否有纹饰，分二式。

图七三　秦墓出土椭圆奁

1.A型（睡虎地M11：6）　2～4. B型Ⅰ式（睡虎地M31：7、睡虎地M39：21、睡虎地34号墓）

Ⅰ式：器表黑地彩绘纹饰，器内无纹饰。睡虎地 M39 ：21，盖顶绘云鸟纹、盖壁绘四鸟蓓蕾花纹，盖外有烙印文字。长 29、宽 12.6、通高 8.2 厘米（图七三，3）。睡虎地 M31 ：7，盖顶绘云鸟纹，其余部位绘波折纹、点纹。盖内漆书“亭”字两处，内底有烙印“亭”字和针刻符号。长 29.9、宽 12.4、通高 8.3 厘米（图七三，2）。睡虎地 M34 出土的椭圆奁，盖顶中心绘云鸟纹，周围绘波折纹、点纹。盖壁上、下各绘两道平行线纹，线内绘波折纹、点纹，上、下两道纹饰带之间为一道无纹黑色带。器身近底处也绘两道平行线纹，纹内绘波折纹、点纹。器内髹红漆，无纹饰。盖内、内底各有一针刻文字“四”，盖外还有针刻文字“大女子娄”。长 28、宽 12.1、高 8.5 厘米（图七三，4）。

Ⅱ式：器表、器内皆有彩绘纹饰。荆门白庙山 35 号秦墓出土一件椭圆奁，长 24.5、宽 12.6 厘米。盖顶绘龙凤纹，周围环绕一道几何纹和一道云鸟纹（图七四，1）。盖壁上、下各绘两道平行线纹，内绘两道云鸟纹，云鸟纹之间为一道无纹色带，器身近底处绘一道几何纹（图七四，2）。盖内（图七四，3）、内底均绘有龙凤纹。

1

2

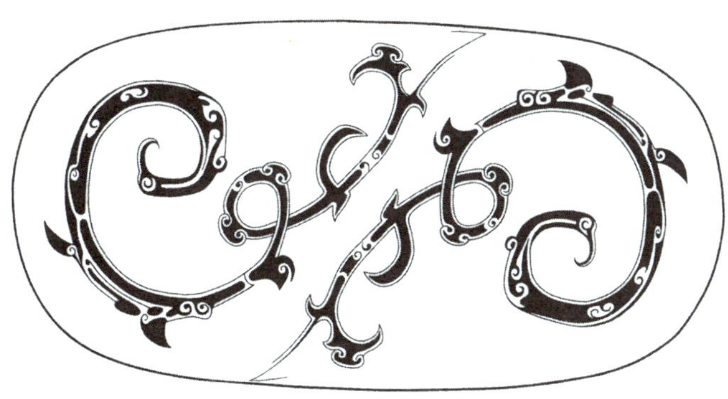

3

图七四　秦墓出土B型Ⅱ式椭圆奁

1.荆门白庙山M35椭圆奁盖面纹样　2.正面纹样　3.盖内纹样

秦墓出土的漆奁胎骨全部为木胎，薄木胎的比重比楚漆奁要大，战国中晚期楚漆奁就出现了布脱胎，但是在秦漆奁中未见布脱胎漆奁。椭圆奁是这段时期新出现的器形，纹饰与圆奁类似。秦式漆奁有一半以上素髹无纹饰，楚墓出土漆奁除了个别漆奁外，大部分有彩绘纹饰。秦圆奁秉承了楚漆奁的扁圆形造型，直径一般是器高的两倍左右。盖一般比器身略大或等大，套合至器身的中部以下甚至近底部。圆奁出现了B型Ⅲ式这种薄木胎卷制而成的大型漆奁，并且在漆奁的口沿、盖内、内底都彩绘纹饰，表明了漆奁制作技术的提高。

纹饰方面出现了一些新的纹饰，如云鸟纹，此外继承了楚式漆奁的一些常见纹饰如凤纹、龙纹、蔓草纹、“Z”形星斗纹、菱形纹等几何纹。

目前，秦墓出土的两类漆奁共计72件，其中只有17件无文字，有文字的漆奁占整个漆奁总数的将近80%，秦漆奁有发达的烙印和针刻的文字，这一点与楚漆奁、汉漆奁都不相同〔1〕，楚漆奁和汉漆奁的器身上很少见到文字。漆奁上发达的文字成为秦漆奁的一个重要特征。

第三节　秦漆奁相关问题探讨

秦漆奁主要出土于江汉地区的秦墓，笔者认为秦漆奁在器形、纹饰方面很大部分继承自楚国，而不是在秦原有漆器的基础上发展起来的。秦墓出土的漆奁（圆奁、椭圆奁）大部分有文字，这些文字表明该批漆奁和其他漆器一样，主要产自当时的秦都咸阳。因此，下文将围绕秦旧地（即关中地区）漆器的生产技术、秦都何以代替楚国旧地成为漆器制作中心、秦手工业生产的“物勒工名”制度及其影响等方面进行阐述。

一、秦漆奁对楚漆奁的继承与发展

秦墓出土的圆奁与楚墓出土的圆奁器形相似，都是器身套合在器身的外部，为矮扁的圆形。纹饰亦有很大的相似性，但也略有不同。

云梦睡虎地M11：69，盖顶中部绘一朵梅花纹，周围点缀着小花纹、点纹（图七五，1）。盖顶由里向外分为三道纹饰带，分别为几何纹、“B”形鸟首纹间以点纹、几何纹。器壁绘三道平行线纹，内绘两道等宽的波折纹间以点纹，器身近底也绘与器壁同样的纹饰（图七五，2）。内置铜镜、木梳各一件。此奁与安徽舒城秦家桥楚墓出土的漆奁纹饰极其

〔1〕参见附表二《秦墓出土漆奁一览表》。

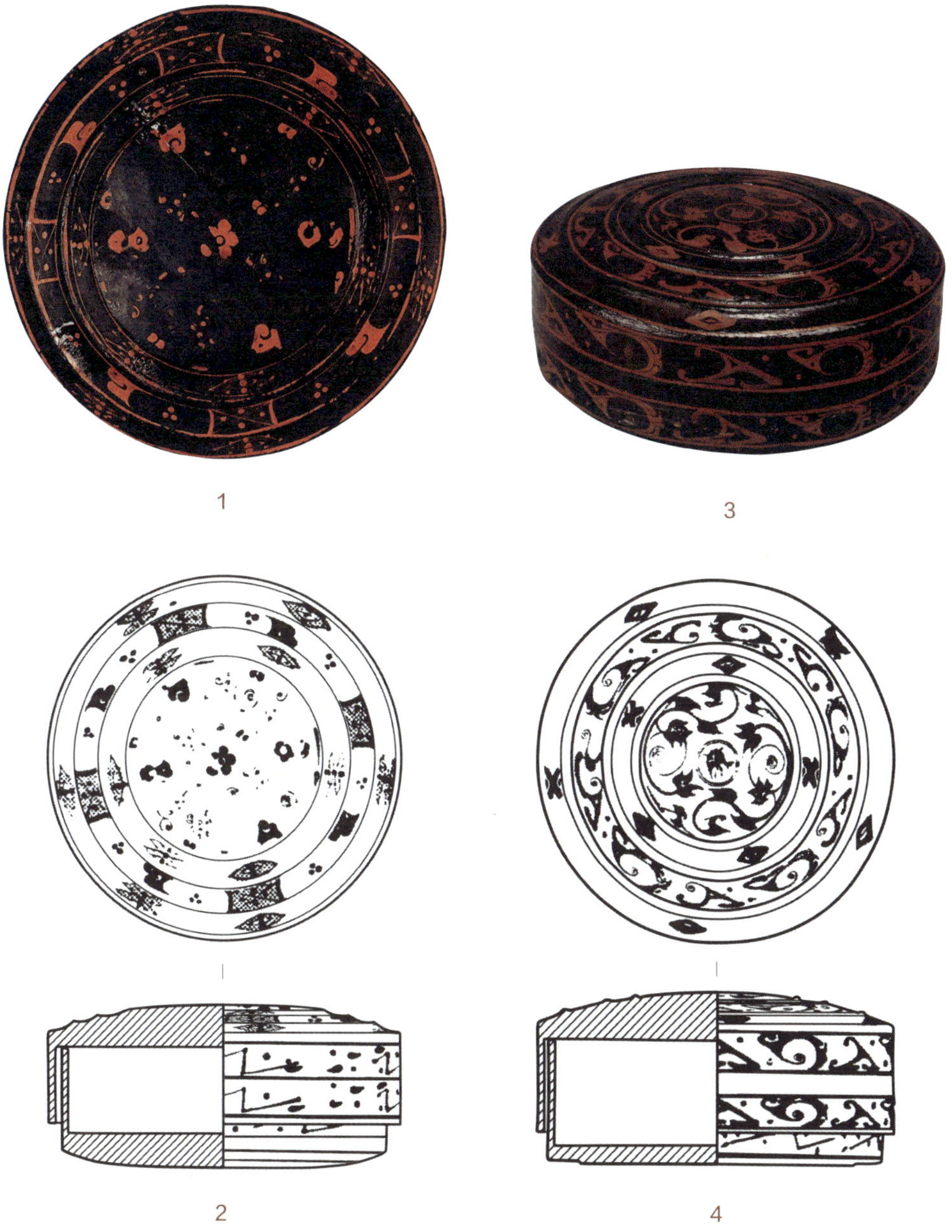

1

3

2

4

图七五　楚墓与秦墓出土的漆奁

1、2. 云梦睡虎地M11：69　3、4. 云梦睡虎地M7：12

相似。睡虎地 M7 ：12，内髹红漆，外髹黑漆，盖顶部略微隆起。盖顶中心为一圈弦纹，内绘一只小凤鸟作为中心独立纹样，周围环绕两支“S”形蔓草纹，间以涡纹。由里向外为三圈环带状纹样，分别为几何纹、变形鸟纹、几何纹（图七五，3）。器壁上、下各绘两道平行线纹，内绘云鸟纹。两道鸟首纹带之间为一道无纹色带，器身近底处绘一道波折纹间以点纹。器身无文字。盖径 17、底径 16、通高 8 厘米（图七五，4）。睡虎地 M7 ：12 与长沙楚墓 M1195 ：9、安吉五福楚墓出土漆奁非常相似（图七六）。

秦国漆器上的纹样既有楚文化的影响，也有新的变化。龙纹、凤纹都是继承战国楚式漆器的传统。秦人也是一个钟情于凤鸟纹的民族，秦国漆奁上也有很多凤鸟的形象。除了写实性的凤鸟外，更多的是各种变形鸟纹，尤其是各种鸟首纹、鸟首云身的云鸟纹、“B”字形纹（图七七），这也成为秦国漆器区别于楚国漆器的显著特征。由于变形鸟纹、云鸟纹在圆奁、椭圆奁上的广泛运用，因此使秦国漆奁的纹样表现出了一定的程式化倾向。

秦墓出土的彩绘漆奁，用彩绘装饰的部位较楚式漆奁有增多的趋势。前文谈及楚漆奁的彩绘纹饰主要是施于器表，器内一般素髹无纹。直到战国末期，安徽舒城秦家桥楚墓出土的漆奁才出现在内顶、内底髹出一个黑色大圆心，圆心内彩绘纹饰，但是器身内口沿处依然没有出现纹样。睡虎地秦墓出土的彩绘漆奁不仅内部有彩绘纹饰，而且器身内口沿部位也出现了纹样。睡虎地 M25 ：5、睡虎地 M44 ：12 等漆奁的器表、内顶、内底、器身口沿处都彩绘纹饰。睡虎地 M44 ：12，口径 22.4、通高 9.2 厘米。出土时内盛铜镜、木梳、木篦各一件。盖顶中央为云鸟纹形成的中心纹样，周围环绕三道环状纹饰带。由中心向外，第一道为菱形纹等几何纹饰带，第二道为鸟首纹组成的纹饰带，第三道又是菱形纹等几何纹组成的纹饰带。奁内底髹出一个黑色大圆心，内绘云鸟纹。盖壁上下各有一道由波折纹、点纹组成的纹饰带，两道纹饰带中间为云鸟纹形成的宽纹饰带。器身近底处、器身口沿内壁也各有一道由波折纹、点纹组成的纹饰带。这些带状纹样非常注重协调统一性，如盖壁的上下栏、器身近底处、器身内部口沿的纹样基本相同或类似。

秦彩绘漆奁的盖壁纹样的布局出现了细微的变化，盖侧壁中间纹饰带有加宽的趋势，画面更加开阔。秦盖壁环状纹饰带的绘制方法与楚式漆奁类似，都是先绘出平行线纹，然后在平行线内部绘带状纹样，具有较强的秩序美。楚式漆奁除了个别例子，如包山二号楚墓出土的车马人物出行奁，盖壁上、下各绘一道平行线，内绘车马人物出行图。其他楚墓出土的彩绘漆奁，其盖壁或等分成两道平行二方连续纹样，或分成三部分，即平行线内上、下各绘一道宽度相当的二方连续纹样，中间镶嵌一道无纹宽色带。从秦墓出土的漆奁来看，当需要绘制占据较大空间的纹饰如云鸟纹时，盖壁中间的色带就被加宽，上下栏纹饰带的宽度则被压缩，

图七六　浙江安吉五福楚墓出土漆奁

图七七　云鸟纹及“B”形鸟首纹

1

2

图七八　漆奁盖壁纹饰

1.秦变形云鸟纹奁　2.汉云气纹奁

然后在较宽的中间带上绘制纹样。1993 年，河南光山阚岗秦墓出土的变形鸟纹奁，盖外壁上下绘波折纹，中间较宽部位绘变形云鸟纹（图七八，1）[1]。这种处于盖壁中间，且较宽的纹样带成为了盖壁的中心纹样，上、下纹饰带处于衬托盖壁中心纹样的地位。汉代漆奁延续了这个趋势，盖壁中间色带变宽后，特别适合描绘汉代人喜爱的云气纹，因云气纹翻腾汹涌，往往需要较宽的平面才能展现出那种磅礴的气势。奁盖壁的云气纹往往夹在上、下两道窄条纹饰带之间，甚至去掉了窄条纹饰带，直接绘无拘无束的四方连续云气纹。青岛土山屯汉墓 M8 出土的七子圆奁，母奁与子奁的腹部都大面积绘制自由奔放的云气纹（图七八，2）。

〔1〕陈振裕：《中国漆器全集》第 2 卷《战国—秦》，第 58 页，福建美术出版社，1997 年。

秦墓出土的彩绘漆奁在盖内、内底以及器内口沿处等不明显之处绘制纹饰，重视漆奁盖顶中心纹样的布局，为了烘托中心纹样，周围交错环绕多道不同的纹饰带，具有较强的节奏感。同时，开始注重在漆奁的盖壁构建中心纹样，这表明人们对漆奁本身的装饰要求在提高。因此，秦式漆奁上承战国之彩绘，又开启了汉代漆奁千文万华之帷幕。

江汉地区出土的秦式漆奁整体上来看，还有一个重要特征就是素髹漆奁（圆奁、椭圆奁）占漆奁总数的将近一半。这一点与楚墓出土的漆奁表现出了明显的差别，楚墓除了个别漆奁为素髹无纹外，大部分在器表都有绚丽的彩绘纹饰。天水放马滩秦墓出土的漆器均为木胎，品种单一，全部为髹黑漆、无彩绘纹饰的实用漆器。由于秦本土出土的漆奁太少，而秦国漆奁却又主要出自昔日的楚国腹心文化区，纹饰方面除了细微的变化外，基本上继承了楚国漆奁的特点。椭圆形漆奁则是江汉秦墓中新出现的器形。

二、新兴漆器制作中心的出现

大量楚墓出土漆器，说明在战国时期，楚国之江汉地区是漆器的重要产地。然而，入秦以后，昔日楚国腹地的墓葬中出土的许多漆器却来自于遥远的秦都咸阳。

1. 新兴漆器制作中心

江汉地区秦墓的年代为战国晚期到秦末，个别可能到西汉初年。墓中出土的大多数漆奁（圆奁、椭圆奁）在外底、外壁和盖顶等部位有烙印、针刻的文字或符号。其中“亭”“咸亭”“咸□”“咸亭包”“市”等烙印文字直接烙印在木胎上，然后髹漆，故这些文字只能是在生产漆器的制胎环节上烙印于器身之上。这类文字在秦国陶器上也有发现，秦国陶器上记有许多工匠人名。秦陶文的工匠，在人名前冠以所居里名，前面还有“咸亭”“咸市”或简称“咸”，用以表明这些工匠的市籍。俞伟超认为从过去发现的秦汉时期大量陶文，“某市”即为某地市府作坊制品的一种标志，在“某市”陶文上，凡地名为二字的，均省略第二字[1]。咸阳是秦的都城，汉代定都长安后，咸阳改名渭城。因此，“咸市”“咸亭”应是秦都“咸阳市亭”的省称。

漆器上戳记的“市”“亭”是“市楼”“市亭”“旗亭”的简称，都是代表市井官署，为治市政之所。市亭是管理市场的官方机构，它一方面稽察市场的秩序，同时也向商贾收取市税，上交朝廷。汉承秦制，汉代市亭的设置应与秦代类似。汉代不仅在国都和著名的商业中心设市，而且在县以上的行政单位皆设市。《潜夫论·浮侈》中提及：“天下百郡千县，

〔1〕俞伟超：《汉代的“亭”“市”陶文》，《文物》1963年第2期。

市邑万数。"[1]管理这种市井的官署设于"市楼"，又名"旗亭"。《史记·三代世表》裴骃《集解》引薛综曰："旗亭，市楼也。立旗于上，故取名焉。"[2]《三辅黄图》记长安九市条云："市楼皆重屋，又曰旗亭楼，在杜门大道南……当市楼有令署，以察商贾货财买卖贸易之事，三辅都尉掌之。"[3]"市楼""旗亭"是市井官署的象征。据秦简记载，当时的市是由编为列伍的商贾组成，所销售的商品即由他们分别从远近各地贩运而来[4]。商品制造时标出某地市亭，表明它是在该市场合法出售的，已经市亭批准。汉代的市置有"市令"或"市长"，如西汉前中期封泥中就有"广陵市长"印文[5]。令长之职沿袭秦制，大县置令、小县置长，市肆亦然[6]。市亭为贸易机构，政府的主要职能为管理市场并抽取税金。手工业者把产品拿到市场贩卖，也要向市亭交税。《续汉书·百官志》刘昭注引应劭《汉官仪》云："山泽、鱼盐、市税，少府以给私用也。"[7]

秦漆器文字书写方式有烙印、漆书与针刻。烙印文字之后，如果再髹漆，说明文字是在漆器制胎的过程中形成的，那么这类烙印文字来自于产地。漆书与针刻都在漆膜表面，这类文字既有可能来自于生产过程，也有可能来自于漆器的流通环节。如器表漆书或针刻"咸亭""咸市"等类似文字的漆器，有可能并不是产自于咸阳，但一定是制成后在咸阳市亭出售的。秦人在漆器上烙上"市""亭"或"市亭"印文，表示加戳印章的漆器质量合格，可以到市场销售。睡虎地出土的部分漆奁在胎骨上烙印"咸亭""咸市""咸□""咸亭包"文字，表明这类漆奁都产自当时的秦都咸阳，并且是在咸阳市亭上销售的，其中一部分被商贾贩卖到了湖北云梦。

就关中秦墓来看，秦拔郢之前，秦国漆器手工业有自己的特色，但并不发达。与关中地区秦墓很少出漆器形成鲜明对比的是，湖北小型秦墓几乎都随葬数量多寡不等的漆器。饶有

〔1〕（汉）王符著、（清）汪继培笺、彭铎校正：《潜夫论笺校正》，第120页，中华书局，1985年。

〔2〕（汉）司马迁撰：《史记》卷一三《三代世表》，第507页，中华书局，1959年。

〔3〕何清谷：《三辅黄图校释》，第93～95页，中华书局，2005年。

〔4〕李学勤：《秦国文物的新认识》，《文物》1980年第9期。

〔5〕转引自裘锡圭：《啬夫初探》，《云梦秦简研究》，第226～301页，中华书局，1981年。

〔6〕市令、市长之职于《史记》《汉书》中有记载，《史记·太史公自序》传述其先世，谓"昌生无泽，无泽为汉市长。"同书《循吏传》叙述孙叔敖为楚庄王相时，"庄王以为币轻，更小以为大，百姓不便，皆去其业。市令言之于相曰：市乱，民莫安其处，次行不定。相曰：市顷平？市令曰：三月顷。相曰：罢，吾今令之复矣。"

〔7〕（晋）司马彪撰、（梁）刘昭注：《后汉书·百官三》，第3592页，中华书局，1965年。

趣味的是，这些漆器并非产自有发达漆器制作传统的楚国旧地。湖北秦墓许多烙印“咸亭”“咸市”“咸”等文字的漆器，产自秦都咸阳，却是不争的事实。咸阳在战国末期到秦末，代替了楚国旧地，成为新出现的漆器制作中心。新兴的漆器制作中心是在楚漆器手工业的基础上，融入了新的制度文化因素而形成的。

2. 新兴漆器制作中心产生的原因

咸阳之所以在秦能够成为全国新的漆器制作中心，笔者认为原因主要有三：一是移民咸阳，广纳贤才；二是秦自身具备生产漆器的资源与基础；三是强干弱末，中央与地方漆器手工业并行发展。

秦始皇统一六国之后，充实关中是巩固统一的重要措施之一，致力于新都咸阳的建设。一方面，移民入关中，秦始皇二十六年（前221年），迁徙天下豪富十二万户、能工巧匠于咸阳。始皇三十五年，“因徙三万家丽邑，五万家云阳”[1]。另一方面，大兴宫殿，每破诸侯，就在咸阳北阪上复制六国的宫殿，使咸阳翘然成为全国之首邑，咸阳也就成为全国最重要的工商业经济中心。

战国时期，诸侯国之间频繁的战争和不发达的交通使得手工业技术的传播和普及非常不易，许多手工业绝技长时间保存在某一地区。《考工记》中记载：“郑之刀，宋之斤，鲁之削，吴粤之剑，迁乎其地，而弗能为良，地气然也。”[2]说明古代一些著名手工业产品只出现于部分特定地区。战国时期，各国统治者出于战守的需要，纷纷招贤纳士，为己所用。管子提出用重金作为招致天下良工的有效手段。《管子·小问》云：“选天下之豪杰，致天下之精材，来天下之良工，则有战胜之器矣……公曰：‘来工若何？’管子对曰：‘三倍不远千里。’”[3]各国国君重金延请手艺高明的工匠的例子也很多，这些外来工匠常被称为“客”。如《韩非子·外储说左上》曰：“客有为周君画荚者，三年而成。”[4]“客”即周君请来的别国画工。

秦国为了争霸，不仅大量任用客卿为将相，如为秦国统一天下作出巨大贡献的甘茂、魏冉、李斯等都是楚人，有技术的工匠也成为秦国招揽的对象。秦的官府作坊中，有一部分工匠能受

〔1〕（汉）司马迁撰：《史记》卷六《秦始皇本纪》，第256页，中华书局，1959年。
〔2〕（汉）郑玄注、（唐）贾公彦疏：《周礼注疏》，第1527页，上海古籍出版社，2010年。
〔3〕黎翔凤撰、梁连华整理：《管子校注》，第955页，中华书局，2004年。
〔4〕（战国）韩非著、陈奇猷校注：《韩非子新校注》，第677页，上海古籍出版社，2000年。

到较好的待遇，或许就是外来的客工[1]。秦始皇迁徙能工巧匠于咸阳，这些工匠被聚到一起，客观上有利于他们互相交流切磋技艺，这些举措为秦国漆器的迅速发展创造了十分有利的契机。

统一战争的过程中，秦旧地几乎没有遭到巨大破坏，这应该也是秦统一六国后，咸阳迅速繁荣的原因之一。战国末期，关东诸国之间的战争给生产带来极为严重的破坏。为了取得战争的胜利，黄河就常常被用来作为打击敌国的手段。齐、赵、魏、周等国，常常决堤放水，让大水冲向其他诸侯国，每一场水灾都使敌国的生产遭到了严重破坏。秦虽是战国末期对外战争最频繁的国家，死伤者也众，但秦国地处函谷以西，后方较为稳固，加上又招徕三晋之民以补充其劳动力的不足，农业生产受战争影响相对其他国家来说较小。

秦拥有丰富的漆资源，有些是对楚战争胜利后，占领楚地而获得的。《史记·秦本纪》云："（秦惠王）十三年，庶长章击楚于丹阳，虏其将屈匄，斩首八万；又攻楚汉中，取地六百里，置汉中郡。"[2]这段史料记载的是公元前 312 年秦取汉中一事。现今陕、鄂、川三省相连地区具有丰富的生漆资源。战国晚期楚国逐渐东退，也逐渐失去了大量的生漆来源。秦始皇修阿房宫、建骊山，"发北山石椁，乃寫蜀、荆地材皆至。关中计宫三百，关外四百余"。又"令咸阳之旁二百里内宫观二百七十复道甬道相连"[3]，庞大的土木工程所用之材应该就包括来自蜀、荆的漆木资源。

白起拔郢后，为了满足秦王大肆建筑宫殿的需要，作为战争的胜利者，秦政府强制楚旧地的能工巧匠来到秦都为统治阶层服务。史料中记载了秦统一六国后，漆器生产的一些状况。《史记·滑稽列传》云："二世立，又欲漆其城。优旃曰：'善。主上虽无言，臣固将请之。漆城虽于百姓愁费，然佳哉！漆城荡荡，寇来不能上。即欲就之，易为漆耳，顾难为阴室。'于是二世笑之，以其故止。"[4]二世虽最终没有"漆其城"，但是从中能看出漆在秦代的大型建筑中已被广泛应用，说明秦政府能够获得大量生漆。同时，咸阳城里必然聚集了大批从事漆器制作的手工业匠人，有能力承担庞大的髹漆工程，否则秦二世就不会有"欲漆其城"的想法，更不会有优旃"即欲就之，易为漆耳，顾难为阴室"之谏。秦俑坑文物虽非实用器物，

〔1〕吴荣曾：《秦的官府手工业》，《云梦秦简研究》，第 38 ~ 52 页，中华书局，1981 年。
〔2〕（汉）司马迁撰：《史记》卷五《秦本纪》，第 207 页，中华书局，1959 年。
〔3〕（汉）司马迁撰：《史记》卷六《秦始皇本纪》，第 256、257 页，中华书局，1959 年。
〔4〕（汉）司马迁撰：《史记》卷一二六《滑稽列传》，第 3203 页，中华书局，1959 年。

但用漆量之大异常惊人。为了给7000尊左右的陶俑、陶马表面施彩，从工艺技术处理上需涂一层生漆。另外，木质战车和兵器都经过了髹漆处理。木车表面或铺垫物涂漆后彩绘，长兵器之柲与弢、弩弓之干与箭箙、盾牌与鼓漆等也是漆后绘画的。

秦中央所属的漆器手工业场一般设在都城咸阳及故都，这与当时中央所属兵器制造工场的分布格局基本一致〔1〕。昔日漆器手工业默默无闻的秦都咸阳，一跃成为发达的漆器制作中心，这是在占有大量的漆源之地和楚地能工巧匠的基础上发展起来的。同时，六国贵族和秦人显贵都聚居于咸阳，形成了漆器产品的消费群，多种因素共同促成咸阳成为当时全国漆器生产中心，并且具有较大的漆器生产能力。云梦睡虎地发掘的几十座秦墓都是小型墓，墓中或多或少都有咸阳所产漆器出土，这说明当时咸阳的漆器生产量是很大的，远销到了千里之外的云梦。

秦占领楚国旧地后，当地漆器手工业生产能力遭到了一定的削弱，这与秦政府迁徙漆木工等能工巧匠去营造咸阳的庞大建筑群有关。秦王朝时，宫殿之多不可胜数。秦始皇三十五年（前212年），“营朝宫于渭南上林苑中”，这个朝宫的前殿就是有名的阿房宫。阿房宫“东西五百步，南北五十丈，上可以坐万人，下可以建五丈旗。周驰为阁道，自殿下直抵南山。表南山之巅为阙。为复道，自阿房渡渭，属之咸阳，以象天极阁道绝汉抵营室也”〔2〕。杜牧以“蜀山兀，阿房出”来形容阿房宫的工程之浩大。

秦政府驱使大量人口修驰道，修直道，建骊山陵，修长城等一系列土木工程。秦代的徭役、转输之重，史上罕见。修骊山始皇陵就动用了七十余万人，前后修建数十年。由于徭役繁重，男丁不够，女子甚至担负起转输的苦役，“丁男被甲，丁女转输”〔3〕。“转输北河，率三十钟而致一石。男子疾耕不足于粮饷，女子纺绩不足于帷幕。百姓靡敝，孤寡老弱不能相养，道死者相望。”〔4〕在北方，派蒙恬帅三十万大军筑长城，防御匈奴的骚扰。为了统一岭南，曾派尉屠睢发率五十万大军，兵分五路向南方进军。《淮南子·人间训》曰：“一军塞镡城之岭，一军守九嶷之塞，一军处番禺之都，一军守南野之界，一军结余干之水，三年不解甲弛弩。”〔5〕据估计，秦时可统计的人口大约有两千万，而每年所征发的徭役起码不下三百万人。

〔1〕朱学文：《秦纪年漆器铭文及其相关问题研究》，《考古与文物》2014年第2期。
〔2〕（汉）司马迁撰：《史记》卷六《秦始皇本纪》，第256页，中华书局，1959年。
〔3〕（汉）班固撰：《汉书》卷六四《严安传》，第2812页，中华书局，1962年。
〔4〕（汉）班固撰：《汉书》卷六四《主父偃传》，第2800页，中华书局，1962年。
〔5〕张双棣：《淮南子校释》，第1907页，北京大学出版社，1997年。

服徭役的人数竟占全国总人口的 15%以上[1]。

秦代滥发徭役，穷兵黩武，迫使大批的劳动人民离开了土地，严重削弱了地方手工业。《汉书·食货志》云："至于始皇，遂并天下，内兴功作，外攘夷狄，收泰半之赋，发闾左之戍。应劭曰：'秦时以适发之，名适戍。先发吏有过及赘婿、贾人，后以尝有市籍者发，又后以大父母、父母尝有市籍者。戍者曹辈尽，后入闾，取其左发之，未及取右而秦亡。'"[2]"按照规定只有有市籍的人才能从事商业和手工业，即所谓'商贩作务'。有了市籍，就得向国家交税……国家对有市籍者的生产控制得很严。在社会地位上，有市籍者也低于一般人民。"[3]这些"贾人""有市籍者"被调走"适戍"，秦政府把各地的能工巧匠迁到咸阳，种种急促的措施使除了秦都咸阳以外，六国旧地的手工业生产，包括漆器手工业受到很大影响。

江汉地区秦墓中出土的大批烙印"咸亭""咸市""咸亭上"漆器，说明咸阳生产的漆器有很强的商品性，被商贩从咸阳贩运到当时的南郡安陆县（今云梦县），并为当地秦人所购。云梦睡虎地出土的漆器上还有"许市""郑亭""郑市"等字样，"许市"可能为许昌市府之省文[4]，"郑市"当为新郑市亭。楚之重镇许昌在秦统一之后依然生产漆器，并且产品能远销至数百里之外的秦安陆，说明产品很畅销。这些文字说明秦代既有中央官府手工业，也有地方官署手工业作坊在生产漆器。私营漆器作坊是否存在，目前尚不确定。

经过统一战争后，昔日楚国旧地漆器制造业虽遭到了很大打击，但并非如有些学者所说的"楚髹漆业从此一蹶不振"[5]。江汉秦墓出土的漆奁，一部分没有烙印"咸亭""咸市"文字，如前文所说的睡虎地 M7 ∶ 12、M11 ∶ 69、M25 ∶ 25 等，这些既无烙印文字也无针刻或漆书文字的漆奁，与长沙楚墓、安徽楚墓出土的漆奁皆有诸多类似之处，笔者认为这些无烙印文字的漆奁很有可能为楚本土所制，即便产自咸阳，也是在沿袭楚式漆奁风格的基础上生产出来的。

江汉秦墓有些仅烙印"亭"字的漆奁可能产于楚本土，受秦政府在当地所设市亭的管辖，故而只烙印"亭"字，而未标明产地。云梦木匠坟出土的椭圆奁 M2 ∶ 5，内红外黑，用红、褐色漆彩绘云鸟纹、波折纹及点纹，盖内顶烙印"三""亭"字，外底也烙印"亭"字[6]。"三"

〔1〕林剑鸣：《秦史稿》，第 314 页，中国人民大学出版社，2009 年。
〔2〕（汉）班固撰：《汉书》卷二四《食货志》，第 1126、1127 页，中华书局，1962 年。
〔3〕裘锡圭：《啬夫初探》，《云梦秦简研究》，第 226 ～ 301 页，中华书局，1981 年。
〔4〕云梦县文物工作组：《湖北云梦睡虎地秦汉墓发掘简报》，《考古》1981 年第 1 期。
〔5〕张正明：《楚文化史》，第 304 页，上海人民出版社，1987 年。
〔6〕云梦县博物馆：《湖北云梦木匠坟秦墓发掘简报》，《江汉考古》1987 年第 4 期。

字可能是作坊内生产的椭圆奁的编号。这件漆奁除了盖面的大片云鸟纹为秦墓出土漆器上新的流行纹样外，波折纹、点纹都是战国晚期楚墓出土漆器上的常见纹样，然而烙印“亭”等文字则为鲜明的秦作风。及至汉代，这种椭圆形的造型更多的被用来制作多子奁内的椭圆形子奁。

三、秦漆器的生产与管理

战国中期，漆工脱离木工开始成为独立的手工业部门[1]。从此漆器手工业在生产规模、技术水平方面都发展迅速。秦漆器文字发达，这对于研究漆器的产地、漆器的生产工序及管理均有重要的意义。秦纪年漆器铭文在战国晚期开始出现，漆器铭文的书写形式主要为漆书、针刻或烙印，内容涉及生产时间、漆器产地、工匠名字或官方机构名称，表明当时已经出现了专业的漆器作坊和漆器名家，而且漆器已经作为商品进入市场。

秦漆奁的烙印文字主要可分为两大类：一类是手工业作坊的省称，例如“咸亭”“咸市”等，是咸阳市亭的省称，表明是咸阳市亭这种地方性官府漆器手工业作坊的产品；另一类是制作时的生产工序，如“素”“上”“包”“告”等。“告”当为“造”之假借字，“包”即“匏”字，它们应是素工、上工、匏工、造工在制作漆器时所烙印的戳记[2]。这表明秦漆器生产已有多道分工，有一套较为完整的生产工序，为漆器的大规模生产提供了技术保障。

我国在秦汉时期实现郡县制，县下设乡，乡下置亭，十里一亭，里有里正，“里”是当时最小的行政单位。针刻文字是在漆皮上刻划出来的，如“钱里大女子”“杜”“大女子”“车”“女里□”“里□”“里亭”“冯”“介”“户”等。这些文字有的可能是物主的姓、名、身份及居住的里名。有些针刻人名，如钱里大女子、大女子娄、小女子、小男子、士伍军、上造载（？）、修工杨等[3]，也有可能为制造器物的工匠。他们中有的是成年女子，称为“大女子”，有的是童子或少女，称“小男子”“小女子”，有的有爵，如上造[4]，则为自由民。“大女子婴”等针刻在好几座墓出的漆器上，证明它不是使用者的标志，应是漆器制作者的名字，即“物勒工名”的标记[5]。至于带“里”文字的漆器，如“宦里□”“阴里□”“钱里□”“安里皇”“左里□□”“女里□”等针刻文字的漆器，可能是漆器作坊所在的里名，是地方漆器作坊的产品。而“里”后面的一字，参照当时陶文的通例，其意义

〔1〕刘士莪：《商周时期的漆器》，《中国生漆》1985年第3期。

〔2〕《云梦睡虎地秦墓》编写组：《云梦睡虎地秦墓》，第61页，文物出版社，1981年。

〔3〕《云梦睡虎地秦墓》编写组：《云梦睡虎地秦墓》附录二，文物出版社，1981年。

〔4〕据《汉书·百官公卿表》和《汉旧仪》，秦爵共二十级，“上造”为二级。

〔5〕《云梦睡虎地秦墓》编写组：《云梦睡虎地秦墓》，第61页，文物出版社，1981年。

应是漆器制作工匠的名字。

睡虎地圆奁（M11 ： 3），里涂红漆，外涂黑漆，素面。底外壁烙印“咸亭包”，盖外壁有“咸□”“亭上”“告”的烙印文字与“钱里大女子”的针刻文字，可能为在咸阳市亭管辖的“钱里”的地方作坊内某个成年女子所制造。睡虎地椭圆奁（M33 ： 8），素髹无纹饰，盖壁有“亭上”“王”“咸亭上”“包”的烙印文字，底外壁有“咸”“王”“亭上”“咸亭”的烙印文字。外壁也有烙印和针刻文字。睡虎地秦墓出土带有“咸”“咸亭”“咸亭上”“咸亭包”等烙印铭文的漆奁与带这类文字的其他漆器一样，其制作年代实际上都为秦代，都是物勒工名制度下生产的秦代漆器。

1. 物勒工名，以考其诚

从已知的秦漆器铭文所反映的制造职级看，有相邦（丞相）——工师——工大人；詹事丞——工师——工；詹事丞——右工师——工大人三级督造，也有左工一级制造的现象[1]。工师为管理官手工业的官吏之名，战国时期各国皆如此。工师的职责根据《荀子·王制篇》的说法是：“论百工，审时事，辨功苦，尚完利，便备用，使雕琢文采不敢专造于家，工师之事也。”[2]工师的主要职责为传授经验，组织和检查手工业生产。

工师的职责，在秦统一前后有过变化。秦统一前，工师的主要职责为负责组织和检查手工业生产。秦统一后，工师职责被不断强化，工师要对产品质量负责。《吕氏春秋·季春纪》：“命工师令百工，审五库之金铁、皮革、筋角、齿羽、箭干、脂胶、丹漆无或不良。”秦国官手工业是最早实行“物勒工名”制度的，命工师对产品的质量严格把关。《吕氏春秋·孟冬纪》云：“工师效功，陈祭器，按度程，无或作为淫巧，以荡上心，必功致为上。物勒工名，以考其诚。功有不当，必行其罪，以穷其情。”梁玉绳曰：“后世制器鐫某造，尽始于秦。”[3]云梦睡虎地出土的秦简也有秦“物勒工名”制度的记载。《秦律十八种·效》记载，“公器不久刻者，官啬夫赀一盾。效”（第二四五号简）。又如《秦律十八种·工》规定，“公甲兵各以其官名刻久之，其不可刻久者，以丹若髹书之。其叚（假）而毋（无）久及非其官之久也，皆没入公，以赍律责之。工”（第一六九、一七〇号简）。这两条律文反映了秦国非常重视在各类器物上写上相关官员和工匠的名字。

关于秦国的物勒工名制度可参考秦国兵器上的铭文。秦国兵器或六国所造之兵器，被秦国

〔1〕朱学文：《秦纪年漆器铭文及其相关问题研究》，《考古与文物》2014年第2期。

〔2〕（战国）荀况撰、（清）王先谦撰、沈啸寰等点校：《荀子集解》，第169页，中华书局，1988年。

〔3〕（战国）吕不韦著、许维遹集释：《吕氏春秋集释》，第218页，中华书局，2009年。

获得后，往往会在上面加刻铭文。随着秦军东下的足迹，秦国兵器在很多地方都有发现。秦国兵器在铭文格式上，有显著的地域性，这在战国时期尤为明显[1]。秦灭巴蜀后，在当地一些主要城市设立铁官，置长丞，主管冶铁业，刺激了蜀地冶铁业的发展。1972 年，在重庆涪陵小田溪[2]出土一件秦始皇二十六年之铜戈（M3 ： 13），内上刻有铭文“武，廿六年蜀守武造，东工师宦，丞业、工□”[3]，“蜀守武造”即为名武的蜀郡最高长官郡守监造。

战国时期，在器物上刻文字不独见于秦国，楚国漆器上也偶见铭文，但是楚国文字字数不如秦国漆器上的铭文多，而且铭文均不标明产地。如战国中期的江陵望山二号楚墓漆棺上有“佐王既正” “邵吕竹于”等烙印文字。荆门郭店一号楚墓出土的漆杯，有的在外底刻“东宫之杯”四字铭文[4]。秦国兵器上的铭文是《吕氏春秋》所载“物勒工名”制度的实施，说明至少在吕不韦执政时，秦国就有在器物上标刻器具生产相关负责人的特点，目的是“以考其诚”。

据目前的考古资料，除了秦时的楚移民墓葬如四川青川、荥经出土漆器上有“成亭”烙印文字外[5]，秦国漆器上还出现了类似秦兵器上的较长铭文。例如，河南泌阳秦墓中出土的漆盒，盒底圈足内用褐漆书写“平安侯”三字，并用针尖浅刻“卅七年工左匠造”七字。湖南常德德山寨子岭楚墓出土一件铜釦漆盒，盒底部有“十七年太后詹事丞□，工师□，工季”14 字针刻铭文。这件漆盒的铭文格式和上文提到的重庆涪陵小田溪出土的铜戈的铭文格式非常相似。据考证，常德出土的这件铜釦漆盒制于秦昭襄王十七年（前 290 年），属宣太后宫中之物[6]。这些铭文漆器反应了秦漆器生产的“物勒工名”制度。

汉政府继承了秦生产上的“物勒工名”制度，并且有所发展。秦漆器生产的分工现象实际上是西汉中期之后工官监管下在蜀郡、广汉郡生产漆器所形成的严格分级管理和多工种分工

〔1〕李学勤：《东周与秦代文明》，第 145 页，上海人民出版社，2007 年。

〔2〕四川省博物馆等：《四川涪陵地区小田溪战国土坑墓清理简报》，《文物》1974 年第 5 期。

〔3〕于豪亮：《四川涪陵的秦始皇二十六年铜戈》，《考古》1976 年第 1 期。

〔4〕也有人认为是“东工之师”。参见罗运环：《论郭店一号楚墓所出漆耳杯文及墓主和竹简的年代》，《考古》2000 年第 1 期。

〔5〕秦时的楚移民墓葬出土的漆奁上烙印“成亭”二字，笔者认为这是因为蜀地早在江汉楚地归秦之前，蜀地已为秦所有，秦在四川的经营，刺激了四川地区的漆器制作业的发展，并引入了秦生产上烙印文字标明产地的传统。关于四川漆器，将在下章阐述。

〔6〕龙朝彬：《湖南常德出土“秦十七年太后”扣器漆盒及相关问题探讨》，《考古与文物》2002 年第 5 期。

生产制度的前身[1]。汉代工官建立了严密的组织体制和完备的制作工序，并将制造年份、工官名称、器名及容量、制器工人及各级官吏的名字都铭记在器物上，以便考核。器铭中有素工、髹工、上工、铜耳黄涂工、画工、汨工、清工和造工等工种，分工甚为精细。分工使得漆器制造工艺难度降低，工匠只要进行一段时间的学习和重复练习便可掌握某项技术，工人只需要做好自己擅长的那一环节的工作，从而降低漆器制造技术对工匠的整体要求。官吏有护工卒史、长、丞、掾、令史等级，下级对上级负责。正是在这种细密的分工和严密的管理之下，蜀地的工官漆器才制作出如此数量庞大、工艺精湛的漆器。

2. 生产管理的标准化

秦政府以法家路线治理国家，把生产管理方面的一些规定上升到了秦律的层面，制定了相关的法律条文进行管理。史载秦始皇二十六年初并天下，实行“一法度衡石丈尺。车同轨。书同文字”[2]。秦始皇巩固统一的措施在湖北云梦睡虎地秦简中也有记载，同时还有秦对手工业和贸易的管理等方面的律文。秦政府对“髹园”等山林事业要进行考课，加强管理。《秦律杂抄》：“髹园殿，赀啬夫一甲，令、丞及佐各一盾，徒络组各廿给。髹园三岁比殿，赀啬夫二甲而法（废），令、丞各一甲。”[3]漆园被评为下等，或三年连续被评为下等，县令与丞等官员皆要受到相应的处罚。里耶古城古井里所出秦简公文里有关于迁陵县种植漆树以及用漆的记录，说明了秦代官府对制漆手工业的有效管理和漆树种植的重视[4]。

漆器生产的标准化规定也成了秦政府巩固统一的重要措施，这些规定是适用于全国的。在《效律》中有条律文记有：“殳、戟、弩、髹汧相易也，勿以为赢、不备、以取（识）耳不当之律论之。”[5]制作同一种器物，其大小、长短、宽度必须相同。《秦律十八种·工律》中记有：“为计，不同程者毋同其出”及“为器同物者，其小大、短长、广亦必等。”[6]“布袤八尺，福（幅）广二尺五寸。布恶，其广袤不如式者，不行。”[7]产品质量不好，长宽不合标准的，不准流通。

秦以法律的形式对手工业生产规格做了严格而明确的规定，有利于产品规格的提高与质量

〔1〕后晓荣：《秦市亭陶文性质的新认识》，《考古学报》2019年第3期。

〔2〕（汉）司马迁撰：《史记》卷六《秦始皇本纪》，第239页，中华书局，1959年。

〔3〕睡虎地秦墓竹简整理小组编：《睡虎地秦墓竹简》，第84页，文物出版社，1990年。

〔4〕聂菲：《湖南楚汉漆器制作工艺探讨》，《湖南省博物馆馆刊》（第十辑），岳麓书社，2014年。

〔5〕睡虎地秦墓竹简整理小组编：《睡虎地秦墓竹简》，第74页，文物出版社，1990年。

〔6〕睡虎地秦墓竹简整理小组编：《睡虎地秦墓竹简》，第43页，文物出版社，1990年。

〔7〕睡虎地秦墓竹简整理小组编：《睡虎地秦墓竹简》，第36页，文物出版社，1990年。

的稳定，也是秦代能够制作精美漆器的一个十分重要的原因。以云梦睡虎地出土的椭圆奁为例，睡虎地 M31 ：7，长 29.9、宽 12.4、通高 8.3 厘米，盖顶绘云鸟纹，其余部分绘波折纹、点纹，烙印“亭”字[1]；睡虎地 M39 ：21，长 29、宽 12.6、通高 8.2 厘米，盖顶绘云鸟纹，盖外壁绘有四鸟蓓蕾纹，烙印文字，内容不详[2]；睡虎地 M47 ：42，长 29.5、宽 12.3、通高 9 厘米[3]。同类器大小大致相同，如椭圆奁一般长 24.5、宽 12.5、高 8 厘米。同类的大漆耳杯或小耳杯，其大小、长短也基本相同。圆奁尺寸有大、中、小之分，圆盒直径一般为 21 ~ 22 厘米，高 17 ~ 18 厘米。纹样流行在黑漆地上以红、褐色彩绘云气和变形鸟纹。正是存在秦政府生产管理方面的严格规定，才出现这批尺寸相近、风格类似的漆器。

正因为秦政府对漆器生产标准化的规定，才有了青川、荥经与云梦睡虎地出土漆器在制胎、髹漆、彩绘、文字、器形诸多方面的相似之处。秦政府虽然统治全国的时间很短，但是就漆器来讲，其对后世的影响非常深远。

第四节　秦漆器的新特征

公元前 278 年，秦将白起攻下楚郢都，焚烧夷陵，攻到至陵、安陆（今云梦）， 建立南郡，向南又攻取洞庭五渚、江南，楚迁都到陈。第二年，蜀守张若攻取楚之巫郡及江南， 建立黔中郡[4]，这样江汉平原已全部纳入秦的势力范围内。秦国在占领了江汉地区之后，为了巩固统治，一方面招募本国平民或将本国罪人迁入到楚国旧地，如秦昭襄王“二十七年，错攻楚。赦罪人迁之南阳”。又“二十八年，大良造白起攻楚，取鄢、邓，赦罪人迁之。”[5]另一方面，徙六国豪族于秦都咸阳，徙楚庄王之族于严道。“秦灭楚，徙楚严王之族于此，故谓之严道。”[6]这些移民政策改变了当地的居民构成，削弱了当地的原有统治势力，同时也给当地带来了新的文化因素。

秦政府在江汉地区统治了五十余年，留下了许多秦墓。陈振裕曾撰文就湖北秦墓的方向、墓圹构筑结构、葬具、祭祀仪式、葬式、随葬器物的位置以及随葬器物的差别共七个方面，论述了秦军占领湖北之后，导致这批秦墓具有的许多关中地区秦墓的文化特征，但同时仍保

〔1〕云梦县文物工作组：《湖北云梦睡虎地秦汉墓发掘简报》，《考古》1981 年第 1 期。
〔2〕云梦县文物工作组：《湖北云梦睡虎地秦汉墓发掘简报》，《考古》1981 年第 1 期。
〔3〕湖北省博物馆：《1978 年云梦秦汉墓发掘报告》，《考古学报》1986 年第 4 期。
〔4〕杨宽：《战国史·战国大事年表》，第 266 页，上海人民出版社，1957 年。
〔5〕（汉）司马迁撰：《史记》卷五《秦本纪》，第 213 页，中华书局，1959 年。
〔6〕（宋）李昉等撰：《太平御览》卷一六六《州郡部一二》引《蜀记》，第 809 页，中华书局，1960 年。

留了一些楚墓的文化特征，从而形成了具有地方特色的文化特征[1]。

秦政府在楚国旧地的统治，遭到了楚人的抵抗。《史记·秦本纪》云："楚人反我江南。"[2]1975年，云梦睡虎地首次发现了1155枚内容丰富的秦简。其中《语书》是秦王政二十年（前227年）南郡郡守腾颁发属下各县、道的文书，记载了严酷的秦律虽然三申五令，也难于制止楚人信仰原有传统习俗的情况："古者民各有乡俗……今法律令已具矣，而吏民莫用，乡俗淫泆之民不止，是即废主之明法也，而长邪僻淫泆之民，甚害于邦，不便于民……今法律令已布，闻吏民犯法为间私者不止，私好、乡俗之心不变，自从令、丞以下知而弗举论，是即避主明法也，而养匿邪僻之民。"自秦建立南郡至《语书》发布之时，已经五十一年，但楚人仍顽固地坚持楚国的传统习俗，使南郡守腾不得不再次发布文书[3]。

考古资料表明，秦政府在统治江汉地区的五十余年内，对这个昔日南方大国的腹心文化区的控制非常强。该地区出土的这段历史时期的漆器很多都产自秦都咸阳，因而这些漆器表现出了一些明显区别于楚国漆器的特征。

一、秦漆器种类的变化

秦漆器中生活用具的品种和数量较楚国有明显的增多，都是实用漆器。云梦睡虎地出土的漆器基本组合为圆盒、盂、双耳长盒、长方盒、椭圆奁、圆奁、笥、凤形勺、匕、扁壶、卮、樽和耳杯等。这种组合和楚墓出土的漆器组合有很大的差别。楚墓中常见的曲形盒、方壶、扁圆盒等均未见于秦墓。

秦漆器出现的一些新器形，如蒜头扁壶、双耳长盒、凤形勺、椭圆形奁、盂等，这些都不是楚国的传统器形。云梦睡虎地出土的漆器以耳杯数量最多、圆奁次之，圆盒、盂等数量也不少。即使名称相同的器物，如秦式盒与楚式盒，形制也不相同。战国中期楚墓出土的圆盒整体形状扁平，口径大于器高，盖与身不同，子母口扣合，圈足较矮。江陵雨台山出土圆盒16件，器形清楚的11件皆为扁圆形，盖顶略凸近平，盖顶正中有一套环鼻纽。雨台山M354：1，浅腹，口外径24.6、腹深5.5、通高12.2厘米（图七九）。流行于秦汉时期的漆圆盒，口径略大于器高，或与器高基本相当，器形较以前变高了。盖顶无环纽，盖顶凸棱也较以前变高了，器底有高圆圈足，盖与身大致形同。睡虎地M25：1，形制较大，木胎，

〔1〕陈振裕：《略论湖北秦墓》，《文博》1986年第4期；又载于陈振裕：《楚文化与漆器研究》，第209～219页，科学出版社，2003年。

〔2〕（汉）司马迁撰：《史记》卷五《秦本纪》，第213页，中华书局，1959年。

〔3〕陈振裕：《略论湖北秦墓》，《文博》1986年第4期；又载于陈振裕：《楚文化与漆器研究》，第209～219页，科学出版社，2003年。

图七九　变形凤鸟纹扁圆盒

图八〇　变形凤鸟纹圆盒

挖制。盖顶用红、褐漆绘云鸟纹、涡卷纹和鸟纹，外壁绘鸟头纹、波折纹等图案，外底针刻“东郧但”字样。通高 17.8、盖径 22.4、底径 13 厘米（图八〇）[1]。

楚国相当盛行雕刻漆器与各种仿动物形的漆器，秦墓中这种费工费时的雕刻仿生漆器的数量与器类都在急剧减少。四川青川楚移民墓葬中出土的 177 件漆器中，也只见 1 件圆雕的鸱鸮壶。楚墓中常见的髹漆兵器附件，如戈矛柄、剑鞘、剑盒等，江汉秦墓中则不见此类物。

云梦睡虎地秦墓中也不见楚墓用于镇墓避邪的虎座飞鸟、鹿座飞鸟、镇墓兽、卧鹿之类的漆器，此外楚墓中常见的弧形棺、雕刻等床也消失不见。经过秦文化的入侵，汉初的江汉地区汉墓表现出了与汉初长沙楚墓不同的文化特征，如江汉地区的汉墓部分保留了楚文化因素如土坑竖穴墓、设置头箱、边箱放置随葬物品及仰身直肢葬等葬制。江汉汉墓继承了一些秦文化因素，如西汉墓中的陶器组合是仓、灶、釜、甑、盂、瓮、罐、壶[2]，这些均是秦国故地或江汉地区秦墓中的常见器物。汉初，江汉地区汉墓的葬具均是秦代流行的长方形盒状棺，随葬的漆器也常见秦式漆器如扁壶、盂、盘等。这可能是因为秦占领江汉地区时间较长，加之由于江汉地区为旧楚的统治中心，秦政府对这里的楚文化进行了比较彻底的重构。葬俗是最能反映墓主身份及文化族属的，江汉地区葬俗的改变正说明秦政府在江汉地区控制的严厉程度。

秦墓出土的漆奁分为圆形与椭圆形两种。圆奁的数量较楚墓所出有大幅度的增加。椭圆奁是秦漆器中的常见器形，而在楚墓中未曾发现。1975 ~ 1978 年，在云梦睡虎地发掘的 49 座墓葬出土漆器 560 余件，圆奁与椭圆奁共计 52 件之多。小型墓葬中出土如此多的漆奁，说明到了秦占领江汉地区以后，漆奁成为日用漆器中的常见器形之一。

江汉地区秦人墓葬中出现这些新的器形，笔者认为是受秦势力南下的影响。秦王朝实行“耕战”政策，在漆器方面的突出表现就是实用漆器的增多。云梦睡虎地发掘的 560 余件漆器，几乎均为实用漆器，体现了很强的务实精神。

二、制胎工艺与彩绘纹样的特征

云梦睡虎地出土的漆器均为木胎，薄木胎漆器较战国时期显著增多，战国中晚期在楚国就出现的布脱胎在秦国漆器中极少见。胎骨制作方法为楚国所常见的方法，主要有挖制、卷制和斫制三种。胎骨制成之后烙印文字，再髹漆，最后描绘纹饰。学者对 2009 ~ 2011 年秦

〔1〕湖北省博物馆：《1978 年云梦秦汉墓发掘报告》，《考古学报》1986 年第 4 期。
〔2〕郭维德：《试论江汉地区楚墓、秦墓、西汉前期墓的发展与演变》，《考古与文物》1983 年第 2 期。

始皇帝陵一号兵马俑陪葬坑出土的漆器的漆膜进行检测，发现秦代漆器按照不同的用途，漆膜或薄或厚，或单层或多层，并使用漆灰。尤其是笼箙漆灰中检测出的碳酸钙类物质成分，应与骨灰有关，属有意而为[1]。秦国漆器的制作程序与楚国略有不同，就安装漆器的金属附件来讲，楚国是在木胎制成后安上金属构件，而秦国漆器都是在木胎髹漆后，再安装金属附件。

秦墓出土的漆器，一般是内髹红漆，外髹黑漆，也有少数是里外均髹黑漆。纹饰一般是用红、褐色漆绘在黑漆地上，线条流畅不滞，勾连交错。睡虎地秦墓出土的漆器，“发现当时漆画匠师们为了使这些装饰纹样描绘得准确无误、布局匀称美观、比例大小得当，往往先用一种褐色无光漆在器物上先绘出纹样的初步轮廓，然后再用调好的红漆等颜色仔细地描绘正图”[2]。

秦国漆器装饰纹样主要有动物纹样、植物纹样、自然景象纹样、几何纹样和人类社会生活纹样，其中以动物纹样最多，植物纹样与社会生活纹样较少。每一个类别的同一种纹样也并不雷同。动物纹样主要有鸟首纹、鸟云纹、凤鸟纹、鱼纹以及牛纹、马纹等。植物纹主要有柿蒂纹、梅花纹及折枝变形花卉纹。自然景象纹主要有云气纹、卷云纹。几何纹样较前有所增多，主要有波折纹、菱形纹、点纹、圆圈纹、三角形纹等。动物纹样往往作为漆器的中心纹样，几何纹一般组成带状二方连续纹样围绕在中心适合纹样周围或位于盖壁、器壁或口沿等处。秦国漆器常见的花纹图案共 20 多种，由于这些纹样在各种器形上的广泛使用，从而使秦国漆器的纹样表现出了很强的程式化。

秦漆器纹样既有楚文化的影响，也有秦民族的写实风格。龙纹、凤纹这些中国先民自古就喜爱的纹样，在秦漆器上得到了传承。秦人虽没有楚人那么痴迷于凤鸟，但是秦人也是一个钟情于凤鸟纹的民族，秦漆器上也有许多凤鸟的形象。除了写实性的凤鸟外，还有各种变形鸟纹，尤其是各种鸟首纹、云鸟纹这类变化多端的纹饰成为秦漆器区别于楚漆器的显著特征，并一直影响到了汉代。云鸟纹这种由抽象的鸟首与云身组合起来的纹饰，到了汉代逐渐为多变的云气纹所取代。从某种意义上来说，云鸟纹成为鸟纹向云气纹过渡的中间纹样。

楚国漆器上常见的荒诞不经的怪兽图像在秦漆器上几乎消失殆尽。河南泌阳秦墓出土许多漆器，其时代属秦统一后[3]。墓中出土了一件长方奁，奁身残破，盖顶为盝顶长方形，内髹红漆，外髹黑漆，用褐色、金黄色漆绘蟠凤纹、变形云鸟纹、变形雷纹组成中心纹样，

〔1〕金普军等：《漆器遗存的检测与分析》，《秦始皇帝陵一号兵马俑陪葬坑发掘报告（2009 ~ 2011 年）》附录三，文物出版社，2018 年。

〔2〕陈振裕：《楚文化与漆器研究》，第 303 ~ 316 页，科学出版社，2003 年。

〔3〕驻马店地区文管会、泌阳县文教局：《河南泌阳秦墓》，《文物》1980 年第 9 期。

图八一　方奁盖面纹样

周围环绕波折纹、花朵纹组成的带状纹样，奁盖左上角和右下角各彩绘一只怪兽，伸肢展翅（图八一）。河南泌阳在战国时期处于楚、韩两国交界地段，此地一些城邑的归属，时有变动，或为楚国所有，或为韩国所占。泌阳秦墓漆器的整体风格与同时期的云梦睡虎地漆器较为一致，很可能产自同一地区。方形器也是楚墓中常见的器形，此件方奁上的怪兽纹，墓葬采用白膏泥填塞棺椁都表明泌阳秦墓受楚文化的影响颇深。

秦国漆器纹样一般以动物纹为主，辅以其他类别的纹样，达到主次分明、生动活泼的装饰效果。写实性鱼纹是睡虎地秦墓出土漆器的常见纹饰，鱼纹还常与凤纹搭配，共同彩绘于盂、耳杯等器物的内部。睡虎地出土的三件彩绘凤鱼纹盂，即使是同一种动物纹样，其表现形式亦迥异。同是二鱼一凤组成的中心适合纹样，鱼纹都作摆尾游动状，凤鸟的形态却各不相同。睡虎地 M11 ： 16，盂内底中部的黑漆地上用红漆绘两鱼一凤。凤鸟单足伫立，头插一竿，竿上有一置物的承盘，盘内置物（图八二，1）。睡虎地 M33 ： 26，凤鸟单足伫立，低头凝视，凤体线条圆润饱满（图八二，2）。睡虎地 M11 ： 35，盂内底黑漆地上用红漆绘两鱼一凤，凤尾扬起，双足腾空，疾驰如飞，凤鱼追逐，妙趣横生（图八二，3）。

云梦睡虎地四十四号秦墓出土的一件牛马鸟纹漆扁壶（M44 ： 5），木胎，挖制。通体髹黑漆，用红、褐漆于扁壶的一面绘制雄壮的牛，另一面腹部一飞鸟下又绘一匹疾驰的骏马（图八三）[1]。将马之神速远远超过飞鸟的意境渲染无余，这与驰名中外的东汉青铜马踏飞燕可谓异曲同工。这些漆器别致的造型和优美的纹饰，反映了秦国漆器注重实用与美观相结合，显示出秦国绘画艺术的高度成就。

〔1〕陈振裕：《湖北秦汉漆器艺术综述》，《秦汉漆器——长江中游的髹漆艺术》，第 14 页，文物出版社，2007 年。

1

2

3

图八二　彩绘凤鱼纹盂

1.睡虎地M11：16　2.睡虎地M33：26　3.睡虎地M11：35

图八三
牛马鸟纹漆扁壶（睡虎地M44：5）

睡虎地秦墓有用金属装饰的日用漆器。睡虎地四十六号墓出土的一件漆卮（M46 ：7），在黑漆地上用银箔镂刻成云气纹和勾连交错的几何纹，然后贴在盖顶与器身外壁上，再用红漆勾线压边，使全器银光闪烁，熠熠生辉。秦代这种贴金属箔片的工艺到了汉武帝以后非常盛行。此外，秦国漆器中也有少量的釦器，金属釦带一般多为铜釦、鎏银铜釦，还有银釦。前文已经述及，此处不再赘述。正是秦镶釦工艺的进一步发展，才有了后来高度发达的汉代釦器。

从秦国漆器造型特征、制作工艺等方面来看，既有传承借鉴，又有融合创新。秦文化在很大程度上汲取了楚文化并有所发展，尤其秦新的漆器制作中心的出现，促进了髹漆技术的传播与创新。

秦代漆器的类型出现了一些调整，原有的漆器的礼器功能被进一步削弱，楚文化中的豆、禁、几、俎等具有礼器功能的器形消失。相反，日用生活用品增多，圆盒、圆奁、耳杯最为常见，尤以耳杯数量为多[1]；出现了一些秦代漆器的典型器形如扁壶、双耳长盒，漆器走向了纯日用器之路。

秦生产管理方面的一些经验，如物勒工名制度、市亭管理模式等均被汉代继承并有所发展，

〔1〕朱学文：《秦漆器研究》，第 191 页，三秦出版社，2016 年。

严密而科学的管理最终促使汉代漆器手工业水平在秦的基础上又上了一个台阶。汉代的蜀汉工官漆器的高度发展离不开秦政府在巴蜀的经营管理，可以说正是秦在巴蜀的早期开发，以及汉政府的持续经营，才使蜀汉漆器成为汉代中央工官漆器的代表。

“楚虽三户，亡秦必楚也。”[1]秦王朝仅存续十五年，便被楚人埋葬。刘邦集团以楚人为主，他们建立的汉朝，在西汉早期较为全面地复兴和弘扬了楚文化，汉初漆器纹饰除承继了秦的写实风格以外，还有很多楚文化中常见的各种怪兽、羽人、神仙等非现实性纹样。漆奁经过汉初的迅速发展，到西汉中期以后，登上了汉代漆艺的最高峰。

〔1〕（汉）司马迁撰：《史记》卷七《项羽本纪》，第300页，中华书局，1959年。

第七章

汉代漆奁的形制演变以及相关问题探讨

漆工艺历史上第一次突飞猛进、兴盛繁荣，出现在战国时期，且经久不衰，一直延续到西汉[1]。西汉时期，国家统一，国力强盛，南北文化相互交融，汉代漆器和战国、秦代漆器相比，在数量、品种和工艺上均有了很大的变化。随着经济的发展，人们生活水平与制胎技术的提高，生活器具品种增多。汉代漆器的商品化程度更高，官营和私营都很兴盛。

西汉时期，我国漆奁的分布地域较战国、秦代更广，而且形制多样。漆奁出现了成套化的趋势，普遍出现了多子奁。多子奁集中代表了汉代漆器造型方面所取得的辉煌成就。装饰技法方面除了传统的彩绘外，还有锥画、镶釦、金银贴花、嵌宝等多种工艺。西汉是我国漆奁发展史上一个空前繁荣的时期。东汉时期，由于社会动乱、墓葬结构的变化以及瓷器的发展，汉墓出土漆奁数量锐减，漆奁的制作工艺没有显著的变化，基本继承了西汉的制作工艺。

据现有考古资料统计，汉墓出土的漆奁共计两百余件。出土西汉早期漆奁的汉墓主要分布在湖北、湖南、安徽、江苏以及山东。此外，汉代的边远地区，例如两广地区也有少量发现。西汉中期以后一直到东汉，除了以上几个省份外，还增加了河北省、北京市、山西省、陕西省、云南省、贵州省、重庆市等区域。装饰精巧的漆奁分布范围更加广泛，无论是器形，还是装饰，出土的漆奁共性多、差异少。西汉中期以后的漆奁主要出土于以汉广陵为中心的徐州刺史部，包括扬州、盱眙、天长、泗阳、连云港以及青岛、日照、诸城等地。这一区域出土的漆奁尤为重视装饰，漆奁这种生活用器已有向精美的工艺品发展的趋势。广陵漆奁的器物造型、装饰工艺皆代表了西汉漆器的最高技术水平。东汉漆奁出土的数量很少。汉墓出土漆奁的具体情况详见本书附表三。

第一节　汉代漆奁的形制演变

漆奁从战国时期开始出现，经过秦代短暂的承袭，入汉以后，漆奁的器形与装饰工艺都发生了巨大的变化。汉代漆奁主要有圆形、方形（包括长方形、正方形）、椭圆形三类。方形奁与椭圆奁有时盛放非梳妆用具，圆奁以盛放梳妆用具为主。

就妆奁来讲，器内一般盛放与梳妆相关的用具。汉代除了扁矮的单层奁外，还出现了双层妆奁，并且流行多子奁，即一个母奁内置多个子奁，子奁的形状有圆形、方形（包括正方形、长方形、长条形）、椭圆形、马蹄形。广陵地区还有形制特殊的内嵌式双层分格奁、月牙形双层联盒。下文对汉代漆奁进行分类分型分式。首先，按照漆奁形状的不同分为圆形奁、

〔1〕王世襄：《中国古代漆工艺》，第62页，湖北人民出版社，1989年。

椭圆形奁、方形奁三类。圆形漆奁数量最多，形制演变也最明显。椭圆形奁与方形奁的演变不是很明显，且数量不多，故合并叙述。其次，在分类的基础上再分型分式。

一、圆形漆奁

该类漆奁最为常见，分布范围最广，出土数量最多，形制也最为多样。圆形漆奁整体呈圆筒形，直壁，由器盖与器身套合而成。根据奁是单层还是双层，可分为二型。

A 型：单层，器身为圆筒状，器盖与器身等大，或略大于器身。盖套合至器身中部以下，或至近底处。根据内部结构、装饰技法及装饰部位的不同，可分为五式。

Ⅰ式：盖顶隆起，直壁，平底，素髹，无纹饰。

湖北云梦大坟头一号汉墓出土的漆奁（边箱 7 号），木胎，内髹红漆，外髹黑漆，内底、盖内均针刻“最”字。底径 22.5、盖径 24、通高 14 厘米。荆州高台汉墓 M2 ∶ 18，盖顶微弧。内髹红漆，外髹黑漆，素面无纹。盖外壁有烙印文字，为“成市□□”。腹径 23.5、通高 14.4 厘米（图八四，1）。

Ⅱ式：盖顶隆起，木胎，器表彩绘纹饰，器内无纹饰。

广西罗泊湾 M1 ∶ 290，壁为薄木胎，盖顶与奁底均为斫木胎。盖顶以三道弦纹层层高起，内髹红漆，外髹黑漆，顶部中心绘变形龙纹，并以漩涡纹填补龙身，外施雷纹图案三周，盖壁和器身下腹部亦绘雷纹。口径 13.5、通高 7 厘米（图八四，2）。有些彩绘漆奁器形巨大，如安徽巢湖北山头一号汉墓 BM1 ∶ 7，盖与底均为斫木胎，壁为薄木胎卷制而成。直口，平底，盖面微微隆起，饰四道凹弦纹。内髹红漆，外髹黑漆。器表彩绘卷云纹、变形鸟纹、云纹、几何纹。口径 42、通高 10.2 厘米。出土时内置一枚大铜镜（图八四，3）。

Ⅲ式：盖顶隆起，平底，木胎，内外皆彩绘或锥画纹饰。

湖北襄阳擂鼓台 1 号汉墓出土人物纹圆奁（1 号）盖面、盖内、内底、外底均彩绘优美的花纹。盖的侧壁饰有花纹，盖面在黑漆地上用红漆绘云气纹、变形鸟云纹、波折纹、菱形纹和三角纹等几何纹饰（图八五，1）。盖内在红漆地上，用黑漆绘人物等图案，人物面部、衣着及兽、鸟的主要部位都填以白漆。外圈由四棵树将画面分成四组：第一组为头戴冠，身穿长袍，腰佩剑相向而立的男子二人；第二组为发披于脑后，身穿长袍相向拱手而立的女子二人；第三组为一男二女（装束同前），男子抱剑回首，二女在后紧相跟随；第四组为人面兽身的怪物。还有三个似飞鸟形象的怪物穿插画中。中心花纹为变形鸟云纹等图案（图八五，2）。奁的内底与外底皆有花纹，内底在红漆地上用黑漆绘制纹饰，它的中心花纹也是变形鸟云纹、圆圈纹等图案。外圈由三棵树分为三组画面，一组三男一女，另两组皆为一男二女和一人面兽身怪物。人物的衣着装饰与盖内相同，但动作略有差异（图八五，3）。外底在黑地上用红

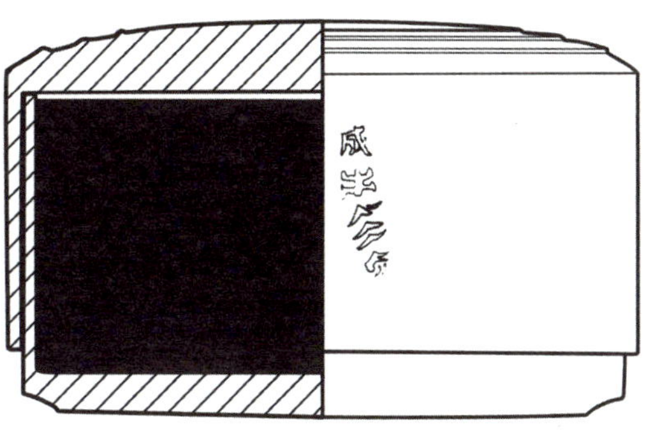

1

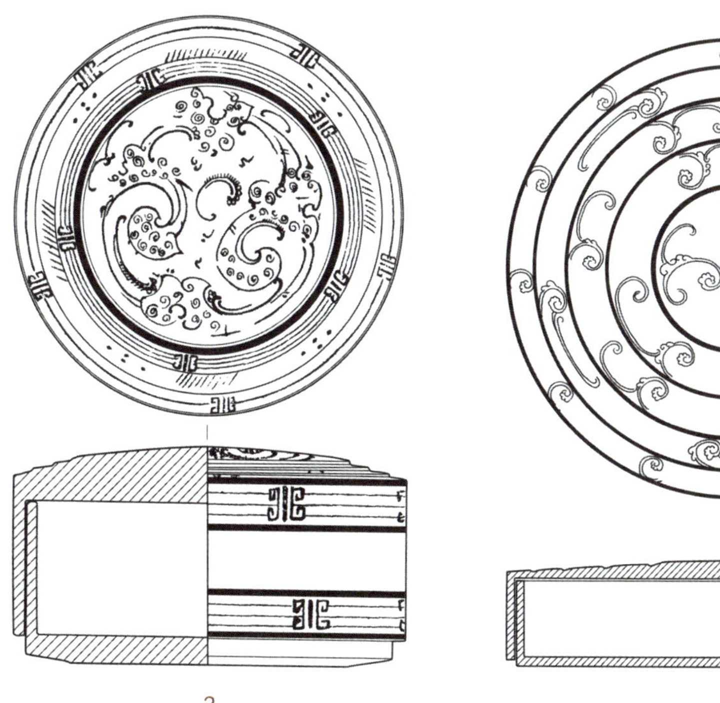

2

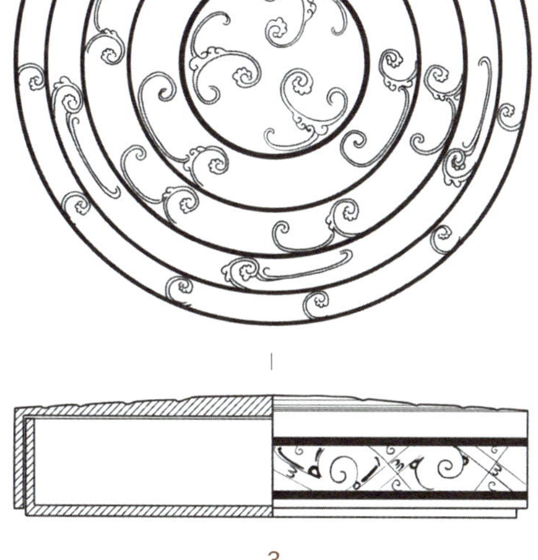

3

图八四 A型圆奁

1. Ⅰ式（荆州高台汉墓M2：18） 2、3. Ⅱ式（广西罗泊湾M1：290、安徽巢湖北山头BM1：7）

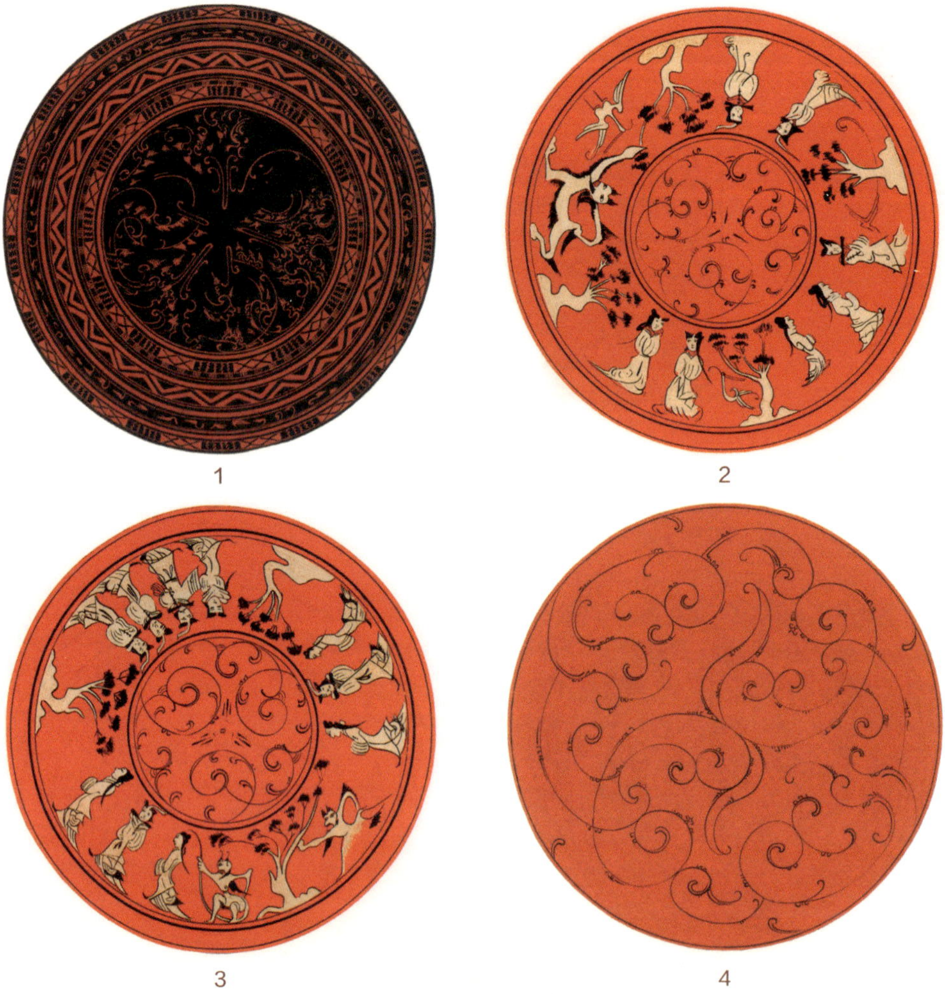

1　2

3　4

图八五　A型Ⅱ式圆奁

（襄阳擂鼓台1号汉墓1号漆奁）

1.盖面纹饰　2.盖内纹饰　3.奁内底纹饰　4.奁外底纹饰

漆绘变形鸟云纹等图案（图八五，4）。圆奁盖的外壁上部与器身的外壁下部，均是在黑地上朱绘变形鸟云纹、菱形纹等图案。圆奁盖径 25、高 9.7 厘米，器身口径 23.8、高 8.8 厘米。出土时奁内置铜镜、木梳、木篦各一件。

湖北江陵凤凰山 168 ：123，为薄木胎卷制而成。奁身外壁与口沿内、盖内、内底的中部涂黑漆，奁内涂红漆，并在黑漆地上满饰针刻花纹。盖顶有七圈花纹：中心为一兽，其间填绘云鸟纹，周围分布云鸟纹、兽纹、波折纹、菱形纹等。盖内与内底也有针刻的云鸟纹、菱形纹与波折纹等图案，针刻花纹纤细，连续萦回，构思巧妙。奁内盛放有梳、篦、镜各一件，还有细竹签等物。盖径 17.7、通高 11 厘米，简一四记“大车检一合”，当指此器（图八六，1）。

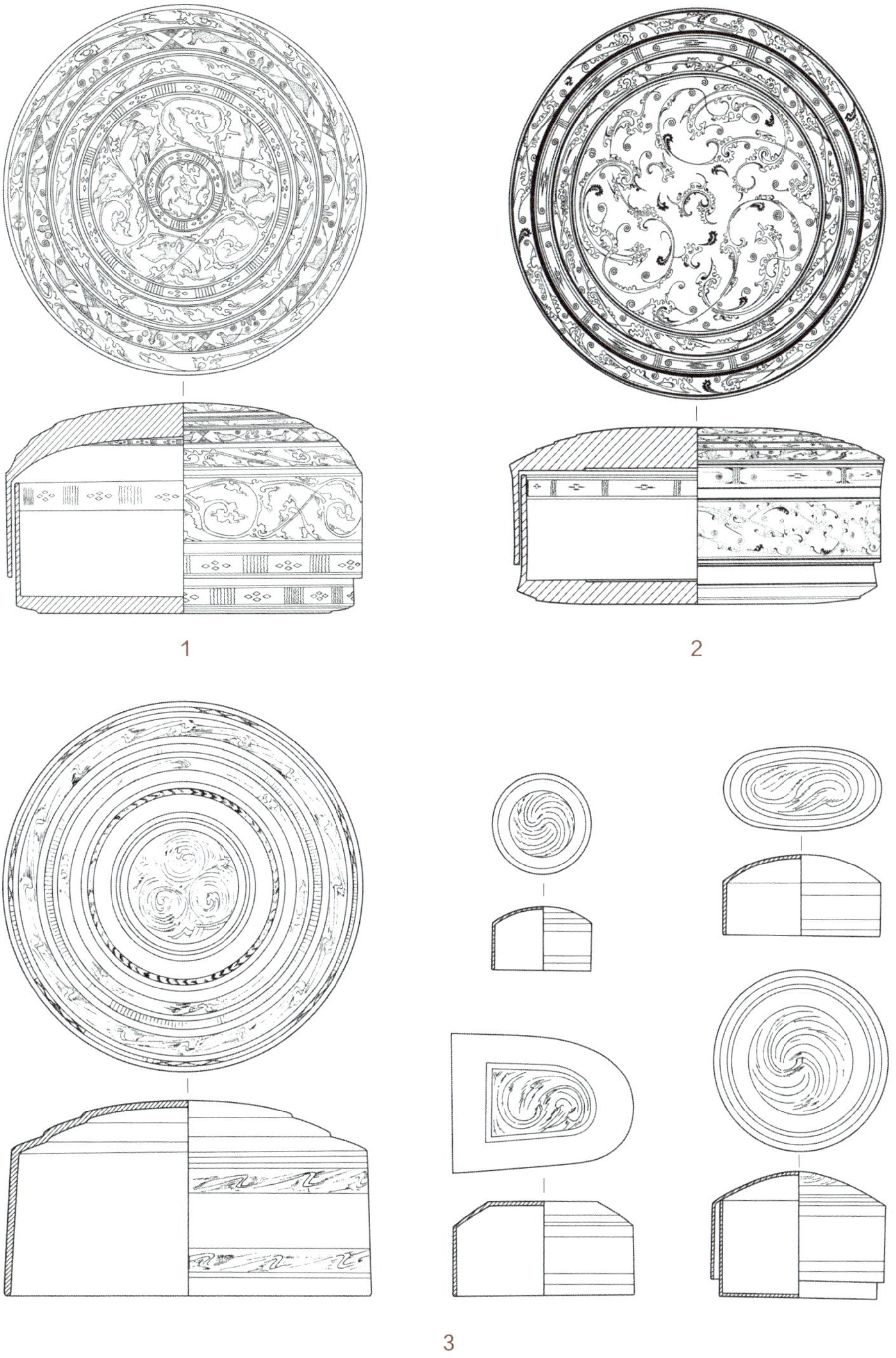

1

2

3

图八六　A型圆奁

1. Ⅲ式（江陵凤凰山168：123）　2. Ⅳ式（马王堆M1：北441）　3. Ⅳ式（扬州刘毋智墓M1C：39）

图八七　A型Ⅳ式圆奁

Ⅳ式：盖顶隆起较高，呈穹隆状，奁内盛放多个子奁，子奁内盛放梳妆用具。装饰技法有彩绘、锥画等。胎质较薄，多为布脱胎，个别为木胎。

长沙马王堆一号墓单层五子奁（北 441），简二三一称其为“五子检”。出土时以“长寿绣”绢包裹。卷木胎，器表和盖内及内底中心均为黑褐色，朱绘云纹。盖顶以红色和灰绿色绘云纹和几何纹，器身外壁近底处和内壁近口沿处均朱绘菱形几何纹一圈，器内装镜搽一件、镜衣及铜镜一件、环首刀三件，笄、镊、印章各一件以及圆形子奁五件。三件子奁胎质均为布脱胎，两件器形稍大者都为木胎，针刻云气纹或彩绘纹饰，子奁内盛化妆品及花椒、香草（图八六，2；八七）。扬州刘毋智墓四子奁（M1C ： 39），母奁盖面隆起，奁身呈圆筒形，圆唇，直壁，平底。奁内有子奁四件，其中大、小圆子奁各一件，椭圆形、马蹄形子奁各一件。母奁与子奁的器表髹黑漆，器内髹朱漆，均针刻云气纹。母奁盖顶刻三圈纹饰带。外圈边刻梳齿纹，间以“×”纹，盖内刻云气纹；中圈刻划梳齿纹与云气纹，盖顶中央刻划云气纹，盖壁刻饰弦纹与云气纹。口径 20.3、通高 10.6 厘米。圆形、椭圆形的子奁的盖面均隆起，上面针刻云气纹，器壁刻弦纹。马蹄形子奁盖作盝顶式，针刻云气纹，壁刻弦纹。出土时，马蹄形子奁内放有木篦两件（图八六，3）。

Ⅴ式：盖隆起较高，奁内部盛放多个子奁。此式漆奁的装饰往往集彩绘、镶釦、金银贴花、嵌宝等工艺于一身，极其豪华。子奁的装饰技法与母奁类似。

山东青岛土山屯 M6 出土七子圆奁，共一套八件（M6 棺 2 ： 2）。母奁内还放有漆耳杯、漆金属胎罐各一件。大圆奁一件（M6 棺 2 ： 2-1），木胎，内髹红漆，外髹黑褐漆。由盖、盒身两部分组成，圆筒形，盖顶部隆起。盖顶正中有红漆绘四瓣柿蒂纹，中心及四叶镶嵌玛瑙

饰件，柿蒂纹周边镶嵌金箔，往外有三周银釦，银釦间有红漆弦纹及镶嵌变体云纹金箔，云纹间为珍禽异兽图案银箔，盖口沿内壁黑色弦纹内镶嵌几何纹金箔。盒身有三层银釦，上、下层银釦分别绘两道红色弦纹带，弦纹内镶嵌有变体几何纹金箔，几何纹下部为主体纹饰，镶嵌变体云气纹金箔并以红漆勾勒轮廓，云气纹间镶嵌有金银箔制珍禽怪兽图案。底部在红色弦纹带内镶嵌几何纹金箔，圆心在红色弦纹圈内绘红色云气纹，中心部分外圈为红色弦纹带内镶嵌几何纹金箔，正中部分有红漆云气纹镶嵌银箔怪兽图案。盒内口沿在黑色弦纹内镶嵌几何纹金箔，内底以黑漆绘云气纹。盖直径 22、高 14.6 厘米，盒身直径 20.8、高 13 厘米，壁厚 0.45 厘米（图八八，1、2）。母奁内的七件子奁皆为木胎，内髹红漆，外髹黑褐漆。均由盖、盒身两部分组成，方盒为盝顶盖，其余盒顶盖面隆起（图八八，3）。装饰风格相近，顶部正中有三瓣（马蹄形盒）或四瓣银箔柿蒂纹，中心及叶片镶嵌玛瑙饰件，柿蒂纹周边镶嵌云气纹金箔，往外有两周银釦，

1

2

3

图八八
A型Ⅴ式圆奁
1、2.山东青岛土山屯七子奁（M6棺2：2）
3.七子奁内部子奁

图八九　A型Ⅴ式圆奁
（陈墩汉墓五子奁M1棺：3、4）

银釦缘均绘两道红漆弦纹，弦纹间为主体纹饰，镶嵌变体云气纹金箔并以红漆勾勒轮廓，云气纹间镶嵌有银箔制珍禽怪兽图案；器内壁口沿部分为黑色弦纹绘几何纹；内、外底均为素面。子奁内放置铜刷四件、木梳篦一套三件、角梳篦一套三件。

江苏泗阳陈墩汉墓出土五子奁（M1 棺：3、4），母奁为布脱胎，内部的五个子奁全部为薄木胎。奁盖套合在器身的外部，盖顶隆起，器身圆筒形，平底，圈足低矮。盖顶部镶嵌银质柿蒂纹并镶嵌五颗玛瑙，并镶嵌五道银釦，器身镶嵌 3 道银釦（图八九）。银釦间贴饰金箔，图案为仙人折芝、羽人、神兔捣药、九尾狐等神兽、飞禽及卷云纹。盖顶内部、奁身底部漆绘龙纹及云气纹，器壁内口沿用金箔贴菱形纹。内放大、小圆形子奁各一件，长方形、长条形、马蹄形子奁各一件。五个子奁的装饰技法、纹样与母奁相同。两个圆形子奁顶部隆起，其余子奁盝顶式盖，平顶。奁盖高 11、直径 17.5 厘米，奁身高 9.3、直径 16.6 厘米（图九〇）。

A 型五式漆奁的变化趋势是：汉初除了少量的素髹漆奁外，大部分漆奁的装饰技法以彩绘为主，后期器形逐渐增高，变宽。前期出现了锥画技法并流行了一段时间，中期以后釦器较为盛行，漆奁的装饰更为豪华，常镶嵌银釦、金银贴花。纹样方面，前期漆奁多饰云气纹，后期漆奁流行云虡纹，云气纹中有逍遥的仙人及各种祥瑞。西汉中期以后，多子奁非常盛行。

B 型：奁为双层结构，圆筒形。盖套在器身的外部。根据扣合方式、内部结构、装饰技法的不同，可分六式。

Ⅰ式：三部分套合而成，双层结构。上层呈“凸”字形，上层的上半部作子口套在奁盖的内部，下半部套合在下层器身的外部。内部不分格，无多个子奁。彩绘纹饰。盖顶部微微隆起，直壁，平底，径大于器高。云梦大坟头一号汉墓双层奁（头箱 52 号），薄木胎，下层的外壁用红、褐漆和金色绘菱形纹，下层的口径 20.9、盖径 22.5、高 3.5 厘米。上层的外壁与盖外用红漆和金色绘云气纹和变形鸟纹，盖顶用红、褐漆和金色绘变形鸟纹和云气纹（图九一，1），

1

2

3

4

5

图九〇　A型Ⅴ式圆奁

（陈墩汉墓五子奁［M1棺：3、4］内部子奁）

1.大圆奁　2.小圆奁　3.长条形奁　4.马蹄形奁　5.长方形奁

图九一
B型Ⅰ式圆奁
1. 云梦大坟头M1：头箱52号
2. 马王堆M3：北155

上层的口径为21.6、盖径22.5、高4.4厘米。内放铜镜、玉璧、木梳各一件，木篦三件，木刮刀两件。马王堆M3：北155，布脱胎，双层，盖顶微微隆起。盖顶用白色凸起线条勾边，内用矿物颜料调油填红、绿二色云纹。边缘有两周由菱形纹、波折纹组成的装饰带。盖和下层的外壁，上层的口沿均用同样方法油彩绘云纹，下层近底部一圈几何纹。下层内置一铜镜。油彩双层奁口径24.1、通高16.9厘米（图九一，2）。

Ⅱ式：双层结构，为三部分套合而成。上层呈“凸”字形，上层的上半部作子口套在奁盖的内部，下半部套合在下层器身的外部。上层无分格，下层用隔板分成多个小格。盖顶部微微隆起，直壁，底为弧形，径大于器高。奁的内外均有锥画或彩绘的繁缛花纹。荆州高台M33：N1，整器呈扁圆筒形，腹径大于器高，由奁盖、中层和底层相套合而成。中层为一整块木头采用旋、凿等手法制成。奁身斜壁敛口，弧顶，弧底。器表均髹黑漆，器内除纹饰圈外均髹红漆。奁外壁、器盖及盖内中圈、中层中圈均于黑漆地上用红、蓝色等色彩绘纹饰图

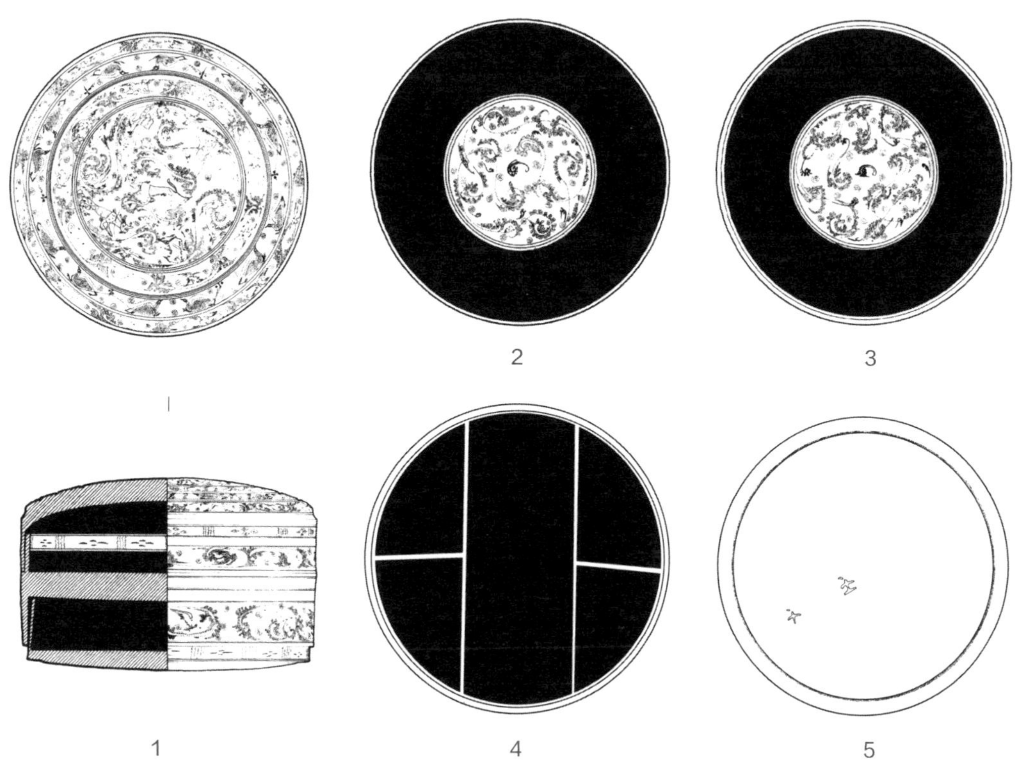

图九二　B型Ⅱ式圆奁

（高台M33：N1）

1. 盖面及正视图　2.内顶　3.上层内底　4.下层分格　5.外底

案。盖顶中心纹饰为两组巨大的云龙纹，周围缀以层层云气纹。云龙纹周围锥画羽人、斑豹、凤鸟等图案。器盖内侧和中层中央均用红、蓝二色绘相互穿插的云纹以及变形凤鸟图案，中层外壁的花纹与器盖外壁下圈略同。底层下壁用朱绘的纵向波折纹夹不连接菱形纹进行装饰。中层无分格，下层分为五个格子。外底有烙印文字。腹径 18.4、通高 11.8 厘米（图九二）。

Ⅲ式：器形与Ⅱ式类似，双层，圆筒形。不同的是，下层为厚木胎，在厚木胎上凿出多个凹槽，嵌放多个可取出的子奁。器表、器内都有锥画或彩绘纹饰。马王堆一号汉墓双层九子漆奁（M1 ：443），简二三〇称其为“九子曾检”，出土时以“信期绣”绢夹袱包裹。盖和器壁采用布脱胎，上下两层奁底均为斫木胎，上层放有手套、丝巾、组带、镜衣等，下层有九个小奁，内盛白色的粉、油彩、胭脂等化妆品及粉扑，此外还有假发、梳、篦等。上层器身的外形呈“凸”字形，上半部分与外盖套合，下半部分则与下层套合，三部分套合后直径 35、通高 20.8 厘米。下层底板厚 5 厘米，凿出深 3 厘米的凹槽九个，放置椭圆形、圆形、

1

2

3

4

5

图九三　B型圆奁

1. Ⅲ式（马王堆M1：443）　2.Ⅳ式（高台M28：116）　3.高台M28：116内顶纹饰　4.高台M28：116上层内底纹饰　5.高台M28：116底层分格与纹饰

长方形、长条形、马蹄形共九个形态各异的小子奁。漆奁的器表以黑褐色漆为底色，器表除了底板外，均贴金箔，金箔上以金、白、红三色油彩绘云气纹，其余部分髹朱漆或绘以几何纹。母奁内的九个子奁，在漆的用色和装饰手法上与母奁基本相同（图九三，1）。

Ⅳ式：全器由奁盖、中层和底层相互套合而成，底层有五个分格。漆奁胎质较薄。整体作圆筒状，腹径略大于器高，直口，直壁，弧顶，平底。盖顶和器底分别装有三个均匀分布的乳突状铜质圆纽，底部三纽当为矮足，盖顶三纽则为揭开奁盖后倒置奁盖的支撑（以免磨损奁盖）。荆州高台 M28 ： 116，器盖由于长期使用，被摩擦得光滑铮亮。器表髹棕黄色漆，素面无纹（图九三，2；九四）。器内髹红漆，盖内顶部和上层中央髹黑漆以便彩绘。盖内顶和中层中央用朱红和深蓝二色各绘一只大凤鸟，周围环绕浮云、变形凤鸟符号（图九三，3、4）。底层分为五格，五个格子形状各异，底层的中间置一两端弧边的长方形盒；上边左侧置一个三角形盒，右边为一个小圆盒；下边则并置两个直角三角形盒。此五盒均事先用薄木片做好后嵌入奁内。五个分格内均髹红漆，用深蓝和黑色彩绘图案。长方盒内的正中绘一只曲颈长尾、展翅欲飞的大凤鸟，两端饰以卷云纹；其余四格内各绘一只曲身卷尾、生动可爱的小鸟。腹径 25.2、通高 22.8 厘米（图九三，5）。

Ⅴ式：双层结构，奁盖套合于器身外部近底处，器身内置一托盘，嵌在器身的口沿处，是为镜盘。镜盘下有的放多个子奁，母奁、镜盘及内部子奁均彩绘、镶嵌银釦，有的还贴有金、银箔片。山东日照海曲 M106 ： 2，出自棺内，保存完整。一套分为七件，布脱胎。上层为镜盘，内置一件铜镜，铜镜以丝绸包裹。铜镜上放置木梳、木篦各一件。下层放置五件子奁，分别为马蹄形一件、圆形两件、椭圆形一件、长方形一件（图九五，1）。五个子奁的装饰技法与

图九四　B型Ⅳ式圆奁

（高台M28：116）

1

2

图九五　B型Ⅴ式圆奁

1.海曲双层五子奁（M106：2）　2.海曲双层五子奁内镜盘（M106：2－1）

母奁类似，子奁内放置刷、梳、篦。母奁（M106 ：2），圆筒状，直口，方唇，直壁，平底。器口内壁髹黑褐漆，以朱漆绘三角形云纹带；内底中部髹黑褐漆，以朱、绿两色漆绘云纹；其他部分髹红漆，以黑、绿色漆绘云纹和两只鸟。器表髹黑褐漆，上、中、下镶嵌三周带状银釦，银釦间以朱、绿色漆绘云纹和鸟纹、兽纹。盖内壁口部髹黑褐漆，以朱漆勾绘三角形云纹带；内顶中央髹黑褐漆，以朱、绿色漆勾绘云纹；其他部位髹朱漆，以黑、绿色漆勾绘云纹和飞鸟。口径 15.4、底径 15.4、通高 12.4 厘米（图九六）。镜盘即镜奁（M106 ：2-1），圆形，直口，平沿，直壁，平底内凹。口、底各镶银釦。器表髹黑褐漆，以朱漆勾绘平行纹和一周三角形云纹带。器口内侧髹黑褐漆，以朱漆勾绘一周三角形云纹带。器内壁下部髹朱漆，以黑漆勾绘云纹。内底中部髹红漆，镶嵌一银质怪兽，其外为一周带状银釦，银釦外侧有一周云纹带，以黑褐漆为地，用朱漆绘云纹，有三只怪兽分列云纹中间，作奔跑状。出土时内置一枚铜镜（图九五，2）。口径 15.6、底径 14.8、高 3 厘米。内置的托盘下也有不放子奁的，如安徽天长安

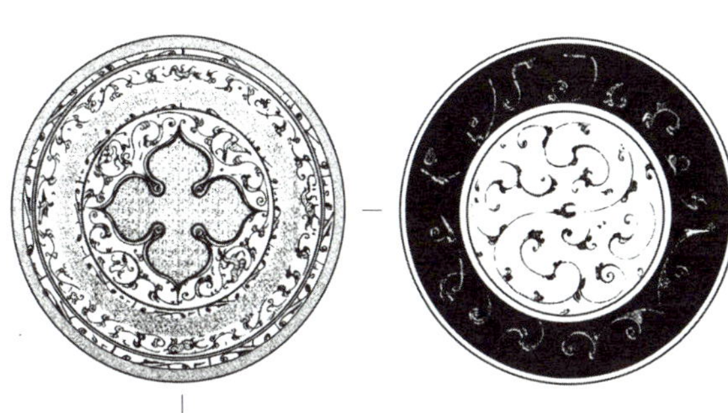

图九六 B型Ⅴ式圆奁
（海曲双层五子奁M106：2）

乐 M9 ：6，布脱胎，口部套一浅盘，盖顶和下底嵌入三道银釦，形成凸出的圆形银栏，顶部嵌银柿蒂，花瓣间和花心中嵌五颗玉石，珠已不存，嵌窝犹在。盖、底外表和顶部均各镶三道银釦，浅盘口沿镶银釦一道。带状流云纹中衬以金平脱动物图案。盖、底内部口沿墨绘几何带纹，内底和盖顶内墨绘圆形几何图案，线条细如毫发，构图生动。口径 10.6、器高 15 厘米。

Ⅵ式：双层结构，圆筒形，奁盖套合在器身的外部近底处。由奁盖、奁身、内盒、内盒盖共四部分组成。内盒被分为三个小格子，内放梳妆用具。胎骨都为布脱胎。奁盖、器身、内盒盖都镶嵌银釦、彩绘纹饰。安徽天长安乐镇纪庄村 M19 ：47，奁盖盖面隆起，上饰银釦两周。盖顶中心饰柿蒂形银片，周围朱绘四只怪兽，间以云气纹。盖的坡面绘两只怪兽及云气纹。盖侧面和器身均饰银釦三周，两层纹带的构图相同，每层均朱绘云气纹及一怪兽。奁内口沿饰一周云气纹，内顶和内底以褐色为地，朱绘云气纹。口径 12.8、通高 10.6 厘米。内盒口沿及内盒盖边均有银釦一周。内盒盖平，微内凹，盖中心有银质柿蒂[1]。盖面以红色为地，墨绘云气纹及一游龙、一立龙，龙体形态逼真，富有动感。盖背髹褐漆。内盒又被分隔成三个梳篦盒，外髹褐漆，内涂朱漆（图九七、九八）。

〔1〕从墓葬的平、剖面图来看，星云纹铜镜可能是放置于漆奁的内盒盖上。参见天长市文物管理所、天长市博物馆：《安徽天长西汉墓发掘简报》，《文物》2006 年第 11 期。

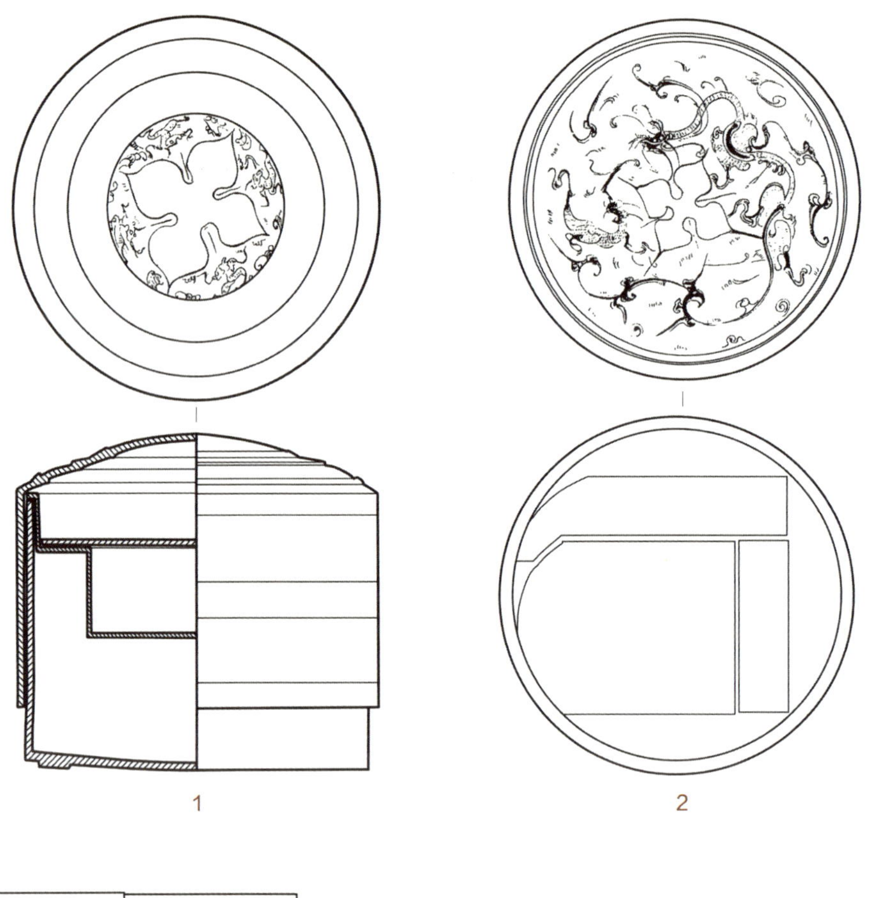

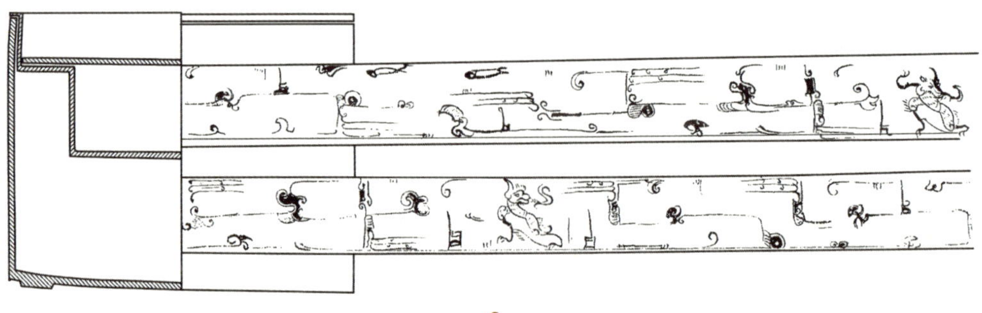

图九七　B型Ⅵ式圆奁

（纪庄村M19：47）

1.器身剖面图与奁盖平面图　2.内盒与内盒盖平面图　3.器身纹饰展开图

图九八　B型Ⅵ式圆奁

（纪庄村M19：47）

B 型漆奁是西汉出现的新型圆奁，这六式漆奁有明显的早晚演变关系，器高逐渐趋向与直径等长，不同于早期矮扁的造型。B 型Ⅰ式、Ⅱ式、Ⅲ式、Ⅳ式，这四式漆奁流行于西汉中期以前，西汉中期以后少见。就分布范围来看，这四式漆奁主要出土于湖南长沙、湖北荆州地区，山东临沂也有少量出土。B 型Ⅴ式、Ⅵ式，这两式漆奁主要出土于汉代广陵地区，即今日的江苏扬州、盱眙及安徽天长，此外在安徽巢湖、山东日照也有出土。从装饰技法来看，早期多彩绘、锥画，中期以后的漆奁常见的是镶釦、金银贴花以及彩绘等，奢华美观。

无论是A型单层漆奁，还是B型双层漆奁，汉代漆奁的整体高度相对于战国、秦代漆奁来讲，有逐渐增高的趋势。汉初的安徽无为甘露村出土的漆奁 M1 ：21，盖径 21.5、底径 20、通高 5.5 厘米，继承了楚式漆奁的风格，整器显得较为矮扁。又如荆州谢家桥出土的彩绘圆奁，腹径 23.8、通高 10.8 厘米。矮扁的漆奁的内部容量必然比较小，器形的增高则意味着容积的增大，能够放置更多的梳妆用品，更能满足人们存放贴身小物件的需求。马王堆一号汉墓双层九子奁，由于直径、高度都比前代有较大增加，故而内部能存放更多物品，上层放手套、镜衣、丝绵絮巾、组带；下层放九个子奁，内部盛放假发、白粉、胭脂、油状化妆品、粉扑、梳、篦、针衣、漆柄茀等。口径 35.2、通高 20.8 厘米。

图九九　马王堆一号汉墓双层九子奁下层各子奁内所盛物品

多子奁，尤其是双层结构与多个子奁组合而成的双层多子奁的出现，使奁内部梳妆用具的存放体现了很强的秩序美。多子奁的出现主要得益于战国中晚期以后出现的布脱胎技术，西汉中期以后，布脱胎技术已经非常成熟，从而使多种造型的小子奁大量出现成为可能，厚重的斫木胎逐渐被淘汰，漆奁的胎骨变得轻薄了。多子奁的组合设计非常合理，不仅有独特的形体美，更有合理的功能美。从实用的角度出发，用不同形状的子奁来区分内部盛放的物品，充分考虑到使用的方便性、储物空间的需求性以及装饰纹样的美观统一性。设计上，即使形状相同的子奁，也往往用大、小的不同或器表纹饰的差异来加以区分，使用起来非常方便。

马王堆一号汉墓出土的双层九子奁，母奁和九个子奁，形状有别，大小不同，装饰纹样和色彩却基本一致。盖顶纹饰虽同为云气纹，但却各不相同（图九九）。同墓出土的五子奁，虽然五个子奁皆为圆形，设计者却能够匠心独运，利用不同的大小、相异的纹饰以及不同的装饰技法如油彩绘、漆绘、锥画等，来区别存放不同物品的子奁。如此，使用者只要观察器形及纹样，就能准确取出所需的化妆用品或香料，可谓匠心独具。整套妆奁的设计，具有很强的系列化、统一化、整体化的美感。

二、椭圆形奁与方形奁

除了最常见的第一类圆形奁外，汉代妆奁还有椭圆形、长方形、正方形。这几类妆奁的出土数量不多，使用范围也不是很广。在多子奁盛行后，这些形制的妆奁主要是作为圆形母奁内的子奁而出现。

从墓葬出土的木牍、竹简来看，西汉称奁为“检”。长沙马王堆一号汉墓，简二三〇书有“九子曾检一合”，指的是墓中随葬的一套双层九子奁。江陵凤凰山168号汉墓，简一四记“镜有一检”[1]，就是指一件内部存放铜镜等梳妆用具的锥画纹漆奁（M168 ∶ 123）。

西汉称椭圆形奁为“隋检”。云梦大坟头一号墓出土一件木牍（头箱55号），上面记载了随葬器物的名称、数量、大小和质料等。木牍正面第二列第八行记有“髹隋检而其一小画”[2]，墓中出土的一件器形较大的椭圆形漆奁（头箱10号）和一件较小的彩绘椭圆形漆奁（边箱16号）即木牍所记的“髹隋检而其一小画”。

器形稍大的椭圆奁，在汉代常常是作为食奁出现的，如江陵凤凰山168号汉墓椭圆奁（M168 ∶ 273），内髹红漆，外髹黑漆，无彩绘纹饰。奁内有12根竹签和2根竹片，当为串肉串的竹串。长29.6、宽12、高11.5厘米。简一三记“大脯检一合”，当指此器。简一五记“小鸡检一合”，简一六记“卵小检一合”分别指的是一件器形较大的彩绘椭圆奁和一件器形较小的彩绘椭圆奁。这两件椭圆奁可能是用来盛放鸡肉与鸡蛋的。

东汉初期的广州龙生岗43号墓中出土一套椭圆形双层漆奁，由盖、身、底三部分套合而成，上层放两个半月形子奁，半月形子奁内分别放白粉与胭脂（图一〇〇，1、2）。这种造型的漆奁很明显是模仿当时流行的双层多子圆奁而设计的。

汉代妆奁文化的发达体现在妆奁形制的多样上。除了圆形奁、椭圆形奁外，还有方形奁，方形奁又分为两种，一种是长方形，一种是正方形。方形奁内部也常分格，分为上下两层或存放多个子奁。

安徽阜阳汝阴侯墓出土了两套四子银釦长方奁。布脱胎，长方形，盝顶式盖，器表针刻云纹。长28.5、宽21.5、高9厘米。内盛长方形子奁三件、马蹄形子奁一件。长沙咸家湖陡壁山一号墓出土了一套长方形十一子奁，长方形奁盖为盝顶形，平顶，底部在厚木胎上凿出11个凹槽，

〔1〕湖北省文物考古研究所：《江陵凤凰山一六八号汉墓》，《考古学报》1993年第4期。
〔2〕湖北省博物馆：《云梦大坟头一号汉墓》，《文物资料丛刊》4，文物出版社，1981年。

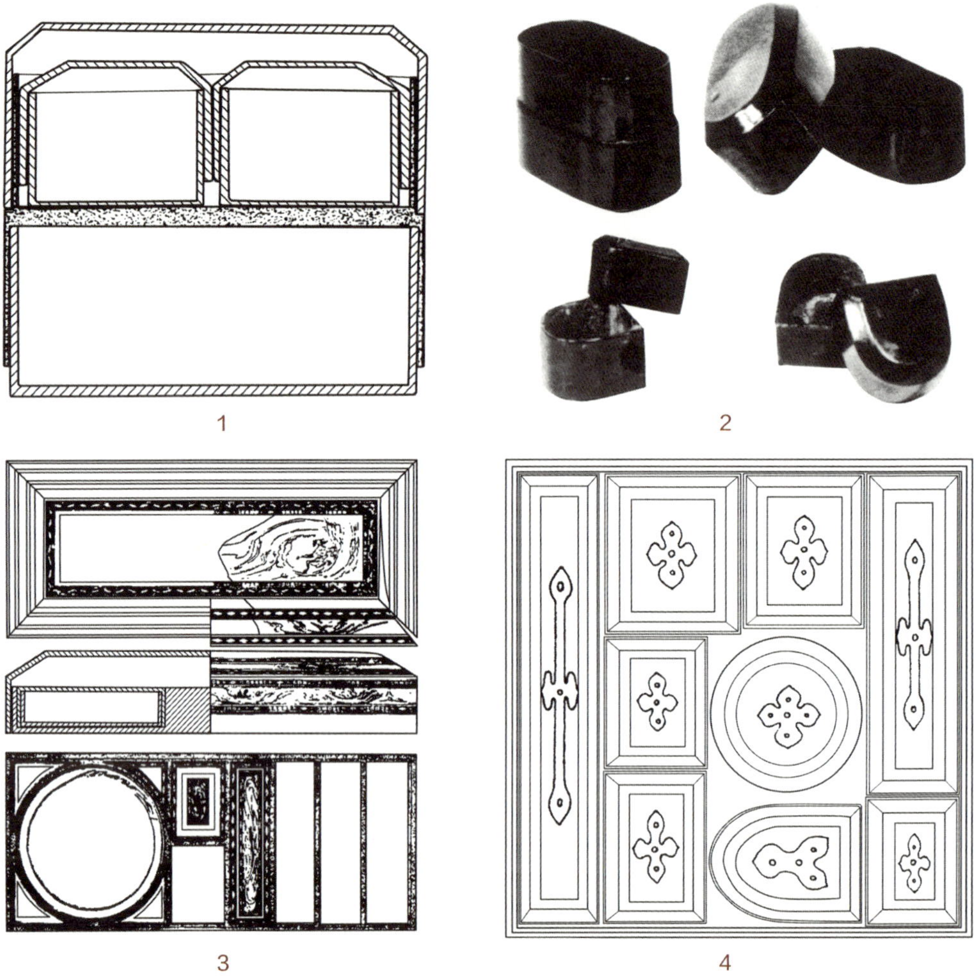

图一〇〇　椭圆形与方形奁

1、2. 广州龙生岗43号墓椭圆形双层多子奁　3. 长沙咸家湖陡壁山一号墓长方形十一子奁　4. 扬州甘泉二号墓双层十子奁下层

内置 11 个子奁，器表饰云气纹[1]。这是目前发现的子奁数量最多的一套漆奁（图一〇〇，3）。

山东日照海曲 M106 ：1，出自棺内，保存完整。盖为长方形，盝顶，内壁髹红漆，外壁髹红褐漆。盖顶中央嵌银质柿蒂纹片，盖面以朱漆彩绘变形云纹。纹饰绘有飞鸟站立云头、怪兽穿梭于云纹间，边缘绘有小树。云纹外侧即盖面四周镶嵌银釦。四面坡上勾绘平行线纹，

〔1〕相关简报对这套漆奁的介绍极其简略，并未言及其是在底上凿出凹槽，笔者是根据简报提供的器物线图进行描述的。参见长沙市文化局文物组：《长沙咸家湖西汉曹𡟰墓》，《文物》1979 年第 3 期。

有一周简练的云纹带，每组以双竖线分隔。盖顶边缘及盖口皆镶嵌银釦。盖顶四壁以朱、绿、银灰色漆勾绘三周云纹带，其中上、下两周云纹带相同，每组间各以双竖线隔开。中间一周云纹带较繁琐，勾绘精细，有怪兽奔走于云气之间。奁身为长方形，直壁，平底，内壁髹红漆，外壁髹红褐漆，口及底周边镶嵌银釦。纹饰与盖四壁纹饰基本相同，勾绘三周云纹带，其中上、下两周云纹带相同，每组间各以双竖线隔开。中间一周云纹带较繁琐，四壁纹饰各不相同，均有怪兽穿梭于云纹间。奁内由界隔分成两部分[1]，均无纹饰。出土时内置梳、篦、刷柄及一件小漆方盒。奁身长 30.4、宽 11.9、高 9.4 厘米，盖长 31.4、宽 12.6、高 9.7 厘米（图一〇一，1）。同墓出土了一件正方形漆奁（M106 ：3），出自棺内，保存完整。由盖与身扣合而成。正方形，直口，圆唇，直壁，平底。器内壁除口部髹黑漆并以朱漆绘一周三角形云纹带外，其他部位髹红漆，无纹饰。器表髹黑褐漆，口、中腰及底各镶嵌一周带状银釦，上、下各绘一周三角形云纹带和平行线纹，中间银釦上、下各绘一组云纹，间有飞鸟、走兽。盝顶盖，盖顶平，器表髹黑褐漆，内壁髹红漆。盖顶中央镶嵌银质柿蒂纹，其外绘云纹及三角形云纹带。四周呈坡状，上、下共镶嵌四周银釦，银釦间以朱漆绘三周云纹及两周三角形云带纹，云纹间绘有飞禽、走兽。口边长 23、底边长 23、通高 14.5 厘米（图一〇一，2）。

方奁也有分为上下两层的。扬州东风砖瓦厂出土一件双层长方漆奁[2]。木胎，内髹朱色，外髹赭色。盝顶式盖，平顶。内上层放铜镜一枚，梳、篦各两件和长方子奁一件，下层放马蹄形和圆形子奁各两件。盖与底以子母口扣合，图案以朱漆绘云气和鸟兽纹。长 35、宽 21.2、高 16 厘米。扬州甘泉二号墓出土了一件正方形双层十子漆奁[3]。木胎，漆色外黑内红，周围有三道鎏金铜釦。盖面有铜皮平脱的内框和柿蒂纹。框内四角有四个铜泡，柿蒂四叶和中心共镶水晶泡五粒。奁内上层置用丝织物包裹的铁镜，一件嵌有三粒水晶泡的小长方形漆盒，盒内有一件黛板。下层为九个子奁，子奁除底部以薄铜皮为胎外，边框和盖均为木胎。漆色内红外黑。盖面均有铜片平脱的边框和柿蒂纹，也嵌有水晶泡和琥珀小泡。盖面上露漆部分均有针刻流云纹和菱形纹等，子奁朽坏严重，分别放置梳篦、铜刷、毛笔、粉状颜料等。宽 33.5、高 10 厘米（图一〇〇，4）。此外，在河北阳原三汾沟也发现内存子奁及成套梳妆用

〔1〕报告说分为三部分，然而观察其图片可见，方奁内部分为两部分。参见山东省文物考古研究所：《山东日照海曲西汉墓（M106）发掘简报》，《文物》2010 年第 1 期。

〔2〕扬州博物馆：《扬州东风砖瓦厂汉代木椁墓群》，《考古》1980 年第 5 期。

〔3〕原简报称其为“九子奁”。此件漆奁的上层放一件长方形子奁，下层放置九个子奁，称为“十子奁”比较妥当。参见南京博物院：《江苏邗江甘泉二号汉墓》，《文物》1981 年第 11 期。

1

2

图一〇一
长方形与正方形奁
1. 银釦长方奁（日照海曲M106：1）
2. 银釦正方奁（日照海曲M106：3）

具的长方形妆奁。正方形、长方形奁内的子奁也以方形、长方形为主，易于在母奁内整齐排列，可充分利用内部储存空间。

总体来说，汉代妆奁形制多样，以多子圆奁最为典型，多子圆奁以贵重金属装饰，例如镶釦、金银贴花、镶柿蒂纹金属片，并装饰由无数神禽异兽与仙人穿插其中的云虡纹，描绘出一个逍遥自在、无忧无虑的神仙世界。这类漆奁最具汉代特色，与战国楚漆奁、秦漆奁风格迥异，笔者称之为“汉式妆奁”。

第二节　蜀郡与广汉郡漆器相关问题研究

川地群山环绕，李白有诗云："蜀道难，难于上青天。"四川是我国古代相对封闭的经济文化区，这里形成了颇具特色的巴蜀文化。然而，四川的地理环境相对封闭却并非完全独立。四川北面，有嘉陵江切断大巴山，嘉陵江河谷有秦蜀的交通要道——金牛道。四川东面，浩浩长江切断了险峻的巫山山系，将四川与楚地联系起来，而在大巴山中有米仓道与外界发生联系。但是，在交通不够发达的古代，四川相对于平原地区来说，与外界的交流还是受到了地理条件的限制。考古资料证明，四川地区在秦汉之前明显落后于中原地区，例如当时代表先进生产力水平的铁制生产工具的使用就非常有限，直到汉代以后，铁制生产工具的应用才得到了推广。

两汉时期，四川经济有了长足发展，从全国范围内来看，四川从一个经济落后的地区跨入了发达地区的行列。史载："巴、蜀、广汉本南夷，秦并以为郡，土地肥美，有江水沃野，山林竹木疏食果实之饶。南贾滇、僰僮，西近邛、筰马旄牛。民食稻鱼，无凶年忧。"[1]四川手工业与商业也得到了迅速发展，"蜀地沃野千里，土壤膏腴……女工之业，覆衣天下；名材竹干，器械之饶，不可胜用。又有鱼盐铜银之利，浮水转漕之便"[2]。在众多的手工业中，漆器手工业尤为引人瞩目，四川漆器迎来了黄金时期，达到了四川漆器制造业空前绝后的高峰。

古文献中不乏对秦汉时期四川漆器的记载。《史记·货殖列传》中有："巴蜀亦沃野，地饶卮、蕈、丹砂、石、铜、铁、竹木之器。"[3]《汉书·贡禹传》载："蜀广汉主金银器，岁各用五百万。三工官官费五千万。"[4]可见蜀郡和广汉郡的工官除了制造金银器外，同时也制造漆器。《盐铁论·散不足》："今富者银口黄耳，金垒玉锺，中者舒玉纻器[5]，金错蜀杯。"[6]在平壤、诺音乌拉、清镇发现的西汉中期至东汉前期的许多漆器，都自铭为蜀郡和广汉郡工官的产品。蜀郡和广汉郡工官尤以制造釦器而闻名，许多产品直输中央。两郡工官的漆器生产，从西汉中期开始，一直持续到东汉和帝时期。东汉和熹邓皇后临朝时，"其蜀、汉釦器九带佩刀，

〔1〕（汉）班固撰：《汉书》卷二八《地理志》，第1645页，中华书局，1962年。

〔2〕（南朝宋）范晔撰：《后汉书》卷一三《公孙述传》，第535页，中华书局，1965年。

〔3〕（汉）司马迁撰：《史记》卷一二九《货殖列传》，第3261页，中华书局，1959年。

〔4〕（汉）班固撰：《汉书》卷七二《贡禹传》，第3070、3071页，中华书局，1962年。

〔5〕王利器根据王先谦校改为"野王"，原为"舒玉"，他们认为"舒玉"二字无意，与纻器亦不相属。参见（汉）恒宽撰、王利器校注：《盐铁论校注》，第377页，注释110，中华书局，1992年。考古发现布脱胎上常镶嵌有玉石等物。

〔6〕（汉）桓宽撰、王利器校注：《盐铁论校注》，第352页，中华书局，1992年。

并不复调”[1]。由此可见，两汉时期蜀郡、广汉郡漆器在全国同时期漆器业中占有相当重要的地位。

早在三星堆时期，巴蜀地区就已经出现了镂孔雕花漆木器，菱形纹、蝴蝶纹、三角纹等纹饰也颇具特色。在战国末期以前，四川一直与中原、楚、秦进行着交流。战国晚期，四川出土漆器比较多的墓葬，一般都有非常浓厚的楚文化特色，如棺椁形制的葬具、采用白膏泥填塞棺椁、有大量漆器随葬等。在汉代墓葬中，如马王堆、江陵凤凰山、荆州高台出土了许多产自成都的漆器。西汉中期以后，四川蜀郡、广汉二郡尤以制造精美的釦器而誉满天下，个中原因值得探讨。

蜀楚两地，一居长江上游，一居长江中游。东周时期两地就交往密切。春秋晚期，楚文化大力向西扩张。这一时期，峡东地区纳入了楚文化的分布区，而且峡西地区、成都平原也深受楚文化的影响。楚常移民到蜀地，也随之传播了楚的漆器制作技术。战国晚期，秦惠文王遣张仪、司马错灭蜀，随后大量秦移民进入巴蜀之地，使之成为秦统一六国的后方基地。统一全国之后，为了开发四川同时削弱六国旧贵的势力，秦政府强制迁徙六国旧贵入川。这在客观上促进了四川经济的发展，四川漆器在原有的基础上，得到了迅速发展。楚汉战争中，项羽毁咸阳，巴蜀成为刘邦稳固的根据地。四川从被秦占据一直到楚汉战争，这一百多年未被战火殃及，社会安定，百业兴盛。故而在汉初时，四川漆器已经在全国崭露头角，产品远销两湖等楚国旧地。武帝前后，汉政府在四川设立工官，大量漆器产品已供皇室使用。精细的分工、严密的管理都促使四川漆器的质量与产量上了一个新的台阶。

一、秦经营四川及对漆器的影响

在中国西南的边境地区，尤其是四川，土著蛮夷人与关中的秦国、江汉地区的楚国以及中原诸国的交流由来已久。战国晚期，西秦与南楚的争霸达到了白热化的地步。其时巴蜀富饶，地处长江上游，对于西秦来说，若得巴蜀之地，就可以顺水而下，直接威胁楚国的国都郢。因此，巴蜀之地对于西秦来说具有重要的战略地位。正如《战国策·秦策一》中苏秦始将连横说秦，对秦惠王指出：“大王之国，西有巴、蜀、汉中之利，北有胡貉、代马之用……”[2]《华阳国志·蜀志》中司马错谓秦惠王曰：“（蜀）其国富饶，得其布帛金银，足给军用。水通于楚。

〔1〕（南朝宋）范晔撰：《后汉书》卷一〇《和熹邓皇后纪》，第422页，中华书局，1965年。

〔2〕（汉）刘向集录、范祥雍笺证、范邦瑾协校：《战国策笺证》，第141页，上海古籍出版社，2006年。

有巴之劲卒，浮大舶船。以东向楚，楚地可得。得蜀则得楚。楚亡，则天下并矣。”[1]秦惠王采纳了司马错的建议，于初更九年（前316年），秦出兵灭巴蜀。“蜀既属秦，秦以益强，富厚，轻诸侯”[2]。

1. 移民入川及其影响

秦政府在新占西南之地采取分封制与郡县制并行的方法加强统治。一方面分封蜀王的后世为蜀侯[3]，另一方面又以秦人充任蜀守，掌握大权。同时，移民万家充实蜀郡。《华阳国志·蜀志》云：“以张若为蜀国守。戎伯尚强，乃移秦民万家实之。”[4]这是秦国第一次大规模移民于巴蜀。始皇十九年灭赵后，迁徙赵人于蜀，如卓氏自赵迁临邛，临邛还有程郑，也是“山东迁虏”[5]。《华阳国志·蜀志》云：“（临邛县）郡西南二百里，本有邛民。秦始皇徙上郡民实之。”[6]始皇二十四年，灭楚，徙楚庄王之族于严道。严道故地在今四川省荥经县[7]。

在秦惠王至秦始皇这一百多年的时间内，政府不断组织大规模迁徙移民入川，这些人包括秦本地的居民、罪犯以及六国贵族与居民。就移民的迁徙分布范围而言，几乎遍布四川盆地各地，其中尤以成都平原为多。由于当时迁蜀是一项经常性的行为，秦还制定了相关的配套法律政策来巩固移民成果，云梦秦简中记载了当时强制迁民于蜀的法律手续，被迁者“迁蜀边县，令终身毋得去迁所”[8]。

秦移民四川对巴蜀地区工商业的发展与繁荣起了很大的推动作用。在秦以政府行为强制向四川移民之前，四川盆地的生产力水平较低，巴蜀之地尚处于青铜器时代，生产的铁器量少质劣，且多为铜铁合铸。这些移民无论来自秦故地，还是来自关东六国，一般都具有比川地土著居民更高的生产技能和文化水平，他们向川地传入了比较先进的生产技术。巴蜀地区

〔1〕（晋）常璩著、任乃强校注：《华阳国志校补图注》，第126页，上海古籍出版社，1987年。

〔2〕（汉）司马迁撰：《史记》卷七〇《张仪列传》，第2284页，中华书局，1959年。

〔3〕秦三次所封之蜀侯均为蜀王后裔，非秦人。其考证见蒙文通：《巴蜀史问题》，《四川大学学报》1959年第5期。

〔4〕（晋）常璩著、任乃强校注：《华阳国志校补图注》，第128页，上海古籍出版社，1987年。

〔5〕（汉）司马迁撰：《史记》卷一二九《货殖列传》，第3278页，中华书局，1959年。

〔6〕（晋）常璩著、任乃强校注：《华阳国志校补图注》，第157页，上海古籍出版社，1987年。

〔7〕葛剑雄：《西汉人口地理》，第123页，人民出版社，1986年。

〔8〕云梦秦墓竹简整理小组：《云梦秦简释文》（三），《文物》1976年第8期。

拥有优良的气候条件，适宜开发的丰富资源，因此移民的技能可以得到充分发挥。例如，《史记 · 货殖列传》记载赵国移民卓氏入蜀时一无所有，后在临邛冶铁，“倾滇蜀之民，富至僮千人”〔1〕。

在生产和技术都不发达的古代，技术的传播和普及极其不易。频繁的战争固然破坏了生产，然而却在促使手工业技术突破地域界限方面，起到了一定的助推作用。秦政府一系列强有力的移民政策，除了给四川输入必要的劳动力之外，也带来文化水平比较高的旧贵族及一些拥有精良技术的手工业者。考古发现也证实了这一点。青川、荥经出土的一批漆器和云梦睡虎地出土的漆器，制法、髹漆、彩绘、器形都有很多相同的地方，这批漆器应该都是秦统一前后生产的。可以说，正是秦政府的移民政策才促成了西汉早期四川漆器的高度发达。

2. 修建成都城及对漆器手工业的管理

秦政府为了巩固在这片新占领的土地上的统治，发展生产，迫切需要建立一个政治和经济中心。成都，秦置县。《华阳国志 · 蜀志》载：“惠王二十七年，仪与若城成都，周回十二里，高七丈。”东周时期，列国商业已经很发达，商人在产品流通中扮演着不可忽视的作用。正如《史记 · 货殖列传》所云：“待农而食之，虞而出之，工而成之，商而通之。”〔2〕商和农、虞、工并列，成为社会的重要组成部分。虽然秦政府一直采取重农抑商的政策，然而，“抑商”并不等于不发展商业。秦政府当时在建设成都城的时候还是考虑到了发展工商业的问题。当时修建的成都城分为大城和少城两部分。大城在东，是蜀郡治所在地；少城在西，又分为南北两部分，是工商业集中的地方。张咏《创设记》：“《按图经》，秦惠王遣张仪、陈轸伐蜀，灭开明氏，卜筑蜀郡城，方广十里，从周制也。分筑南北二少城，以处商贾。”〔3〕《华阳国志 · 蜀志》：“若徙置少城。内城营广府舍，置盐铁市官并长、丞。修整里阓，市张列肆，与咸阳同制。”〔4〕以上史料足见发展工商业正是秦政府当时城市规划的重点内容之一。

《秦律 · 关市律》：“为作务及官府市，受钱必辄入其钱缿，令市者见其入，不从令者赀一甲。”律文说明了官府的一部分现金收入乃是来自于“市”及“作务”。市是市贸，即官府所经营的商业。作务则是指手工业生产。正是秦政府在成都设立管理机构，青川和荥经秦墓出土的漆器上才有“成亭”的印记。青川战国中晚期秦墓出土的两件漆卮底部有“成亭”

〔1〕（汉）司马迁撰：《史记》卷一二九《货殖列传》，第 3277 页，中华书局，1959 年。

〔2〕（汉）司马迁撰：《史记》卷一二九《货殖列传》，第 3254 页，中华书局，1959 年。

〔3〕转引自《蜀中名胜记》卷四，重庆出版社，1984 年。

〔4〕（晋）常璩著、任乃强校注：《华阳国志校补图注》，第 128 页，上海古籍出版社，1987 年。

戳记，其中一件漆奁底部有两处填朱的“成亭”烙印戳记。荥经秦墓出土漆盒底部烙印“成亭”戳记。“亭”乃市的管理机构名称，“成亭”“成市”乃成都市亭的省文。在器物上打上“某亭”“亭”“某市”的印记文字，这种管理方法并非始于巴蜀地区，而是伴随着秦政府夺取巴蜀之后才传入巴蜀地区的。

同时，秦政府也把制作器物的一些管理方法推广到了巴蜀地区。秦漆器手工业的产品质量监督体系、标准化生产管理体系都与兵器手工业、制陶手工业具有许多相似之处。巴蜀地区出土的秦兵器上多有工整的铭文。继秦而起的汉代，官府制作在承袭了秦物勒工名管理制度的基础上，漆器制作分工更加精细，管理制度更加完善，如工官漆器上常见大段工整的铭文，内容包括制作时间、工官名、器名及容量、工匠名和各级官吏。

二、楚文化对四川漆器的影响

战国及秦时期，四川地区出土较多漆器的墓葬一般都有浓厚的楚文化特征，这批墓葬主要有 1953 年发掘的羊子山 172 号墓、1977 年发掘的荥经古城坪三座墓、1979 ~ 1980 年发掘的青川 72 座墓、1981 ~ 1982 年发掘的荥经曾家沟六座墓[1]。漆器出土数量较大是这批墓的突出特点，如青川墓地四百多件随葬品中漆器就有 177 件；荥经古城坪出土的 41 件器物中，漆器有 27 件；羊子山 172 号墓规模较大，出土了 41 件铜器，漆器也不少，见于报道的有 9 件，而且基本都是釦器。龙泉北干道漆器保存情况较差[2]，但据漆痕来看，几乎每座墓都有数量不等的漆器随葬，器形有盂、奁、耳杯等，漆器的许多纹饰与睡虎地秦墓出土的漆器纹饰高度相似。

上述墓葬出土大量漆器的现象与同时期的巴蜀墓很不相同。早期巴蜀墓中不出漆器，如成都百花潭中学十号墓[3]，1973 年发掘的成都西郊战国墓均不出漆器[4]，稍晚的如大邑五龙

〔1〕四川省文物管理委员会：《成都羊子山第 172 号墓发掘报告》，《考古学报》1956 年第 4 期；荥经古墓发掘小组：《四川荥经古城坪秦汉墓葬》，《文物资料丛刊》4，文物出版社，1981 年；四川省博物馆、青川县文化馆：《青川县出土秦更修田律木牍——四川青川县战国墓发掘简报》，《文物》1982 年第 1 期；四川省文管会等：《四川荥经曾家沟战国墓群第一、二次发掘》，《考古》1984 年第 12 期。

〔2〕成都市文物考古研究所、龙泉驿区文物管理所：《成都龙泉驿区北干道木椁墓群发掘简报》，《文物》2000 年第 8 期。

〔3〕四川省博物馆：《成都百花潭中学十号墓发掘记》，《文物》1976 年第 3 期。

〔4〕四川省博物馆：《成都西郊战国墓》，《考古》1983 年第 7 期。

巴蜀墓也基本不见漆器[1]，蒲江船棺墓中也仅见少许漆痕[2]，战国晚期的犍为巴蜀墓中也几乎不见漆器[3]。在战国和秦代代表巴蜀文化的漆器只有宝轮院十三号墓和十四号墓出土的漆器。巴人和蜀人的漆器制造手工业不但不发达，而且技术还非常原始，不见像青川和荥经那样精美的漆器。以青川漆器为例，就胎骨来看，既有薄木胎，也有布脱胎；从髹漆技术来看，以黑、红二色为主体；彩绘是黑地朱绘或朱地黑绘；纹饰有龙、凤、鸟、兽、鱼等各种动物纹，还有云纹、花草纹及各种几何形纹样。这批漆器从胎骨制法到髹漆、彩绘纹样，都显示了相当高的技术水平，远非同一时期巴蜀文化的漆器所能比拟。

新都马家公社战国木椁墓出土一定数量的漆器，学术界普遍认为该墓带有强烈的楚文化色彩。墓中出土得漆器与楚墓一致，普遍随葬漆器是楚墓的一大特色，如江陵雨台山 558 座墓中，有 224 座墓中出土了漆木器，种类达 20 多种，900 余件[4]。

战国秦汉时期，蜀地也是重要的产漆之地，《华阳国志·巴志》记载巴地产“丹、漆”，《蜀志》也记载蜀有：“桑、漆、麻、纻靡不有焉。”[5]楚国漆器历史悠久且工艺先进， 巴蜀漆器受到了楚文化的影响，与之一脉相承，风格特征也较为一致。楚移民中应该包括一部分楚国漆工，他们把先进的漆艺带入川地。这批移民对巴蜀经济的开发，其功劳是不可磨灭的。从这一点看，秦的移民政策在历史上的作用应该是积极的，值得肯定。正是秦政府的经营才使得在战国末期到秦亡之前，新出现了两个漆器制作中心，一为四川成都，一为秦都咸阳。

三、汉朝开发四川及设立工官

巴蜀地形险阻，交通相对闭塞，从纳入秦版图以后直至汉初，未受楚汉战乱的影响，百余年来稳定的社会环境，使四川社会经济各方面得到了快速的发展。楚汉战争中，项羽火烧咸阳，人们流离失所，咸阳的漆器手工业中心的地位遭到致命毁坏。巴蜀成为刘邦可靠的后方，在汉初天灾人祸频繁出现时成为关中流民就食的场所。

入汉以后，汉王朝凭借其强大的军事力量和经济力量，大力开发西南夷，并在该区域设置一大批郡县，确立了汉政权的统治。两汉时期，仍然有中原移民迁入四川。移民入川的最直接的后果便是四川地区人口急剧增长，成为汉代人口繁盛之地，四川从一个经济比较落后

〔1〕四川省文管会等：《四川大邑五龙战国巴蜀墓葬》，《文物》1985 年第 5 期。

〔2〕四川省文管会：《蒲江县战国土坑墓》，《文物》1985 年第 5 期。

〔3〕四川省博物馆：《四川犍为县巴蜀土坑墓》，《考古》1983 年第 9 期。

〔4〕湖北省荆州地区博物馆：《江陵雨台山楚墓》，第 91 页，文物出版社，1984 年。

〔5〕（晋）常璩著、任乃强校注：《华阳国志校补图注》，第 5、113 页，上海古籍出版社，1987 年。

的地区跨入发达地区的行列。湖北江陵、湖南长沙地区出土有大量西汉时期的带“成亭”“成市饱”“成市”等印记的精美漆器，这些产品出自蜀郡成都市府管辖的漆器手工业作坊，反映出旧楚腹地因多年战争的破坏，昔日漆器制作中心的地位已被成都取代。汉政府在临邛、南安、武阳设有铁官，最大的冶铁中心在临邛，巴蜀在汉代已成为重要的工业地区。汉代许多金、银、铜器材料均产自巴蜀，促成了漆器与金属制造业的结合，从而产生了名贵的“蜀汉釦器”。

马王堆汉墓、绵阳双包山汉墓、荆州高台秦汉墓、江陵凤凰山汉墓代表了西汉早期四川漆器的发展水平。秦汉时期是中国古代造船业的三大发展期之一〔1〕。汉代的水路运输系统十分发达，发达的水路运输有利于四川漆器作为商品向外地销售。巴蜀所产漆器可走水路，沿长江运往湖北、湖南以及朝鲜乐浪等地。“一船之载当中国数十辆车”〔2〕，一艘船的容量是一辆车的数十倍。江陵凤凰山汉墓就曾发现数艘文景时期的木船模型。凤凰山 168 号汉墓出土的木船模型由整木雕成，中部宽，两端窄，底部两端呈流线形上翘，以减少流水阻力，符合力学原理〔3〕。船面中部有底舱和悬山式顶的舱房以及木桨和划船的木俑。

汉代民间经商之风较盛。《史记·货殖列传》曰：“用贫求富农不如工，工不如商……”〔4〕江陵凤凰山十号墓出土的二号牍的正面记有“中贩共侍约”五字，背面记有合伙做买卖的七人的姓名以及关于合股经商的各种规约的具体内容〔5〕。

西汉早期，各地重要的漆器作坊大都由市府管辖，这是一种由郡县经营控制的地方性官府手工业。四川荥经县高山庙西汉墓群 M3〔6〕、M5 皆出土一批漆器，所出漆奁彩绘纹饰，纹样为流状团云、鸟首纹等，盖顶逐级起棱，顶近平，器形矮扁，纹样与造型具有浓郁的汉初风格。高山庙 M5 ：18，直径 24.5、高 6.8 厘米。奁内盛满半两钱币，盒底烙印有疑似“市府”的铭文〔7〕。应该出自西汉初年成都市府管辖的漆器作坊。广西贵县罗泊湾一号汉墓出土的成批

〔1〕季如迅：《中国手工业简史》，第 114 页，当代中国出版社，1998 年。

〔2〕（汉）司马迁撰：《史记》卷一一八《淮南衡山列传》，第 3087 页，中华书局，1959 年。

〔3〕湖北省文物考古研究所：《江陵凤凰山一六八号汉墓》，《考古学报》1993 年第 4 期。

〔4〕（汉）司马迁撰：《史记》卷一二九《货殖列传》，第 3274 页，中华书局，1959 年。

〔5〕长江流域第二期文物考古工作人员训练班：《湖北江陵凤凰山西汉墓发掘简报》，《文物》1974 年第 6 期。

〔6〕四川省文物考古研究院等：《四川荥经县高山庙西汉墓群 M3 发掘简报》，《四川文物》2017 年第 5 期。

〔7〕四川省文物考古研究院等：《四川荥经县高山庙西汉墓群 M5 发掘简报》，《四川文物》2017 年第 6 期。

烙印“布山”戳记的漆器，表明桂林郡的布山也有自己的漆器手工业。有的漆器烙印“市府草”“市府□”字样，说明是地方官府手工业生产的。布山不但有漆器，而且有市府经营的漆器作坊，制度与内地相同[1]。

汉代的工官是一种设在各郡而由中央直接控制的官府手工业。《汉书·地理志》记载西汉的工官有八处，为河内郡怀、河南郡荥阳、颍川郡阳翟、南阳郡宛、济南郡东平陵、泰山郡奉高、广汉郡雒、蜀郡成都。八大工官中，四川居其二。俞伟超、李家浩根据漆器铭文和工艺风格，认为马王堆一号汉墓出土的大部分漆器产于成都，并谈到了四川漆器在汉代的整体发展状况和蜀郡工官的设置及其原因，认为：“马王堆一号汉墓中的大量漆器……其实，大部分应当是成都市府作坊的制品……蜀郡工官最迟开始于武帝初年，创始于文帝以后至武帝初年之间。蜀郡工官的漆器制造手工业，自然是继承了成都市府的传统而来，但其官职制度，跟着发生了变化……蜀郡工官的官制，比汉初的成都市府至少要高出一级……（中央政府）为了控制这份（漆器手工业）经济利益，进一步加强中央集权和打击各地的工商奴隶主，应当就是在蜀郡等地设立工官的根本原因。”[2]两汉之际，蜀郡、广汉郡生产的“乘舆”御用釦器誉满天下。设置在都城的考工、供工生产的釦器与蜀郡、广汉郡类似，只是质量与数量都比蜀郡、广汉郡工官略逊一筹。

汉墓出土有铭文的漆奁数量非常少。能通过文字证明是四川所产的数量并不多，目前仅有荆州高台二号墓中出土的漆奁（M2 ∶ 18），盖外壁烙印文字“成市□□”。汉初社会统一，各地出土漆奁的纹饰具有一定的共性，如马王堆汉墓出土漆奁的锥画纹饰就与成都凤凰山出土漆器的纹饰非常类似，但仅据此，尚不足以探讨上述漆奁的产地问题。汉初四川漆器标明产地，应该是沿自秦以来的制器传统。虽然四川漆器远销到长沙和江陵，但并不能由此推论出生漆资源丰富、且具有悠久髹漆史的两湖地区汉墓出土的漆器皆产自四川。

经过汉初的休养生息，楚国旧地的漆器制造业也缓慢恢复，长沙、江陵汉墓中出土有成都所产漆器，一方面，说明汉初成都市府的漆器产量已经很大，发达的水路运输已能使漆器顺江远销到两湖地区；另一方面，人们购买四川产的漆器，是否会如同今人购买进口产品一样，不一定是这些外来的漆器质量一定比本地所产高出许多，而是代表了买家的购买力，毕竟这些外销来的漆器身上都附加了一定的运输成本，两湖地区的官僚地主购买大批四川漆器随葬，可能是一种社会风气，也是墓主身份与财力的象征。

〔1〕广西壮族自治区博物馆：《广西贵县罗泊湾汉墓》，第93页，文物出版社，1988年。

〔2〕俞伟超、李家浩：《马王堆一号汉墓出土漆器制地诸问题——从成都市府作坊到蜀郡工官作坊的历史变化》，《考古》1975年第6期。

第三节　汉代广陵漆工艺

春秋、战国时期的扬州历史在文献记载中较为粗略。《春秋左传》载："鲁哀公九年（前486年）秋，吴城邗，沟通江、淮。"[1]后越灭吴，楚又灭越。楚人势力约在战国中期以后进入了今天的扬州及周围地区。《史记·六国年表》记载："楚怀王槐十年（前319年）城广陵"[2]，扬州遂归楚之版图。

今扬州地区，西汉时先后分封荆、吴、江都、广陵诸国（以下称"广陵地区"）。广陵襟江带海，是汉代的交通枢纽和东南重镇，从刘贾为荆王开始，始建都于广陵城，至东汉灭亡，广陵地区一直作为刘姓诸侯王的封国或汤沐之地。几度国除，复又分封，持续发展，广陵地区在四百余年的时间内创造了发达而瑰丽的文化。汉代广陵地域主要包括今天的江苏扬州、仪征、泰州及南京六合、淮阴盱眙、安徽天长等地。西汉时期的广陵与大片的江北地区同属徐州刺史部，"统楚国及东海、琅邪、临淮、广陵四郡"[3]。所以我们在分析广陵地区漆器时，不能从现在的行政区划来分析，必须联系当时的行政区划来进行思考。战国秦汉时期，广陵漆艺日益精进，在不同历史时期呈现出不同的发展面貌。

一、战国时期的广陵漆工艺

从出土的广陵漆器的器形及纹饰来看，广陵与两湖地区的楚漆器同属于一个文化系统。

战国秦汉时期，广陵地区温暖湿润，多湖泊，地处江淮要冲，有利于广陵地区通过水路从邻近地区输入生漆、木材等漆器原料。20世纪60年代后期，在扬州郊区胡场征集到一座战国墓中出土的文物，有连弧纹铜镜、铜戈、琉璃璧、玉环、漆盘、蚁鼻钱等；在宝应、仪征、高邮、郊区双桥等地还征集到数枚"郢爰"金币[4]。扬州果园战国墓出土了10件漆器，器形有盒、耳杯、盘等[5]。

目前广陵地区尚无战国漆奁出土，但通过分析扬州果园战国墓出土的漆器，我们可大致了解到战国晚期广陵地区受楚文化影响的程度。盒（M1 ：22）口沿上波折纹并点缀点纹的带状纹样（图一〇二，1）与安徽舒城秦家桥三号楚墓的漆奁盖壁上的纹样（图一〇二，2）、浙江

〔1〕杨伯峻：《春秋左传注》（修订本），第1652页，中华书局，1981年。
〔2〕（汉）司马迁撰：《史记》卷一五《六国年表》，第731页，中华书局，1959年。
〔3〕（唐）房玄龄等撰：《晋书》卷一五《地理志》，第451页，中华书局，1974年。
〔4〕田心：《江苏宝应发现楚国"郢爰"金币》，《考古通讯》1958年第5期。
〔5〕扬州博物馆：《江苏扬州市西湖镇果园战国墓的清理》，《考古》2002年第11期。

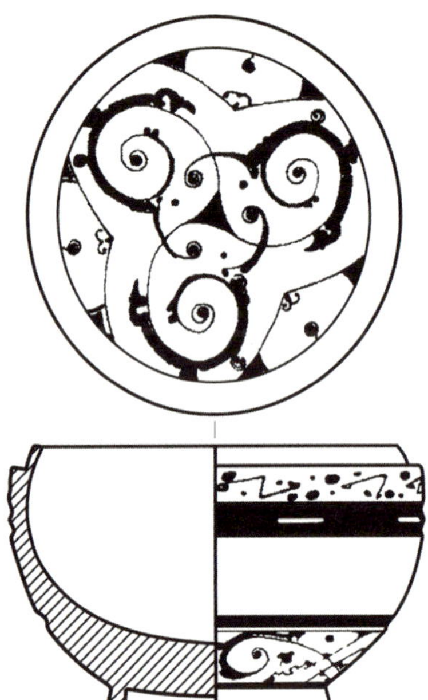

图一〇二

战国楚墓出土漆器及纹饰

1.扬州战国墓波折纹漆盒
2.安徽舒城秦家桥楚墓波折纹漆奁
3.扬州战国墓凤鸟几何纹漆盘
4.江陵九店东周墓凤鸟纹漆奁

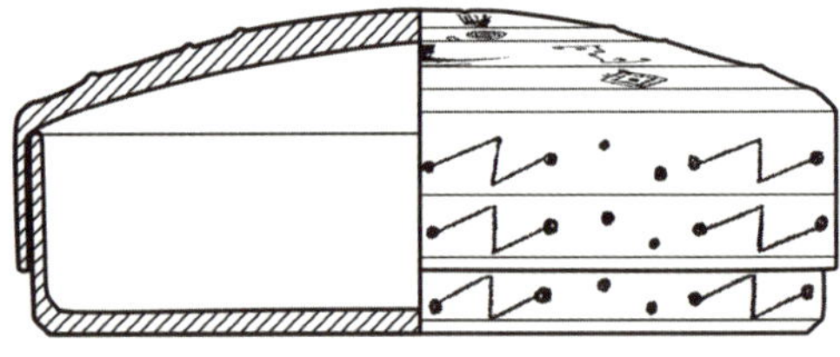

1　　2

3　　4

安吉五福楚墓出土漆奁器身纹样非常相似〔1〕。漆盘（M1 ：15），三只抽象凤鸟以三分旋转式的构图方式分布在漆盘中央（图一〇二，3），其纹饰及构图方式都与江陵九店东周墓出土的凤鸟纹漆奁（M712 ：16）类似（图一〇二，4）〔2〕，菱形纹与短线纹组成的边缘纹样也与江陵凤凰山一六八号墓〔3〕、马王堆三号墓出土的漆奁上的几何纹样类似〔4〕。出土的漆卮（M1 ：21）器身上的带状几何纹样与战国晚期的长沙楚墓出土的漆奁（M1195 ：9）盖面上的几何纹也相同〔5〕。

二、西汉早期的广陵漆奁

汉初，广陵地区在文化方面保留了楚文化的传统，漆器较多地继承了楚国漆器的绘画艺术，自身特色尚未完全形成。巫术、宗教、神话传说是楚人精神文化生活的重要内容。汉代分封在广陵地区的刘姓诸侯王本就是楚人，在广陵地区统治时也多用楚人，“吴太子师傅皆楚人”〔6〕。因此，汉初楚文化在广陵地区得到了传承。广陵地区巫风浓厚，文献记载，诸王迷信巫术。如江都王刘建，“专为淫虐，自知罪多，国中多欲告言者，建恐诛，内心不安，与其后成光共使越婢下神，祝诅上”〔7〕。案发自杀。第一代广陵王刘胥更是信奉巫术，“胥见上（昭帝）年少无子，有觊欲心。而楚地巫鬼，胥迎女巫李女须，使下神祝诅……会昭帝崩，胥曰：‘女须良巫也！’杀牛塞祷。及昌邑王征，复使巫祝诅也。后王废……宣帝即位……复令女须祝诅如前”〔8〕。后祝诅事发，自缢而亡。刘荆为广陵王时，“使巫祭祀祝诅，有司举奏，请诛之，荆自杀。立二十九年死。帝怜伤之，赐谥曰思王”〔9〕。在扬州漆器上也能看到楚之巫文化在广陵地区的影响，如具有地方特色的漆面罩，用多种颜色绘制题材诡异的纹饰，充溢着神鬼气息。汉初，广陵比较完整地继承了楚文化以木棺椁为葬具的土坑木椁埋葬制度。

〔1〕浙江省文物考古研究所：《浙江安吉五福楚墓》，《文物》2007 年第 7 期。

〔2〕湖北省文物考古研究所：《江陵九店东周墓》，第 258 页，科学出版社，1995 年。

〔3〕纪南城凤凰山一六八号汉墓发掘整理组：《湖北江陵凤凰山一六八号汉墓发掘简报》，《文物》1975 年第 9 期；湖北省文物考古研究所：《江陵凤凰山一六八号汉墓》，《考古学报》1993 年第 4 期。

〔4〕湖南省博物馆、湖南省文物考古研究所：《长沙马王堆二、三号汉墓》，第 140 ～ 146 页，文物出版社，2004 年。

〔5〕湖南省博物馆等：《长沙楚墓》，第 358 页，文物出版社，2000 年。

〔6〕（汉）班固撰：《汉书》卷三五《吴王濞传》，第 1904 页，中华书局，1962 年。

〔7〕（汉）班固撰：《汉书》卷五三《景十三王传》，第 2416 页，中华书局，1962 年。

〔8〕（汉）班固撰：《汉书》卷六三《武五子传》，第 2760、2761 页，中华书局，1962 年。

〔9〕（南朝宋）范晔撰：《后汉书》卷四二《光武十王列传》，第 1448 页，中华书局，1965 年。

仪征刘集联营村赵庄1号西汉墓[1]、仪征联营M12中皆出土了双龙穿璧漆笭床[2]，这种雕刻笭床是楚墓中常见的丧葬用具，广陵汉墓一直到汉初仍在使用。

广陵地区出土的汉初漆器大部分为日用器具，主要分为饮食用具、盛器、丧葬用具、兵器、生活用具、化妆用具等。尤其值得注意的是，广陵地区墓葬中不论男女，皆随葬有化妆器具，除了漆砂砚、小漆罐外，最具代表性的是盛放各种化妆品和梳妆用具的髹漆妆奁。广陵地区出土西汉早期漆奁的墓葬主要有扬州刘毋智墓、扬州农科所汉代墓葬群、江苏东阳小云山一号汉墓、仪征张集团山西汉墓、仪征联营三座西汉墓、邗江西湖山头1号西汉墓、仪征新集庙山村赵庄西汉墓[3]。

汉初，广陵漆奁装饰工艺既有素髹，亦有彩绘和锥画。胎骨以木胎为主，还有少量的布脱胎。奁盖顶缓平，器形矮扁，与楚式漆奁风格相似。仪征联营出土漆奁M12 ：40，盖顶近平，圆筒形身，直腹，平底。外髹黑褐色面漆，以朱漆描绘纹饰。盖顶部以三周双线弦纹间隔，四组云气纹。盖外壁，器身外壁绘波浪状几何纹，内髹朱漆。盖径23.5、器身径22、通高8厘米。内盛一木篦[4]。汉初，广陵地区墓主身份较高的墓葬，如刘毋智墓出土的两套多子奁皆为布脱胎，无论器形还是装饰工艺，都已具有汉风。墓主身份较低的文景时期的扬州农科所墓葬出土的三件漆奁全部素面无纹，内外均髹褐漆，装饰水平明显低于刘毋智墓出土漆器。

一个民族的文化不会随着一个民族的消亡而立刻消亡，尤其是发达的文化往往具有很强的传承惯性。扬州地区为楚文化的东界，安徽寿春是战国晚期楚国的都城，随着楚国政治、经济、文化中心的转移，楚文化在安徽地区得到了高度发展，并绵延后世，为汉文化的繁荣昌盛奠定了基础。故此，汉广陵地区与安徽地区出土的漆奁有非常多的相似之处。

〔1〕扬州博物馆：《汉广陵国漆器》，第34页，文物出版社，2004年。

〔2〕仪征市博物馆：《江苏仪征联营三座西汉墓的发掘》，《中国国家博物馆馆刊》2017年第8期。

〔3〕扬州市文物考古研究所：《江苏扬州西汉刘毋智墓发掘简报》，《文物》2010年第3期；江苏省扬州博物馆：《扬州地区农科所汉代墓葬群清理简报》，《文物资料丛刊》9，文物出版社，1985年；盱眙县博物馆：《江苏东阳小云山一号汉墓》，《文物》2004年第5期；南京博物院、仪征博物馆筹备办公室：《仪征张集团山西汉墓》，《考古学报》1992年第4期；扬州西湖山头1号西汉墓出土漆奁，参见扬州博物馆：《汉广陵国漆器》第31、32页，文物出版社，2004年；仪征新集庙山村赵庄西汉墓出土漆奁，参见扬州博物馆：《汉广陵国漆器》，第33页，文物出版社，2004年。

〔4〕仪征市博物馆：《江苏仪征联营三座西汉墓的发掘》，《中国国家博物馆馆刊》2017年第8期。

图一〇三　扬州地区与安徽地区出土汉初漆奁

1.仪征新集国庆阚巷M2漆奁　2.安徽潜山彭岭漆奁M28：18　3.安徽无为甘露村漆奁M2：17
4.仪征新集国庆青年1号墓云气纹奁盖　5.仪征团山四子漆奁M2：14

扬州邗江西湖山头1号墓云气谷粒纹漆奁[1]、仪征新集国庆阚巷2号汉墓彩绘云气谷粒纹漆奁（图一〇三，1）[2]与安徽潜山彭岭漆奁（M28：18）（图一〇三，2）[3]非常相似，盖面中心以细密的卷云纹形成中心纹样，中心纹样周围、盖外壁围绕着谷粒状圆点纹。安徽无为甘露村漆奁（M2：17）（图一〇三，3）[4]与仪征新集国庆青年1号汉墓所出漆奁（图一〇三，4）[5]如出一辙。甘露村漆奁（M2：17）盖壁纹样与仪征张集团山四子漆奁（M2：14）（图一〇三，5）[6]的纹样亦非常相似。以上数例漆奁都说明，这些地区的漆器制作与楚式漆器一脉同源，并且就漆奁的制作技术而言，在汉初均属于同一地方文化系统。安徽无为、潜山出土的漆奁在今扬州地区皆有相似品出土，这些漆奁很可能都产自汉代的广陵地区。

西汉早期，广陵漆奁制作工艺在继承前代的基础上并有所发展，地方特色已经初露锋芒，在漆器装饰工艺与器形上皆有所发展，具体表现为锥画工艺的成熟及内嵌式双层分格奁的创制。

刘毋智墓虽然被盗，但尚出土73件漆器。作为吴王刘濞的亲属刘毋智，身份尊贵。墓中出土的漆器胎骨以木胎为主，漆奁的胎骨为相对贵重的布脱胎。漆奁的器形、纹样、装饰技法都表现出了鲜明的汉初风格。漆奁形状主要还是延续战国时期楚式漆奁圆形、矮扁的风格，即器身直径近乎于器高的两倍，如六子奁通高15.5、口径29.4厘米，四子奁通高10.6、口径20.3厘米。不同于楚式漆奁的是，这两套漆奁皆为多子奁，盖顶逐层隆起，隆起弧度比楚式漆奁、秦式漆奁都要大。装饰技法是流行于汉初的锥画，纹样是极具汉代特色的飞扬流畅、气韵生动的云气纹。多子奁、锥画工艺皆始创于汉初，墓主拥有这类贵重器物随葬，符合墓主的身份。

东阳小云山一号墓的年代比刘毋智墓略晚，墓主可能为汉初功臣陈婴的后代，墓中出土的漆器胎骨以布脱胎为主。值得注意的是，小云山一号墓出土的子奁M1：172是漆奁中前所未见的新器形。子奁M1：172圆形，器身剖面呈“T”形，圆面分三格，中间一格形如马蹄，内置木梳、木篦。两侧的格内盛放红、褐色颜料。这件子奁为墓中出土的一套九子奁内的一件器物。九子奁内子奁器形有长方形、方形、椭圆形、马蹄形和圆形。盖顶中央以银片作柿蒂纹或三叶纹，器口、器底均有铜釦。九个子奁与母奁都内髹红漆，外髹褐漆，在褐地

〔1〕扬州博物馆：《汉广陵国漆器》，第31、32页，文物出版社，2004年。
〔2〕仪征博物馆：《仪征出土汉代漆木器》，第86、87页，江苏凤凰美术出版社，2015年。
〔3〕安徽省文物考古研究所、潜山县文物管理所：《安徽潜山彭岭战国西汉墓》，《考古学报》2006年第2期。
〔4〕无为县文物管理所：《安徽无为县甘露村西汉墓的清理》，《考古》2005年第5期。
〔5〕仪征博物馆：《仪征出土汉代漆木器》，第85页，江苏凤凰美术出版社，2015年。
〔6〕南京博物院、仪征博物馆筹备办公室：《仪征张集团山西汉墓》，《考古学报》1992年第4期。

上朱绘云气纹及神怪异兽，以几何图案饰边〔1〕。

年代稍晚的天长安乐镇纪庄 M19 出土了一套双层奁〔2〕，由奁身、奁盖、内盒、内盒盖四部分组成，内盒也是在平面上划分出三个格子，造型与东阳小云山所出的圆形子奁如出一辙。隔板划分出来的小格与子奁功能相同，这种分格奁可视为多子奁的另外一种简易形制。此类型的漆奁与江陵凤凰山九号西汉墓〔3〕、荆州高台西汉墓出土的双层分格漆奁类似〔4〕，都是在一个圆形的面上用隔板划分出多个小格。不同的是，高台秦汉墓出土的分格漆奁是由盖、上层、下层三部分套起，而广陵地区出土的分格漆奁是内嵌式置于奁腹内，上面还配套覆盖一个扁圆形的平盖（镜托），平盖上面置放铜镜，奁身的外部以奁盖套合至近底处，层层扣合，设计精巧，笔者称之为“内嵌式双层分格奁”。

汉初，在广陵地区出现的这种新型内嵌式双层漆奁，在西汉中晚期以后的墓葬中出土数量有所增加，如天长三角圩一号西汉墓〔5〕、扬州邗江甘泉六里村左庄西汉墓〔6〕、仪征新城烟袋山 6 号汉墓皆有出土。

2005 年，仪征新城烟袋山 6 号汉墓出土的彩绘云气纹分格漆奁，布脱胎，分为上、下两层，上层为圆形镜托，下部为马蹄形。镜托中部镂空柿蒂纹，放置铜镜，以弦纹分成两个纹饰带，绘云气纹。奁内分隔成长方形、马蹄形、弧形三个格。马蹄形格内放置木梳、木篦各一件。器身外髹褐漆，内髹朱漆，外壁上部以朱漆绘几何纹，下部绘有细密云气纹〔7〕。口径 12.8、底长 10.7、宽 7.9、高 5.4 厘米（图一〇四）。

1992 年，邗江甘泉六里村左庄西汉墓出土一套彩绘云气瑞兽纹内嵌式双层分格奁。直径 13.5、高 12 厘米。内无镜托。奁上层作圆台形，内分三格，有一个方形小插孔，插孔旁朱漆绘两兽形纹，出土时马蹄形格内放置木梳、木篦共五件（图一〇五）。内嵌式盒的下部有一定的空间可以存放其他物品。这种分格奁其内部空间分割自由，制作简便，较为实用，为一种简易形式的多子奁。

〔1〕盱眙县博物馆：《江苏东阳小云山一号汉墓》，《文物》2004 年第 5 期。

〔2〕天长市文物管理所、天长市博物馆：《安徽天长西汉墓发掘简报》，《文物》2006 年第 11 期。

〔3〕长江流域第二期文物考古工作人员训练班：《湖北江陵凤凰山西汉墓发掘简报》，《文物》1974 年第 6 期。

〔4〕湖北省荆州博物馆：《荆州高台秦汉墓》，第 188 ~ 195 页，科学出版社，2000 年。

〔5〕安徽省文物考古研究所、天长县文物管理所：《安徽天长县三角圩战国西汉墓出土文物》，《文物》1993 年第 9 期。

〔6〕扬州博物馆：《汉广陵国漆器》，第 83 页，文物出版社，2004 年。

〔7〕仪征博物馆：《仪征出土汉代漆木器》，第 94 页，江苏凤凰美术出版社，2015 年。

图一〇四　彩绘云气纹内嵌式双层分格奁

图一〇五　彩绘云气瑞兽纹内嵌式双层分格奁

此外，安徽巢湖放王岗一号墓曾出土一件内嵌式双层分格漆奁[1]。边远地区的贵州赫章可乐 M48 也出土了一件内嵌式双层分格漆奁，原简报认为是两件奁[2]，笔者根据器形特征、装饰风格以及器物尺寸，判断这两件奁其实是一套内嵌式双层分格奁。奁为圆筒形，布脱胎。盖外中心以银灰色漆绘流云纹，正中处绘一梅花鹿，底色髹赤褐色漆，盖内中心嵌柿蒂形银片。内底中部隐约可见流云纹。内置一盒，盖上附圆饼形镜托，髹赤褐色漆。一端方，一端圆，器内共分三格，平底。盖纽座及边沿均镶银，纽残失，纽周围嵌柿蒂形银片。纽座外及器外均以漆绘流云纹。内盒高 4.5、镜托径 11.2、残盖径 12.8 厘米。以上两例是目前为止在广陵地区以外的汉墓中发现的为数极少的内嵌式双层分格漆奁。巢湖放王岗、贵州赫章可乐出土的这类漆奁很有可能是从汉代广陵地区输入或是受广陵漆奁风格影响而制成的。

广陵地区西汉早期高等级墓葬出土的漆奁具有鲜明的汉代特色，如形制上有多子奁、内嵌式双层分格奁，纹样上以云气纹为主，几何纹为辅，装饰技法有彩绘、锥画、镶釦、镶柿蒂形银片等。这些昂贵的漆器从侧面反映了西汉早期广陵地区经济富庶，确为当时汉代东南一大都会。

整体来说，汉初的广陵漆艺在传承楚漆艺的基础上开始逐渐显露出地方特色，主要表现在地漆的颜色与纹样绘制技法两个方面。关于面漆的用色，广陵地区多以黑褐、酱紫、黄褐、

〔1〕安徽省文物考古研究所、巢湖市文物管理所：《巢湖汉墓》，第 67、68 页，文物出版社，2007 年。

〔2〕贵州省博物馆考古组、贵州省赫章县文化馆：《赫章可乐发掘报告》，《考古学报》1986 年第 2 期。

褐色、深红为地，漆奁的彩绘颜色多采用暖色，显得温润柔美。长沙地区多采用正红与正黑这类色彩对比强烈的底色，彩绘用色也强调冷暖相间，追求明快，具有强烈的视觉冲击力。至于纹样的绘制，广陵多采用线描绘制法，而两湖地区出土漆奁的场景性图案多采用色块平涂的方法进行绘制，如长沙砂子塘一号汉墓舞蹈图〔1〕。

三、西汉中期以后的广陵漆奁

2009 ~ 2012 年，江苏盱眙东阳大云山江都王刘非陵园内共发现主墓 3 座、陪葬墓 11 座，车马陪葬坑和兵器陪葬坑各 2 座〔2〕。西汉初年，东阳曾经先后隶属于荆国、吴国，并曾作为江都王的治所。大云山江都王陵出土了大量的精美漆器，特别是一号墓中有多件带文字的漆器，如“廿四年三月南工官监臣延年工臣县诸造”漆盘、“绪杯容一籥廿七年二月南工官监延年大奴固造”明器耳杯等。从江都王刘非陵园内出土的漆器来看，西汉中期以后，江都国的漆器制作水平已经高度发达。

江都王刘非墓出土四件妆奁，皆为布脱胎。圆形七子奁装饰华丽，镶嵌银釦，盖顶镶柿蒂纹银片，边饰镂空透雕嵌金箔角质饰片，锥画点彩纹饰，盖壁外侧嵌有大量绿松石，装饰风格与中山靖王刘胜墓中出土的妆奁类似。这是目前在江都地区发现的同时代最为精美的妆奁。二号墓出土的银釦七子奁〔3〕，布脱胎，锥画、朱绘手法绘制以云虡纹为主体的纹饰。江都王陵其他陪葬墓中皆随葬七子奁、六子奁或五子奁〔4〕，胎骨均为布脱胎，装饰技法以银釦、锥画、彩绘为主，具有汉代中期以前漆器的风格。

西汉中期以后，扬州汉墓出土漆器的地点较为广泛，很多为小型平民墓葬。漆器品种以日用器为主，同时还有自己的特色产品，如漆面罩、漆黛板、漆奁等。广陵漆器制作技术影响波及到了周边地区，包括泗阳、连云港、盐城等地，甚至辐射到了安徽巢湖地区。出土漆奁的主要相关墓葬有江苏泗阳陈墩汉墓〔5〕，盱眙东阳汉墓〔6〕，江苏仪征烟袋山汉墓〔7〕，扬

〔1〕湖南省博物馆：《长沙砂子塘西汉墓发掘简报》，《文物》1963 年第 2 期。

〔2〕南京博物院、盱眙县文广新局：《江苏盱眙县大云山西汉江都王陵一号墓》，《考古》2013 年第 10 期。

〔3〕南京博物院、盱眙县文广新局：《江苏盱眙大云山江都王陵二号墓发掘简报》，《文物》2013 年第 1 期。

〔4〕南京博物院、盱眙县文广新局：《江苏盱眙县大云山西汉江都王陵北区陪葬墓》，《考古》2014 年第 3 期；南京博物院、盱眙县文广新局：《江苏盱眙大云山江都王陵 M9、M10 发掘简报》，《东南文化》2013 年第 1 期。

〔5〕江苏泗阳三庄联合考古队：《江苏泗阳陈墩汉墓》，《文物》2007 年第 7 期。

〔6〕南京博物院：《江苏盱眙东阳汉墓》，《考古》1979 年第 5 期。

〔7〕南京博物院：《江苏仪征烟袋山汉墓》，《考古学报》1987 年第 4 期。

州凤凰河5号墓[1]，扬州邗江胡场M1～M4、M5[2]，扬州平山养殖场西汉墓[3]，扬州邗江西湖山头2号西汉墓，邗江西湖胡场14、20、21、22号汉墓，邗江甘泉六里村左庄西汉墓，邗江杨庙仓颉西汉墓[4]，东风砖瓦厂八号墓[5]，“妾莫书”木椁墓[6]，邗江姚庄101号西汉墓[7]，姚庄102号西汉墓[8]，东风砖瓦厂汉代木椁墓[9]，仪征国庆前庄12号墓[10]，邗江郭庄汉墓[11]，盱眙东阳汉墓群M30[12]，邗江甘泉刘荆墓[13]等。此外，江苏连云港海州侍其繇墓[14]、连云港海州霍贺墓[15]、连云港孔望山吴窑汉墓[16]、连云港海州网疃庄汉墓[17]，这些墓葬出土的漆奁与广陵漆奁同属于东南漆奁文化系统。上述墓葬出土漆奁的造型与装饰技法皆相同或相似。

多子奁在西汉中期以后成为广陵地区最为常见的漆器品种之一，胎骨以布脱胎为主，轻便耐用。一个大奁内置放多个子奁，子奁的数量奇偶皆有，尤以奇数最为常见，少则三个，多则九个，以五个、七个居多。西汉早期，子奁的形式已成定制，有马蹄形、圆形、椭圆形、长方形、长条形等。不同形状的子奁盛放不同的物件，如马蹄形子奁一般盛放同为马蹄状的梳、篦，长方形子奁内置铜刷、发簪等长条形物件，圆形与椭圆子奁则分置各种胭脂、口脂、

〔1〕苏北治淮文物工作组：《扬州凤凰河汉代木椁墓出土的漆器》，《文物参考资料》1957年第7期。

〔2〕扬州博物馆、邗江县文化馆：《扬州邗江县胡场汉墓》，《文物》1980年第3期；扬州博物馆、邗江县图书馆：《江苏邗江胡场五号汉墓》，《文物》1981年第11期。

〔3〕扬州博物馆：《扬州平山养殖场汉墓清理简报》，《文物》1987年第1期。

〔4〕扬州博物馆：《汉广陵国漆器》，第119、121页，文物出版社，2004年。

〔5〕扬州博物馆：《扬州东风砖瓦厂八、九号汉墓清理简报》，《考古》1982年第3期。

〔6〕扬州博物馆：《扬州西汉“妾莫书”木椁墓》，《文物》1980年第12期。

〔7〕扬州博物馆：《江苏邗江姚庄101号西汉墓》，《文物》1988年第2期。

〔8〕扬州博物馆：《江苏邗江姚庄102号汉墓》，《考古》2000年第4期。

〔9〕扬州博物馆：《扬州东风砖瓦厂汉代木椁墓群》，《考古》1980年第5期。

〔10〕仪征市博物馆：《江苏仪征国庆前庄12号墓发掘简报》，《东南文化》2017年第2期。

〔11〕扬州博物馆：《扬州邗江县郭庄汉墓》，《文物》1980年第3期。

〔12〕南京博物院、盱眙县博物馆：《江苏盱眙东阳汉墓群M30发掘简报》，《东南文化》2013年第6期。

〔13〕南京博物院：《江苏邗江甘泉二号汉墓》，《文物》1981年第11期。

〔14〕南波：《江苏连云港海州西汉侍其繇墓》，《考古》1975年第3期。

〔15〕南京博物院、连云港市博物馆：《海州西汉霍贺墓清理简报》，《考古》1974年第3期。

〔16〕连云港市博物馆：《连云港市孔望山吴窑汉墓发掘简报》，《东南文化》1986年第1期。

〔17〕南京博物院：《江苏连云港市海州网疃庄汉木椁墓》，《考古》1963年第6期。

香粉等面部化妆品及香料，铜镜一般用丝绸包裹后倒扣在子奁的上方，或存放在较大的圆形子奁内。广陵地区出土的漆奁除了单层多子奁之外，还常见B型Ⅴ式、Ⅵ式双层圆奁，奁盖皆形同大圆帽，直口套合至器身近底处。广陵地区不见长沙、江陵、荆州等地出现的双层叠高漆奁（B型Ⅰ～Ⅳ式）。广陵漆奁形制新颖，而且多采用金银贴花等复杂工艺，装饰华美。

形状特殊的双层月牙小盒仅见于广陵，凸显出汉代广陵漆工的奇思妙想与杰出的创新能力。安徽天长三角圩M1出土的月牙形双层联盒极为罕见，月牙形盒盖上部有长方形凹槽，能与另一枚长方形子奁插合在一起，共同形成一个联盒。这个联盒可以与另外三件子奁共同置于一件圆形的母奁之中，成为一套美仑美奂的银釦五子奁。

以大量漆器随葬是扬州汉墓的重要特点之一。一些身份并不高的墓主也能随葬大量漆器。例如墓主为广陵国中级武官的邗江甘泉姚庄101号夫妇合葬墓，就出土了131件漆器，占随葬品总数的一半以上[1]。

广陵漆奁反映了当地高超的漆器装饰艺术，如锥画工艺、金银贴花工艺、嵌宝工艺以及彩绘工艺。金银贴花技法在漆奁制作中广为运用，金箔与银箔相间，珠玉镶嵌其中，色彩斑斓。其制作过程一般是先制作胎骨；再镶嵌釦带与柿蒂形金属片，髹漆后在底漆上粘贴金银箔片；其后彩绘描饰，统一风格，贴饰的图案多金银参半，内容多以各种珍禽异兽、生活场景、山树云气为主；最后将制作好的器表进行平整。这种技法主要见于广陵地区，应是后代金银平脱漆器工艺的雏形，在当时的漆器制造中处于领先地位[2]。金银贴花镶釦多子奁是汉代广陵漆器中最富成就的艺术品，这正反映出古人爱美先从美器开始的朴素观念。

姚庄M101男棺中出土的一件银釦嵌玛瑙七子漆奁，盖顶部镶嵌六叶柿蒂纹银片，柿蒂上嵌玛瑙。玛瑙之间饰鸡心形朱绘镞状纹，四周为金银箔饰带，贴有羽人跽坐操琴、羽人骑狼等。这件漆奁的纹饰由彩绘、银釦和金银箔组成，它是将金银箔片镂刻成装饰需要的人物或动植物图案，镶嵌到漆器上，再用朱、黑漆勾画出细部，用彩漆勾勒云气山峦等，金银的光泽在朱、黑色漆器的映衬下，镂金错彩，使整套漆奁色彩斑斓，绝妙无比。奁盖外壁以三道银釦形成了两个纹饰带，用金、银箔片贴饰出山水云气纹，山水云气之间又有狩猎斗牛、羽人祝寿、车马出行、六博听琴等图案，上下以几何纹带衬托。方寸之间，内容颇为丰富，人物刻画精准，栩栩如生。

广陵锥画技艺高度发达。早在吴国时期、江都国时期，广陵地区的锥画工艺就已非常成熟。

〔1〕扬州博物馆：《江苏邗江姚庄101号西汉墓》，《文物》1988年第2期。

〔2〕李则斌：《汉广陵国漆器艺术》，《汉广陵国漆器》，文物出版社，2004年。

大云山江都王陵出土的漆器中可见大量锥画漆器。西汉中晚期以后，锥画工艺日臻成熟，姚庄 M101 出土的布脱胎漆器上几乎全有锥画纹饰。女棺内出土的布脱胎锥画漆壶，在这件高仅 7 厘米的小型器物上，锥画纹饰就多达七层，包括连续几何纹、斜“十”字菱形纹、锯齿纹和如意云纹等，层次分明，繁而不乱。漆盘上，除锥画云气纹、几何纹外，还锥画了鸟、兽，并在鸟兽的眼、口、爪、尾等部位填色漆，增添了花纹的层次感。这些都展现出广陵地区锥画工艺的高超技巧。

汉代漆器的产地是一个复杂的问题。历年的考古工作中，广陵地区出土了众多的金银贴花多子奁。大云山江都王陵出土的大量精美漆器，说明广陵地区存在较大规模的漆器工场，且漆器制作水平很高。东阳地处江苏省和安徽省的交界处，考古工作者在东阳城附近的庙塘、韦庄、南阳、落星、大云山、小云山等地发现墓葬 200 余座，时代从战国到东汉时期，出土漆器已达数千件。仪征张集团山一号墓出土的漆耳杯上烙有“东阳”二字。这说明，当时的东阳有专门的漆工和漆器作坊，是当时东南地区达官贵人、商贾阶层所用漆器的主要制作地区之一，并且产品在汉代徐州刺史部流通销售，涉及今江苏、安徽、山东等地。然而，这些漆器作坊的性质存在差别，大概可分为隶属于诸侯王系统的王国工官、市府工官以及私营漆器作坊。

汉代从中央到地方都设有工官管理的漆器作坊，有著名的八大工官，漆器制造业是当时重要的手工业之一。史料中未见中央政府在广陵设立漆器作坊的记载，然而，该地区的汉墓中却出土了大量精美漆器，其质量可与中央所属蜀郡、广汉郡工官漆器相媲美。大云山江都易王刘非墓出土的许多漆器为釦器，特别是金银平脱嵌宝漆盘、金银平脱嵌宝银釦耳杯、多子奁，都显示了汉代中期江都王国雄厚的经济实力和高超的髹漆技术。“南工官”应该是江都王国系统内的工官。

依据文献，汉初，朝廷赋予诸侯王各种特权。在政治上，诸侯国“百官同制京师”，王国可独立纪年；在经济上，具有独立的财政权，封国内可设独立的官营手工业机构。仅有年数而无年号的器物应属于王、侯所作器物。由受封诸侯直接经营或管辖的漆器作坊是西汉早期官营漆器制作与市府作坊并存的另一种形式。

西汉前期以中央工官为主，工官的管理权基本掌握在中央政府手中[1]。据文献记载，中央政府并没有在广陵地区设立工官，江都王刘非墓中却出土带有南工官铭文的漆器。“南工官”可能是刘非仿效中央工官建立的诸侯王国系统内的工官。“南工官”铭文的漆器目前仅在江都王刘非的墓中出土，涉及的器形也与中央工官生产的器形类似，主要有耳杯、盘、卮等。南工

〔1〕钱彦惠：《铭文所见西汉诸侯王器物的生产机构——兼论西汉工官的设置与管理》，《东南文化》2016 年第 3 期。

官生产的漆器主要供江都王室使用，如同中央的“乘舆”漆器主要供宫廷使用与支配一样[1]。

“南工官”铭文漆器上最早纪年为“廿一年”，即公元前133年（武帝元光二年），最晚纪年为“廿七年”，即公元前127年（武帝元朔二年）。廿一年铭文内容为“容三斗廿一年南工官造”（M1：4973）。廿二年铭文内容为“十一衺卮廿二年南工官监臣延年啬夫臣不试工臣县诸造”（M1：3910-2、3、4）。廿三年铭文内容为“十一衺卮廿三年南工官监臣延年啬夫臣胜工臣县诸造容斗八升”。廿四年生产的布脱胎金银平脱银釦漆盘为精美的实用漆器，M1：4724、M1：4723外底均针刻隶书铭文“廿四年三月南工官监臣延年工臣县诸造”。“廿七年”是江都王刘非去世的当年。墓中出土的所有“廿七年二月南工官”耳杯器形较小，皆为明器[2]，不具有实用功能，均为特意给墓主人随葬的手工制品。这90件明器耳杯出自漆樽（M1：3902）内，外底均针刻铭文，内容可分为三类，有“绪杯容一龠廿七年二月南工官监延年大奴固造”“绪杯容一龠廿七年二月南工官监延年大奴德造”“绪杯容一龠廿七年二月南工官监延年大奴元造”[3]，铭文内容除了大奴的名字有所变化外，其余如出一辙。笔者细观明器耳杯的铭文，很多书写潦草，有涂改痕迹，可见当时制作应比较匆忙。

第一代江都王刘非在位27年，第二代江都王刘建在位仅6年，南工官铭文漆器只能是江都王刘非在位时生产的，南工官至少存续了五六年时间。南工官生产的漆器相对于后来蓬勃发展的蜀郡西工、广汉郡工官以及少府所属的考工、供工来说，其铭文较为简单，主要表现在各类工序、各级官吏名的简化，铭文书写也不如中央工官漆器那样规整美观。这些可以看成工官铭文的早期形态。

随着江都国的废除，南工官的漆器生产逐渐改为中央和地方政府控制，“南工官”不复存在，这也是汉廷对诸侯国的控制更加强化，诸侯势力进一步被削弱的一个重要表现。继江都国而立的广陵国，不再作为独立的王国存在，其职能仅相当汉代的郡，“诸侯唯得衣食租税”，不再有能力设置诸侯王国独自管理的王国工官。

西汉时期，诸侯王国和中央百官一样也有私府，海昏侯刘贺墓中就出土了多件“私府”铭文漆器[4]。这些漆器是为昌邑王府私府所掌之器，即私府生产（收储）的漆器[5]。甚至

〔1〕目前发现的“乘舆”漆器有40余件，年代最早的为汉昭帝始元二年（前85年），最晚为汉明帝永平十四年（71年）。

〔2〕南京博物院、盱眙县文广新局：《江苏盱眙县大云山汉墓》，《考古》2012年第7期。

〔3〕南京博物院、盱眙县文广新局：《江苏盱眙县大云山西汉江都王陵一号墓》，《考古》2013年第10期。

〔4〕江西省文物考古研究所等：《南昌市西汉海昏侯墓》，《考古》2016年第7期。

〔5〕聂菲：《海昏侯墓漆器铭文及相关问题探讨》，《南方文物》2018年第2期。

一些列侯也拥有自己的漆器生产机构。安徽阜阳双古堆汝阴侯墓出土的20余件漆器中，有近一半为釦器，器形有奁、盘与卮等，器身多有“女阴侯”年号、器物名称、尺寸与容量、司造官吏和制造工匠的姓名等铭文。这些漆器乃汝阴侯自设作坊所制[1]。

广陵漆器官营作坊包括王国工官作坊以及市府作坊，此外还有一部分私营作坊。从目前的资料来看，汉代广陵地区存在过的王国工官可能仅有南工官。南工官生产的产品质量上乘，仅供江都王自用。由于西汉早中期诸侯王国内的工官漆器有雄厚的财力支撑其发展，重视产品质量，漆器生产中有精细的分工，在一套较为严格的生产管理体系下，王国工官漆器的质量高于同时期的市府作坊产品。

市府作坊的产品应该是面向市场的，根据不同的消费人群，生产的产品质量有高低优劣之分。汉代地方市府漆器往往留有产地名称，如“成市”“布山”等。私营漆器一般不记产地名称，仅留作坊款识，至于无款作品则需进一步研究。在广陵地区的其他汉墓中出土的一些漆器，除了有明确铭文标明其来自于中央工官之外，其他应该都是当时市府作坊与私营作坊的产品。

官营作坊有物勒工名制度。广陵地区就出土很多有铭文的漆器，总体比较简单，一般以针刻技法将工匠的名字刻在器物不明显的地方，格式一般为“工＋某”如工定、工冬、工克、工处、工阳、工鲜、工照等，“工”字后面应该为制作工匠之名。

有些铭文漆器可能是私营作坊的产品。扬州邗江县胡场汉墓出土的一件漆耳杯，杯底留有隶书“大张”二字款，可能出自私人作坊“大张”之手。扬州西汉“妾莫书”木椁墓出土一件素面耳杯，杯中印有“仙”字，应是私人作坊的产品。海州西汉霍贺墓中出土一件漆奁，留有墨绘长方印章，篆书“桥氏”二字，可能是私人作坊的印记。扬州邗江胡场五号汉墓出土的双层漆笥及笥内小盒，均盖戳印“中氏”二字。连云港侍其繇墓出土的一件食奁，底部及盖顶的中心也均有黑色“中氏”印记。这两件都烙印“中氏”的漆器可能产自同一个私营作坊。

广陵出土的漆器也有将墓主姓氏漆书或针刻于器物的内、外底心上。小云山一号汉墓出土的漆盘底部朱书“东阳庐里巨田侯外家”“巨田万岁”应该是物主的标识。胡场五号汉墓出土的漆耳杯底部有朱漆书“王”字铭文，该墓内出土印章表明，墓主人姓王名奉世，那么此“王”应该是墓主的姓氏。邗江西湖胡场2号西汉墓出土的一件残漆奁，在昂首的凤鸟旁漆书一篆体“李”字，可能也是物主或制作者的姓氏。

〔1〕安徽省文物工作队等：《阜阳双古堆西汉汝阴侯墓发掘简报》，《文物》1978年第8期。

第八章

汉代厚葬之风及神仙思想

在我国，物质文化、精神文化在不同时代具有不同特点，前者如夏商周三代的青铜器、汉代的漆器、唐代的金银器、宋元时代的瓷器等，后者如汉赋、唐诗、宋词、元曲等。分析每个时代要考虑每个时代所重视的器物，如果说夏商周时代是以青铜器为主，那么秦汉则以漆器为突出[1]。

在漆艺突飞猛进的背景下，西汉时期成为我国髹漆妆奁发展史上的一个空前繁荣时期。汉代妆奁在实用的前提下向艺术品、奢侈品方向发展，造型多变、外观华美，颇具生活情趣。从西汉初年开始，妆奁形制日趋多样，除了圆筒形、椭圆形、长方形、正方形，也出现了一些特异造型的妆奁。汉代妆奁具有成套化的趋势，普遍出现了多子奁和一定数量的双层多子奁，妆奁收纳各类梳妆用品的能力被进一步提高。妆奁的装饰工艺更加多样，除了传统的彩绘以外，还增加了锥画、镶釦、金银贴花、嵌宝等多种工艺。汉代妆奁奢华者其盖顶镶柿蒂纹金属片并嵌宝于其中，器口与器身皆镶嵌釦带，釦带之间以金银箔嵌贴、镂刻或线描出人物、神怪、鸟兽等形象，并以彩绘的云气、山石等作衬托。这种兼施诸技于一体的妆奁前所未有，富丽堂皇，奢华至极。

汉代妆奁精致灵巧的造型，反映了汉代统治阶级热衷于追求高品质的生活。汉代经济的繁荣、社会的稳定为汉代华美妆奁的出现提供了客观条件，此外，达官显贵对奢侈品的需求则是奢华妆奁出现的外部动力。妆奁成为汉代人思想的载体，地主阶层使用这类器物随葬是希望贴饰金银、描绘神仙世界的妆奁能够帮助他们死后升仙，在另一个世界中还能继续享用这类器物。透过汉代妆奁，我们能够看出当时社会的厚葬之风以及汉代人崇尚的神仙思想。

第一节　汉代奢侈及厚葬之风

汉代地主阶层的墓葬中常常随葬大量的漆器，其中不乏精美的漆奁。尤其是西汉中期以后，镶嵌银釦、贴饰金银箔的漆奁在当时的社会即是极其昂贵的奢侈品。一些保存完好的小型墓葬，如山东海曲 106 号汉墓出土了多套制作精美的银釦漆奁，集中反映了汉代在强盛国力的支撑下滋生的奢侈及厚葬之风。

汉代是我国历史上统治时间较长的统一王朝。汉初百废待兴，鉴于秦的速亡，统治阶层采取了休养生息政策，社会经济逐渐恢复，使中国出现了第一个封建治世即“文景之治”。

〔1〕刘庆柱：《关于江苏盱眙大云山汉墓考古研究的几个问题》，《东南文化》2013 年第 1 期。

到了武帝时期，汉兴已70余年，国家储备已非常雄厚，史载其时“京师之钱累巨万，贯朽而不可校。太仓之粟陈陈相因，充溢露积于外，至腐败不可食”[1]。几十年的休养生息所积聚的大量财富为汉武帝完成大一统奠定了物质基础。汉武帝内削诸侯，外击匈奴，凭借西汉初年积蓄的人力、物力及财力将汉帝国的疆土扩大了一倍。汉武帝在位50多年，西汉王朝已进入全盛时期。

经济的发展伴随而来的是新商人阶层的崛起，从而导致社会资产的集中与不均，助长了奢靡之风。“汉兴，海内为一，开关梁，弛山泽之禁，是以富商大贾周流天下……”[2]商贾所贩运的都是当地所特有的珍贵之物，非普通百姓所能够消费，所以这些商人尤其是大商人多与达官贵人结交，权势很大。东周时期，就出现了一批势力极大的大商人。如《史记·货殖列传》云：“子贡结驷连骑，束帛之币以聘享诸侯，所至，国君无不分庭与之抗礼。”[3]大商人吕不韦因善于经营甚至官至秦相。西汉时期的经济政策，一方面强调以农业为根本之业，另一方面，漠视商业和工业的追求，仅将其视为次要之业。西汉政府所谓的“抑商”政策乍一看似乎对商人相当不利，其实这仅仅是表面而并非真实的情况[4]。

随着汉初经济的发展，商人凭借其占有的财富，受到社会尊重，地位也日益提高。《汉书·食货志》载：“今法律贱商人，商人已富贵矣；尊农夫，农夫已贫贱矣。故俗之所贵，主之所贱也；吏之所卑，法之所尊也。”[5]早在文景之时，商人阶层兼并农人，助长了奢靡之风，引起了统治阶层的忧虑。商人作为一个阶层，虽然在传统农业社会里地位比较低下，然而“贾贱而用不殊”[6]。正如晁错所言：“（商人）男不耕耘，女不蚕织。衣必文采，食必粱肉。无农夫之苦，有阡陌之得。因其富厚，交通王侯。力过吏势。以利相倾，千里游敖。冠盖相望，乘坚策肥，履丝曳缟。”[7]这些平民阶层中富有的商人、工场主也往往因其拥有雄厚的经济实力而成为社会的强势群体，成为“豪族”[8]。豪族过着与贵族、官僚一样的优渥生活。表现在丧葬方面，即是当时社会上厚葬之风盛行，富商巨贾们也不甘落后，“无势位而有资财者，

[1]（汉）司马迁撰：《史记》卷三〇《平准书》，第1420页，中华书局，1959年。
[2]（汉）司马迁撰：《史记》卷一二九《货殖列传》，第3261页，中华书局，1959年。
[3]（汉）司马迁撰：《史记》卷一二九《货殖列传》，第3258页，中华书局，1959年。
[4][美]余英时著、邬文玲等译：《汉代贸易与扩张——汉胡经济关系结构研究》，第25页，上海古籍出版社，2005年。
[5]（汉）班固撰：《汉书》卷二四《食货志》，第1133页，中华书局，1962年。
[6]（汉）桓宽撰、王利器校注：《盐铁论校注》，第351页，中华书局，1992年。
[7]（汉）班固撰：《汉书》卷二四《食货志》，第1132页，中华书局，1962年。
[8]瞿同祖著、邱立波译：《汉代社会结构》，第184页，上海人民出版社，2007年。

亦竞为奢侈”[1]。

另一方面，汉初以来就一直发展着的土地兼并之风，经过两汉几百年的发展后愈演愈烈。贵戚官僚凭借政治特权和雄厚的财力，猛烈地并吞着农民的土地，社会上出现了大量无立锥之地的农民，社会存在严重的贫富分化。“豪富吏民訾数巨万，而贫弱愈困。”[2]“（成帝时）号为安乐，然俗奢侈，不以畜聚为意。”[3]这些掌握大量财富的贵族、官僚等生活极其骄奢淫逸。“或乃奢侈逸豫，务广第宅，治园池，多畜奴婢，被服绮縠，设钟鼓、备女乐，车服嫁娶葬埋过制。吏民慕效，寖以成俗。”[4]

为了遏制奢靡之风，“（汉景帝）夏四月，诏曰：‘雕文刻镂，伤农事者也；锦绣纂组，害女红者也。农事伤则饥之本也，女红害则寒之原也。’”[5]关于这类诏书的作用，吕思勉有精彩的评价，“诏语所本，原不失为正道，然新奇之品，究以利用厚生，抑或徒供淫乐，实视其时之社会组织而定，不能禁贵富者之淫侈，而徒欲禁止新器，势必淫侈仍不能绝……”[6]汉代“百工”逐渐走向成熟。西汉中期，手工业制作达到了工极技巧的境界。《盐铁论·散不足》这样描述当时漆器制作工人施巧、靡费甚多，云：“一杯棬用百人之力，一屏风就万人之功。”[7]漆器旷时费工，价比金玉，较当时的铜制品要昂贵许多。因而华美的漆器在汉代皇族、达官显贵和地主富商的生活中成了财富和身份的象征。故当时朝廷把赏赐漆器作为特殊的恩遇之举。

武帝以后，奢靡之风愈演愈烈，不但统治阶层的日用器物穷加修饰，追求奢华，更为严重的是社会上弥漫着厚葬之风。汉代以孝治天下，帝王的谥号均有“孝”字在前，皇帝令郡国“举孝廉”，以孝治天下。民众为了表示自己的“孝”，就在去世的亲人身上大做文章，如大力修建墓地，并在墓中随葬大量墓主人生前喜欢的或期待死后得到的随葬品。“（故秦地）郡国辐凑，浮食者多，民去本就末，列侯贵人车服僭上，众庶放效，羞不相及，嫁娶尤崇侈靡，送死过度。”[8]元帝即位，贡禹上书，痛斥古今风气之变：“今大夫僭诸侯，诸侯僭天子，天子过天道，其日久矣。”[9]从西汉晚期墓葬出土的以金银为饰的漆器来看，确实反映出当

〔1〕吕思勉：《秦汉史》，第534页，上海古籍出版社，2005年。
〔2〕（汉）班固撰：《汉书》卷二四《食货志》，第1142页，中华书局，1962年。
〔3〕（汉）班固撰：《汉书》卷二四《食货志》，第1142页，中华书局，1962年。
〔4〕（汉）班固撰：《汉书》卷一〇《成帝纪》，第324、325页，中华书局，1962年。
〔5〕（汉）班固撰：《汉书》卷五《景帝纪》，第151页，中华书局，1962年。
〔6〕吕思勉：《先秦史》，第290页，上海古籍出版社，2005年。
〔7〕（汉）桓宽撰、王利器校注：《盐铁论校注》，第356页，中华书局，1992年。
〔8〕（汉）班固撰：《汉书》卷二八《地理志》，第1642、1643页，中华书局，1962年。
〔9〕（汉）班固撰：《汉书》卷七二《贡禹传》，第3070页，中华书局，1962年。

时社会的奢风日炽。

东汉时期，厚葬之风尤盛。尤其是考察孝廉之制的推行，对社会的厚葬之风起到了推波助澜的作用。“送死”为“养生”的延续，成为夸耀家庭社会地位和经济财力的一种标志，连一些并不富裕的家庭也倾其所有厚葬亲人。畸形的厚葬之风在当时社会引起了有识之士的忧虑。《潜夫论·浮侈》云：“今京师贵戚，郡县豪家，生不极养，死乃崇丧。或至刻金镂玉，檽梓楩柟，良田造茔，黄壤致藏，多埋珍宝偶人车马，造起大冢，广种松柏，庐舍祠堂，崇侈上僭。”〔1〕两汉时期，很多富豪在丧葬问题上僭越制度而追求奢靡，朝廷多次下令禁止厚葬。然而，从考古发现的高规格汉墓中，这种诏令的效果微乎其微。

汉代的奢靡之风不仅在中原地区蔓延，就连较为封闭的四川盆地也沾染此风。随着战国末期中原移民迁徙入川，也带来了中原的生活方式、风俗习惯以及思想观念等。汉代四川经济富庶，社会的奢靡之风也非常严重。《华阳国志·蜀志》对此有详细记载：“秦惠文、始皇，克定六国，辄徙其豪侠于蜀；资我丰土，家有盐铜之利，户专山川之材，居给人足，以富相尚。故工商致结驷连骑，豪族服王侯美衣，娶嫁设太牢之厨膳，归女有百两之徒车，送葬必高坟瓦椁，祭奠而羊豕夕牲，赠禭兼加，赗赙过礼，此其所失。原其由来，染秦化故也。若卓王孙家僮千数，程、郑各八百人；而郄公从禽，巷无行人；箫、鼓歌吹，击钟肆悬；富侔公室，豪过田文；汉家食货，以为称首。盖亦地沃土丰，奢侈不期而至也。”〔2〕

汉代的漆器价格十分昂贵，“一文杯得铜杯十”〔3〕。漆器多出土于有一定身份的人的墓葬中，非普通百姓所能享用。史载，汉初统治阶层实行轻徭薄赋、与民休息、崇尚节俭的政策，然而考古工作则说明了汉代厚葬之风的炽热。一些身份不高的中小官吏随葬漆器数量亦十分可观。如西汉初年的云梦大坟头一号墓，墓主身份为县丞之类的小吏，墓中随葬漆器就多达81件。墓主身份为五大夫的江陵凤凰山一六八号墓〔4〕，出土漆器165件。马王堆三座汉墓是西汉初年长沙国轪侯及其家人的墓葬，轪侯的身份是一个封地只有七百户的小侯，在当时统治阶级中算不上是显贵，但其随葬漆器数量很多。马王堆三号汉墓下葬年代为文帝前元十二

〔1〕（汉）王符著、（清）汪继培笺、彭铎校正：《潜夫论笺校正》，第137页，中华书局，1985年。

〔2〕（晋）常璩著、任乃强校注：《华阳国志校补图注》，第148页，上海古籍出版社，1987年。

〔3〕（汉）桓宽撰、王利器校注：《盐铁论校注》，第351页，中华书局，1992年。

〔4〕湖北省文物考古研究所：《江陵凤凰山一六八号汉墓》，《考古学报》1993年第4期；纪南城凤凰山一六八号汉墓发掘整理组：《湖北江陵凤凰山一六八号汉墓发掘简报》，《文物》1975年第9期。

年（前168年）[1]，随葬漆器319件。年代稍晚的马王堆一号墓[2]，随葬漆器184件。汉代的厚葬之风也助长了盗墓之风，汉代诸侯王级别的墓葬，几乎均已被盗，如湖南望城坡渔阳墓[3]，此墓虽多次被盗，却仍出土了大量漆器，仅耳杯就达2500余件，足见当时随葬漆器数量之巨。墓中出土的双层银釦六子奁、双层七子奁等均为汉初新出现的器形，在当时应该是极其昂贵的奢侈品。

墓主的身份不同，随葬器物的精致程度当然也并不相同。云梦大坟头一号墓出土的双层漆奁用彩绘装饰[4]，而江陵凤凰山168号出土了锥画漆奁，锥画费工费时，价格自然十分昂贵。马王堆三号墓不但有锥画狩猎纹漆奁、锥画双层六子奁还有油彩双层漆奁。特别是马王堆一号汉墓出土的双层九子奁其装饰集锥画、彩绘、贴金箔等工艺于一体，这件双层九子奁和另一件五子奁都被夹袱包裹。两件夹袱形制相同，一件为“长寿绣”绢面，一件为“信期绣”绢面。两件妆奁均用制作精致的夹袱包裹，足见当时这类妆奁极其贵重，也反映了人们对梳妆的重视。装饰更为奢华者如望城坡渔阳墓出土的双层六子奁，采用了彩绘、锥画、镶嵌银釦与柿蒂纹银片等装饰技法，锥画更为细密，这是目前发现的汉代年代最早、最精美的银釦漆奁，用这类器物随葬，显示了墓主高贵的身份。

西汉中期以后，随着社会经济的进一步复苏，一些富甲一方的大商贾的墓葬规模及随葬漆器的数量非常惊人。安徽巢湖放王岗一号墓，墓中出土一枚“吕柯之印”的玉质印章，该墓的规模、棺椁结构以及随葬器物的数量和精美程度都远远超过安徽阜阳的汝阴侯墓[5]。墓虽被盗，但仍出土了338件漆器。出土的漆奁采用彩绘、锥画、银釦、嵌柿蒂形银片等多种装饰技法，非常精美。

西汉中后期以后，一些地方的低级别官员墓葬中也有精美的漆奁出土。山东日照海曲106号汉墓[6]，墓主身份不高，是武帝末到昭帝时期的一位地方官员，墓中出土了多套妆奁，皆

〔1〕湖南省博物馆、湖南省文物考古研究所：《长沙马王堆二、三号汉墓》，第117页，文物出版社，2004年。

〔2〕湖南省博物馆、中国科学院考古研究所：《长沙马王堆一号汉墓》，第76页，文物出版社，1973年。

〔3〕长沙市文物考古研究所、长沙简牍博物馆：《湖南长沙望城坡西汉渔阳墓发掘简报》，《文物》2010年第4期。

〔4〕湖北省博物馆等：《湖北云梦西汉墓发掘简报》，《文物》1973年第9期。

〔5〕安徽省文物考古研究所、巢湖市文物管理所：《巢湖汉墓》，第146页，文物出版社，2007年。

〔6〕山东省文物考古研究所：《山东日照海曲西汉墓（M106）发掘简报》，《文物》2010年第1期。

图一〇六　漆嵌金圆奁

银釦、彩绘。最为精美的一件为嵌金圆奁（M106 ： 4），器身镶嵌多道银釦，银釦间贴饰金质、鎏金银质云纹及各种飞禽走兽。盖顶镶嵌金质柿蒂纹。一些不显眼的地方，如盖顶内部也镶嵌银质柿蒂纹，器身内壁不但在口沿处朱绘并饰几何纹金箔，器身内壁其他部位也朱地墨绘纹饰。青岛土山屯 M8 出土嵌金圆奁 1 件（M8 ： 21-1），布脱胎，外髹黑漆，内髹红漆。由盒身、盖两部分组成，盖为弧顶。盒身为直口，方唇，筒形，平底。盖顶中央原镶嵌有柿蒂形饰，四瓣纹中央镶嵌原有水滴形宝石饰品，均已脱落，其外镶嵌一周带状银釦，银釦内、外各绘云纹，并镶嵌云气纹、珍禽异兽等图案的金箔。盒身上部金箔饰品已残，口、中腹及底部各镶嵌一周带状银釦，银釦之间以红漆绘云纹，云纹上、下各有一周三角形金箔，云纹之间贴饰飞龙及多种飞鸟走兽形金箔片饰，金箔饰外均有红线勾勒轮廓。盖直径 10、高 8.5 厘米，盒身直径 9.1、高 7.7 厘米，壁厚 0.3 厘米（图一〇六）。内置日光铜镜一面。土山屯墓地出土漆器的器形、胎质、装饰风格等均与扬州、连云港一带西汉中晚期木椁墓出土漆器非常相似，甚至有些完全相同，可能为同一作坊产品[1]。

西汉中后期以后，精美的漆奁主要出土于广陵国及周边地区。这些漆奁器形以多子奁为主，注重实用性。尤为引人注目的是，漆奁的装饰已到了无以复加的地步，如镶釦、嵌柿蒂纹银片、嵌宝，以金银贴花、彩绘或锥画工艺来表现复杂纹饰等。漆奁这种日用漆器具有了很强的工艺品特征并代表着当时世俗世界的流行风尚。

〔1〕青岛市文物保护考古研究所、黄岛区博物馆：《山东青岛市土山屯墓地的两座汉墓》，《考古》2017 年第 10 期。

漆器价值的昂贵在某种程度上并不仅仅是所用材料的昂贵，事实上，漆奁的银釦与金箔都被打造得很薄。如云南晋宁石寨山出土的六子银釦漆奁，“凡银箍银花，皆极薄如纸，与残存的漆器面齐平”[1]。因而，黄金与白银在漆奁上的使用量是有限的。漆器的经济价值更主要的是通过这些复杂的制作工艺、繁琐的劳动、漫长的制作时间，成为漆器的附加值，最终使这些镶银贴金的漆器成为财富与身份的象征。汉代制作一件银釦彩绘贴金箔的漆奁到底需要多少时间，目前很难准确推定，但是从《韩非子·外储说左上》记载周君从外地请来的名工匠，花了三年的时间才制成一件锥画荚的故事[2]，可知其耗费的人力是极其惊人的。

第二节　汉代人的神仙思想

每个时代器物的发展都与当时文化的发展有密切的联系。一个时代的文化氛围是那个时代器物发展的土壤，而一个时代的器物，又能够反映出那个时代的文化面貌。汉代社会的求仙思想在汉代漆奁上有非常明显的时代烙印。

战国秦汉时期，一些神仙方术之士在社会上异常活跃。“神仙者，所以保性命之真，而游求于其外者也。”[3]至迟在战国时期，上层统治阶级出于对生命无限延长并永久享受快乐的渴望开始热衷于求仙[4]。及至两汉，社会巫风、求仙之风在统治阶层推动下更加盛行，吕思勉称汉代社会为“鬼神术数之世界”[5]。神仙信仰出自于人类对生命永恒与快乐自由的追求。

西汉是我国历史上第一个长期统一的王朝，当时社会稳定，经济繁荣，为神仙世界提供了一个社会模板。王朝兴盛，国家统一，帝王贵族生活奢华，统治阶层不再满足于一时的幸福，他们希望可以永远享乐。西汉皇帝，尤其是汉武帝，对神仙的追求、对长生的渴求促使求仙活动盛极一时。“武帝初即位，尤敬鬼神之祀。”[6]武帝时的神仙方术之士主要有李少君、

[1] 李家瑞：《云南晋宁石寨山古墓出土漆器复原》，《文物》1964年第12期。

[2]（战国）韩非著、陈奇猷校注：《韩非子新校注》，第677页，上海古籍出版社，2000年。

[3]（汉）班固撰：《汉书》卷三〇《艺文志》，第1780页，中华书局，1962年。

[4]“自齐威、宣之时，驺子之徒论著终始五德之运，及秦帝而齐人奏之，故始皇采用之。而宋毋忌、正伯侨、充尚、羡门高最后皆燕人，为方仙道，形解销化，依於鬼神之事。驺衍以阴阳主运显于诸侯，而燕齐海上之方士传其术不能通，然则怪迂阿谀苟合之徒自此兴，不可胜数也。”参见（汉）司马迁撰：《史记》卷二八《封禅书》，第1368、1369页，中华书局，1959年。

[5] 吕思勉：《秦汉史》，第729页，上海古籍出版社，2005年。

[6]（汉）班固撰：《汉书》卷二五《郊祀志》，第1215页，中华书局，1962年。

少翁、栾大、公孙卿等，武帝不仅对神仙方士给予丰厚的待遇，甚至求仙成为封禅祭祀这类国家大典的目的之一〔1〕。由于最高统治者的推动，神仙观念在汉代社会极其盛行。西汉不仅有关长生不老、仙境或神仙的内容大量出现在文学作品中，而且大量反映在墓葬出土的文物之中。汉代铜镜铭文内容多为吉祥、赞美、求仙和祈求福寿等，反映了当时人们的思想意识。扬州出土一枚汉规矩蜚龙镜，其上铭文曰："驾蜚龙，乘浮云，上大山，见神人，食玉英。"〔2〕此铭文简要反映出汉代人观念中的升仙程序，即在蜚龙这类祥瑞引导下，在云气之中，到达仙人的居所即神山，见到仙人并从仙人之处求得长生不死之药。

汉代人的神仙世界主要由云气、神山、仙人、祥瑞等主要元素构成。仙人居住在神山中，并且总是和云气、祥瑞相伴。神仙方士认为只有云气才能把仙人吸引过来。《史记·孝武本纪》记载："（汉武帝时期）齐人少翁以鬼神方见上……文成（少翁）言曰：'上即欲与神通，宫室被服不象神，神物不至。'乃作画云气车，及各以胜日驾车辟恶鬼"〔3〕。汉代云气纹是天界、神界、仙界的象征符号，有云则仙则灵。汉代人认为命中显贵之人的居所上常有云气纹。"高祖隐于芒、砀山泽间……吕后曰：'季所居上常有云气，故从往常得季。'高祖又喜。沛中子弟或闻之，多欲附者矣。"〔4〕《史记·项羽本纪》中范增说项羽击沛公曰："吾令人望其气，皆为龙虎，成五采，此天子气也。"〔5〕其后此等说法很多，不胜枚举。

一、云气

汉代人渴望突破人类寿命的限制，希冀长生不老，向往神仙的逍遥生活。天上漂浮的云则是天的象征符号，传说中的神仙踏云而来、驾云而去。为了迎合大众的心理需求，漆工重视从现实生活和神话中取材，并将其应用到漆器上。求仙思想反映在漆奁上，就是汉代漆奁的主要纹样为云气纹，而且汉初的漆奁常常仅绘云气纹。从云气纹的形态来看，变幻莫测，除了多子奁内的多个子奁纹饰讲究协调、类似外，母奁与母奁之间的云气纹亦罕见雷同之作。

汉代出现的极具动感的云气纹除了有勾卷形的云头、可自由嫁接组合的云躯外，还出现

〔1〕史载："初，孝武帝欲求神仙，以扶方者言黄帝由封禅而后仙，于是欲封禅。封禅不常，时人莫知。元封元年，上以方士言作封禅器，以示群儒，多言不合古，于是罢诸儒不用。三月，上东上泰山，乃上石立之泰山颠。遂东巡海上，求仙人，无所见而还。四月，封泰山。恐所施用非是，乃秘其事。"见（晋）司马彪撰、（梁）刘昭注补：《续汉书·祭祀志》，第 3163 页，中华书局，1965 年。

〔2〕王勤金等：《扬州出土的汉代铭文铜镜》，《文物》1985 年第 10 期。

〔3〕（汉）司马迁撰：《史记》卷一二《孝武本纪》，第 458 页，中华书局，1959 年。

〔4〕（汉）班固撰：《汉书》卷一《高帝纪》，第 8 页，中华书局，1962 年。

〔5〕（汉）司马迁撰：《史记》卷七《项羽本纪》，第 311 页，中华书局，1959 年。

图一〇七　云气纹

1.马王堆一号墓九子奁锥画云气纹　2.银雀山四号墓漆奁锥画云气纹　3.马王堆三号墓圆子奁锥画云气纹
4.扬州刘毋智墓圆子奁锥画云气纹　5.土山屯汉墓漆大圆奁器身内底漆绘云气纹　6.仪征前庄M12小圆子奁盖内漆绘云气纹

了“云尾”这一新的构成元素。此时云气纹的骨骼体系已经形成，云头比先秦时期更加精简，云躯却变得更为复杂，出现线状、带状特征，云尾则出现羽状形态，动感飘逸，注重的是灵动和神韵的整体云气纹效果[1]。

西汉初年，锥画技法呈现出“细若游丝”的效果，更加彰显出“气”的独特魅力。最具汉代特色的是带火轮状纹的卷云纹（图一〇七，1、2），这种卷云纹常常作为主体纹样，线条细若游丝，多用双线勾勒，画面生动流畅。年代相近的墓葬，如马王堆一号汉墓[2]、临沂

〔1〕吴卫、廖琼：《汉代云气纹艺术符号探析》，《美苑》2009年第3期。
〔2〕湖南省博物馆、中国科学院考古研究所：《长沙马王堆一号汉墓》，第90页，文物出版社，1973年。

银雀山四号墓[1]、马王堆三号汉墓[2]、沅陵侯吴阳墓[3]、扬州刘毋智墓[4]以及盱眙江都王陵出土的漆奁都有云气纹，但每件漆奁的云气纹各不相同，细节之处都有变化，有的线条粗，有的线条细，有笔描的，也有针刻的，有的带点纹，也有的不带点纹，体现出人们追求多样化的审美情趣。同样是针刻带火轮状纹云气纹， 马王堆一号汉墓双层九子奁与山东临沂银雀山四号汉墓的漆奁上的纹饰风格迥异。前者，线条相对短促，平铺在盖面上。后者云气纹呈羽状的长条形，整体构图呈“S”形，生动地表现出了气流的回旋翻腾。

除了复杂的云气纹外，还有线条简洁的云气纹，如马王堆三号汉墓与刘毋智墓出土的小子奁上的云气纹，线条简约明快（图一〇七，3、4）。马王堆三号墓子奁上的云气纹看似杂乱却也不拘一格，而刘毋智墓子奁上的云气纹以顺时针方向旋转，动感十足。青岛土山屯 M6 出土的大圆奁器身内底云气纹与仪征前庄 M12 出土的银釦五子奁内的小子奁盖内云气纹皆婉转流动（图一〇七，5、6）。

二、神山

神山在汉代是神仙世界的隐喻，通过与缭绕的云气相结合，使神仙世界成为一个“实景”呈现于世人面前。神山是汉代漆器也是漆奁上常见的纹样之一，表现技法有多种，或彩绘，或锥画，或金银贴花。山纹最常见的表现技法为彩绘与金银贴花。山纹较为图案化，多似三角形，布置于纹饰带的下部，山纹上面一般有升腾的云气。

“山林、川谷、丘陵能出云，为风雨，见怪物，皆曰神。”[5]汉代人崇拜的仙人都居住在高高的神山中，如掌管不死之药的西王母传说居住在昆仑山的山洞里。为了与仙人拉近距离，汉代人描绘的蜿蜒山脉就常常在云气之中，这些山脉就是当时人们幻想的住着神仙的神山。汉代流行的博山炉，若于炉内焚香，炉体周围轻烟缭绕，浮现出朦胧的神山中有仙人与神兽出没的景象，非常形象地体现了汉代人的崇仙思想。

神仙方术之士认为仙人居住在蓬莱、方丈、瀛洲等神山之中。“自威、宣、燕昭使人入

〔1〕山东省博物馆、临沂文物组：《临沂银雀山四座西汉墓葬》，《考古》1975 年第 6 期。
〔2〕湖南省博物馆、湖南省文物考古研究所：《长沙马王堆二、三号汉墓》，第 151 页，文物出版社，2004 年。
〔3〕湖南省文物考古研究所等：《沅陵虎溪山一号汉墓发掘简报》，《文物》2003 年第 1 期。
〔4〕扬州市文物考古研究所：《江苏扬州西汉刘毋智墓发掘简报》，《文物》2010 年第 3 期。
〔5〕（汉）郑玄注、（唐）孔颖达疏：《礼记正义》，第 1296 页，北京大学出版社，1999 年。

海求蓬莱、方丈、瀛洲。”[1]又云“此三神山者，其传在渤海中，去人不远；患且至，则船风引而去。盖当有至者，诸仙人及不死之药皆在焉。其物禽兽尽白，而黄金银为宫阙。未至，望之如云；及到，三神山反居水下。临之，风辄引去，终莫能至云。世主莫不甘心焉。”[2]秦始皇也派人入海求仙。“齐人徐市等上书，言海中有三神山，名曰蓬莱、方丈、瀛洲，仙人居之。请得齐戒，与童男女求之。于是遣徐市发童男女数千人，入海求仙人。”[3]汉武帝深信仙人居于神山，除了入海求仙之外，他还在建章宫北面修建太液池，池中作三山，以仿蓬莱、方丈和瀛洲等仙山，可见当时求仙之风的浓厚。正如李泽厚所说：“在对象一方，自然形式里已经积淀了社会内容；在主体一方，官能感受中已经积淀了观念性的想象、理解。”[4]

三、仙人

汉代人崇拜仙人主要是想从仙人处习得长生不老之术或求得不死之药。汉代人心目中的仙人除了常见的羽人之外，具有广泛影响的仙人是西王母。“（昆仑之丘）有人戴胜，虎齿，豹尾，穴处，名曰西王母。此山万物尽有。”[5]她是传说中的掌管灾疫和刑罚的怪神，其后的流传过程中渐成年老慈祥的女神。在扬州杨庙仓颉村西汉晚期墓、朝鲜乐浪东汉王盱墓都曾出土绘有昆仑山、西王母等图案的汉代漆器。“西王母欣然而上寿兮。”[6]西王母在汉代被视为长寿的吉祥神。上海博物馆藏的一枚东汉灵帝中平四年（187 年）的环乳神人禽兽镜，镜铭曰：“……买者大富，长宜子孙，延年命长，上如王父，西王母兮……”[7]《史记》中也数次提到西王母，在记述造父随周穆王西行传说时，云：“造父幸于周缪王。造父取骥之乘匹，与桃林盗骊、骅骝、绿耳，献之缪王。缪王使造父御，西巡狩，见西王母，乐之忘归。”[8]四川彭县出土有以西王母为画面主体的汉画像砖，西王母正面端坐，四周围侍着九尾狐、青鸟、玉兔、蟾蜍、神虎等。这些常出现在西王母身边的动物也成了漆奁上常见的祥瑞。汉代人还依照现实生活中的情况给西王母配了“东王公”。山东临沂沂南汉画像石墓出土有一方汉画像石，东王公端坐在“山”字形高座上，两侧各有一仙人捣药[9]。这些仙人捣的药，与连云

〔1〕（汉）司马迁撰：《史记》卷二八《封禅书》，第 1369 页，中华书局，1959 年。
〔2〕（汉）司马迁撰：《史记》卷二八《封禅书》，第 1369、1370 页，中华书局，1959 年。
〔3〕（汉）司马迁撰：《史记》卷六《秦始皇本纪》，第 247 页，中华书局，1959 年。
〔4〕李泽厚：《美的历程》，第 4 页，文物出版社，1981 年。
〔5〕袁珂校译：《山海经校译》，第 272 页，上海古籍出版社，1985 年。
〔6〕（汉）班固撰：《汉书》卷八七《扬雄传》，第 3531 页，中华书局，1962 年。
〔7〕孔祥星、刘一曼：《中国铜镜图典》，第 413 页，文物出版社，1992 年。
〔8〕（汉）司马迁撰：《史记》卷四三《赵世家》，第 1779 页，中华书局，1959 年。
〔9〕临沂市博物馆：《临沂汉代画像石》，图 168，山东美术出版社，2002 年。

港海州、泗阳陈墩汉墓出土的漆奁上的神兔捣药具有相同的象征含义，这些药是仙人掌管的不死之药，即汉代信奉神仙者寄希望于今生能从仙人处获得“一服而‘顿’即‘变’形的方药。”[1]。

神仙的世界中还有身生羽毛的羽人和神怪，他们具有人的身形和动作，但是它们面如兽，有尾巴，有利爪，具有强烈的动物特征。这类羽人与神怪应该是汉代人根据神话传说想象出来的。

西汉中后期以后，汉代人心目中神仙越来越接近于人形，几乎不见楚国及汉初的种种造型夸张变异的神怪。若不是云雾缭绕的云气纹提醒我们这是一个神仙世界，看起来更像现实世界的翻拍。江苏扬州姚庄 M101 出土的七子奁[2]，盖顶上用金银箔贴出羽人跽坐、羽人操琴、羽人骑兽等。外壁银釦之间，用金银箔剪贴出姿态各异的仙人，或闲庭散步，或车马出巡，或从事各种娱乐活动，如狩猎、斗牛、鼓瑟、博弈等十多个场面。金银箔上用黑漆勾画出细致的人物表情，如博弈图，两人面对席地而坐，中间案上有博局、投箸板和盛箸器具，一人埋头专注于投箸，一人高举双手，似欲击节呼喊，不胜惊讶，人物的表情生动至极。这些人物的服饰和所从事的娱乐活动都来源于当时的现实生活。

四、祥瑞

神仙世界中除了云气、神山、仙人之外，更多的是各种活跃在云气中的龙、凤、雁、虎、鹿、鹤、九尾狐等神兽。湖北荆州高台出土的一件锥画双层七子奁（M3 ∶ N1）[3]，在层层云气中，有“S”形卷曲的云纹、奋蹄奔跑的神鹿、匍匐前进的斑豹、尖嘴长尾的狐狸、行走啾鸣的凤鸟等，所有针刻或墨绘的动物，其头部都敷陈蓝色，所有针刻纹画面，均点缀有众多的小红点，画面极为精美。这些神兽是汉代人心目中的祥瑞，人们在这些动物身上寄寓了诸如长寿、富贵、多子、升仙等众多美好的期望，这种思想一直影响至今。

西汉墓葬中发现了大量的帛画、画石像、漆器等随葬品，其中就有很多反映了在众多祥瑞的簇拥下，墓主人升仙的场面，如洛阳卜千秋壁画墓[4]，墓葬年代约在昭、宣时期，上面绘有墓主人乘龙凤升天的图像，有仙人持节引导，有仙禽神兽相伴。在汉代人的精神世界里，这是一个企慕羽化登仙、长生不死、永恒幸福的神仙王国。这与汉代求仙思想、儒学的天人感应论、谶纬神学的兴起、讲究阴阳变异和祥瑞都有直接关系。

〔1〕闻一多：《闻一多全集》第一卷《神仙考》，第 146 页，三联书店，1982 年。

〔2〕扬州博物馆：《江苏邗江姚庄 101 号西汉墓》，《文物》1988 年第 2 期。

〔3〕湖北省荆州博物馆：《荆州高台秦汉墓》，第 189、195 页，科学出版社，2000 年。

〔4〕洛阳博物馆：《洛阳西汉卜千秋墓壁画墓发掘简报》，《文物》1977 年第 6 期。

在宗教迷信的外衣下包裹着对人的生存的更多追求与肯定，如追求长寿、富贵乃至崇尚厚葬，都表现出了一种对人存在本体的意识。因而，汉代人热衷于在喜爱的漆器上装饰出同样的生命和生活的内容，在宗教迷信的笼罩中，许多纹样都有寓意，成为人们心目中的祥瑞。人们将这些祥瑞动物或植物刻画出来，以祈求吉祥。西汉中后期以后，这些祥瑞成为漆奁上活跃在云气中的各种动物形象。这些动物群组成的世界具有一层神性的光环。

汉代一些儒生认为，上天对人是有情感的，通过“见（现）吉凶”奖掖或惩罚世人。君王若有德行，就会有祥瑞出现。《春秋繁露·王道》云：“王正则元气和顺、风雨时、景星见、黄龙下。”又云：“天为之下甘露，朱草生，醴泉出，风雨时，嘉禾兴，凤凰麒麟游于郊。”[1]《白虎通·封禅》描写了更多的祥瑞，云：“天下太平，符瑞所以来至者，以为王者承天统理，调和阴阳……德至草木，则朱草生，木连理。德至鸟兽，则凤凰翔，莺鸟舞，麒麟臻，白虎到，狐九尾，白雉降，白鹿见，白乌下。德至山陵，则景云出，芝实茂……”[2]汉武帝对祥瑞之说深信不疑，甚至达到了痴迷的程度。史载：“后二年，郊雍，获一角兽，若麃然。有司曰：‘陛下肃抵郊祀，上帝报享，锡一角兽，盖麟云。’”[3]这一年被汉武帝定为“元狩”元年。中国历史中因出现“祥瑞”而改元的例子非常多，足见受祥瑞思想影响之深。

汉代人在描写升仙时，常有多种祥瑞来协助升仙。贾谊在《惜誓》中云：“飞朱鸟使先驱兮，驾太一之象舆，苍龙蚴虬于左骖兮，白虎骋而为右騑。”[4]中国人对龙、凤的崇拜由来已久，龙与凤皆为战国秦汉漆奁上的常见图像。从北方红山文化的玉龙，到南方楚文化的龙，龙的形象多变，其时有龙生九子的传说。“龙鳞虫之长。能幽能明，能细能巨，能短能长。春分而登天，秋分而潜渊。”[5]这种能上天入地的神物，深受古人的尊崇。龙的体形修长，蜿蜒如同蛇状，有足。龙出没于升腾的云气中，并与神仙、神怪相伴。马王堆三号墓出土的锥画狩猎纹漆奁的盖面中心锥画一条龙纹，龙张牙舞爪，身布点纹，爪、腹与尾均画须笔，龙纹周围锥画羽尾状卷云纹。河北满城窦绾墓中出土的漆奁所饰铜釦带上也有镂空的长龙与神怪等。

〔1〕苏舆撰、钟哲点校：《春秋繁露义证》，第101～103页，中华书局，1992年。
〔2〕（清）陈立撰、吴则虞点校：《白虎通疏证》，第283、284页，中华书局，1994年。
〔3〕（汉）班固撰：《汉书》卷二五《郊祀志》，第1219页，中华书局，1962年。
〔4〕（汉）贾谊撰、阎振益等校注：《新书校注》，第437页，中华书局，2000年。
〔5〕（汉）许慎撰、（清）段玉裁注：《说文解字注》，第582页，上海古籍出版社，1981年。

图一〇八　漫步云气中的凤鸟

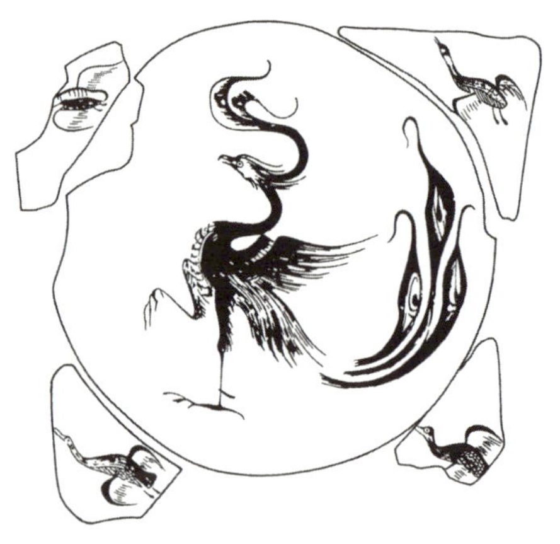

图一〇九　长方奁内的彩绘凤与雁

凤鸟自古就是传说中的神鸟，“凤，神鸟也……见则天下大安宁”[1]。从战国楚漆器到汉代漆器，凤鸟一直是人们钟爱的艺术形象。这种神鸟常昂首漫步于云气之中（图一〇八），凤鸟体态清丽婉约，绘制手法简练，线条流畅，显示出高超的绘画技术。湖南长沙望城坡西汉渔阳墓出土一件奁盖（C ∶ 79），中心朱绘双首连体凤鸟纹，周绕三只凤鸟及云气纹[2]。凤鸟后来演变成了朱雀，成为汉代的四神之一。随着社会的发展，政治文明逐渐取代了巫术信仰，早期的图腾崇拜以祥瑞的形式得以保存。凤鸟是一种理想化的祥瑞，成为漆器上最流行的纹样。

漆奁上常见的飞禽除凤鸟外，还有大雁、鹤等。雁是古代一种信鸟，用以缔结婚姻的纳彩或大夫相见的贽礼。《仪礼·士昏礼》载：“纳采用雁。”郑玄注：“用雁为贽者，取其顺阴阳往来。”贾公彦疏：“雁木落南翔，冰泮北徂，夫为阳，妇为阴，今用雁者，亦取妇人从夫之义。是以昏礼用焉。”[3]《白虎通·嫁娶》进一步诠释：“贽用雁者，取其随时而南北，不失其节，明不夺女子之时也。又是随阳之鸟，妻从夫之义也。又取飞成行，止成列也。明嫁娶之礼，长幼有序，不相逾越也。”[4]《仪礼·士昏礼》贾疏又云：“昏礼有六，五礼用雁：纳采、问名、纳吉、请期、亲迎是也。唯纳徵不用雁，以其自有币、帛可执故也。”纳吉之后代表婚

〔1〕（汉）许慎撰、（清）段玉裁注：《说文解字注》，第 148 页，上海古籍出版社，1981 年。

〔2〕长沙市文物考古研究所、长沙简牍博物馆：《湖南长沙望城坡西汉渔阳墓发掘简报》，《文物》2010 年第 4 期。

〔3〕（汉）郑玄注、（唐）贾公彦疏：《仪礼注疏》，第 87、88 页，上海古籍出版社，2008 年。

〔4〕（清）陈立撰、吴则虞点校：《白虎通疏证》，第 457 页，中华书局，1994 年。

图一一〇 动物形金箔

事已定。河北阳原三汾沟九号汉墓出土的长方形漆奁[1]，内壁髹红漆，以黑漆彩绘，四角各绘一只飞翔的大雁，中间绘一只高冠展翅立凤，凤鸟曲颈长尾，神态悠然（图一〇九）。

漆奁上常见的走兽形象主要有鹿、白虎、九尾狐等。鹿在我国古代是一种神兽，常与仙人相随，是长寿的象征，鹿与“禄”同音，借喻仕途发达。南方楚人视鹿为神物，漆器有卧鹿、彩绘鹿鼓等，还常常在雕刻的凤鸟首顶插上一对鹿角以示神性。鹿的形象在漆奁纹饰中出现频率非常高，如马王堆三号墓锥画狩猎纹漆奁、长沙杨家山一号墓漆奁（图一一〇）[2]、咸阳马泉金银贴花漆奁的纹饰中皆有鹿的形象，或奔跑跃动，或静卧小憩，或昂首前行，或伫立回首，姿态各异，形象生动。

虎是巴文化中常见的纹样。在汉代大一统的背景下，虎纹成为漆器上常见的纹样。《风俗通·祀典》云：“虎者，阳物，百兽之长也，能执搏挫锐，噬食鬼魅……亦能辟恶……”[3]虎纹成为驱妖除魔、避邪保平安的瑞兽形象。虎亦有长寿之意。《抱朴子·对俗》云：“虎及鹿兔，皆寿千岁，寿满五百岁者，其毛色白。”又有“千岁之鹤”一说[4]。为了寓意长寿，汉代漆奁上常常见到这种银箔片制成的“白虎”，湖南望城风篷岭一号墓[5]及扬州邗江胡场

〔1〕河北省文物研究所、张家口地区文化局：《河北阳原三汾沟汉墓群发掘报告》，《文物》1990年第1期。

〔2〕湖南省博物馆：《湖南人——三湘历史文化陈列》，第217、218页，中华书局，2018年。

〔3〕（汉）应劭撰、王利器校注：《风俗通义校注》，第368页，中华书局，1981年。

〔4〕（晋）葛洪撰、王明校释：《抱朴子内篇校释》，第47页，中华书局，1980年。

〔5〕长沙市文物考古研究所、望城县文物管理局：《湖南望城风篷岭汉墓发掘简报》，《文物》2007年第12期。

一号、五号汉墓出土的漆奁上都有白虎的形象〔1〕。

汉代漆奁上常见九尾狐形象。北京大葆台汉墓、泗阳陈墩汉墓、徐州石桥汉墓、风篷岭一号墓等出土的漆奁上都有回首的九尾狐形象的金箔片。九尾狐常常侍奉在西王母身边，它寓意着旺盛的生殖能力。《吴越春秋·越王无余外传》记载："禹三十，未娶行到涂山，恐时之暮，失其度制，乃辞云：'吾娶也，必有应矣。'乃有九尾白狐，造于禹。禹曰：'白者，吾之服也。其九尾者，王之证也。'于是，涂山人歌曰：'绥绥白狐，九尾痝痝。我家嘉夷，来宾为王，成家成室，我造彼昌。天人之际，于兹则行。明矣哉！'禹因娶涂山女，谓之女娇……"〔2〕后人据此传说演变出九尾狐象征子孙繁息的寓意。《白虎通·封禅》曰："狐九尾者何？狐死首邱，不忘本也。明安不忘危也。必九尾者何？九妃得其所，子孙繁息也。于尾者何？明后当盛也。"〔3〕九尾狐也是汉代石刻上的常见祥瑞。四川江安二号石棺刻有一幅祥瑞图，画面刻有九尾狐、三足乌等灵异。〔4〕

鱼腹多子，繁殖力强，鱼被古人寄以多子多孙、人丁兴旺的寓意。鱼与"余"同音，故"鱼"亦是富裕的象征。鱼的形象在漆盘、耳杯、盂等饮食器具上出现较多，漆奁上出现比较少，大抵是因为漆奁不是水器之故。目前仅在马王堆三号汉墓的锥画狩猎纹漆奁上出现了鱼的形象。鹤是长寿的象征。《淮南子·说林训》云："鹤寿千岁，以极其游。"〔5〕古人以赤乌代表太阳，以白兔象征月亮。《博物志》云，兔能"望而生孕，口中吐子，故谓之兔"。月亮的盈亏蕴含着生育受孕的力量，兔子也自然成为世间万物孕育的象征。江苏泗阳陈墩汉墓出土的五子漆奁上有兔子捣药的形象〔6〕，正是当时神仙方术所鼓吹的服食仙丹的反映，亦是当时人们仰慕长生不死、羽化成仙的思想反映。

为数不少的的穷加雕琢的漆器的出现，除了经济繁荣、社会稳定的原因外，更重要的是汉代漆器成了汉代人思想的载体。汉代人活着的时候希望求仙长生不老，如求仙不成，则希望死后能成仙。地主阶层使用这类器物随葬是希望这类用贵金属装饰、满绘神仙世界的漆器能够帮助他们死后升仙，并在来世还能继续享用这类器物。关于这一点，巫鸿有精彩的描述："尽

〔1〕扬州博物馆、邗江县文化馆：《扬州邗江县胡场汉墓》，《文物》1980 年第 3 期；扬州博物馆、邗江县图书馆：《江苏邗江胡场五号汉墓》，《文物》1981 年第 11 期。

〔2〕（汉）赵晔撰、周生春辑校汇考：《吴越春秋辑校汇考》，第 105、106 页，上海古籍出版社，1997 年。

〔3〕（清）陈立撰、吴则虞点校：《白虎通疏证》，第 286、287 页，中华书局，1994 年。

〔4〕龚廷万等：《巴蜀汉代画像集》，图 380，文物出版社，1998 年。

〔5〕张双棣：《淮南子校释》，第 1805 页，北京大学出版社，1997 年。

〔6〕江苏泗阳三庄联合考古队：《江苏泗阳陈墩汉墓》，《文物》2007 年第 7 期。

管看上去有些矛盾，这个时期的丧葬美术也空前繁盛，人们在死前就为自己造墓的作法蔚然成风。因此，我们在这里看到的是一种高度追求幸福时的内心冲突：如果真的相信长生不死，人们就不必营坟造墓，而死前就准备墓葬的愿望又必定出于对追求长生的某种怀疑。这一矛盾局面最终导致了一个折衷的选择：人们越来越倾向相信永久的幸福可以在死后实现。这种或许可以称作'在死后或来世中升仙的观念'，代表着中国古代不死信仰的一个转折点。"〔1〕

西汉中后期以后，妆奁以多子奁为主体。一方面，它反映了妆奁功能设计的进一步完善；另一方面，笔者认为在传统封建农业社会里，多子奁也寄寓了汉代人祈求多子多孙的愿望。中国传统造物追求"器以载道"的意境，器物的造型代表了不同时代、不同阶层的审美情趣与价值取向。多子奁的设计、装饰及内部盛放物均折射出汉代人对人丁兴旺、子嗣昌荣的渴望。由于长期战乱，到了汉初人口下降，统治阶层急需增加人口，发展农业。人们渴望生命永恒，除了求仙之外，传宗接代被认为是生命延续最为重要的方式，妆奁作为贵重的燕居之器也成了承载生命延续不灭观念的重要器具。一个大的母奁内部装有多个子奁，象征家族子嗣兴旺。古代阴阳学说把奇数作为"阳数"，认为奇数含有"多"的意思，特别是"九"作为极阳之数更是如此。屈原《天问》云："女岐无合，夫焉取九子？"〔2〕子奁数量一般为奇数，可能是受阴阳学说的影响。《白虎通·嫁娶》云："七，岁之阳也。八，岁之阴也。"〔3〕《京房易传》卷下云："初为阳，二为阴，三为阳，四为阴，五为阳，六为阴。一三五七九，阳之数；二四六八十，阴之数。"〔4〕依据妆奁主人的身份、财力及化妆的复杂程度，子奁的数量一般为三、五、七、九等奇数。轪侯夫人辛追墓出土了九子妆奁，而墓主贵为长沙王后的曹嫫墓则出土了十一子长方奁，这是已知妆奁中子奁数量最多的一例。

髹漆妆奁在造型上以圆形居多，西汉中后期以后，妆奁的盖顶多作半球形，盖顶隆起的高度比战国、秦都要高出许多。固然，这种穹隆顶盖的设计扩大了器皿内部的容量、增强了器盖的抗压力。同时，这种设计可能也受到了"天圆地方"宇宙意识的影响。《周礼·考工记》载："轸之方也，以象地也。盖之圜也，以象天也。"〔5〕古代这种器以载道的思想把象征寓意与功能结构、设计科学完美地融合在了一起。汉代多子奁的母奁多呈圆形可能就是这一观念在日用器物上的反映。

〔1〕［美］巫鸿著、李清泉等译：《中国古代艺术与建筑中的"纪念碑性"》，第157页，上海人民出版社，2009年。

〔2〕（宋）洪兴祖撰、白化文等点校：《楚辞补注》，第89页，中华书局，2006年。

〔3〕（清）陈立撰、吴则虞点校：《白虎通疏证》，第455页，中华书局，1994年。

〔4〕卢央：《京房易传解读》，第520页，九州出版社，2004年。

〔5〕（汉）郑玄注、（唐）贾公彦疏：《周礼注疏》，第1577页，上海古籍出版社，2010年。

第九章

汉以后妆奁的发展

漆器具有原材料易得、轻盈结实、耐酸抗腐等优点，兼具莹润优美的光泽，在满足人们日常生活需要的同时，还能给予人视觉上的享受。战国时期，曾在商周时期占统治地位的纹饰繁缛的庙堂重器——青铜器逐渐衰落，被大量面向实际生活的日用器具替代，漆器开始走进贵族的日常生活。由于漆器只有在特定墓葬环境中才能保存下来，所以历经千百年沧桑能够留存至今的漆器，实属凤毛麟角。漆奁作为漆器的一个品类，数量就更为稀少。

战国末期，漆奁作为盛妆器的功能基本得以确定，器形基本为矮扁平顶圆盒形。除了少部分漆奁素髹无纹之外，大部分采用彩绘技法进行装饰。

秦统一全国之后，在传承、吸收、融合的基础上，漆器制作技术继续发展。器形上，秦代漆奁以矮扁的圆奁为主，增加了椭圆形漆奁。装饰风格上，既有素髹漆奁，亦有彩绘漆奁。彩绘用色以红、褐色为主，相对楚漆器来讲略显内敛。装饰纹样越来越丰富，生活气息浓厚的动物纹最为常见。纹样中最具特色的是鸟首云纹，以线条勾勒抽象的鸟首，鸟身则是用色块平涂的方法绘制出翻滚的云纹。发达的文字是秦代漆器的一个重要特征。秦墓出土有文字的漆奁占全部漆奁的近 80%。秦代漆奁上有发达的烙印和针刻的文字，这点与楚国漆奁、汉代漆奁都不相同，楚国漆奁和汉代漆奁器身上很少见到文字。

两汉时期，人们的衣食住行中皆可见到漆器的身影。漆器制作工艺流程更加成熟，生产管理系统更加完善，漆器的种类和数量都更为丰富。汉代厚葬之风盛行，贵族及富豪墓中随葬妆奁的现象更加普遍。据已有考古资料，出土的汉代妆奁数量较前代大幅增加，共计 200 余件（套）。妆奁分布更加广泛，集中分布于今江苏、湖北、湖南、安徽、山东等地。

扬州地区出土的汉代妆奁是广陵漆器中最具特色的艺术品之一，集中代表了广陵漆艺甚至整个汉代地方漆艺的高超水平。战国时期，扬州漆艺深受楚国漆艺的影响。至汉初，广陵漆艺的地方特色已初见端倪。西汉中期以后，广陵漆器的地方特色已完全形成，其发达的锥画、金银贴花、镶釦及嵌宝工艺皆堪称汉代漆艺之翘楚。

集彩绘、锥画、镶釦、镶柿蒂花片、金银贴花、嵌宝等数种工艺于一身的西汉妆奁，把人们带入了一个壮丽绚烂的现实主义和浪漫主义相融会的艺术世界，这类妆奁已成为其拥有者的财富与地位的象征。

东汉以后，瓷器逐渐兴盛，出现了瓷胎漆奁。安徽合肥西郊乌龟墩东汉末期夫妇合葬墓中出土一件瓷胎漆奁，器口镶嵌鎏金釦，内盛白粉[1]。从出土漆器的墓葬资料来看，东汉漆

〔1〕安徽省博物馆筹备处清理小组：《合肥西郊乌龟墩古墓清理简报》，《文物参考资料》1956 年第 2 期。

奁的数量较少，但是依然能看出东汉妆奁延续了西汉妆奁的传统造型，漆艺在日臻成熟中又有所演进。

三国漆器继承两汉风格。漆器为耐用之物，汉代制作的漆器在三国时期继续使用乃是寻常之事。襄樊樊城菜越三国早期墓出土漆奁 10 件，胎已朽，仅存漆皮和铜釦件，外壁髹黑漆，内壁髹红漆，铜釦鎏金，但多已脱落。漆奁（M1 ∶ 93），无盖，直壁圆筒形，平底。铜釦间等距贴饰方形金箔片。直径 23.2、高 7.6 厘米。漆奁（M1 ∶ 94），盖上部隆起，下部为圆筒形。盖顶有柿蒂形铜饰和铜釦两周，柿蒂形饰中心和柿蒂中部分别镶嵌灰白色圆形滑石片。盖身外饰三周铜釦。奁体包于盖内，未解剖。盖径 18、高 13.2 厘米〔1〕。

就漆奁这种器形来讲，三国时期并没有出现新的形制。汉式双层漆奁在三国时期的墓葬中也有出土。东吴早期的高荣墓的两个女棺中各出土一套圆漆奁，均为木胎，上贴麻布，内红外黑。两件漆奁内有盘形盖，外加套盖，盖顶中心用铜镶嵌柿蒂形图案，在每出叶瓣和蒂心中各镶嵌水晶珠一颗，叶瓣之间有彩绘漩涡纹，其外则为彩绘飞禽与走兽。柿蒂形图案的外围镶嵌两圈铜釦带，盖缘、盖侧壁均镶嵌铜釦，每圈釦带宽 2 厘米，釦带之间彩绘飞禽走兽，另一件已残缺〔2〕。对比器物照片，简报中所谓置于漆奁内的“盘形盖”其实就是漆镜奁，同类器在日照海曲 M106 出土的双层五子奁内也有发现，为盛放铜镜所用。安徽麻桥东吴墓出土一件双层奁，中层既是上层的奁盒又是下层的套盖。盖顶用铜片饰一柿蒂纹，每层均有上下两道铜釦。直径 8.8、高 6 厘米〔3〕。这种类型的漆奁在荆州高台秦汉墓中亦有出土。

马鞍山朱然墓出土了一批珍贵的漆器，共有漆奁等十几个品种，计 80 余件，胎质分为木胎、篾胎、皮胎等。除素面外，装饰工艺有描漆、戗金、锥画、犀皮漆等，漆画内容丰富，许多漆器上镶鎏金铜釦，一些漆器底部有“蜀郡作牢”的铭文〔4〕。朱然墓出土的贵族生活图漆盘，第二排人物中最左边的一位女子正对着镜台梳妆，身侧置一套漆奁（图一一一）。

魏晋南北朝时期，瓷器迅速发展，在日常用品中，很多材质昂贵的器物逐渐被价格低廉的瓷器取代。然而，传统的竹木胎漆奁因其小巧轻便，适合女性使用，故这类材质的器物具有较强的传承性，在人们的日常生活中仍占有一定位置，墓葬中仍时有出土。

〔1〕襄樊市文物考古研究所：《湖北襄樊樊城菜越三国墓发掘简报》，《文物》2010 年第 9 期；襄樊市文物考古研究所：《湖北襄樊樊城菜越三国墓发掘报告》，《考古学报》2013 年第 3 期。

〔2〕江西省历史博物馆：《江西南昌市东吴高荣墓的发掘》，《考古》1980 年第 3 期。

〔3〕安徽省文物工作队：《安徽南陵县麻桥东吴墓》，《考古》1984 年第 11 期。

〔4〕安徽省文物考古研究所、马鞍山市文化局：《安徽马鞍山东吴朱然墓发掘简报》，《文物》1986 年第 3 期。

图一一一
朱然墓贵族生活图漆盘

南京象山王丹虎墓中出土一枚铁镜，周围有圆形漆奁痕迹，奁上有银质柿蒂纹饰件，可知当时这枚铁镜存放于漆奁内。二号墓也发现了漆奁残迹[1]。南昌火车站东晋墓出土一件彩绘车马人物出行图漆奁，圆形，直口，直壁，壁为竹胎，木底。直径25、高13厘米。内壁与内底髹红漆，外壁上下为朱红宽带纹边及云纹、弦纹、圆点纹；中间部分以黑漆为地，描绘车马人物三组。画面大体以金黄色勾线，以朱红、赭色等平涂，人物形象较为丰腴，面部丰满，马匹健硕有力（图一一二）[2]。此漆奁形制为汉代常见，然绘画风格却与汉代有所不同。车马人物出行图漆奁边缘纹饰异常简化，仅有简单的弦纹和近似烛光形的圆点纹，显示了辅助性装饰纹样在东晋时期已经退化[3]。

据文献记载，漆器在唐代贵族生活中占有重要地位，有关生漆的产地、漆器的生产情况都有记录。在漆工艺的发展与创新方面，唐人表现出了卓越的能力。《酉阳杂俎》中记载唐

〔1〕南京市文物保管委员会：《南京象山东晋王丹虎墓和二、四号墓发掘简报》，《文物》1965年第10期。

〔2〕江西省文物考古研究所、南昌市博物馆：《南昌火车站东晋墓葬群发掘简报》，《文物》2001年第2期。

〔3〕张小舟：《南昌东晋墓出土漆器》，《宿白先生八秩华诞纪念文集》，文物出版社，2002年。

图一一二
南昌火车站东晋墓
彩绘车马人物出行图漆奁

玄宗曾赏赐安禄山数十件极其华贵的漆器[1]。唐代金银平脱漆器、螺钿漆器品种繁多，小到盘、匙，大到舟船，精彩纷呈。漆器纹样主要有花鸟人物纹、团窠纹、卷草纹和佛教纹样。唐人称存放铜镜及梳妆用品的漆盒为“镜奁”或“镜匣”。刘禹锡《伤曹姝行并序》中有：“博山炉中香自灭，镜奁尘暗同心结。”白居易《感镜》诗道：“经年不开匣，红埃覆青铜。”唐代妆奁有方形、圆形与花瓣形，胎骨有木胎、藤胎、银胎等，流行方形妆奁，装饰华美为其时代特色。

河南偃师杏园开元十年（722年）卢氏墓出土一件漆盒，盒内装一枚圆形瑞兽葡萄铜镜，另有石粉盒、蚌、骨钗、银钗、玉石珠等首饰[2]。惜漆盒形制不明。偃师杏园开元二十六年（738年）李景由夫妇墓中出土一件银平脱木质方漆盒，器盖与器身以子母口扣合，长宽皆21、通高12厘米。器表饰银箔平脱纹样，其上剔刻出缠枝花卉图案，纹饰细密华丽。内部物品分层存放，上层加一木屉，屉内装有木梳及金钗饰物。木屉之下盛装圆形漆粉盒、鎏金银盒、小银碗和小型鎏金铜镜等（图一一三）[3]。

唐墓中出土圆形漆奁甚少，河南偃师盛唐墓中曾出土寥寥数件。偃师M1366出土一件残缺的妆奁，器表髹深褐色漆，从残存器盖可以看出有银箔平脱残留，内存瑞兽葡萄镜。直径15.3、残高3.6厘米[4]。此外，也有光素无纹的妆奁。偃师晚唐M1928出土一件扁圆形红褐色漆奁，内置瑞兽铭文镜一枚[5]。整体来说，唐代漆器出土数量较少，这可能与政府提倡薄葬、抵制奢靡之风有关。因而，昂贵的平脱漆器、螺钿漆器很难成为唐墓中常见的陪葬品。

〔1〕（唐）段成式撰、方南生校点：《酉阳杂俎》卷一《忠告》，第3页，中华书局，1981年。
〔2〕中国社会科学院考古研究所：《偃师杏园唐墓》，第25页，科学出版社，2001年。
〔3〕中国社会科学院考古研究所：《偃师杏园唐墓》，第149、150页，科学出版社，2001年。
〔4〕中国社会科学院考古研究所：《偃师杏园唐墓》，第80页，科学出版社，2001年。
〔5〕中国社会科学院考古研究所：《偃师杏园唐墓》，第230页，科学出版社，2001年。

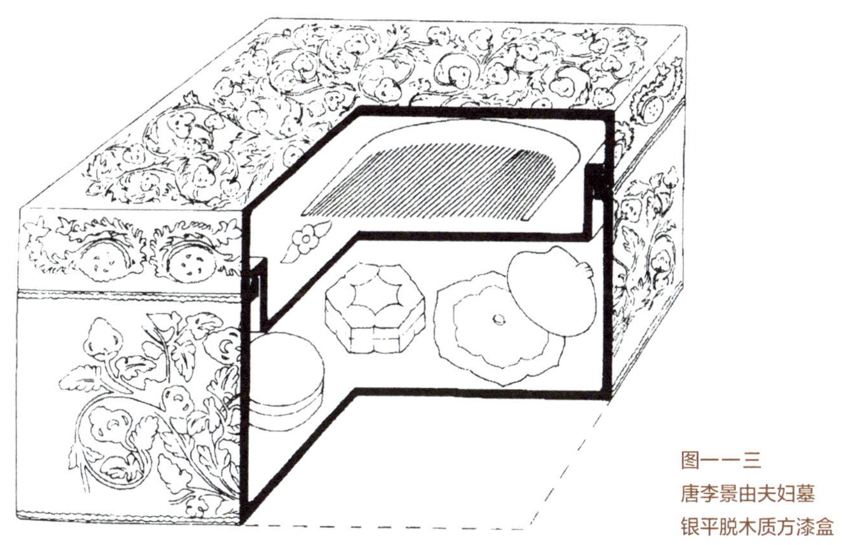

图一一三
唐李景由夫妇墓
银平脱木质方漆盒

唐代是中国古代金银器发展的鼎盛阶段，金银器不仅数量剧增，而且品种丰富。工艺精湛的粉盒在唐代金银器中较为常见。唐代壁画展示了皇亲贵胄所使用的金银妆奁。李仙蕙墓、房陵公主墓壁画中均绘有盝顶方盒，唐贞顺皇后敬陵壁画绘有一位男装捧盒侍女，双手亦捧一饰有宝相花的盝顶方盒，此盒为盛放化妆品的奁具[1]。类似的方盒在西安何家村唐代窖藏中也曾出土，为孔雀纹银方盒，通高 10、边长 12、盖高 3.1、顶边长 10.3 厘米，重 1500 克（图一一四）。方盒除底面光素无纹外，其余各面均有装饰，纹饰繁复细密，正面以孔雀为主，其余有花鸟、山峰、流云、童子戏犬等，把人物、风景、花鸟巧妙地结合起来，具有浓郁的自然气息[2]。

大约在武则天以后，多瓣花形器物逐渐盛行，在金银器、铜器和瓷器中皆极为常见。这种风格也影响到了漆器，成为唐代器物造型的显著风格。吉林省龙头山渤海国王室墓地 M13 中出土一件银平脱花瓣形漆奁，最大径 29、器高 2.8 厘米。漆奁木胎，胎骨上裱糊织物。八瓣梅花形，奁盖与器身以子母口扣合。奁身的口沿、底沿和盖的口沿包有黄铜釦。盖顶、盖身及盒身四周均平脱精美的银饰，花纹为毛雕龙、凤、人物、花鸟以及植物等[3]，异常华美（图一一五）。奁盖上摆放鱼形金饰件及银柄粉扑各一件，奁内盛放一枚菱花形嵌银鎏

〔1〕程旭：《长安地区新发现的唐墓壁画》，《文物》2014 年第 12 期。

〔2〕陕西历史博物馆等：《花舞大唐春——何家村遗宝精粹》，第 196 页，文物出版社，2003 年。

〔3〕程丽臻：《唐代梅花瓣形漆奁银平脱毛雕银饰工艺赏析》，《文物天地》2017 年第 3 期。

图一一四　何家村唐代窖藏孔雀纹盝顶银方盒

图一一五　唐银平脱梅花瓣形漆奁

图一一六　五代八棱形黑漆奁

图一一七　北宋耀州窑茶叶末釉瓷奁

金珍禽瑞兽镜、一盒蛤喇油和三纸袋胭粉[1]。值得注意的是此奁为八瓣花式，开启了五代及宋元妆奁多采用花瓣造型的先河。河南偃师杏园文宗大中十二年（838 年）晚唐 M1819 中出土一件漆盒，上视呈六曲花瓣形，周边规整，下附喇叭状高圈足。器表红褐色，无纹饰。最大径 29.2、通高 13 厘米[2]。

五代漆奁继承唐代风格，主要有花形漆奁和方形漆奁。1956 年，江苏连云港海州五代吴大和五年（933 年）海州刺史夫人墓中出土一件残缺的八瓣形漆奁（图一一六），器形与杏园晚唐 M1819 出土的漆盒类似，漆奁内存瓷奁、瓷粉盒、三瓣口形盘各一件，另有木梳、木篦等妆具。瓷奁口径 23.5、腹深 12、圈足径 11.2、通高 21 厘米，出土时内存白粉[3]。前蜀王建墓出土的一件方形漆奁，正方形，边长 27.5、高约 8.5 厘米，为薄木胎，子母口，镶“Z”形银釦，盖面饰方形团花，内放置铜镜[4]。

唐宋时期，制瓷业发展迅猛，瓷奁、瓷粉盒是墓葬中常见的出土器物。瓷粉盒在唐代已有烧造，到宋代则广为流行，是定窑、磁州窑、越窑、龙泉窑、景德镇窑较为常见的产品。总体来说，唐与五代粉盒装饰较少，以釉取胜。从五代末至北宋，瓷粉盒形式渐多，纹饰纤丽，刻花装饰常借鉴唐代以来的金银器，具有很高的艺术鉴赏价值。连云港博物馆藏北宋耀州窑茶叶末釉瓷奁，直径 6、底径 3.3、高 5.5 厘米[5]。子母口，圈足，通体施釉，釉呈失透的黄绿色，古朴清丽（图一一七）。

〔1〕吉林省文物考古研究所、延边朝鲜族自治州文物管理委员会办公室：《吉林和龙市龙海渤海王室墓葬发掘简报》，《考古》2009 年第 6 期。

〔2〕中国社会科学院考古研究所：《偃师杏园唐墓》，第 231 页，科学出版社，2001 年。

〔3〕江苏省文物管理委员会：《五代——吴大和五年墓清理记》，《文物》1957 年第 3 期。

〔4〕冯汉骥：《前蜀王建墓出土的平脱漆器及银铅胎漆器》，《文物》1961 年第 11 期。

〔5〕连云港博物馆：《连云港馆藏文物精萃》，第 27 页，荣宝斋出版社，2006 年。

宋代髹漆业可谓是技术上继往开来，推陈出新。器形上形貌多变，百花齐放。在宋代，漆器从高档奢侈品逐渐步入人们的日常生活。漆器种类更加完备，以生活用具、梳妆用具、文房用具为主。素髹、雕漆、犀皮、戗金、螺钿等工艺也各具特色，日臻成熟。在考古发现的两宋漆器中，素面无纹且通体髹一色漆的素髹产品较多，其中以纯黑者居多，紫褐色次之，兼有朱色，分别对应文献中提及的“黑髹”“褐髹”“朱髹”。因素髹漆器表面无纹饰，若胎骨处理不光滑，漆胎的缺陷会暴露无遗，所以，素髹漆器特别注重胎骨的制作，需要漆工具有高超的技术。素髹漆器从平安时代起传入朝鲜、日本，成为东亚漆器主要的设色模式。制胎中的圈叠技术在宋代已十分成熟，受晚唐及五代以来靡丽浮华的审美习尚的影响，花口、器腹分瓣和大弧度曲线的造型特征在宋代手工业产品中极为常见，具有较强的视觉冲击力。这种多曲柔美的造型在隋唐金银器中就已初见端倪，及至宋代，成为漆器、瓷器最常见的造型。

宋词中可见许多与梳妆相关的词语，如“宝奁”“粉黛”“胭脂”“凝装”等，说明女性化妆在唐宋两代是普遍存在的。随着社会的不断发展，女性化妆品和化妆工具增多。一件妆奁盒，内置粉盒、胭脂盒、油缸、水盂、妆盘、刷、抿、木梳篦、铜镜，为宋代女子每天梳妆理容所用的一套完善的设施〔1〕。妆奁内部的容积呈现出日渐增大的趋势。在制胎工艺上，圈叠法得到了广泛运用〔2〕。汉代流行的多子奁，到五代及宋元时期演变成逐层套起的套奁，造型与前代风格迥异，面目一新。具有三层、四层或五层结构的套奁，元明时期称为三撞或五撞式漆盒，也就是层数不同的妆奁。整器呈柱状，侧面起棱，有莲瓣式、葵瓣式、花瓣式、八角形式等，造型美观，轮廓流畅。

多层套奁早在南朝时期即已出现，只是并不多见。1976年，常州南郊戚家村画像砖墓（年代为南朝～初唐）的画像砖上有一侍女侧身向右，双手捧奁〔3〕。此奁侧面为圆柱状，圆顶盖，器身分为多层，层层套起（图一一八，1）。套奁在《靓妆仕女图》《半闲秋兴图》等宋画以及宋代砖雕中都有所见。四川泸县奇峰镇一号南宋墓，墓室条石上高浮雕侍女各一，左侧侍女左臂弯曲向右上举，托住套奁底部，右手上举，按盒盖。此套奁外壁为瓜棱状，共四层（图一一八，2）〔4〕。

〔1〕扬之水：《南方宋墓出土金银首饰的类型与样式》，《考古与文物》2008年第4期。

〔2〕圈叠法是在薄木胎基础上发展起来的，将“木片裁成条，水浴加温，弯曲成圈，烘干定形，一圈圈累叠，胶粘成形，经打磨后，再上灰髹漆”。参见王世襄：《中国古代漆工艺》，《中国美术全集·工艺美术编8·漆器》，第26页，文物出版社，1989年。

〔3〕常州市博物馆：《常州南郊戚家村画像砖墓》，《文物》1979年第3期。

〔4〕四川省文物考古研究所等：《泸县宋墓》，第86页，文物出版社，2004年。

1

2

图一一八　捧奁侍女形象

1. 常州戚家庄墓画像砖上的多层套奁　2. 泸县奇峰镇一号汉墓条石上的多层套奁

图一一九　南宋黑髹多层套奁

1976年，常州武进蒋塘宋墓出土的八瓣花形木胎套奁，内外皆髹黑漆。奁体由盖、盘、中、底四部分套合而成，直径21.1、通高22厘米。第二层内有一对朱漆浅盘，拼接成太极形（图一一九）。整器设计精巧，是宋代漆奁的上乘之作。

戗金和剔犀工艺在南宋中后期以后开始成熟，精雕细琢的高档漆器逐渐增多。汉代漆器流行的镶釦技法也常为宋代妆奁所采用。近年来，宋代漆器的釦带经采样检测发现，有些貌

图一二〇　南宋戗金仕女图套奁

图一二一　剔犀菱花形套奁

似白银的釦带，实为锡[1]。锡虽有自身材料性能上的不足，但是其光泽度好，价格低廉，可以代替贵重的白银装饰器物。

图一二二　盥水观画图

江苏武进南宋墓出土一件戗金仕女图多层套奁[2]，银釦镶边，盖面戗金刻划侍女与花卉。十二棱菱花形，由盖、盘、中、底四层套合而成，内盛多个小盒（图一二〇）。1986 年，福州茶园村南宋武将夫妇墓出土一件剔犀菱花形套奁，直径 15、通高 17 厘米[3]。木胎，六瓣菱花形，三层一盖，平底，紫面，黄红相间。盖面外围雕刻出八个如意云纹，中间四个正中形成方形，如篆书“癸”字形图案。盖外壁饰灵芝形图案，与首层外壁对称，每棱各两对。中层与底层外壁对称，每棱内饰有如意纹和灵芝纹各两对。盖内以及盒内、盒底髹黑色推光漆，颜色光亮，不加纹饰（图一二一）。此奁与《盥水观画图》中所绘套奁如出一辙（图一二二），装饰技法皆为剔犀，纹样为圆润的云纹。

宋代除了套奁外，还流行一种带抽屉的妆奁，可称之为镜箱，是由镜架演变而来的，上可架镜，兼储妆饰用品。南北朝时有的妆奁已经有了抽屉，北周文学家庾信《镜赋》中有“暂设妆奁，还抽镜屉”的句子。镜箱的显著特征就是把汉代流行的多子奁中的多个小奁变成了一只大箱中嵌入的多个抽屉。武进村前乡南宋墓中出土一件镜箱，设两抽屉，上部有两层套盘，上层套盘内盛一面铜镜，下层套盘内置镜架，可支撑。抽屉内盛放木梳、竹篦之类的梳头用品，抽屉板上有柿蒂纹铜环（图一二三）[4]。福州茶园山许峻墓出土的一件剔犀矩形镜箱，口部套一浅盘，置一铜镜。内有三个小抽屉，分置香粉、粉扑、木梳、木篦等梳妆用品[5]。

〔1〕李晓远等：《六件宋代温州漆器成分结构及工艺剖析》，《文物保护与考古科学》2018 年第 4 期。
〔2〕陈晶、陈丽华：《江苏武进村前南宋墓清理纪要》，《考古》1986 年第 3 期。
〔3〕陈晶：《中国美术分类全集·中国漆器全集·第 4 卷·三国—元》，福建美术出版社，1998 年。
〔4〕陈晶、陈丽华：《江苏武进村前南宋墓清理纪要》，《考古》1986 年第 3 期。
〔5〕福建省博物馆：《福州茶园山南宋许峻墓》，《文物》1995 年第 10 期。

图一二三　剔犀长方形镜箱

宋元时期，少数民族入主中原，是历史上多元文化的交流与碰撞时期。2003年，内蒙古通辽市科左后旗吐尔基山辽墓出土一件嵌宝石鎏金包银漆奁盒（图一二四），盒内为黑色漆胎，外以鎏金嵌宝石錾花银箔包装，整体为曲角四方体，与内置铜镜造型相合。盒盖内里錾一幅庭院赏乐图。边长25、宽11.7厘米[1]。这套奢华妆具为一名具有萨满身份的契丹女贵族所有。漆器是辽代少见的器物种类，此件漆胎鎏金器的发现，为研究辽代漆器及金银器的装饰工艺和技法提供了珍贵的实物资料。北京丰台区王佐乡金乌古伦窝伦墓出土一件缠枝花卉孔雀纹套奁，直径12.8、通高15.5厘米。岫岩玉质，三层，子母口套合，外壁阴刻花卉与叶纹，盖面刻折枝牡丹，花间山石旁刻孔雀驻足回望，画面颇有宋画"折枝写生"的意趣，反映出女真入主中原后受中原文化的深刻影响。该器为研究金代贵族妇女生活习俗提供了重要的实物资料。

宋元时期，长江下游太湖流域民间金银手工生产有了长足发展，考古发掘出土了较多宋元金银器。宋末元初的苏州吴县吕师孟墓出土一件"闻宣造"镀金团花八瓣银盒[2]，腹径24.8、底径17.5、高8.9厘米，重776克（图一二五）。盖已失，从底器子母口来看，应与上器相扣。整器为锤揲錾刻而成，腹外壁錾刻四十八朵缠枝花卉。器口承一浅盘，盘心刻飞舞

〔1〕内蒙古博物院：《文明之旅——中国北方草原古代文明揽胜》，第103页，内蒙古博物院，2009年。

〔2〕江苏省文物管理委员会：《江苏吴县元墓清理简报》，《文物》1959年第11期。

图一二四
嵌宝石鎏金包银漆奁盒

图一二五
“闻宣造”镀金团花八棱银盒

1

2

图一二六　张士诚母曹氏银奁及镜架

1.银奁　2.镜架

的凤凰，上涂鎏金一层，器下有圈足，器底刻有“闻宣造”三字。这件银盒与安徽六安花石咀古墓中出土的一套银奁外形极其相似，可推断吕师孟夫妇合葬墓中出土的这件银盒应是一套残缺的银质套奁，同墓中出土的圆盒、水盂、梅花盒等小件银器应皆为银奁内存的梳妆器具。花石咀古墓出土的八瓣花形刻花百子银奁，顶面与器壁都镌刻细密精美的花纹。口径 20.6、底径 20.6、通高 24.8 厘米，重 2070 克[1]。器为菱形，鼓盖平顶，直腹，三层，平底。内部分层存放铜镜、木梳以及粉盒、粉盂等多件精美的银质梳妆用具。

1964 年，江苏苏州张士诚父母合葬墓出土的一件银奁，堪称花瓣形套奁的登峰造极之作。银奁弧肩，柱状，侧面起棱，横截面呈六瓣菱花形，下带圈足，通高 24.3 厘米，共有上、中、下三层，各层之间以子母口套合，上有盖，下有银托盘。奁由多片银材焊接、锤凿而成，熔焊技术高超，焊点接合处不留痕迹。银奁满饰小簇团花。奁内盛全套梳妆用具共计 24 件，上层放置银镜、剪刀、薄片刮削器及大小刷各一件。中层放置银圆盒四只，小银罐和大小银碟各一件，其中一只盒中还残留粉迹，一只留有红胭脂，一只放黄绸做的粉扑，小银罐盖下连着一把小勺。下层盛放半月形银梳一把，银篦、水盂各一件，银脚刀、银小剪刀和银针六支。银奁旁还放置一件折叠式银镜架，是为存放银奁内的银镜而设置的（图一二六）[2]。

故宫博物院藏一件正德瓷奁，为明代宫廷御用青花瓷器，高 23.9、口径 16.1、足径 10.6 厘米。瓷奁为圆筒式三层套合，平顶盖，圈足。盖面中心绘三人骑马，辅以云山松亭，外围绘如意云纹一周，盖边绘龟背锦纹。盒上、中两层各绘仕女、庭院，辅以花卉、卷云等。底层及近足处分别绘莲瓣纹及龟背锦各一周。此套奁造型秀丽端正，是非常罕见的明代传世套奁（图一二七）。套奁的造型还为粉盒所借鉴。首都博物馆藏明代银镀金花卉纹三节粉盒，整体如同一个微型的套奁，口径 6.3、高 6.3 厘米（图一二八）。流行于宋元时期的套奁，在明代虽有少量存世，但已不是妆奁的主流。

妆奁形制的变化同中国古人坐姿的改变有很大的关系。汉代时小巧的漆奁非常适合席地而居的时代。垂足而坐的坐姿在宋代得以最终确立，室内家具逐渐增高，大型梳妆台应运而生。明清以降，妆奁成为一种常见的室内陈设家具，形体有高低之分，体积有大小之别。形体高者置于地面，类似专用桌子，形体低者置于几案之上。性坚质细的紫檀、黄花梨等硬木广泛运用于妆奁的制作。此外，具有地方特色的柞榛木妆奁、民间趣味浓厚的杂木妆奁也引人瞩目，

〔1〕安徽六安县文物工作组：《安徽六安县花石咀古墓清理简报》，《考古》1986 年第 10 期。

〔2〕苏州市文物保管委员会：《苏州吴张士诚母曹氏墓清理简报》，《考古》1965 年第 6 期。

图一二七　正德瓷套奁

图一二八　银镀金花卉纹三节粉盒

而皇家使用的象牙质妆奁则具有奢华的宫廷特色。依其形体大小，妆奁大致可分为两类：一类为体型较大、不易搬动的家具；另一类继承了汉以来小巧便携风格的妆奁。常见明清妆奁可分为宝座式镜台、屏风式镜台、折叠式梳妆台以及立柜式梳妆箱四种型式，前两种体型较大，后两种体型较小。

宝座式镜台是在宋代扶手椅的基础上增加抽屉而成的，这类镜台较屏风式镜台出现略早。明代黄花梨宝座式雕镂龙纹镜台（图一二九），长 52.5、宽 29.5、高 79 厘米。屏风式围栏，中扇凸起。搭脑正中上方镶火龙珠，两端下沉后探出立柱，立柱上圆雕相对螭首。侧立围栏上端也雕有螭首。围栏中有形状不一的绦环板，均雕以螭纹。台面上有一瓜叶形座，系为卡镜之用，有冰盘沿式台面，下设抽屉三具，均装饰铜制拉环，下层抽屉另有拍子及插销[1]。清代民间杂木宝座式镜台，台座只设抽屉一具，左右安挂牙，下有牙条，均透雕（图一三〇）。此件镜台雕刻草草，刀过便了。唯民间意趣浓郁，处处见粗犷自信、放纵不羁之风格，非黄花梨紫檀家具所能有也[2]。

〔1〕胡德生：《明清家具鉴藏》，第 160 页，山西教育出版社，2014 年。
〔2〕王世襄：《自珍集：俪松居长物志》，第 203 页，三联书店，2007 年。

图一二九　黄花梨宝座式镜台

图一三〇　杂木宝座式镜台

屏风式镜台传世实物较多，现存的大部分屏风式镜台为清代制作。这类镜台体型较大，形若一个小型戏台，常见的为五屏式，也有三屏式。镜台下部为台座，有两扇门，门内有抽屉若干，台座上有屏风，屏风怀中竖挂的铜镜到晚清时期被镶嵌的玻璃镜取代。故宫博物院藏黄花梨透雕龙凤纹五屏式镜台为明代家具典范，此台座上安五扇小屏风，呈扇形，中扇最高，两侧渐低，并依此向前兜转。屏风上镶绦环板，透雕龙凤纹、缠枝莲纹，上搭脑均高挑出头，圆雕龙头。台面四周有望柱栏杆，镶透雕龙纹绦环板。台座对开门，内设抽屉三具。两腿间有壶门式牙板。镜台使用时，铜镜斜靠在小屏风上，下部有台前的门栏相抵（图一三一）。

清代家具以明代家具为基础发展而成，既具有明代家具用材考究、结构严实的特点，同时又受西方外来的建筑、雕刻、造型风格的影响，形成中西结合的独特风格。这件清代梳妆台高 204 厘米，为红木制成，是中西合璧的家具款式。台面上竖立镜架，镜架中镶嵌玻璃镜，镜面周围透雕、浮雕各种纹饰。台面下为组合式橱柜，底设八足（图一三二）[1]。

〔1〕胡德生：《明清家具鉴藏》，第 163 页，山西教育出版社，2014 年。

图一三一
五屏式镜台

折叠式梳妆台为外形小巧的匣式妆奁，便于移动携带，是从宋代流行的镜箱演变而来的。匣盖兼具镜架的功能，上层既可支立镜子，亦可放平收起。下部或不设门，或设两开门，内有数量不等的小屉，整体设计层次分明。

《明式家具二十年经眼录》中介绍了一件黄花梨折叠式梳妆台，镜架下增添了台座，两开门，内设抽屉三具。镜架框内三边嵌装透雕花纹的绦环板，正中方格安角牙，下层设荷叶式托子，可上下移动。全器雕刻精到，用料考究。长 33、宽 33、高 18.5 厘米（图一三三）〔1〕。晚清慈禧所用的一具满地浮雕象牙小镜匣，匣盖上雕刻各类吉祥图案，有喜鹊登梅、鸳鸯戏水、鹤鹿同春等，匣内存放梳具以及盛放胭脂、妆粉的牙雕盒（图一三四）。直到民国以后，小巧的折叠式梳妆匣依然是闺房中的寻常物件，为女性所珍爱。浙江省博物馆藏一件民国骨木镶嵌梳妆匣，长 20.5、宽 15、高 10.5 厘米。匣平面呈长方形，通体用骨片、螺钿镶嵌缠枝花卉、蝶、虫等纹饰。匣面上有五个铜合页，匣盖可折叠支放镜子。匣两侧各有一可活动的铜提环。匣内可存放各种梳妆用具（图一三五）〔2〕。

〔1〕伍嘉恩：《明式家具二十年经眼录》，第 275 页，紫禁城出版社，2010 年。
〔2〕浙江省博物馆：《浙江省博物馆典藏大系·槁木奇功》，第 80 页，浙江古籍出版社，2009 年。

图一三二
红木梳妆台

图一三三　黄花梨折叠式镜台

图一三四　象牙雕花卉镜奁

图一三五　骨木镶嵌梳妆匣

图一三六
百宝嵌婴戏梳妆箱

立柜式梳妆箱整体如同一件袖珍型立柜，这类妆奁与折叠式梳妆匣最大的不同就是前者内部不设镜架，而后者内设可折叠式镜架。南京博物院藏清代百宝嵌婴戏梳妆箱，内设抽屉及隔断，长 18、宽 12、通高 25 厘米（图一三六）[1]。箱为木胎，器表髹黑漆，百宝嵌婴戏纹以及宝瓶、如意、梅枝等吉祥图案。

明代还有一种称为“官皮箱”的妆奁，因其名为“官皮箱”，导致很多人误以为是官方衙署中物，王世襄从传世物甚多、花纹题材多为与婚嫁有关的吉祥图案等角度，认为官皮箱是陪嫁妆奁，乃妇女用具。盖下平屉可存放铜镜、油缸、粉盒等，下面抽屉可放梳篦、簪、钗等[2]。明式官皮箱盖顶有平顶式与盝顶式，设两开门或插门，有的门上施雕饰，有的通身浮雕，有的全身光素。

中国国家博物馆收藏的一件明末清初紫檀五屉官皮箱，长 33、宽 40、高 35 厘米。箱盖

〔1〕龚良：《南京博物院》，第 189 页，长征出版社，2013 年。
〔2〕王世襄：《谈几种明代家具的形成》，《收藏家》1996 年第 4 期。

图一三七
紫檀五屉官皮箱

平顶，子母口，箱体带壸门式座台，浮雕卷草纹。正面对开双门，上缘纳入盖口，下缘入槽。门内设五具抽屉，双门及抽屉装有铜吊牌。箱盖与箱体之间装有圆形面叶及云头形拍子，箱体两侧装有铜提环（图一三七）〔1〕。

官皮箱的雏形可以追溯到前文所述的宋代镜箱，在宋式镜箱的抽屉前面安上门即成为明式官皮箱。官皮箱为镜架设计了存放空间，打开盖顶，上层平屉配有小巧的折叠镜架，方便支起与收拢镜子，下设数个抽屉。王世襄对万历本《鲁班经匠家镜》中“镜架式及镜箱式”条进行了校正：“大者一尺零五分深，阔九寸，高八寸零六分。上层下镜架二寸深，中层下抽箱一寸二分，下层抽箱三寸，盖一寸零五分，底四分厚。”此镜箱“内中下镜架七寸大，九寸高。”为纵深大于面宽的镜箱，箱盖之下存放折叠镜架，此下有两层抽屉，其形制近似明式家具中常见的官皮箱〔2〕。

官皮箱传世实物颇多，形制尺寸比较标准化，是一种明代常见的妆奁。当然，一器多用的现象在生活中较为常见，官皮箱既可存放梳妆用品、珠宝首饰以及其他贵重物品，也可以置于书桌上，用于收纳文房书写用具。

古人“止水鉴容，流水沐浴”，中国妆奁文化史可谓久矣。我国古代妆奁是战国时期随

〔1〕吕章申：《中国国家博物馆藏百年收藏集粹》，第652页，安徽美术出版社，2014年。
〔2〕王世襄：《<鲁班经匠家镜>家具条款初释》，《故宫博物院院刊》1980年第3期。

着日用生活漆器的增多才出现的，妆奁是日用漆器的一个重要品类。漆器制作工艺繁杂，在战国秦汉时期，漆器极其昂贵。历经唐宋变革，漆器逐渐走入宋代平民社会，人们在追逐器物精美的同时，更加注重器物的实用性，这使得曾经繁盛一时、适合席地起居的汉式漆奁逐渐演变成适合垂足而坐的多层套奁。随着明式家具的勃兴，妆奁最终演变成为大型梳妆台和便携式梳妆匣两大类。

“窈窕淑女，君子好逑”，道出了古代令男子倾慕的女性的标准，女性应该兼具外在美与内在美。为了得到心上人的喜爱，梳妆打扮成为女性在少女时代就必须学会的技能。诚如唐诗《简简吟》所言：“十一把镜学点妆，十二抽针能绣裳。”女性在男权至上的封建社会，经济上处于依附地位，婚姻中往往也处于被选择的地位，她们需要借助梳妆达到增加魅力、巩固地位的目的。温庭筠词中“懒起画蛾眉，弄妆梳洗迟”，描写了一位女子因无人欣赏，连自赏的心情都没有，这是许多古代女性共有的心态。妆奁因与女性生活息息相关，后来逐渐衍生出许多与女性有关的词语，如嫁奁指嫁妆，奁币指遣嫁之器物与财物，奁安用于给妇女写信时置于信尾的问候语。

旧时韶华红颜对容貌美的期盼促使了妆奁的产生，雅致的妆奁又为平淡的燕居生活增添了一道亮丽的风景。男子常见的妆具为铜镜与梳、篦等，而女子除此之外，还有眉黛、妆粉、唇脂、胭脂等面部化妆品，人们在梳妆完毕之后，都需把这类用品收拢归类，妆奁也就应运而生。

髹漆妆奁滥觞于战国，一直延续至明清及近代。在数千年的发展中，这类妆奁随着人们起居方式的转换而转变，但其主要功能未曾改变，具有强烈的功能性倾向。妆奁在各个历史阶段中材质、纹样以及装饰技法的演变，也在一定程度上反映了人们审美情趣的变化。

古代留存下来的妆奁是历史的载体，历史的阶段性也反映在历代妆奁的不同面貌上。可以说，历代不同的妆奁是历史的生动再现。对美的追求是人类的本性，也是人类社会不断发展的动力之一，妆奁以其独特的形式语言诉说了古代工艺技术，尤其是漆工艺的发展历程，同时也为我们认识中国古代社会意识提供了一个独特的视角。

参考文献

一、传统文献

1. [春秋] 管仲撰、黎翔凤校注：《管子校注》，中华书局，2004 年。

2. [春秋] 左丘明撰、杨伯峻编注：《春秋左传注》（修订本），中华书局，1981 年。

3. [战国] 韩非著、陈奇猷校注：《韩非子新校注》，上海古籍出版社，2000 年。

4. [战国] 吕不韦著、陈奇猷校释：《吕氏春秋新校释》，上海古籍出版社，2002 年。

5. [战国] 吕不韦著、许维遹集释：《吕氏春秋集释》，中华书局，2009 年。

6. [战国] 荀况撰、[清] 王先谦集、沈啸寰等点校：《荀子集解》，中华书局，1988 年。

7. [战国] 庄周撰、[清] 郭庆藩集、王孝鱼点校：《庄子集释》，中华书局，1961 年。

8. [汉] 班固著、[清] 陈立撰、吴则虞点校：《白虎通疏证》，中华书局，1994 年。

9. [汉] 班固撰、[唐] 颜师古注：《汉书》，中华书局，1962 年版。

10. [汉] 桓宽撰、王利器校注：《盐铁论校注》，中华书局，1992 年。

11. [汉] 贾谊撰、阎振益等校注：《新书校注》，中华书局，2000 年。

12. [汉] 刘安撰、张双棣校释：《淮南子校释》，北京大学出版社，1997 年。

13. [汉] 刘向集录、范祥雍笺证、范邦瑾协校：《战国策笺证》，上海古籍出版社，2006 年。

14. [汉] 刘歆撰、[晋] 葛洪辑：《西京杂记》，中华书局，1985 年。

15. [汉] 刘熙撰、[清] 毕沅疏证、王先谦补：《释名疏证补》，中华书局，2008 年。

16. [汉] 司马迁撰、[南朝宋] 裴骃集解：《史记》，中华书局，1959 年。

17. [汉] 王粲著、俞绍初校点：《王粲集》，中华书局，1980 年。

18. [汉] 王充撰、北京大学历史系《论衡》小组注释：《论衡注释》，中华书局，1979 年。

19. [汉] 王符撰、[清] 汪继培笺、彭铎校正：《潜夫论笺校正》，中华书局，1985 年。

20. [汉] 许慎撰、[清] 段玉裁注：《说文解字注》，上海古籍出版社，1981 年。

21. [汉] 扬雄著、张震泽校注：《扬雄集校注》，上海古籍出版社，1992 年。

22. [汉] 应劭撰、王利器校注：《风俗通义校注》，中华书局，1981 年。

23. [汉] 赵晔撰、周生春辑校汇考：《吴越春秋辑校汇考》，上海古籍出版社，1997 年。

24. [汉] 郑玄注、[唐] 贾公彦疏：《周礼注疏》，上海古籍出版社，2010 年。

25. [汉] 郑玄注、[唐] 贾公彦疏：《仪礼注疏》，上海古籍出版社，2008 年。

26. [晋] 常璩著、任乃强校注：《华阳国志校补图注》，上海古籍出版社，1987 年。

27. [晋] 葛洪著、杨明照校笺：《抱朴子外篇校笺》，中华书局，1991 年。

28. [南朝宋] 范晔撰、[唐] 李贤注：《后汉书》，中华书局，1965 年。

29. [南朝梁] 萧统编、[唐] 李善注：《文选》，上海古籍出版社，1986 年。

30. [唐] 段成式撰、方南生点校：《酉阳杂俎》，中华书局，1981 年。
31. [唐] 房玄龄等撰：《晋书》，中华书局，1974 年。
32. [后唐] 马缟集：《中华古今注》，商务印书馆，1956 年。
33. [宋] 高承撰：《事物纪原》（丛书集成初编本），商务印书馆，1937 年。
34. [宋] 洪兴祖撰、白化文等点校：《楚辞补注》，中华书局，2006 年。
35. [宋] 李昉等撰：《太平御览》，中华书局，1960 年。
36. [元] 陶宗仪撰：《南村辍耕录》，中华书局，1959 年。
37. [元] 伊士珍撰、席夫辑：《琅嬛记》，中华书局，1991 年。
38. [明] 黄成著、杨明注、王世襄解说：《髹饰录解说》，文物出版社，1983 年。
39. [明] 方以智：《物理小识》，《四库全书 · 珍本十一集》，（台北）商务印书馆，1969 年。
40. [明] 宋应星：《天工开物》，巴蜀书社，1989 年。
41. [明] 田艺蘅撰、朱碧莲点校：《留青日札》，上海古籍出版社，1992 年。
42. [明] 汪瑗撰、董洪利点校：《楚辞集解》，北京古籍出版社，1994 年。
43. [明] 吴敬所编、[汉] 伶玄撰：《国色天香 · 赵飞燕外传》，吉林文史出版社，1999 年。
44. [明] 张萱撰：《疑耀》（影印文渊阁四库全书），（台北）商务印书馆，1987 年。
45. [清] 阮元校刻：《十三经注疏》，中华书局，1980 年。
46. [清] 孙诒让撰、孙启治点校：《墨子间诂》，中华书局，2001 年。
47. 何清谷撰：《三辅黄图校释》，中华书局，2005 年。
48. 上海师范大学古籍整理组校点：《国语》，上海古籍出版社，1978 年。
49. 隋树森集释：《古诗十九首集释》，中华书局，1955 年。
50. 苏舆撰、钟哲点校：《春秋繁露义证》，中华书局，1992 年。
51. 袁珂校译：《山海经校译》，上海古籍出版社，1985 年。

二、今人论著

1. 白寿彝：《中国通史》，上海人民出版社，1995 年。
2. 白云翔：《秦汉考古与秦汉文明研究》，文物出版社，2019 年。
3. 北京钢铁学院《中国冶金简史》编写组：《中国冶金简史》，科学出版社，1978 年。
4. 陈建明、聂菲：《马王堆汉墓漆器整理与研究》，中华书局，2019 年。
5. 陈明芳：《中国悬棺葬》，重庆出版社，1992 年。
6. 陈振裕：《楚文化与漆器研究》，科学出版社，2003 年。

7. 陈振裕：《战国秦汉漆器群研究》，文物出版社，2007 年。

8. 陈直：《两汉经济史料论丛》，陕西人民出版社，1980 年。

9. 陈中行等：《出土饱水竹木漆器脱水保护技术》，湖北人民出版社，2014 年。

10. 高春明：《中国服饰名物考》，上海文化出版社，2001 年。

11. 高丰：《中国器物艺术论》，山西教育出版社，2001 年。

12. 葛剑雄：《西汉人口地理》，人民出版社，1986 年。

13. 葛兆光：《中国思想史》， 复旦大学出版社，2013 年。

14. 龚廷万等：《巴蜀汉代画像集》，文物出版社，1998 年。

15. 郭廉夫、张继华：《色彩美学》，陕西人民美术出版社，1992 年。

16. 何浩：《楚灭国研究》，武汉出版社，1989 年。

17. 洪石：《战国秦汉漆器研究》，文物出版社，2006 年。

18. 后德俊：《湖北科学技术史稿》，湖北科学技术出版社，1991 年。

19. 后德俊：《楚国的矿冶髹漆和玻璃制造》，湖北教育出版社，1995 年。

20. 湖南农学院：《长沙马王堆一号汉墓出土动植物标本的研究》，文物出版社，1978 年。

21. 湖南省博物馆：《马王堆汉墓研究》，湖南人民出版社，1981 年。

22. 黄展岳：《先秦两汉考古论丛》，科学出版社，2008 年。

23. 金春峰：《汉代思想史》（增补第三版），中国社会科学出版社，2006 年。

24. 孔祥星、刘一曼：《中国铜镜图典》，文物出版社，1992 年。

25. 李学勤：《东周与秦代文明》，上海人民出版社，2007 年。

26. 李砚祖：《装饰之道》，中国人民大学出版社，1993 年。

27. 李泽厚：《美的历程》，文物出版社，1981 年。

28. 林剑鸣：《秦史稿》，中国人民大学出版社，2009 年。

29. 临沂市博物馆：《临沂汉代画像石》，山东美术出版社，2002 年。

30. 刘兴林：《战国秦汉考古》，南京大学出版社，2019 年。

31. 刘兴林、范金民：《长江丝绸文化》，湖北教育出版社，2004 年。

32. 卢央：《京房易传解读》，九州出版社，2004 年。

33. 吕思勉：《先秦史》，上海古籍出版社，2005 年。

34. 吕思勉：《秦汉史》，上海古籍出版社，2005 年。

35. [美] 巫鸿：《礼仪中的美术》，三联书店，2005 年。

36. [美] 巫鸿著、李清泉等译：《中国古代艺术与建筑中的“纪念碑性”》，上海人民出版社，

2009 年。
37. [美] 余英时著、邬文玲等译：《汉代贸易与扩张——汉胡经济关系结构研究》，上海古籍出版社，2005 年。
38. 聂菲：《湖南楚汉漆木器研究》，岳麓书社，2013 年。
39. 彭信威：《中国货币史》，上海人民出版社，2007 年。
40. 钱穆：《秦汉史》，三联书店，2004 年。
41. 乔十光：《漆艺》，中国美术学院出版社，2000 年。
42. 卿希泰、唐大潮：《道教史》，江苏人民出版社，2006 年。
43. 瞿同祖著、邱立波译：《汉代社会结构》，上海人民出版社，2007 年。
44. [日] 原田淑人：《古代人の化粧と装身具》，刀水书房，1987 年。
45. 宋治民：《宋治民考古文集》，科学出版社，2004 年。
46. 孙机：《汉代物资文化资料图说》，文物出版社，1991 年。
47. 孙机、杨泓：《文物丛谈》，文物出版社，1991 年。
48. 谭红：《巴蜀移民史》，巴蜀书社，2006 年。
49. 田自秉：《中国工艺美术史》，知识出版社，1985 年。
50. 田自秉：《中国工艺美术简史》，浙江美术学院出版社，1989 年。
51. 田自秉等：《中国纹样史》，高等教育出版社，2003 年。
52. 王琥：《美术技法大全——漆艺概要》，江苏美术出版社，1999 年。
53. 王世襄：《髹饰录解说》，文物出版社，1983 年。
54. 王世襄：《锦灰堆》，三联书店，1999 年。
55. 王世襄：《明式家具研究》，三联书店，2008 年。
56. 王学理：《秦物质文化通览》，科学出版社，2017 年。
57. 王仲殊：《汉代考古学概说》，中华书局，1984 年。
58. 魏坚：《内蒙古中南部汉代墓葬》，中国大百科全书出版社，1998 年。
59. 文物编辑委员会编：《文物考古工作三十年（1949~1979）》，文物出版社，1979 年。
60. 闻一多：《闻一多全集》，三联书店，1982 年。
61. [匈] 卢卡契：《审美特性》，中国社会科学出版社，1986 年。
62. 徐中舒：《论巴蜀文化》，四川人民出版社，1982 年。
63. 杨宽：《战国史》，上海人民出版社，1957 年。
64. 杨树达：《汉代婚丧礼俗考》，上海古籍出版社，2013 年。

65. 扬之水：《古诗文名物新证》，紫禁城出版社，2004 年。
66. 俞伟超：《先秦两汉考古学论集》，文物出版社，1985 年。
67. 云梦睡虎地秦简整理小组：《云梦睡虎地秦简》，文物出版社，1991 年。
68. 张光直：《考古学专题六讲》，文物出版社，1990 年。
69. 张学锋：《中国墓葬史》，广陵书社，2009 年。
70. 张燕：《扬州漆器史》，江苏科学技术出版社，1995 年。
71. 张正明：《楚文化史》，上海人民出版社，1987 年。
72. 张正明：《楚文化志》，湖北人民出版社，1988 年。
73. 赵翰生：《中国古代纺织与印染》，商务印书馆，1997 年。
74. 中国社会科学院考古研究所：《新中国的考古发现与研究》，文物出版社，1984 年。
75. 诸葛铠：《墨朱流韵：中国古代漆器艺术》，三联书店，2000 年。
76. 朱学文：《秦漆器研究》，三秦出版社，2016 年。

三、论文

1. 安志敏、安家瑗：《中国早期黄金制品的考古学研究》，《考古学报》2008 年第 3 期。
2. 白云翔：《考古发现与秦汉时期的体育活动》，《考古》2008 年第 7 期。
3. 白云翔：《汉代“蜀郡西工造”的考古学论述》，《四川文物》2014 年第 6 期。
4. 曹金柱：《中国原始社会末期至战国时期的漆树地理分布》，《陕西生漆》1979 年第 3 期。
5. 陈刚：《近十年来大云山西汉江都王陵考古研究与展望》，《兄弟王：从满城汉墓到大云山汉墓》，译林出版社，2019 年。
6. 陈华峰：《天长汉墓出土夹纻胎漆笥工艺与装具文化的研究》，《中国生漆》2020 年第 2 期。
7. 程丽臻：《唐代梅花瓣形漆奁银平脱毛雕银饰工艺赏析》，《文物天地》2017 年第 3 期。
8. 陈松长：《马王堆锥画漆奁盒上的狩猎纹图像解读》，《江汉考古》2008 年第 3 期。
9. 陈元生等：《史前漆膜的分析鉴定技术》，《文物保护与考古科学》1995 年第 2 期。
10. 陈振裕：《楚国漆器的装饰艺术》，《中原文物》1984 年第 4 期。
11. 陈振裕：《略论湖北秦墓》，《文博》1986 年第 4 期。
12. 陈振裕：《楚国的竹器手工业初探》，《考古与文物》1987 年第 4 期。
13. 陈振裕、左德承：《试秦汉漆器的两种纹饰》，《全国漆器信息》1987 年第 11、12 期合刊。
14. 陈振中：《先秦金器生产制作工艺的初步形成》，《中国经济史研究》2007 年第 1 期。
15. 陈直：《两汉纺织漆器手工业》，《西北大学学报》1957 年第 2 期。

16. 陈直：《贵州清镇县汉墓发现漆耳杯漆盘汇考》，《贵州文史丛刊》1983 年第 5 期。
17. 丁永芳：《楚疆述略》，《江汉考古》1980 年第 1 期。
18. 董天坛：《中国古代奁妆演变初探》，《西北第二民族学院学报》2005 年第 1 期。
19. 冯汉骥：《前蜀王建墓出土的平脱漆器及银铅胎漆器》，《文物》1961 年第 11 期。
20. 傅举有：《中国古代漆器的锥画艺术和鎗艺术》，《故宫博物院院刊》2007 年第 4 期。
21. 傅举有：《中国漆器金银装饰工艺之一 金银箔贴花漆器》，《紫禁城》2007 年第 3 期。
22. 傅举有：《中国漆器金银装饰工艺之三 金银釦漆器》，《紫禁城》2007 年第 7 期。
23. 傅举有：《描金银漆器——中国漆器金银装饰工艺之五》，《紫禁城》2007 年第 9 期。
24. 付迎春等：《应用热辅助水解甲基化裂解气相色谱质谱技术对古代漆器漆膜的分析研究》，《文物保护与考古科学》2018 年第 4 期。
25. 高炜：《汉代漆器的发现与研究》，《新中国的考古发现和研究》，文物出版社，1984 年。
26. 高志强：《论古代漆奁设计的历史演进》，《南京艺术学院学报》2007 年第 4 期。
27. 高至喜：《马王堆汉墓的楚文化因素分析》，《湖南博物馆文集》，岳麓书社，1991 年。
28. 郭维德：《试论江汉地区楚墓、秦墓、西汉前期墓的发展与演变》，《考古与文物》1983 年第 2 期。
29. 何秋菊、赵瑞廷：《北京老山汉墓出土漆器残片的髹漆工艺研究》，《文物》2013 年第 10 期。
30. 洪石：《汉代嵌宝石漆器研究》，《汉代陵墓考古与汉文化》，科学出版社，2016 年。
31. 洪石：《马王堆汉墓出土油画漆器研究》，《江汉考古》2017 年第 1 期。
32. 洪石：《先秦两汉嵌绿松石漆器研究》，《考古与文物》2019 年第 3 期。
33. 后德俊、陈赋理：《楚国漆制品生产与使用中的几个问题》，《中国生漆》1983 年第 1 期。
34. 后晓荣：《秦市亭陶文性质的新认识》，《考古学报》2019 年第 3 期。
35. 胡厚宣：《甲骨文商族鸟图腾的遗迹》，《历史论丛》，中华书局，1984 年。
36. 胡雅丽：《包山 2 号墓漆画考》，《文物》1988 年第 5 期。
37. 江章华：《巴蜀地区的移民墓研究》，《四川文物》1996 年第 1 期。
38. 金普军：《汉代髹漆工艺研究》，中国科学技术大学博士学位论文，2008 年。
39. 金普军等：《九连墩出土漆器漆灰层制作工艺研究》，《江汉考古》2012 年第 4 期。
40. 金普军等：《漆器遗存的检测与分析》，《秦始皇帝陵一号兵马俑陪葬坑发掘报告（2009 ~ 2011 年）》，文物出版社，2018 年。
41. 金普军等：《江苏盱眙出土夹纻胎漆器的测试分析》，《分析测试学报》2008 年第 4 期。
42. 金普军等：《安徽巢湖放王岗出土西汉漆器漆膜测试分析 》，《文物保护与考古科学》

2007年第3期。

43. 雷从云：《三十年来春秋战国铁器发现述略》，《中国历史博物馆馆刊》1980年第2期。

44. 李晶寰：《马王堆一号汉墓漆器的装饰艺术及文化内涵》，《考古与文物》1996年第3期。

45. 李零：《"方华蔓长，名此曰昌"——为"柿蒂纹"正名》，《中国国家博物馆馆刊》2012年第7期。

46. 李霞、王风雷:《由马王堆汉墓出土漆器看汉代漆器的艺术特色》,《艺海》2010年第10期。

47. 李晓远等：《六件宋代温州漆器成分结构及工艺剖析》，《文物保护与考古科学》2018年第4期。

48. 李学勤：《谈祝融八姓》，《江汉论坛》1980年第2期。

49. 李学勤：《秦国文物的新认识》，《文物》1980年第9期。

50. 李银德：《江苏西汉诸侯王陵墓考古的新进展》，《东南文化》2013年第1期。

51. 李曰训：《山东章丘女郎山战国墓出土乐舞俑及有关问题》，《文物》1993年第3期。

52. 李则斌：《江苏盱眙大云山汉墓》，《2010中国重要考古发现》，文物出版社，2011年。

53. 李则斌、陈刚:《江苏大云山江都王陵10号墓墓主人初步研究》,《东南文化》2013年第1期。

54. 林剑鸣：《我国古代劳动人民对生漆的发现和利用》，《西北大学学报》（自然科学版）1978年第1期。

55. 刘芳芳：《镜台小考》，《考古与文物》2015年第3期。

56. 刘芳芳：《釦器考略》，《东南文化》2017年第2期。

57. 刘芳芳：《战国秦汉仿生漆器造型研究》，《南方文物》2020年第5期。

58. 刘芳芳：《樽奁考辨》，《东南文化》2011年第4期。

59. 刘庆柱：《关于江苏盱眙大云山汉墓考古研究的几个问题》，《东南文化》2013年第1期。

60. 刘瑞：《海昏侯刘贺墓中多金的原因探析》，《唐都学刊》2016年第3期。

61. 龙朝彬：《湖南常德出土"秦十七年太后"扣器漆盒及相关问题探讨》，《考古与文物》2002年第5期。

62. 卢密：《楚漆器彩绘》，《装饰》2000年第6期。

63. 罗运环：《论郭店一号楚墓所出漆耳杯文及墓主和竹简的年代》，《考古》2000年第1期。

64. 马承源：《漫谈战国青铜器上的画像》，《文物》1961年第10期。

65. 马金玲：《浅谈汉代漆器人物纹的意趣》，《文博》2008年第1期。

66. 马金玲、王尚林：《中国古代漆器纹样研究》，《中国生漆》2006年第2期。

67. 聂菲：《湖南楚汉漆器制作工艺探讨》，《湖南省博物馆馆刊》（第十辑），岳麓书社，2014年。

68. 聂菲：《海昏侯墓漆器铭文及相关问题探讨》，《南方文物》2018 年第 2 期。
69. 裴文中：《周口店山顶洞之文化（中文节略）》，《文物春秋》2002 年第 2 期。
70. 钱彦惠：《铭文所见西汉诸侯王器物的生产机构——兼论西汉工官的设置与管理》，《东南文化》2016 年第 3 期。
71. 裘锡圭：《啬夫初探》，《云梦秦简研究》，中华书局，1981 年。
72. 邵学海：《楚国的雕塑与绘画》，《美术》1993 年第 9 期。
73. 沈仲常：《新都战国木椁墓与楚文化》，《文物》1981 年第 6 期。
74. 宋治民：《略论四川的秦人墓》，《考古与文物》1984 年第 2 期。
75. 孙红燕等：《长沙风篷岭汉代漆器制作工艺中淀粉胶黏剂的分析》，《文物保护与考古科学》2011 年第 4 期。
76. 孙机：《几种汉代的图案纹饰》，《文物》1982 年第 3 期。
77. 孙机：《关于汉代漆器的几个问题》，《文物》2004 年第 12 期。
78. 王从礼：《从考古资料谈楚国服饰》，《文博》1992 年第 2 期。
79. 王勤金等：《扬州出土的汉代铭文铜镜》，《文物》1985 年第 10 期。
80. 王世襄：《中国古代漆工杂述》，《文物》1979 年第 3 期。
81. 王世襄：《< 鲁班经匠家镜 > 家具条款初释》，《故宫博物院院刊》1980 年第 3 期。
82. 王世襄：《中国古代漆工艺》，《中国美术全集·工艺美术编 8·漆器》，文物出版社，1989 年。
83. 王世襄：《谈几种明代家具的形成》，《收藏家》1996 年第 4 期。
84. 汪维玲：《中国古代妇女面妆概述》，《浙江学刊》1990 年第 2 期。
85. 王子尧等：《扬州“妾莫书”墓出土漆器制造工艺的研究与思考》，《文物保护与考古科学》2019 年第 1 期。
86. 吴荣曾：《秦的官府手工业》，《云梦秦简研究》，中华书局，1981 年。
87. 吴卫、廖琼：《汉代云气纹艺术符号探析》，《美苑》2009 年第 3 期。
88. 夏晓伟：《从楚墓出土丝织品的色彩看楚人“尚红”》，《江汉考古》2003 年第 3 期。
89. 徐中舒、唐嘉弘：《古代楚蜀的关系》，《文物》1981 年第 6 期。
90. 杨权喜：《楚文化与中原文化关系的探讨》，《江汉考古》1989 年第 12 期。
91. 扬之水：《南方宋墓出土金银首饰的类型与样式》，《考古与文物》2008 年第 4 期。
92. 姚智远、徐婵菲：《先秦两汉花椒的用途及文化意义》，《农业考古》2008 年第 1 期。
93. 殷玮璋：《记北京琉璃河遗址出土的西周漆器》，《考古》1984 年第 5 期。
94. 于豪亮：《四川涪陵的秦始皇二十六年铜戈》，《考古》1976 年第 1 期。

95. 俞伟超：《汉代的“亭”“市”陶文》，《文物》1963 年第 2 期。
96. 俞伟超：《关于楚文化发展的新探索》，《江汉考古》1980 年第 1 期。
97. 俞伟超：《楚文化中的神与人》，《民族艺术》2000 年第 3 期。
98. 俞伟超、李家浩：《马王堆一号汉墓出土漆器制地诸问题——从成都市府作坊到蜀郡工官作坊的历史变化》，《考古》1975 年第 6 期。
99. 阮文清：《楚与秦汉漆器的几个问题》，《江汉考古》1987 年第 1 期。
100. 展梦夏：《汉代漆器镶嵌工艺》，《艺术品》2018 年第 6 期。
101. 张飞龙：《中国漆文化历史渊源研究》，《中国生漆》2006 年第 3 期。
102. 张飞龙：《中国古代漆器制胎技术》，《中国生漆》2008 年第 1 期。
103. 张飞龙：《中国古代漆器造型艺术衍变研究》，《中国生漆》2009 年第 1 期。
104. 章海英：《扬州漆器工艺史探述》，《中国生漆》1983 年第 4 期。
105. 张瀚墨：《襄阳擂鼓台一号墓出土漆奁绘画装饰解读》，《江汉考古》2017 年第 6 期。
106. 张理萌：《汉代漆器初探》，《故宫博物院院刊》1989 年第 3 期。
107. 张朋川：《宇宙图式中的天穹之花——柿蒂纹》，《装饰》2002 年第 12 期。
108. 张启彬：《包山楚墓 < 车马出行图 > 新探》，《湖北美术学院学报》2009 年第 2 期。
109. 张闻捷：《包山二号墓漆画为婚礼图考》，《江汉考古》2009 年第 4 期。
110. 张小舟:《南昌东晋墓出土漆器》,《宿白先生八秩华诞纪念文集》, 文物出版社, 2002 年。
111. 张永山：《西周漆器概述》，《华夏考古》1988 年第 2 期。
112. 张正明、王劲:《凤及其与龙的沉浮》,《长江文化论集》第一辑, 湖北教育出版社, 1995 年。
113. 赵春燕等:《南水北调河南辉县路固汉代墓群出土白色粉块的化学分析及相关问题》,《华夏考古》2013 年第 3 期。
114. 周琍：《汉代江南漆器制造业初探》，《南方文物》1996 年第 3 期。
115. 竺可桢：《中国近五千年来气候变迁的初步研究》，《考古学报》1972 年第 1 期。
116. 朱学文：《秦纪年漆器铭文及其相关问题研究》，《考古与文物》2014 年第 2 期。
117. 朱学文：《试论鉶器法在战国秦汉漆器制作中的应用》，《文物》2014 年第 7 期。

四、考古简报

1. 安徽六安文物工作组：《安徽六安县花石咀古墓清理》，《考古》1986 年第 10 期。
2. 安徽省博物馆：《安徽和县城北西汉木椁墓》，《文物资料丛刊》1，文物出版社，1981 年。
3. 安徽省博物馆筹备处清理小组：《合肥西郊乌龟墩古墓清理简报》，《文物参考资料》

1956 年第 2 期。
4. 安徽省文化局文物工作队、寿县博物馆：《安徽寿县茶庵马家古堆东汉墓》，《考古》1966 年第 3 期。
5. 安徽省文物工作队：《安徽天长县汉墓的发掘》，《考古》1979 年第 4 期。
6. 安徽省文物工作队：《安徽南陵县麻桥东吴墓》，《考古》1984 年第 11 期。
7. 安徽省文物工作队等：《阜阳双古堆西汉汝阴侯墓发掘简报》，《文物》1978 年第 8 期。
8. 安徽省文物考古研究所：《安徽霍山县西汉木椁墓》，《文物》1991 年第 9 期。
9. 安徽省文物考古研究所、六安市文物管理处：《安徽六安市九里沟两座西汉墓》，《考古》2002 年第 2 期。
10. 安徽省文物考古研究所、六安市文物管理局：《安徽六安市白鹭洲战国墓 M566 的发掘》，《考古》2012 年第 5 期。
11. 安徽省文物考古研究所、六安市文物管理局：《安徽六安市白鹭洲战国墓 M585 的发掘》，《考古》2012 年第 11 期。
12. 安徽省文物考古研究所、马鞍山市文化局：《安徽马鞍山东吴朱然墓发掘简报》，《文物》1986 年第 3 期。
13. 安徽省文物考古研究所、潜山县文物管理所：《安徽潜山彭岭战国西汉墓》，《考古学报》2006 年第 2 期。
14. 安徽省文物考古研究所、天长县文物管理所：《安徽天长县三角圩战国西汉墓出土文物》，《文物》1993 年第 9 期。
15. 宝鸡市博物馆：《宝鸡竹园沟西周墓地发掘简报》，《文物》1983 年第 2 期。
16. 宝鸡市博物馆、宝鸡县图博馆：《宝鸡县西高泉村春秋秦墓发掘记》，《文物》1980 年第 9 期。
17. 包头市文物管理处：《包头召湾 63 号汉墓清理简报》，《包头文物资料》第二辑，1991 年。
18. 常德地区文物工作队、桃源县文化局：《桃源三元村一号楚墓》，《湖南考古学辑刊》（4），岳麓书社，1987 年。
19. 长江流域第二期文物考古工作人员训练班：《湖北江陵凤凰山西汉墓发掘简报》，《文物》1974 年第 6 期。
20. 长沙市文物考古研究所、望城县文物管理局：《湖南望城风篷岭汉墓发掘简报》，《文物》2007 年第 12 期。
21. 长沙市文物考古研究所、长沙简牍博物馆：《湖南长沙望城坡西汉渔阳墓发掘简报》，《文物》2010 年第 4 期。

22. 长沙市文化局文物组：《长沙咸家湖西汉曹嫘墓》，《文物》1979 年第 3 期。
23. 常州市博物馆：《常州南郊戚家村画像砖墓》，《文物》1979 年第 3 期。
24. 陈晶、陈丽华：《江苏武进村前南宋墓清理纪要》，《考古》1986 年第 3 期。
25. 程旭：《长安地区新发现的唐墓壁画》，《文物》2014 年第 12 期。
26. 成都市文物考古研究所、龙泉驿区文物管理所：《成都龙泉驿区北干道木椁墓群发掘简报》，《文物》2000 年第 8 期。
27. 重庆市博物馆：《重庆市临江支路西汉墓》，《考古》1986 年第 3 期。
28. 凤凰山一六七号汉墓发掘整理小组：《江陵凤凰山一六七号汉墓发掘简报》，《文物》1976 年第 10 期。
29. 福建省博物馆：《福州茶园山南宋许峻墓》，《文物》1995 年第 10 期。
30. 甘肃省文物考古研究所、天水市北道区文化馆：《甘肃天水放马滩战国秦汉墓群的发掘》，《文物》1989 年第 2 期。
31. 广西壮族自治区文物考古写作小组：《广西合浦西汉木椁墓》，《考古》1972 年第 5 期。
32. 广西壮族自治区文物工作队：《广西贵县罗泊湾 1 号墓发掘简报》，《文物》1978 年第 9 期。
33. 广州市文物管理委员会：《广州市龙生岗 43 号东汉木椁墓》，《考古学报》1957 年第 1 期。
34. 广州市文物管理委员会：《广州三元里马鹏冈西汉墓清理简报》，《考古》1962 年第 10 期。
35. 贵州省博物馆：《贵州清镇平坝汉墓发掘报告》，《考古学报》1959 年第 1 期。
36. 贵州省博物馆考古组、贵州省赫章县文化馆：《赫章可乐发掘报告》，《考古学报》1986 年第 2 期。
37. 河北省博物馆台西发掘小组、河北省文管处台西发掘小组：《河北藁城县台西村商代遗址 1973 年的重要发现》，《文物》1974 年第 8 期。
38. 河北省文物管理处台西考古队：《河北藁城台西村商代遗址发掘简报》，《文物》1979 年第 6 期。
39. 河北省文物研究所：《河北定县 40 号汉墓发掘简报》，《文物》1981 年第 8 期。
40. 河北省文物研究所：《河北阳原县北关汉墓发掘简报》，《考古》1990 年第 4 期。
41. 河北省文物研究所、张家口地区文化局：《河北阳原三汾沟汉墓群发掘报告》，《文物》1990 年第 1 期。
42. 河姆渡遗址考古队：《浙江河姆渡遗址第二期发掘的主要收获》，《文物》1980 年第 5 期。
43. 河南省文物考古研究所、安阳县文化局：《河南安阳市西高穴曹操高陵》，《考古》2010 年第 8 期。
44. 河南省文物研究所、周口地区文化局文物科：《河南淮阳马鞍冢楚墓发掘简报》，《文物》1984 年第 10 期。

45. 河南省信阳地区文管会、河南省罗山县文化馆：《罗山天湖商周墓地》，《考古学报》1986年第2期。
46. 湖北省博物馆：《光化五座坟西汉墓》，《考古学报》1976年第2期。
47. 湖北省博物馆：《云梦大坟头一号汉墓》，《文物资料丛刊》4，文物出版社，1981年。
48. 湖北省博物馆：《襄阳山湾东周墓葬发掘报告》，《江汉考古》1983年第2期。
49. 湖北省博物馆：《1978年云梦秦汉墓发掘报告》，《考古学报》1986年第4期。
50. 湖北省博物馆、孝感地区文教局等：《湖北云梦西汉墓发掘简报》，《文物》1973年第9期。
51. 湖北省江陵县文物局、荆州地区博物馆：《江陵岳山秦汉墓》，《考古学报》2000年第4期。
52. 湖北省荆州地区博物馆：《江陵天星观1号楚墓》，《考古学报》1982年第1期。
53. 湖北省荆州地区博物馆：《江陵扬家山135号秦墓发掘简报》，《文物》1993年第8期。
54. 湖北省荆州市周梁玉桥遗址博物馆：《关沮秦汉墓清理简报》，《文物》1999年第6期。
55. 湖北省文物考古研究所：《江陵凤凰山一六八号汉墓》，《考古学报》1993年第4期。
56. 湖北省文物考古研究所等：《湖北枣阳九连墩M1发掘简报》，《江汉考古》2019年第3期。
57. 湖北省文物考古研究所等：《云梦龙岗秦汉墓地第一次发掘简报》，《江汉考古》1990年第3期。
58. 湖北省文物考古研究所等：《湖北云梦龙岗秦汉墓地第二次发掘简报》，《江汉考古》1993年第1期。
59. 湖北文理学院襄阳及三国历史文化研究所等：《河南淅川李沟汉墓发掘报告》，《考古学报》2015年第3期。
60. 湖南省博物馆：《长沙市东北郊古墓葬发掘简报》，《考古》1959年第12期。
61. 湖南省博物馆：《长沙砂子塘西汉墓发掘简报》，《文物》1963年第2期。
62. 湖南省博物馆：《湖南常德德山楚墓发掘报告》，《考古》1963年第9期。
63. 湖南省博物馆：《长沙汤家岭西汉墓清理报告》，《考古》1966年第4期。
64. 湖南省博物馆：《长沙浏城桥一号墓》，《考古学报》1972年第1期。
65. 湖南省博物馆：《长沙杨家山304号汉墓清理简报》，《考古学集刊》第1集，中国社会科学出版社，1981年。
66. 湖南省文物考古研究所等：《沅陵虎溪山一号汉墓发掘简报》，《文物》2003年第1期。
67. 湖南省文物考古研究所、永州市芝山区文物管理所：《湖南永州市鹞子岭二号西汉墓》，《考古》2001年第4期。
68. 淮阴市博物馆：《泗阳贾家墩一号墓清理报告》，《东南文化》1988年第1期。
69. 黄河水库考古工作队：《1957年河南陕县发掘简报》，《考古通讯》1958年第11期。

70. 吉林省文物考古研究所、延边朝鲜族自治州文物管理委员会办公室：《吉林和龙市龙海渤海王室墓葬发掘简报》，《考古》2009 年第 6 期。
71. 纪南城凤凰山一六八号汉墓发掘整理组：《湖北江陵凤凰山一六八号汉墓发掘简报》，《文物》1975 年第 9 期。
72. 江苏省文物管理委员会：《五代——吴大和五年墓清理记》，《文物》1957 年第 3 期。
73. 江苏省文物管理委员会：《江苏吴县元墓清理简报》，《文物》1959 年第 11 期。
74. 江苏省文物管理委员会、南京博物院：《江苏六合程桥东周墓》，《考古》1965 年第 3 期。
75. 江苏省扬州博物馆：《扬州地区农科所汉代墓葬群清理简报》，《文物资料丛刊》9，文物出版社，1985 年。
76. 江苏泗阳三庄联合考古队：《江苏泗阳陈墩汉墓》，《文物》2007 年第 7 期。
77. 江西省历史博物馆：《江西南昌市东吴高荣墓的发掘》，《考古》1980 年第 3 期。
78. 江西省文物考古研究所、北京师范大学：《江西南昌西汉海昏侯刘贺墓出土漆木器》，《文物》2018 年第 11 期。
79. 江西省文物考古研究所、南昌市博物馆：《南昌火车站东晋墓葬群发掘简报》，《文物》2001 年第 2 期。
80. 江西省文物考古研究所等：《南昌市西汉海昏侯墓》，《考古》2016 年第 7 期。
81. 金学山：《西安半坡的战国墓葬》，《考古学报》1957 年第 3 期。
82. 荆沙铁路考古队：《江陵秦家咀楚墓发掘简报》，《江汉考古》1988 年第 7 期。
83. 荆州博物馆：《江陵李家台楚墓清理简报》，《江汉考古》1985 年第 3 期。
84. 荆州博物馆：《湖北荆州谢家桥一号汉墓发掘简报》，《文物》2009 年第 4 期。
85. 荆州博物馆：《湖北荆州市胡家草场墓地 M12 发掘简报》，《考古》2020 年第 2 期。
86. 荆州地区博物馆：《江陵张家山三座汉墓出土大批竹简》，《文物》1985 年第 1 期。
87. 荆州地区博物馆：《江陵张家山两座汉墓出土大批竹简》，《文物》1992 年第 9 期。
88. 荆州市荆州区博物馆：《荆州擂鼓台秦墓发掘简报》，《江汉考古》2003 年第 2 期。
89. 李家瑞：《云南晋宁石寨山古墓出土漆器复原》，《文物》1964 年第 12 期。
90. 连云港市博物馆：《连云港市孔望山吴窑汉墓发掘简报》，《东南文化》1986 年第 1 期。
91. 连云港市博物馆：《江苏连云港海州西汉墓发掘简报》，《文物》2012 年第 3 期。
92. 辽宁省文物考古研究所：《辽宁牛河梁红山文化“女神庙”与积石冢群发掘简报》，《文物》1986 年第 8 期。
93. 临潼县文化馆：《陕西临潼发现秦墓》，《考古》1965 年第 5 期。

94. 临沂市博物馆：《山东临沂金雀山周氏墓群发掘简报》，《文物》1984 年第 11 期。
95. 临沂文物组：《山东临沂金雀山一号墓发掘简报》，《考古学集刊》第 1 集，中国社会科学出版社，1981 年。
96. 洛阳博物馆：《洛阳庞家沟五座西周墓的清理》，《文物》1972 年第 10 期。
97. 洛阳博物馆：《洛阳西汉卜千秋墓壁画墓发掘简报》，《文物》1977 年第 6 期。
98. 洛阳市文物工作队：《洛阳烧沟西 14 号汉墓发掘简报》，《文物》1983 年第 4 期。
99. 洛阳市文物考古研究院：《河南省洛阳市苗南村三座东汉墓发掘简报》，《洛阳考古》2016 年第 2 期。
100. 南波：《江苏连云港海州西汉侍其繇墓》，《考古》1975 年第 3 期。
101. 南京博物院：《江苏连云港市海州网疃庄汉木椁墓》，《考古》1963 年第 6 期。
102. 南京博物院：《铜山小龟山西汉崖洞墓》，《文物》1973 年第 4 期。
103. 南京博物院：《江苏盱眙东阳汉墓》，《考古》1979 年第 5 期。
104. 南京博物院：《江苏邗江甘泉二号汉墓》，《文物》1981 年第 11 期。
105. 南京博物院：《江苏仪征烟袋山汉墓》，《考古学报》1987 年第 4 期。
106. 南京博物院、连云港市博物馆：《海州西汉霍贺墓清理简报》，《考古》1974 年第 3 期。
107. 南京博物院、盱眙县博物馆：《江苏盱眙东阳汉墓群 M30 发掘简报》，《东南文化》2013 年第 6 期。
108. 南京博物院、盱眙县文广新局：《江苏盱眙县大云山汉墓》，《考古》2012 年第 7 期。
109. 南京博物院、盱眙县文广新局：《江苏盱眙大云山江都王陵二号墓发掘简报》，《文物》2013 年第 1 期。
110. 南京博物院、盱眙县文广新局：《江苏盱眙大云山江都王陵 M9、M10 发掘简报》，《东南文化》2013 年第 1 期。
111. 南京博物院、盱眙县文广新局：《江苏盱眙县大云山西汉江都王陵一号墓》，《考古》2013 年第 10 期。
112. 南京博物院、盱眙县文广新局：《江苏盱眙县大云山西汉江都王陵东区陪葬墓》，《考古》2013 年第 10 期。
113. 南京博物院、盱眙县文广新局：《江苏盱眙县大云山西汉江都王陵北区陪葬墓》，《考古》2014 年第 3 期。
114. 南京博物院、仪征博物馆筹备办公室：《仪征张集团山西汉墓》，《考古学报》1992 年第 4 期。
115. 南京市博物馆、南京市六合区文化局：《南京六合李岗汉墓（M1）发掘简报》，《文物》

2013 年第 11 期。
116. 南京市文物保管委员会：《南京象山东晋王丹虎墓和二、四号墓发掘简报》，《文物》1965 年第 10 期。
117. 盘龙城发掘队：《盘龙城一九七四年度田野考古纪要》，《文物》1976 年第 2 期。
118. 青岛市文物保护考古研究所、黄岛区博物馆：《山东青岛市土山屯墓地的两座汉墓》，《考古》2017 年第 10 期。
119. 青岛市文物保护考古研究所、黄岛区博物馆：《山东青岛土山屯墓群四号封土与墓葬的发掘》，《考古学报》2019 年第 3 期。
120. 屈盛瑞：《山西朔县西汉并穴木椁墓》，《文物》1987 年第 6 期。
121. 日照市博物馆：《山东日照市大古城汉墓发掘简报》，《东南文化》2006 年第 4 期。
122. 沙市市博物馆：《沙市罗场高家坟楚墓清理简报》，《江汉考古》1988 年第 2 期。
123. 山东省博物馆：《临淄郎家庄一号东周殉人墓》，《考古学报》1977 年第 1 期。
124. 山东省博物馆、临沂文物组：《山东临沂西汉墓发现 < 孙子兵法 > 和 < 孙膑兵法 > 等竹简的简报》，《文物》1974 年第 2 期。
125. 山东省博物馆、临沂文物组：《临沂银雀山四座西汉墓葬》，《考古》1975 年第 6 期。
126. 山东省菏泽地区汉墓发掘小组：《巨野红土山西汉墓》，《考古学报》1983 年第 4 期。
127. 山东省文物管理处：《山东文登县的汉木椁墓和漆器》，《考古学报》1957 年第 1 期。
128. 山东省文物考古研究所：《山东日照海曲西汉墓（M106）发掘简报》，《文物》2010 年第 1 期。
129. 山东省文物考古研究所、沂水县博物馆：《山东沂水县龙泉站西汉墓》，《考古》1999 年第 8 期。
130. 山东省文物考古研究所、沂水县文物管理站：《山东沂水刘家店子春秋墓发掘简报》，《文物》1984 年第 9 期。
131. 山东省淄博市博物馆：《西汉齐王墓随葬器物坑》，《考古学报》1985 年第 2 期。
132. 陕西茂陵博物馆、咸阳地区文管会：《陕西咸阳茂陵西汉空心砖墓》，《文物资料丛刊》6，文物出版社，1982 年。
133. 陕西省考古研究院：《汉阳陵帝陵东侧 11 ～ 21 号外藏坑发掘简报》，《考古与文物》2008 年第 3 期。
134. 陕西省考古研究院：《陕西西咸新区坡刘村秦墓发掘简报》，《考古与文物》2020 年第 4 期。
135. 陕西省考古研究院、渭南市文物保护考古研究所：《陕西蒲城永丰战国秦汉墓发掘简报》，《考古与文物》2016 年第 5 期。

136. 陕西省文管会、大荔县文化馆：《朝邑战国墓葬发掘简报》，《文物资料丛刊》2，文物出版社，1978年。
137. 山西省文物工作委员会、洪洞县文化馆：《山西洪洞永凝堡西周墓葬》，《文物》1987年第2期。
138. 山西省文物管理委员会：《山西长治市分水岭古墓的清理》，《考古学报》1957年第1期。
139. 上海博物馆：《上海青浦县元代任氏墓葬记述》，《文物》1982年第7期。
140. 始皇陵秦俑坑考古发掘队：《秦始皇陵东侧第二号兵马俑坑钻探试掘简报》，《文物》1978年第5期。
141. 舒城县文物管理所：《舒城县秦家桥战国楚墓清理简报》，《文物研究》第六辑，黄山书社，1990年。
142. 四川大学历史文化学院考古系等：《重庆云阳风箱背一号汉墓》，《考古学报》2018年第4期。
143. 四川省博物馆：《成都百花潭中学十号墓发掘记》，《文物》1976年第3期。
144. 四川省博物馆：《四川犍为县巴蜀土坑墓》，《考古》1983年第9期。
145. 四川省博物馆、重庆市博物馆等：《四川涪陵地区小田溪战国土坑墓清理简报》，《文物》1974年第5期。
146. 四川省博物馆、青川县文化馆：《青川县出土秦更修田律木牍——四川青川县战国墓发掘简报》，《文物》1982年第1期。
147. 四川省文管会：《蒲江县战国土坑墓》，《文物》1985年第5期。
148. 四川省文管会等：《四川荥经曾家沟战国墓群第一、二次发掘》，《考古》1984年第12期。
149. 四川省文物管理委员会：《成都羊子山第172号墓发掘报告》，《考古学报》1956年第4期。
150. 四川省文物管理委员会等：《广汉三星堆祭祀坑发掘简报》，《文物》1987年第10期。
151. 四川省文物管理委员会等：《四川荥经曾家沟21号墓清理简报》，《文物》1989第5期。
152. 四川省文物考古研究院等：《四川渠县城坝遗址2005年发掘简报》，《四川文物》2006年第4期。
153. 四川省文物考古研究院等：《四川荥经县高山庙西汉墓群M3发掘简报》，《四川文物》2017年第5期。
154. 四川省文物考古研究院等：《四川荥经县高山庙西汉墓群M5发掘简报》，《四川文物》2017年第6期。
155. 苏北治淮文物工作组：《扬州凤凰河汉代木椁墓出土的漆器》，《文物参考资料》1957年第7期。

156. 苏州市文物保管委员会：《苏州吴张士诚母曹氏墓清理简报》，《考古》1965 年第 6 期。
157. 天长市文物管理所、天长市博物馆：《安徽天长西汉墓发掘简报》，《文物》2006 年第 11 期。
158. 田心：《江苏宝应发现楚国“郢爰”金币》，《考古通讯》1958 年第 5 期。
159. 潍坊市博物馆、五莲县图书馆：《山东五莲张家仲崮汉墓》，《文物》1987 年第 9 期。
160. 无为县文物管理所：《安徽无为县甘露村西汉墓的清理》，《考古》2005 年第 5 期。
161. 西安市文物保护考古所：《西安北郊尤家庄二十号战国墓发掘简报》，《文物》2004 年第 1 期。
162. 咸宁地区博物馆、阳新县博物馆：《湖北阳新县半壁山一号战国墓》，《考古》1994 年第 6 期。
163. 咸阳市博物馆：《陕西咸阳马泉西汉墓》，《考古》1979 年第 2 期。
164. 襄樊市文物考古研究所：《湖北襄樊樊城菜越三国墓发掘简报》，《文物》2010 年第 9 期。
165. 襄樊市文物考古研究所：《湖北襄樊樊城菜越三国墓发掘报告》，《考古学报》2013 年第 3 期。
166. 襄阳地区博物馆：《湖北襄阳擂鼓台一号墓发掘简报》，《考古》1982 年第 2 期。
167. 襄阳首届亦工亦农考古训练班：《襄阳蔡坡 12 号墓出土吴王夫差剑等文物》，《文物》1976 年第 11 期。
168. 徐鹏章：《成都凤凰山西汉木椁墓》，《考古》1991 年第 5 期。
169. 盱眙县博物馆：《江苏东阳小云山一号汉墓》，《文物》2004 年第 5 期。
170. 徐州博物馆：《徐州石桥汉墓清理报告》，《文物》1984 年第 11 期。
171. 徐州博物馆：《徐州后楼山西汉墓发掘报告》，《文物》1993 年第 4 期。
172. 徐州博物馆：《江苏徐州市大孤山二号汉墓》，《考古》2009 年第 4 期。
173. 严平：《贵州安顺宁谷汉墓》，《文物资料丛刊》4，文物出版社，1981 年。
174. 烟台地区文物管理组、莱西县文化馆：《山东莱西县岱墅西汉木椁墓》，《文物》1980 年第 12 期。
175. 杨鸠霞：《安徽长丰战国晚期墓葬》，《考古》1994 年第 2 期。
176. 扬州博物馆：《扬州邗江县郭庄汉墓》，《文物》1980 年第 3 期。
177. 扬州博物馆：《扬州东风砖瓦厂汉代木椁墓群》，《考古》1980 年第 5 期。
178. 扬州博物馆：《扬州东风砖瓦厂八、九号汉墓清理简报》，《考古》1982 年第 3 期。
179. 扬州博物馆：《扬州平山养殖场汉墓清理简报》，《文物》1987 年第 1 期。
180. 扬州博物馆：《江苏邗江姚庄 101 号西汉墓》，《文物》1988 年第 2 期。
181. 扬州博物馆：《江苏邗江姚庄 102 号汉墓》，《考古》2000 年第 4 期。
182. 扬州博物馆：《江苏扬州市西湖镇果园战国墓的清理》，《考古》2002 年第 11 期。
183. 扬州博物馆、邗江县图书馆：《江苏邗江胡场五号汉墓》，《文物》1981 年第 11 期。

184. 扬州博物馆、邗江县图书馆:《江苏邗江县杨寿乡宝女墩新莽墓》,《文物》1991 年第 10 期。
185. 扬州博物馆、邗江县文化馆：《扬州邗江县胡场汉墓》，《文物》1980 年第 3 期。
186. 扬州市博物馆：《扬州西汉“妾莫书”木椁墓》，《文物》1980 年第 12 期。
187. 扬州市文物考古研究所：《江苏扬州西汉刘毋智墓发掘简报》，《文物》2010 年第 3 期。
188. 宜昌地区博物馆：《湖北当阳赵巷 4 号春秋墓发掘简报》，《文物》1990 年第 10 期。
189. 仪征市博物馆：《仪征新集螃蟹地七号汉墓发掘简报》，《东南文化》2009 年第 4 期。
190. 仪征市博物馆:《江苏仪征联营三座西汉墓的发掘》,《中国国家博物馆馆刊》2017 年第 8 期。
191. 仪征市博物馆：《江苏仪征国庆前庄 12 号墓发掘简报》，《东南文化》2017 年第 2 期。
192. 殷玮璋：《记北京琉璃河遗址出土的西周漆器》，《考古》1984 年第 5 期。
193. 荥经古墓发掘小组:《四川荥经古城坪秦汉墓葬》,《文物资料丛刊》4, 文物出版社, 1981 年。
194. 雍城考古工作队：《凤翔县高庄战国秦墓发掘简报》，《文物》1980 年第 9 期。
195. 雍城考古队：《陕西凤翔西村战国秦墓发掘简报》，《考古与文物》1986 年第 1 期。
196. 俞伟超：《西安白鹿原墓葬发掘报告》，《考古学报》1956 年第 3 期。
197. 云梦县博物馆：《湖北云梦木匠坟秦墓发掘简报》，《江汉考古》1987 年第 4 期。
198. 云梦县博物馆：《湖北云梦木匠坟秦墓》，《文物》1992 年第 1 期。
199. 云梦县文物工作组：《湖北云梦睡虎地秦汉墓发掘简报》，《考古》1981 年第 1 期。
200. 张先得：《北京丰台区出土战国铜器》，《文物》1978 年第 3 期。
201. 浙江省文物考古研究所：《浙江安吉五福楚墓》，《文物》2007 年第 7 期。
202. 中国科学院考古研究所湖北发掘队:《湖北圻春毛家咀西周木构建筑》,《考古》1962 年第 1 期。
203. 中国社会科学院考古研究所:《中国考古学中碳十四年代的数据集》,《文物》1980 年第 5 期。
204. 中国社会科学院考古研究所安阳队：《1969 ~ 1972 年殷墟西区墓葬发掘报告》，《考古学报》1979 年第 1 期。
205. 中国社会科学院考古研究所二里头工作队:《1981 年河南偃师二里头墓葬发掘简报》,《考古》1984 年第 1 期。
206. 中国社会科学院考古研究所二里头工作队：《1984 年秋河南偃师二里头遗址发现的几座墓葬》，《考古》1986 年第 4 期。
207. 中国社会科学院考古研究所琉璃河考古队等：《1981 ~ 1983 年琉璃河西周燕国墓地发掘简报》，《考古》1984 年第 5 期。
208. 中国社会科学院考古研究所沣西发掘队：《长安张家坡 M183 西周洞室墓发掘简报》，《考古》1989 年第 6 期。

209. 中国社会科学院考古研究所沣西发掘队：《陕西长安张家坡 M170 号井叔墓发掘简报》，《考古》1990 年第 6 期。
210. 周锦屏：《连云港市唐庄高高顶汉墓发掘报告》，《东南文化》1995 年第 4 期。
211. 诸城县博物馆：《山东诸城县西汉木椁墓》，《考古》1987 年第 9 期。
212. 驻马店地区文管会、泌阳县文教局：《河南泌阳秦墓》，《文物》1980 年第 9 期。

五、考古报告

1. 安徽省文物管理委员会、安徽省博物馆：《寿县蔡侯墓出土遗物》，科学出版社，1956 年。
2. 安徽省文物考古研究所：《天长三角圩墓地》，科学出版社，2013 年。
3. 安徽省文物考古研究所、巢湖市文物管理所：《巢湖汉墓》，文物出版社，2007 年。
4. 大葆台汉墓发掘组：《北京大葆台汉墓》，文物出版社，1989 年。
5. 广东省文物管理委员会等：《西汉南越王墓》，文物出版社，1991 年。
6. 广西壮族自治区博物馆：《广西贵县罗泊湾汉墓》，文物出版社，1988 年。
7. 广州市文物管理委员会、广州市博物馆：《广州汉墓》，文物出版社，1981 年。
8. 郭宝钧：《山彪镇与琉璃阁》，科学出版社，1959 年。
9. 河北省文物研究所：《藁城台西商代遗址》，文物出版社，1985 年。
10. 河南省文物考古研究所：《密县打虎亭汉墓》，文物出版社，1993 年。
11. 河南省文物研究所：《信阳楚墓》，文物出版社，1986 年。
12. 湖北省博物馆：《曾侯乙墓》，文物出版社，1989 年。
13. 湖北省荆沙铁路考古队：《包山楚墓》，文物出版社，1991 年。
14. 湖北省荆州博物馆：《荆州高台秦汉墓》，科学出版社，2000 年。
15. 湖北省荆州博物馆：《荆州天星观二号楚墓》，文物出版社，2003 年。
16. 湖北省荆州地区博物馆：《江陵雨台山楚墓》，文物出版社，1984 年。
17. 湖北省荆州地区博物馆：《江陵马山一号楚墓》，文物出版社，1985 年。
18. 湖北省文物考古研究所：《江陵九店东周墓》，科学出版社，1995 年。
19. 湖北省文物考古研究所：《江陵望山沙塚楚墓》，文物出版社，1996 年。
20. 湖北省文物考古研究所等：《荆门左冢楚墓》，文物出版社，2006 年。
21. 湖南省博物馆等：《长沙楚墓》，文物出版社，2000 年。
22. 湖南省博物馆、湖南省文物考古研究所:《长沙马王堆二、三号汉墓》,文物出版社,2004 年。
23. 湖南省博物馆、中国科学院考古研究所：《长沙马王堆一号汉墓》，文物出版社，1973 年。

24. 湖南省常德市文物局等：《沅水下游楚墓》，文物出版社，2010 年。
25. 湖南省文物考古研究所：《里耶发掘报告》，岳麓书社，2006 年。
26. 秦始皇帝陵博物院：《秦始皇帝陵一号兵马俑陪葬坑发掘报告（2009 ~ 2011 年》，文物出版社，2018 年。
27. 青岛市文物保护考古研究所、青岛市黄岛区博物馆：《琅琊墩式封土墓》，科学出版社，2018 年。
28. 陕西省考古研究所、始皇陵秦俑坑考古发掘队：《秦始皇陵兵马俑一号坑发掘报告（1974 年~ 1984 年）》，文物出版社，1988 年。
29. 四川省文物考古研究所等：《泸县宋墓》，文物出版社，2004 年。
30. 苏秉琦：《斗鸡台东区墓葬图说》，中国科学院，1954 年。
31. 益阳市文物管理处、益阳市博物馆：《益阳楚墓》，文物出版社，2008 年。
32.《云梦睡虎地秦墓》编写组：《云梦睡虎地秦墓》，文物出版社，1981 年。
33. 中国科学院考古研究所：《辉县发掘报告》，科学出版社，1956 年。
34. 中国科学院考古研究所：《长沙发掘报告》，科学出版社，1957 年。
35. 中国科学院考古研究所：《洛阳烧沟汉墓》，科学出版社，1959 年。
36. 中国科学院考古研究所：《沣西发掘报告》，文物出版社，1962 年。
37. 中国科学院考古研究所：《浚县辛村》，科学出版社，1964 年。
38. 中国社会科学院考古研究所：《偃师杏园唐墓》，科学出版社，2001 年。
39. 中国社会科学院考古研究所、河北省文物管理处：《满城汉墓发掘报告》，文物出版社，1980 年。

六、图录

1. 长沙市文物考古研究所：《西汉长沙王陵出土漆器辑录》，岳麓书社，2016 年。
2. 常州博物馆：《常州博物馆五十周年典藏丛书：漆木 · 金银器卷》，文物出版社，2008 年。
3. 常州博物馆：《常州博物馆五十周年典藏丛书：玉器 · 画像砖卷》，文物出版社，2008 年。
4. 陈晶：《中国美术分类全集 · 中国漆器全集 · 第 4 卷 · 三国—元》，福建美术出版社，1998 年。
5. 陈履生：《中国工艺 1000 例》，广西美术出版社，2012 年。
6. 陈振裕：《中国美术分类全集 · 中国漆器全集 · 第 1 卷 · 先秦》，福建美术出版社，1997 年。
7. 陈振裕：《中国美术分类全集 · 中国漆器全集 · 第 2 卷 · 战国—秦》，福建美术出版社，1997 年。
8. 陈振裕主编、胡志华绘图：《中国古代漆器造型纹饰》，湖北美术出版社，1999 年。

9. 傅举有：《中国美术分类全集・中国漆器全集・第 3 卷・汉》，福建美术出版社，1998 年。
10. 龚良：《南京博物院》，长征出版社，2013 年。
11. 湖北省博物馆：《秦汉漆器——长江中游的髹漆艺术》，文物出版社，2007 年。
12. 湖北省博物馆：《九连墩——长江中游的楚国贵族大墓》，文物出版社，2007 年。
13. 胡德生：《故宫明式家具图典》，故宫出版社，2011 年。
14. 胡德生：《明清家具鉴藏》，山西教育出版社，2014 年。
15. 湖南省博物馆：《长沙马王堆汉墓陈列》，中华书局，2017 年。
16. 湖南省博物馆：《湖南人——三湘历史文化陈列》，中华书局，2018 年。
17. 黄迪杞、戴光品：《中国漆器精华》，福建美术出版社，2003 年。
18. 冀东山主编、谭前学分卷主编：《神韵与辉煌——陕西历史博物馆国宝鉴赏・金银器卷》，三秦出版社，2006 年。
19. 李正光：《汉代漆器图案集》，文物出版社，2002 年。
20. 连云港博物馆：《连云港馆藏文物精萃》，荣宝斋出版社，2006 年。
21. 吕章申：《中国国家博物馆藏百年收藏集粹》，安徽美术出版社，2014 年。
22. 南京博物院：《法老・王》，译林出版社，2016 年。
23. 南京博物院：《兄弟王：从满城汉墓到大云山汉墓》，译林出版社，2019 年。
24. 内蒙古博物院：《文明之旅——中国北方草原古代文明揽胜》，内蒙古博物院，2009 年。
25. [日] 梅原末治：《支那汉代纪年铭漆器图说》，京都桑名文星堂，1944 年。
26. [日] 梅原末治：《蒙古ノイン・ウラ発見の遺物》，东京，1960 年。
27. 陕西历史博物馆等：《花舞大唐春——何家村遗宝精粹》，文物出版社，2003 年。
28. 商承祚：《长沙出土楚漆器图录》（修正版），上海出版公司，1955 年。
29. 苏州博物馆：《苏州博物馆藏出土文物》，文物出版社，2009 年。
30. 王世襄著：《自珍集：俪松居长物志》（袖珍版），三联书店，2007 年。
31. 伍嘉恩：《明式家具二十年经眼录》，紫禁城出版社，2010 年。
32. 扬州博物馆：《汉广陵国漆器》，文物出版社，2004 年。
33. 仪征博物馆：《仪征出土汉代漆木器》，江苏凤凰美术出版社，2015 年。
34. 浙江省博物馆：《浙江省博物馆典藏大系・槁木奇功》，浙江古籍出版社，2009 年。
35. 中国古代书画鉴定组：《中国美术分类全集・中国绘画全集・第 6 卷・五代宋辽金 5》，浙江人民美术出版社、文物出版社，1999 年。
36. 中国文物交流中心：《汉风：中国汉代文物展》，科学出版社，2014 年。
37. 左德承：《云梦睡虎地出土秦汉漆器图录》，湖北美术出版社，1986 年。

附表一　战国楚墓出土漆奁一览表

序号	墓葬	器名	件数	器物号	胎骨	器形主要特征
1	荆州天星观二号楚墓	樽式奁	1	M2：11	薄木胎	盖顶隆起，上饰弦纹，顶中安一铜质铺首环纽，器身圆形，较宽薄，腹壁直，平口，平底。外腹壁饰二铜质铺首环，底侧等距离安装三蹄形足
2	益阳楚墓 M452	奁	1	M452：32	木胎	扁圆筒形，盖残，直口，直腹，大平底，器内外均髹漆，腹中饰纹一周
3	包山二号楚墓	素髹漆奁	1	2：414	皮（布）脱胎	圆形，直壁，平底，盖顶微隆，上饰三道凹弦纹，器盖套合至器身近底处
		车马人物出行漆奁	1	2：432	皮（布）脱胎	圆形，直壁，平底，盖顶微隆起，盖与器身子母口扣合
4	枣阳九连墩一号楚墓	便携式梳妆盒	1		木胎 竹胎	长条形，由两块木板铰结而成，器表一面以篾青、篾黄镶嵌，内置一可伸缩镜架，内部挖空放置梳妆用具
5	江陵马山一号楚墓	蟠凤纹漆奁	1	标本 17–14	斫木胎 卷木胎	
6	江陵九店 M712	凤纹圆奁	1	M712：16	薄木胎	圆筒形、盖与身套合，盖顶平，器身平口，平底

尺寸（厘米）	主要纹饰	器内物品	出土位置	墓葬年代及墓主身份	资料来源
口径 32、足高 5.4、通高 13.2	内红外黑，素髹无纹	铜带钩 1 件、玛瑙环 2、铜削刀 3、铜镜 2、骨珠 75 颗、陶璜 8 件	东南室	公元前 350 ~ 前 330 年之间，卿上大夫级	湖北省荆州博物馆：《荆州天星观二号楚墓》，第 162 页，文物出版社，2003 年
高 8、直径 26.5	内红外黑，腹饰变形几何纹		头箱	战国中期晚段，元士或下大夫阶层	益阳市文物管理处等编著：《益阳楚墓》，第 199 页，文物出版社，2008 年
直径 26.4、通高 14、胎厚 0.3	内红外黑，无纹饰		西室	公元前 316 年，战国中晚期，墓主邵氏生前官居左尹，位在上大夫	湖北省荆沙铁路考古队：《包山楚墓》，第 144 页，文物出版社，1991 年
盖径 27.9、通高 10.8、胎厚 0.3	内红外黑，盖顶绘凤纹，盖壁红色带中绘车马人物出行图，器身外壁绘勾连云纹，器底绘两道红色带纹，其间绘折线勾连云纹	铜镜 2、搽粉饰 1、骨笄 2、木片饰 2、花椒	北室		
通高 35、宽 11.2、胎厚 4	全器内外均髹黑漆，内部局部髹红漆，器表以篾黄嵌为几何纹图案	铜镜、木梳、刮刀、脂盒		战国中晚期，大夫	湖北省博物馆：《九连墩——长江中游的楚国贵族大墓》，第 85 页，文物出版社，2007 年
高 7.9、盖径 13.1、盖高 6、底高 6.1、径 12.75、盖壁厚 0.2、底壁厚 0.4	内红外黑，盖顶中间饰“⊙”纹，周绕三只蟠凤，斜边及底壁下部饰变形凤纹，盖壁外绘卷云纹、点纹	泥金饼 8 个	大竹笥内	战国中期偏晚，秦拔郢之前，元士	湖北省荆州地区博物馆：《江陵马山一号楚墓》，第 79、80 页，文物出版社，1985 年
盖高 6.2、盖径 13.4、器身高 7.6、径 12.8、通高 8.9	内红外黑，用红、赭色漆绘纹饰，盖顶绘凤纹间太阳纹，盖周绘菱形纹、云纹、花瓣纹，盖、身壁绘菱形纹、云纹		不详	战国晚期早段，下士	湖北省文物考古研究所：《江陵九店东周墓》，第 285 页，科学出版社，1995 年

序号	墓葬	器名	件数	器物号	胎骨	器形主要特征
7	荆门左冢一号楚墓[1]	素髹圆奁	2	M1N：25	木胎	身残，仅存盖和底，盖中部微隆，平顶，平底，矮圈足
				M1N：44	木胎	直口，平顶，中部微凹，盖面上饰一周凹弦纹，器盖套合至器身的下部，直腹平底
8	六安市白鹭洲战国墓M566	圆奁	2	M566：114		圆形，仅存漆皮
9	1952 ~ 1994年长沙近郊2048座楚墓[2]	圆奁	14	M185：3	木胎	奁以丝帛包裹，扁圆筒，盖顶略凸，直口，直腹，平底，器内外均髹漆
				M1140：6	厚木胎 布脱胎	圆筒，盖顶略凸，直口，直腹，平底，内红外黑
				M569：46	木胎	只存圆形奁盖
				M569：55	木胎	奁底的外面与奁盖的里面都有阴刻文字“王二”
				M1058：3	木胎	仅存一盖，内红外黑

〔1〕荆门左冢楚墓三号墓中，墓主为女性，也出土了一件漆奁（M3：11），残甚，仅能看出器形，不收入此表。

〔2〕墓葬编号依据《长沙楚墓》中的编号。墓中出土了14件漆奁，分别出自13座墓中，大部分残破变形，能分型分式的只有6件。

尺寸（厘米）	主要纹饰	器内物品	出土位置	墓葬年代及墓主身份	资料来源
盖径 18.8、底径 18	内外均髹黑漆，无纹	铜镜 1	北室	战国中期偏晚，与包山二号墓年代相仿。下大夫	湖北省文物考古研究所等：《荆门左冢楚墓》，第 87 页，文物出版社，2006 年
复原高 14.8、复原直径 30、底径 28.8	通体髹黑漆，无纹				
直径约 20			南外藏室	战国中期或中期偏晚，不低于大夫级	安徽省文物考古研究所等：《安徽六安市白鹭洲战国墓 M566 的发掘》，《考古》2012 年第 5 期
直径 20、高 9.5	朱绘凤鸟纹	铜镜 1	头箱或边箱	战国中期晚段，士	湖南省博物馆等：《长沙楚墓》，第358～363 页，文物出版社，2000 年
直径 25、高 9	盖表黑地红彩，中心绘凤纹，两边绘变形云纹，其外绘几组菱形纹，盖里以红漆为地，在田字形纹外绘变形云纹	铜镜1、梳篦各1、粉质化妆品		战国晚期晚段，士	
直径 34、高约 10	黑地朱绘，中间绘一个凤鸟，周围有蔓草纹组成的适合纹样，外圈为二方连续的几何纹	铜镜、木梳、木篦、小漆奁、铜刷柄		战国晚期，士	
直径 34、高 10				战国晚期，士	
直径 28	黑地上红漆绘几何纹、凤纹	铜镜		战国晚期，士	

序号	墓葬	器名	件数	器物号	胎骨	器形主要特征
				M1195：9	厚木胎	扁圆形；顶略凸，直口，靠底部内收，平底；盖套合至器身近底处
10	六安市白鹭洲战国墓M585	圆奁	1	M585：85		盖和底两部分；圆形，直壁，平底；薄胎，黑色漆皮，残损较甚
11	湖北阳新县半壁山一号墓	圆奁	1		木胎	残，圆形，直口，直壁，平底，底厚于壁
12	安徽舒城秦家桥战国楚墓 M3	凤纹圆奁	1		木胎	盖与底套合，扁圆形，盖顶稍微隆起，略呈弧形，平底
13	湖南常德德山楚墓	圆奁	2		木胎 布脱胎	圆形，残破，仅存盖与底
14	四川荥经曾家沟 21 号墓	圆奁	1	M21：12 A、B	木胎	圆形，盖与身套合近器身底部，直口，厚顶并微微隆起，平壁，奁身直口，内底平，外底微凸
15	浙江安吉五福楚墓	凤纹圆奁	1		木胎	器身、器盖均为直壁，深度相等，盖与器身直口套合而成，盖面微弧，平底

尺寸（厘米）	主要纹饰	器内物品	出土位置	墓葬年代及墓主身份	资料来源
直径 23.4、通高 8	黑地上用黄、褐色彩绘两“S”形龙纹、变形云纹，盖中心一圈弦纹，内绘一昂首奔腾的小马，周围饰方连云纹、菱形纹、变形凤纹	铜镜、木梳、木篦等		战国晚期早段，士	
直径 16、残高 8			外藏室	战国中期或中期偏晚，不低于大夫级	安徽省文物考古研究所等：《安徽六安市白鹭洲战国墓 M585 的发掘》，《考古》2012 年第 11 期
直径 18				战国末期，士	咸宁地区博物馆等:《湖北阳新县半壁山一号战国墓》，《考古》1994 年第 6 期
口径 25.6、通高 9.8	器表黑地朱绘；盖壁绘“Z”形波折纹，盖面绘卷云纹、凤鸟纹和几何纹；器内髹红漆，顶、底各加黑漆圆心，圆心纹饰与盖面相同	铜镜、木梳、木篦		战国晚期	舒城县文物管理所:《舒城县秦家桥战国楚墓清理简报》，《文物研究》第六辑，黄山书社，1990 年
	外髹深咖啡底色，上绘几何形及变形朱色龙纹			战国晚期	湖南省博物馆：《湖南常德德山楚墓发掘报告》，《考古》1963 年第 9 期
盖径 20.4、高 9.8，奁径 20、高 9.7，通高 12.1	表里皆髹黑漆，凹弦纹三周，无彩绘			战国末期，楚移民	四川省文物管理委员会等：《四川荥经曾家沟 21 号墓清理简报》，《文物》1989 年第 5 期
口径 27、通高 8.5	内红外黑，黑地朱绘，盖面饰三道凸弦纹，间有朱绘几何纹，器盖、器身腹部各饰一周朱绘凤纹			战国晚期，大夫	浙江省文物考古研究所：《浙江安吉五福楚墓》，《文物》2007 年第 7 期

序号	墓葬	器名	件数	器物号	胎骨	器形主要特征
16	四川青川县战国墓葬	圆奁	56	M41：2	薄木胎 布脱胎 竹胎	圆形，盖顶隆起
				M50：9		圆形
				M41：4		圆形，壁残
				M23：8		圆形，仅存一盖
				M26：4		圆形
				M41：3		圆形，仅存一盖
				M50：6		圆形
17	四川荥经古城坪秦汉墓	圆奁	2	M1：3	木胎	圆筒形，盖顶部隆起，盖与身扣合

〔3〕这批墓葬共72座，出土177件漆器，占随葬品的41%，为这批墓葬最具特色的随葬品。出土的漆器皆为生活用具。其中漆奁56件，一般盖大于底部，套在外面。器壁多数采用薄木胎、布脱胎或竹胎卷制而成。保存不佳，多数奁仅存盖顶和底部。盖顶有隆顶和平顶两种，朱绘多在顶部（少数素面），绘于器壁者极少。较多的奁还有烙印戳记及针刻文字或符号。这批漆奁盖径约为20厘米的有30件，盖径为16～17厘米的有15件，盖径约为13厘米的有11件。

尺寸（厘米）	主要纹饰	器内物品	出土位置	墓葬年代及墓主身份	资料来源
盖径 21.5、底径 17、通高 11.7	通体髹黑漆，盖顶朱绘四龙纹，间以云纹，周围一组几何纹，两组填朱的“成亭”烙印文字			战国晚期，秦灭巴蜀之后的楚移民	四川省博物馆等：《青川县出土秦更修田律木牍——四川青川县战国墓发掘简报》[3]，《文物》1982 年第 1 期
盖径 22.5、底径 20、高 14.8	盖面朱绘双凤纹，间以云纹及几何，器壁绘有几组穗纹				
盖径 17	盖顶黑地用朱、白二色单绘一凤				
盖径 16.6	朱绘一个三尾兽，形似老鼠，张嘴吐舌，间以云纹				
盖径 14.2、底径 13.2、高 9	盖顶绘三分式变形凤纹，器壁绘变形云纹、草叶纹和几何纹	梳、篦			
盖径 13	以变形凤纹三分圆形画面，间以云纹，其周朱绘圆形宽边，其外一组草叶为主题的图案				
盖径 13.7、底径 13、高 9	盖顶黑地朱绘，并间以黄褐等色，以“十”字形纹将圆形画面四分，间以双钩图案，器壁绘水草及变形鱼纹				
盖径 18.2、底径 16.8、通高 8.9	内红外黑，盖顶部红漆绘鸟纹、圆点纹、几何纹，侧部绘曲折纹、圆点纹	镜、篦、梳、炭精发簪、木制发饰		战国末期	荥经古墓发掘小组：《四川荥经古城坪秦汉墓葬》，《文物资料丛刊》4，文物出版社，1981 年

序号	墓葬	器名	件数	器物号	胎骨	器形主要特征
18	成都龙泉驿区北干道木椁墓群[4]	奁盖	3	M5：16	木胎	
				M19：16	木胎	残
				M21：1	木胎	残
19	四川荥经曾家沟战国墓群	圆奁	2	M12：9	厚木胎 薄木胎	圆形，身与盖套合近底处，顶与底均为镟制厚木胎，顶部隆起，器壁为薄木卷成，内红外黑，器外有竹篾编织成的器套
				M16：1		圆形，盖与身套合至近底处，顶部隆起，顶与底均为厚木胎，器壁用薄木卷成
20	四川渠县城坝墓葬[5]	圆奁	2	M2：63	木胎	扁圆形，直壁，平底，套合
				M1：9	木胎	圆形，套合，直壁，平底
		椭圆奁	1	M2：55	木胎	椭圆形，残存器身；直壁，平底

〔4〕这批墓葬的年代为战国末期到西汉初期，墓葬表现出浓厚的楚文化特色，与同时期的巴蜀墓葬、秦墓内涵迥异。这批墓葬随葬大量漆器，墓主很可能为白起拔郢后向巴蜀移民的原楚国人，故将这批漆奁的材料归为此表。

〔5〕此墓年代可能晚至西汉初年，墓葬使用了白膏泥与木椁葬具，并随葬了一批漆器。墓主应深受楚文化影响，故出土漆奁归入此表。

尺寸（厘米）	主要纹饰	器内物品	出土位置	墓葬年代及墓主身份	资料来源
直径 15.3	黑地红彩绘三个旋转涡纹、带状纹			战国末期到西汉初，可能为巴蜀移民	成都市文物考古研究所等：《成都龙泉驿区北干道木椁墓群发掘简报》，《文物》2000 年第 8 期
直径 14	黑地红彩绘涡纹、带状纹				
直径 20.2	黑地红彩绘小涡纹、云纹、几何纹				
盖径 22、底径 21、高 10	盖顶饰 2 ~ 3 道凹弦纹，无彩绘			战国末期，楚移民	四川省文管会等：《四川荥经曾家沟战国墓群第一、二次发掘》，《考古》1984 年第 12 期
盖径 21、底径 20、高 10.4	内外髹黑漆，盖面刻划有一“成”字，盖内刻划“成草”二字，盖顶饰 2 ~ 3 道凹弦纹，无彩绘				
盖径 20.6、口径 19.6、高 10.2	内红外黑，盖分别朱绘点线纹、弦纹、云雷纹，器身素面无纹			战国晚期到汉初	四川省文物考古研究院等：《四川渠县城坝遗址 2005 年发掘简报》，《四川文物》2006 年第 4 期
盖径 12.4、底径 20.6、通高 12.8	内红外黑，素面无纹				
器身长径 29.6、短径 12.8、高 8.4	器身靠底部书有朱绘文字“山”				

附表二　秦墓出土漆奁一览表[1]

<table>
<tr><th>序号</th><th>名称</th><th>件数</th><th>器物号</th><th>尺寸（厘米）</th><th>器形或主要纹饰</th></tr>
<tr><td rowspan="6">1</td><td rowspan="2">圆奁[2]</td><td rowspan="2">9</td><td>M34：60</td><td>盖径 22.2、底径 21.3、通高 6.7</td><td>盖顶绘云鸟纹，其余部位绘“B”形鸟纹、几何纹</td></tr>
<tr><td>M36：6</td><td>口径 21.1、底径 19.5、通高 11.5</td><td>内外均髹黑漆</td></tr>
<tr><td rowspan="4">椭圆奁[3]</td><td rowspan="4">7</td><td>M31：7</td><td>长 29.9、宽 12.4、通高 8.3</td><td>盖顶绘云鸟纹，其余部位绘波折纹、点纹</td></tr>
<tr><td>M39：21</td><td>长 29、宽 12.6、通高 8.2</td><td>盖顶绘云鸟纹，盖外壁绘四鸟蓓蕾花纹</td></tr>
<tr><td>M33：8</td><td>长 25.6、宽 11.8、通高 9</td><td></td></tr>
<tr><td>M35：11</td><td>长 28、宽 12.5</td><td></td></tr>
<tr><td>2</td><td>椭圆奁</td><td>1</td><td></td><td>长 24.5、宽 12.6</td><td>盖顶绘龙凤纹，周围环绕几何纹和云鸟纹；盖侧壁绘云鸟纹；器身近底处绘几何纹；盖内及内底均绘龙凤纹</td></tr>
<tr><td>3</td><td>圆奁</td><td>1</td><td>龙岗
M10：1</td><td>盖径 16、底径 15.6、通高 7.3</td><td>盖顶斫制，器壁卷制；圆筒形；盖面有四道弦纹，微隆平顶；直壁微斜，套合，直口，平底；内红外黑；红漆绘鸟云纹、菱形纹、云纹、波折纹等</td></tr>
</table>

〔1〕表格中的文字，不能释读的文字，一律用“□”代替。秦漆器胎骨全部为木胎，纹饰栏为空白的漆奁表示这些漆奁没有纹饰，“序号”按照发掘报告中的墓葬群来表示，如 1975 ～ 1976 年发掘的 12 座秦墓就标注为“1”。

〔2〕圆奁 9 件，出土于 6 座墓葬中。木胎，卷制。器身与盖相套合，圆筒状，盖顶隆起。其中 8 件为器内涂红漆，器外涂黑漆，1 件为内外均涂黑漆。2 件在黑漆地上用红褐色漆绘花纹。M31、M33、M1 各出 1 件圆奁，M34、M36、M35 各出 2 件圆奁。

〔3〕椭圆奁 7 件，出土于 7 座墓中。木胎，卷制。器身与盖相套合，盖顶部稍微隆起，平底。其中 3 件内涂红漆，外涂黑漆，并在黑漆地上用红、褐漆和金色绘花纹。另 4 件均为奁内涂红漆，器表涂黑漆。M31、M33、M34、M35、M39、M1、M2 各出土 1 件。

〔4〕未见白庙山 35 号秦墓的发掘简报，此器根据《中国古代漆器造型纹饰》第 118 ～ 119 页的图片，笔者解说图片后，录入此表。

铭文	器内物品	出土位置	资料来源
器外壁烙印“亭”字，盖外与器外壁均有“大女子小”针刻文字	铜镜 1、木篦 1	棺内	云梦县文物工作组：《湖北云梦睡虎地秦汉墓发掘简报》，《考古》1981 年第 1 期
外底也有针刻文字，内容不详		头箱	
盖内漆书“亭”字二处，内底有烙印“亭”字和针刻符号			
盖外有烙印符号			
盖外壁烙“亭上”“王”“咸亭上”“包”，底外壁烙“咸”“王”“亭上”“咸亭”			
内底烙印“亭”		棺内	
			荆门白庙山 35 号秦墓[4]
	铜镜、发夹梳、篦各 1	头箱	湖北省文物考古研究所等：《湖北云梦龙岗秦汉墓地第二次发掘简报》，《江汉考古》1993 年第 1 期

序号	名称	件数	器物号	尺寸（厘米）	器形或主要纹饰
4	圆奁	18	M3：18	盖径 22、通高 10	
			M4：1	盖径 21、通高 11	
			M4：16	盖径 21、通高 10.5	
			M5：2	盖径 23、通高 11.5	
			M6：2	盖径 21.2、通高 17	
			M7：12	盖径 17、底径 16、通高 8	鸟纹、变形鸟纹、几何纹
			M7：9、36	盖径 22、通高 11	
			M7：19	盖径 14、底径 13.5	
			M9：57	盖径 20、底径 18.5、通高 8	菱形纹、点纹、波折纹
			M10：8	盖径 22、底径 20.5	
			M10：12	盖径 21.5、底径 19.3	鸟纹、变形鸟纹、波折纹
			M11：3	盖径 24、底径 22、通高 13.8	
			M11：69	盖径 18.1、底径 16.7、通高 8.1	梅花纹、云气纹、点纹
			M12：6	盖径 21.3、底径 19.8	
			M13：4	盖径 22.2、底径 21、通高 13	鸟纹、变形鸟纹、云气纹、波折纹
			M13：5	盖径 15.5、底径 14、通高 7	变形鸟纹、梅花纹、波折纹
			M14：4	盖径 24、底径 21.5、通高 16	
	椭圆奁	1	M11：6	长 24.5、宽 12、通高 7.3	

〔5〕这批漆奁都是由器盖器身套合而成。圆筒形，平底，盖顶部隆起，除了 1 件里外均涂黑漆外，其余均为器内涂红漆，器表涂黑漆。6 件有花纹。大多数器物在外底、外壁和盖顶等部位有烙印、针刻的文字与符号。

铭文	器内物品	出土位置	资料来源
外底烙印“亭”，盖顶烙印“亭”		头箱	《云梦睡虎地秦墓》编写组编：《云梦睡虎地秦墓》，第30、31页，文物出版社，1981年[5]
		头箱	
		头箱	
盖内壁针刻“□”		头箱	
盖顶烙印“亭”，外底针刻“□”		头箱	
		头箱	
盖内烙印“亭”，底内、外烙印不明文字		头箱	
外底针刻“女里□”，盖顶针刻“里□”		头箱	
盖顶烙印“亭”，外底烙印“亭”		棺内	
		棺盖	
		棺盖	
底外壁烙印“咸亭包”，盖外壁针刻“钱里大女子”并烙印“咸□”“亭上”“告”		头箱	
	铜镜1、木梳1	棺内	
盖顶烙印“亭”，外底针刻“山”？		头箱	
外底烙印、针刻“亭”？、“×”？，盖顶烙印“亭”？		头箱	
外底针刻、烙印“亭”“□亭”“□里”		头箱	
内底针刻“□”		头箱	
外底针刻“张”，内底针刻“□”，盖内烙印“□”		头箱	

序号	名称	件数	器物号	尺寸（厘米）	器形或主要纹饰
5	圆奁[6]	15	M25：5	盖径38.3、残高8.9、底径35.5、高12	内红外黑，饰鸟云纹、波折纹、菱形纹、点纹、涡卷纹、花叶纹
			M27：1		内红外黑
			M43：10		内红外黑
			M43：12	口径22、通高13.4	内红外黑
			M44：7	口径20.8、通高10.3	通体黑漆
			M44：12	口径22.4、通高9.2	内红外黑，以红、褐漆绘波折纹、鸟头纹、菱形纹、点纹
			M46：34		通体黑漆
			M47：12	盖径22、底径21、高12.5	内红外黑
			M47：96	口径7.8、通高5	内红外黑，波折纹
			M49：5	盖径18.9、高7.7	内红外黑，饰波折纹、鸟云纹、菱形纹、涡卷纹、花叶纹等
	椭圆奁[7]	2	M43：11	长28、宽12.5、残高10.8	内红外黑
			M47：42	长29.5、宽12.3、通高9	内红外黑，红漆绘云气纹、波折纹
6	圆奁	1	木匠坟M2：8	盖径21、底径20、通高9.5	卷制，盖与身套合，圆筒状，盖顶微隆，底平，内红外黑，无彩绘
	椭圆奁	1	木匠坟M2：5	长28.1、宽12、通高8	木胎卷制，盖与身套合，盖顶部微微隆起，平底内收，内红外黑，红、褐色漆彩绘云鸟纹、波折纹及点纹

〔6〕圆奁15件。由器身与盖套合而成，圆筒状，直壁，平底，盖顶隆起。木胎，卷制。最大者口径38.3、通高17.2厘米，最小者口径8.4、高5厘米，一般口径19.6～24.5、通高7.4～15.5厘米。其中2件通体涂黑漆，无花纹，另外13件均器里涂红漆，器外涂黑漆。其中7件无花纹，其余6件均在黑漆地上绘花纹。其中3件仅在盖顶与器外壁用红漆或红、褐漆彩绘波折纹、鸟头纹、菱形纹、鸟云纹等。另外3件的器外、盖内、内底及口沿内外均有彩绘的鸟云纹、波折纹、菱形纹、变形鸟纹、涡卷纹、花叶纹等纹样。另，报告中有抵牾之处，如说最小者口径为8.4厘米，然而所举例子中如M47：96的口径为7.8厘米。

〔7〕椭圆奁2件。由器身与盖套合而成，椭圆筒状，直壁，平底，盖顶隆起。木胎，卷制，器里涂红漆，器外涂黑漆。

铭文	器内物品	出土位置	资料来源
			湖北省博物馆：《1978年云梦秦汉墓发掘报告》，《考古学报》1986年第4期
盖上烙印“亭”二处，外底烙印“亭”外底针刻“大女子”			
外底针刻“车”，外底烙印“亭”			
外底烙印不明文字， 内底、盖内各烙印一个“市”字	铜镜1、木梳1、木篦1		
盖内针刻“工汧”			
外底烙印“亭”，针刻“杜”			
盖内烙印“咸亭”			
外底烙印“咸亭”			
盖内烙印“亭”字与符号			
盖内与内底均烙印“亭”			
盖内顶烙印“亭”字二处，内底烙印“亭”字一处	木篦	头箱	云梦县博物馆：《湖北云梦木匠坟秦墓》，《文物》1992年第1期
盖内顶烙印“三”“亭”字，外底烙印“亭”字		头箱	

序号	名称	件数	器物号	尺寸（厘米）	器形或主要纹饰
7	圆奁[8]	5	龙岗 M6：1	盖径 20.6、底径 19.4、通高 10.7	盖与身扣合，内红外黑，无彩绘纹饰
	椭圆奁	3	龙岗 M4：9		盖与身扣合，直壁平底；内红外黑，无彩绘纹饰
			龙岗 M6：10	盖长 25、宽 10.6、底长 24、宽 9.8	盖与身扣合而成，直壁平底，内红外黑，无彩绘纹饰
8	圆奁	2	M1：12	口径 18.4、底径 18.4、器身高 5.6、通高 8	圆形，直口，浅直腹，平底；顶部隆起，起棱，直口，直壁，盖与身套合，内红外黑，器外红漆彩绘波折纹，盖顶用红漆彩绘弦纹、云鸟纹、几何纹等
9	圆奁	2	岳山秦墓 M15：21		套合，平顶，直腹，平底，盖顶两道弦纹，内红外黑，勾连云纹，“Z”形纹和圆圈纹
			岳山秦墓 M16：1	口径 17、高 8	套合，平顶，直腹，平底，饰弦纹、鸟头纹、点纹、圆纹
10	椭圆奁	1	扬家山 M135：49	长 25.4、宽 10.8、通高 8.7	椭圆形，套合，盖顶平，直口，直腹，平底，内红外黑，无彩绘纹饰
	圆奁	2	扬家山 M135：85		圆筒状，套合，盖顶微弧，直口，浅直腹，平底，内红外黑，红漆绘梅花纹、云纹、点纹
			扬家山 M135：70	口径 22.2、通高 15	盖顶微弧，盖顶饰数道弦纹，深直腹，平底，腹部数道凹弦纹，内红外黑，无彩绘纹饰
11	圆奁	1	ZM30：14	口径 21.7、盖径 23.1、通高 7.7	圆筒形，平口，直壁，平底，盖面微凸，盖大于身，套合；内红外黑；盖顶与盖侧各有三道环带纹饰，器身腹外壁有两道环带纹饰，用红褐、深褐、浅褐色在黑地上彩绘变形鸟纹、云气纹、菱形纹、卷云纹

铭文	器内物品	出土位置	资料来源
盖内及底内各针刻“冯”字		头箱	湖北省文物考古研究所等：《云梦龙岗秦汉墓地第一次发掘简报》，《江汉考古》1990 年第 3 期
内底针刻“介”字		头箱	
盖内针刻“冯”字；盖内烙印“平”“户”字；内底烙印“平”“里亭”字		头箱	
		椁室头部	荆州市荆州区博物馆：《荆州擂鼓台秦墓发掘简报》，《江汉考古》2003 年第 2 期
	木梳、木篦	头箱	湖北省江陵县文物局等：《江陵岳山秦汉墓》，《考古学报》2000 年第 4 期
		边箱	湖北省荆州地区博物馆：《江陵扬家山 135 号秦墓发掘简报》，《文物》1993 年第 8 期
		棺内	
盖内、内底、器腹外壁有烙印、针刻文字符号（文字的具体情况简报未公布）		棺内	湖北省荆州市周梁玉桥遗址博物馆：《关沮秦汉墓清理简报》，《文物》1999 年第 6 期

附表三　汉墓出土漆奁一览表[1]

序号	墓葬	器名	件数	器物号	胎骨	器形主要特征
1	云梦大坟头一号汉墓	圆奁	1	边箱7号	薄木胎	套合；平底，隆顶；内红外黑；内底、盖内均针刻“最”字
		双层圆奁	1	头箱52号	薄木胎	双层套合；平底，隆顶；内红外黑，彩绘纹饰；盖顶与器壁用红、褐、金三色黑地彩绘
		椭圆奁	2	边箱16号	薄木胎	椭圆形，套合；直壁，平底；盖部隆起；内红外黑，红、褐色漆黑地彩绘
				头箱10号	薄木胎	椭圆形，套合；直壁，平底；盖部隆起；内红外黑
2	广西贵县罗泊湾一号汉墓	圆奁	1	M1：290	薄木胎 斫木胎	圆形，套合；顶饰三道弦纹层层高起；圜底；内红外黑，黑地朱绘
		马蹄形梳篦盒	1	M1：363	薄木胎	马蹄形，套合；直壁，厚平底；通体黑漆，素面无纹

〔1〕表格说明：表中漆奁的“器物号”皆为“资料来源”中的器物号；表中收录漆奁皆为有详细描述的漆奁，至于在简报中一笔带过的，如江陵张家山汉墓出土的漆奁，因无法了解器物全貌，皆不收入此表；为叙述方便，本表格内涉及到多子奁时，用“圆形1”代表一件圆形子奁，“椭圆形1”代表一件椭圆形子奁，其余依次类推；有些资料中对漆奁尺寸描述过于简略，如记录奁的直径，却没有指明是盖径还是器身径，为防止以讹传讹，本表格一律采用资料来源中的尺寸描述。

尺寸（厘米）	主要纹饰	装饰技法	器内物品	出土位置	墓葬年代及墓主身份	资料来源
底径22.5、盖径24、通高14				边箱	西汉初年，县丞之类的官吏	湖北省博物馆:《云梦大坟头一号汉墓》，《文物资料丛刊》4，文物出版社，1981年
上层口径21.6、盖径22.5、高4.4，下层口径20.9、盖径22.5、高3.5	云气纹、变形鸟纹、形纹、菱形纹	彩绘	铜镜1、玉璧1、木梳1、木篦3、木刮刀2	头箱		
长20.3、宽10.2、通高7	变形鸟纹、鸟头纹、波折纹、点纹、圆圈纹	彩绘		边箱		
长39、宽29、高16.5				头箱		
口径13.5、通高7	变形龙纹、漩涡纹、雷纹	彩绘		一号殉葬棺内	西汉初年，南越国桂林郡的最高官吏的奴婢	广西壮族自治区博物馆：《广西贵县罗泊湾汉墓》，第75、76页，文物出版社，1988年
长10.7、宽7.1、高5			木梳、木篦、黛黑	二号殉葬棺内		

序号	墓葬	器名	件数	器物号	胎骨	器形主要特征
3	马王堆三号墓	锥画狩猎纹奁	1	北 160	卷木胎	圆形；直壁，平底，有盖，盖顶微拱；内红外黑，器表与器内底均锥画纹饰
		锥画双层六子圆奁	1	北 159	布脱胎	圆形，双层；顶微隆，直壁，平底；上层上半部套入盖内、下半部套在下层器身的外面；内红外黑，母奁盖内外、中层隔板上下、内底均锥画纹饰，子奁也锥画纹饰
		油彩双层圆奁	1	北 155	布脱胎	圆形，套合，双层；顶微隆；盖顶纹饰以云气纹为中心，边缘菱形纹、波折纹；侧壁彩绘纹饰
		油彩双层长方奁	1	北 162	卷木胎	长方形；直壁，平底。盖为盝顶形，上下两层，共三部分；上层上半部套入盖内、下半部套在下层器身的外面；内红外黑，器表以堆漆法油彩绘纹饰
		锥画云纹漆奁	1		布脱胎	圆形；盖顶微隆，直壁，平底；器表锥画纹饰，并点彩；盖内底、器身内底均锥画并点彩纹饰
4	马王堆二号墓	圆奁盖（残）	1	北 31	斫木胎	内红外黑，黑地褐漆彩绘；盖面以三凤鸟组成的涡纹为中心，间以弦纹、几何纹作边
5	马王堆一号墓	双层九子奁	1	北 443	布脱胎 斫木胎	盖微隆，上层上半部套入盖内，下半部套在下层器身的外面；器表黑漆上贴金箔；器内绘纹饰；底凿九个凹槽嵌放九个子奁
		五子奁	1	北 441	木胎 布脱胎	盖顶微隆，平底，套合；器表和盖内及底部中心全为黑褐色地上朱绘云纹；部分子奁锥画纹饰

尺寸（厘米）	主要纹饰	装饰技法	器内物品	出土位置	墓葬年代及墓主身份	资料来源
通高16，盖高13.8、口径32.3，器身高11.2、口径31.3	云气纹、云凤纹、飞鸟及兔、鱼、鼠、神人乘龙、狩猎纹	锥画	丝带、假发1、骨器1、小棒5等	北边箱	文帝十二年，轪侯之子	湖南省博物馆等：《马王堆二、三号汉墓》，第140～155页，文物出版社，2004年；陈建明、聂菲主编：《马王堆汉墓漆器整理与研究》（上），第179页，中华书局，2019年
口径28.5、通高17.2	云气纹、飞鸟、立鹿、奔兽、牛、短线纹、几何纹等	锥画、彩绘	上层放丝织品1束、木骰1、角质镜1、角质梳篦各2、木梳篦各1、镜擦1、棕茀2、环首刀1，下层为子奁6	北边箱		
口径24.1、通高16.9	云气纹纹、菱形纹、波折纹、几何纹、点纹	彩绘	下层置铜镜1	北边箱		
长48.5、宽25.5、高21	卷云纹	彩绘	漆纚冠1、木棍1	北边厢		
通高7.5、盖口径10.3、器身口径9.7、底径9.7	云气纹、水波纹、竖条纹、菱形纹、点纹	锥画、朱漆彩绘				
盖径22.7	凤纹、涡纹、云气纹、几何纹、菱形纹、点纹、弦纹	彩绘		北边箱	吕后二年，轪侯利苍	湖南省博物馆等：《马王堆二、三号汉墓》，第16页，文物出版社，2004年
盖高10、上层高12.5、下层高7、通高20.8、口径35.2	云气纹	彩绘、锥画、贴金箔	手套、镜衣、组带，9个子奁，梳妆用具、假发及化妆品	北边箱	文帝十二年之后的数年，轪侯夫人辛追	湖南省博物馆等：《马王堆一号汉墓》，第88～93页，文物出版社，1973年
口径34、通高15	云气纹、几何纹、波状纹、点纹	彩绘、锥画	圆奁5，脂粉、粉扑、花椒、香草、梳篦、铜镜、镜擦、环首刀、印章			

序号	墓葬	器名	件数	器物号	胎骨	器形主要特征
6	仪征刘集联营 M12	彩绘圆奁	1		木胎	圆形；直口，直壁，平底；盖与身套合；内髹红漆，外髹黑褐色漆，彩绘纹饰
7	仪征新集国庆阚巷 M2	云气谷粒纹漆奁	1		木胎	圆形；直口，直壁，平底；盖顶隆起，盖与器身套合；内红外黑，彩绘纹饰
8	仪征新集庙山赵庄汉墓	变形鸟纹漆奁	1		木胎	圆筒形；直壁，平底；内红外黑，朱绘纹饰
9	临沂银雀山四号墓	双层七子圆奁	1		卷木胎 斫木胎	盖隆顶起；直壁，平底；三部分套合而成；下层凿凹槽，放七个子奁；内红外黑；器表内外、子奁均锥画纹饰
		二子圆奁（朽）	1		薄木胎	圆形
10	四川荥经县高山庙西汉墓群 M3	奁	2	M3：12	木胎	圆形，盖与器身套合；盖顶起棱，顶近平；以红色、土金黄色彩绘纹饰；盖底烙印有铭文，字迹不清
				M3：32	木胎	圆形，仅存盖与底；盖顶起棱，朱色彩绘
11	扬州农科所汉代墓群	圆奁	3		薄木胎	内外髹褐漆，盖顶边有一圈纹饰

尺寸（厘米）	主要纹饰	装饰技法	器内物品	出土位置	墓葬年代及墓主身份	资料来源
口径 22、高 8	弦纹、云气纹、波折纹	彩绘	木篦		西汉早期	仪征博物馆：《仪征出土汉代漆木器》，第 84 页，江苏凤凰美术出版社，2015 年
口径 22、高 8	弦纹、云气纹、几何纹、谷粒纹、水波纹	彩绘			西汉早期	仪征博物馆：《仪征出土汉代漆木器》，第 86 页，江苏凤凰美术出版社，2015 年
口径 9、高 5.5	变形鸟首纹、云气纹、弦纹	彩绘			西汉早期	仪征博物馆：《仪征出土汉代漆木器》，第 89 页，江苏凤凰美术出版社，2015 年
口径 31、高 20.5	云气纹、彩笔勾点	锥画、彩绘	铜镜、子奁 7	棺内脚部	西汉早期，中小地主或低级官吏，女性	山东省博物馆等：《临沂银雀山四座西汉墓葬》,《考古》1975 年第 6 期
不详	卷云纹、云龙纹、几何纹	彩绘	子奁 2			
直径 22.7、高 5.9	变形鸟纹、螺旋纹、团云纹、弦纹、卷曲纹	彩绘、锥画	木梳、木篦、铜镜、竹签刷各 1 件	椁内	文帝时期，富裕地主阶层	四川省文物考古研究院等：《四川荥经县高山庙西汉墓群 M3 发掘简报》，《四川文物》2017 年第 5 期
盖厚 1.4、直径 14.2，盒底厚 1.1、直径 13.4	弦纹、卷曲纹、圆点纹、长点纹	彩绘				
径 10.5		彩绘			文景时期	扬州博物馆：《扬州地区农科所汉代墓葬群清理简报》，《文物资料丛刊》9，文物出版社，1985 年

序号	墓葬	器名	件数	器物号	胎骨	器形主要特征
12	广州汉墓	漆奁	5	1097：53	木胎	长方形；盖面绘云纹；器表烙印“蕃禺”二字
13	广州三元里马鹏冈西汉墓	漆奁	3		木胎	圆形；奁内外均髹黑漆，绘云气纹
14	扬州刘毋智墓	四子奁	1	M1C：39	布脱胎	直壁，圆唇，平底；母奁盖面分几级逐步隆起；母奁与子奁都内红外黑；均针刻以云气纹为主的纹饰
		六子奁	1	M1：10、11	布脱胎	直壁，圆唇，平底；母奁盖面逐步隆起；内红外黑，锥画纹饰
15	安徽阜阳双古堆西汉汝阴侯墓	四子银釦方奁	2	M1：7	布脱胎	长方形，套合；盝顶式盖；镶嵌银釦，锥画云气纹
		银釦圆奁	1	M1：6	布脱胎	圆形，套合；盖顶嵌柿蒂形银片；镶银釦；锥画并彩绘云气纹、几何纹
		圆奁	1	M1：5	布脱胎	圆形，隆顶；彩绘云纹；有铭文“布检容二斗六升”
		二子奁	1	M2：5	布脱胎	残，圆形；锥画云纹
16	湖南沅陵虎溪山一号墓[2]	小圆奁	1	M1G：1	布脱胎	尖唇，直口，平底；内外均髹红漆，器表针刻云气纹及几何纹，内口沿锥画纹饰
		长方奁	1	M1T：85	布脱胎	方唇，直口，平底；内外髹红漆，通体锥画云气纹及几何纹

〔2〕墓被盗严重，推测原来为若干套（件）。

尺寸（厘米）	主要纹饰	装饰技法	器内物品	出土位置	墓葬年代及墓主身份	资料来源
	云纹	彩绘			西汉早期	广州市文物管理委员会等：《广州汉墓》，第175页，文物出版社，1981年
	云气纹	彩绘		出土于M1，被盗，位置不详	西汉初年	广州市文物管理委员会：《广州三元里马鹏冈西汉墓清理简报》，《考古》1962年第10期
口径20.3、通高10.6	云气纹、梳齿纹、×纹	锥画	子奁4、篦2	不详	西汉早期，七国之乱之前，吴王刘濞的家人或本家亲戚	扬州市文物考古研究所：《江苏扬州西汉刘毋智墓发掘简报》，《文物》2010年第3期
口径29.4、通高15.5	云气纹、梳齿纹、×纹	锥画	子奁6			
长28.5、宽21.5、高9	云气纹	银釦、锥画	子奁4	头箱	文景时期，西汉第二代汝阴侯夏侯灶夫妇	安徽省文物工作队等：《阜阳双古堆汝阴侯墓发掘简报》，《文物》1978年第8期
径29、高9.5	柿蒂纹、云气纹、几何纹	银釦、嵌柿蒂形银片、锥画、彩绘	子奁1，银发针、铜镜各1			
径29、盖高10.9、底高9.4	云气纹	彩绘				
径30.5、高12	云纹	锥画	子奁2			
口径4.4、通高4	云气纹、几何纹	锥画		北边箱与棺室内	文帝时期，沅陵侯吴阳	湖南省文物考古研究所等：《沅陵虎溪山一号汉墓发掘简报》，《文物》2003年第1期
长21.8、宽5.4、高3.9	云气纹、几何纹	锥画				

序号	墓葬	器名	件数	器物号	胎骨	器形主要特征
17	安徽和县城北西汉木椁墓	圆奁	1		木胎	圆筒状；内红外黑，器表朱绘花纹，内部无纹饰
18	湖北江陵凤凰山西汉墓[3]	双层五格奁	1		木胎	三层套合而成；上层为凸字形，上部分套在盖的里面，下部分套在底层外部；下底以四块木片隔成五格
		一子奁	1		木胎	盖底均圆形，套合；内红外黑，器表彩绘纹饰
19	云梦睡虎地 M77	圆奁		M77：1	木胎	圆形，木胎；底、盖旋制，器壁用薄木片卷接成；盖面微隆，有几道弦纹；直壁，平底，外底微凸；内红外黑，素漆无纹
		椭圆奁	1	M77：6	木胎	椭圆形；器壁较薄，卷制；直壁，平底；内红外黑，素漆无纹
20	临沂金雀山一号墓	圆奁	2	M1：13	木胎	圆筒状，套合；平底，平顶；内红外黑
				M1：14	木胎	圆筒状；平底，平顶；棕色漆地，红色彩绘
21	西汉齐王墓随葬器物坑	漆奁	4			圆形；已朽，残余黑褐色漆皮

〔3〕出土了 13 件圆奁和 5 件椭圆奁，然而妆奁只提及这两件。

尺寸（厘米）	主要纹饰	装饰技法	器内物品	出土位置	墓葬年代及墓主身份	资料来源
直径 23、通高 8、胎厚 0.4 ~ 1.5	弦纹、点纹、波折纹、云纹	彩绘	铜镜、梳、篦	北边箱	西汉早期	安徽省博物馆:《安徽和县城北西汉木椁墓》，《文物资料丛刊》1，文物出版社，1981 年
不详	云气纹、植物纹、几何纹、水波纹、点纹	彩绘	不详	M9	文景时期，地主或低级官吏	长江流域第二期文物考古工作人员训练班：《湖北江陵凤凰山西汉墓发掘简报》，《文物》1974 年第 6 期
不详	云气纹、植物纹、几何纹、水波纹、点纹	彩绘	镜、木梳篦、粉盒	M8		
盖径 23.5、盖心厚 2.4、盖缘厚 1、底径 22、底中心厚 2、底边缘厚 1				边厢	文帝末年至景帝时期	湖北省文物考古研究所等：《湖北云梦睡虎地 M77 发掘简报》,《江汉考古》2008 年第 4 期
高 7.8、长径 22.5、短径 9.6				边厢		
高 17、盖径 26.5、底内径 23				不详	西汉前期	临沂文物组：《山东临沂金雀山一号墓发掘简报》，《考古学集刊》第 1 集，文物出版社，1981 年
	不详	彩绘	铜镜、木梳、木篦各 1			
直径约 25			每个奁内盛 1 枚铜镜	五号器物坑	西汉初年，西汉某代齐王	山东省淄博市博物馆：《西汉齐王墓随葬器物坑》,《考古学报》1985 年第 2 期

序号	墓葬	器名	件数	器物号	胎骨	器形主要特征
22	湖南长沙望城坡西汉渔阳墓[4]	银釦双层六子奁(残)	1	D：72	布脱胎	圆形；隆顶并镶嵌柿蒂形银片；三部分套合而成，中层“凸”字形；器表镶嵌五道银釦；内红外黑；下层置子奁，子奁装饰技法与母奁相同
		双层七子奁（残）	1	C：156	斫木胎 卷木胎	圆形，双层；内红外黑，锥画凤鸟及云气纹，并点缀以朱色点线；下层嵌放七个不同形状子奁
23	成都凤凰山西汉墓木椁墓	锥画彩绘漆奁盖	2	M1：14	木胎	盖面髹黑漆，以红漆彩绘，再锥画卷云纹、黑点、菱形几何纹；盖内髹红漆，在中心黑地上也绘卷云纹以及短线纹
				M1：15	木胎	盖面髹黑漆，内底红漆上用黑漆绘云气纹、变形鸟头纹，锥画羽毛纹、菱形纹
		小漆奁（残）	1	M1：19	木胎	圆形；残存底与盖；底髹黑漆，以红漆彩绘云气纹，中间绘一朱雀
24	长沙砂子塘一号汉墓	舞蹈奁	1		不详	圆形；器表彩绘舞蹈画面
		人物车马奁	1		不详	圆形；器表彩绘人物车马出行图
25	襄阳擂鼓台1号汉墓	人物纹圆奁（残）	1	1号	木胎	圆筒形；隆顶，平底；内红外黑，盖外绘云气纹、变形鸟云纹、波折纹、菱形纹，盖内、底内绘人物图案
		鸟云纹奁身	1	2号	木胎	圆筒形；内红外黑，器身外部绘红色变形鸟云纹、菱形纹、网带纹，内底黑漆绘变形鸟云纹
		变形鸟纹奁盖	1	62号	木胎	圆筒形；隆顶，直壁；内红外黑

〔4〕另还有四件奁盖。黑底彩绘凤鸟、云气纹及几何纹等。

尺寸（厘米）	主要纹饰	装饰技法	器内物品	出土位置	墓葬年代及墓主身份	资料来源
盖径 32、内径 30.4、通高 17.2	云气纹、凤鸟纹、几何纹	彩绘、锥画、银釦、嵌柿蒂形银片	子奁 6	不详	西汉初吴氏长沙国的某代王后	长沙市文物考古研究所、长沙简牍博物馆：《湖南长沙望城坡西汉渔阳墓发掘简报》,《文物》2010 年第 4 期
内径 30、通高 16	凤鸟纹、云气、几何形纹、点纹、线纹	锥画、彩绘	子奁 7			
直径 32.5、边厚 1、中顶厚 3.5	卷云纹、菱形纹、短线纹	锥画、彩绘			西汉早期，文景时期或武帝前期，地主阶层或官吏	徐鹏章：《成都凤凰山西汉木椁墓》,《考古》1991 年第 5 期
直径 28.5、边厚 1、中顶厚 3.5	云气纹、变形鸟头纹、羽毛纹、菱形纹	彩绘、锥画				
直径 14、厚 0.2	云气纹、朱雀纹	彩绘				
口径 13.5	云鸟纹、云气纹、舞蹈纹	彩绘	不详	不详	文帝时期，可能为长沙王吴著	湖南省博物馆:《长沙砂子塘西汉墓发掘简报》,《文物》1963 年第 2 期
口径 15	车马出行图	彩绘	不详			
盖径 25、高 9.7，身径 23.8、高 8.8	云气纹、变形鸟云纹、波折纹、菱形纹、人物纹、树纹	彩绘	铜镜、木梳、木篦各 1	边箱	西汉早期，早于凤凰山 168 号汉墓（文帝十三年），身份低于五大夫，相当于县丞	襄阳地区博物馆：《湖北襄阳擂鼓台一号墓发掘简报》,《考古》1982 年第 2 期
口径 23.8、器高 8.8	变形鸟云纹、菱形纹、网带纹	彩绘		边箱		
盖径 20、高 14.5	点纹、变形鸟纹	彩绘		边箱		

序号	墓葬	器名	件数	器物号	胎骨	器形主要特征
26	江陵张家山M136	圆奁	5	M136：40	薄木胎	圆形；盖扁凸，盖大于身；器身平口，直壁，平底；腹壁与盖边由薄木卷制；周身髹漆，盖与腹壁彩绘
		椭圆奁		M136：69	薄木胎	椭圆形；盖扁凸，盖大于身；器身平口，直壁，平底；腹壁与盖边由薄木卷制；周身髹漆，素面无纹
27	江陵凤凰山168号汉墓[5]	锥画圆奁	1	M168：123	薄木胎	圆筒形，套合；奁身外壁与口沿内、盖内、内底的中部髹黑漆，奁内髹红漆，黑漆地上满饰锥画，盖顶、盖内、内底也锥画纹饰
		黑漆圆奁	2	M168：149	薄木胎	圆形，套合；内红外黑，无彩绘；盖顶与外底均刻“仁”“义”字，先刻字再填白彩粉，凸显出文字
				M168：162	薄木胎	圆形，套合；器形较大，内红外黑
28	安徽潜山彭岭战国西汉墓	圆奁盖	2	M28：18	木胎	圆筒状；外髹黑漆，朱绘纹饰
				M16：12	木胎	圆形；外髹朱漆，墨绘纹饰
29	荆州谢家桥一号汉墓	黑圆奁	1		薄木胎	圆形，内外均髹黑漆
		彩绘圆奁	1	M1西室：26	薄木胎	扁圆形，套合；盖呈逐层隆起；直口，直壁，圜底；内红外黑
30	仪征联营三座西汉墓	圆奁	1	M12 ：40	木胎	圆筒形；盖顶平，直腹，平底；内红外黑褐色，朱漆彩绘

〔5〕此墓还出土了三件椭圆形漆奁。器身与盖套合。薄木胎，卷制。里红外黑。有的素面无纹，有的绘云鸟纹、圆圈纹、点纹等。因所盛放物品为食物，故不收入此表。

尺寸（厘米）	主要纹饰	装饰技法	器内物品	出土位置	墓葬年代及墓主身份	资料来源
盖径 24.5、身径 21.9、通高 9	云鸟纹、流云纹、涡纹、勾云纹	彩绘		边箱	不晚于文帝前元十三年（前 167 年），五大夫以上	荆州地区博物馆：《江陵张家山两座汉墓出土大批竹简》，《文物》1992 年第 9 期
长径 28.8、短径 15.5、通高 10.5						
盖径 17.7、通高 11	云鸟纹、怪兽纹、三角纹菱形纹、波折纹	锥画	梳、篦、镜各 1，细竹签、细竹管等	边箱	文帝前元十三年（前 167 年），五大夫	湖北省文物考古研究所：《江陵凤凰山一六八号汉墓》，《考古学报》1993 年第 4 期
盖径 20、通高 12						
盖径 20.6、高 7.8	云气纹、点纹、弦纹	彩绘		北边箱	西汉初期，小贵族	安徽省文物考古研究所等：《安徽潜山彭岭战国西汉墓》，《考古学报》2006 年第 2 期
盖径 11.5、高 2.4	云气纹、弦纹	彩绘		南边箱		
					前 184 年	荆州博物馆：《湖北荆州谢家桥一号汉墓发掘简报》，《文物》2009 年第 4 期
腹径 23.8、通高 10.8	变形鸟纹、卷体云凤纹、“S”形纹、菱形纹	彩绘	铜镜 1、棕刷 2 等	西室		
盖径 23.5、身径 22、通高 8	双线弦纹、云气纹、几何纹	彩绘	木篦 1	西边厢	西汉早期，吴国男性文官	仪征市博物馆：《江苏仪征联营三座西汉墓的发掘》，《中国国家博物馆馆刊》2017 年第 8 期

序号	墓葬	器名	件数	器物号	胎骨	器形主要特征
31	安徽无为甘露村西汉墓	圆奁	1	M1：21	薄木胎	圆筒状，套合；隆顶，直壁，圜底；内红外黑，朱绘
		圆奁	1	M2：17	布脱胎	圆筒状，顶部微隆，套合；直壁，平底
32	安徽六安九里沟西汉墓	圆奁	1	M177：35	木胎	圆形，套合；平顶，平底，内红外黑，朱绘
		椭圆奁	1	M177：34	木胎	椭圆形；隆顶，平底，套合，盖顶有棱
33	安徽霍山县西汉木椁墓[6]	圆奁	2	M3：35	厚木胎	圆筒状；平顶盖；内红外黑，黑地朱绘纹饰
				M1：2（已朽）	木胎	圆筒状；内红外黑，朱绘纹饰
		梳篦盒	2	M1：6	布脱胎	马蹄形；盝顶盖；黑地朱绘纹饰
				M3：33	布脱胎	马蹄形；盝顶盖；黑地朱绘纹饰
34	安徽巢湖北山头一号墓	大圆奁	2	BM1：7	斫木胎 卷木胎	圆形；直口，平底；盖面微弧，盖面饰四道凹弦纹；盖与底斫制，腹壁薄木卷制；内红外黑
		圆奁	1	BM1：24		圆形；直口，平底；盖面微弧，盖面饰凹弦纹；盖与底斫制，腹壁薄木卷制；内红外黑
35	仪征新集庙山村赵庄西汉墓	云气变形鸟纹子奁	1		木胎	马蹄形；盝顶盖，平底；内红外黑，彩绘纹饰

〔6〕M33中还有许多圆形、椭圆形、长方形等小盒，未介绍。疑为多子奁内的小子奁。

尺寸（厘米）	主要纹饰	装饰技法	器内物品	出土位置	墓葬年代及墓主身份	资料来源
盖径 21.5、底径 20、通高 5.5	云气纹、几何纹	彩绘			西汉初年或早至战国末期	无为县文物管理所：《安徽无为县甘露村西汉墓的清理》，《考古》2005 年第 5 期
盖径 26.5、高 8，身径 26.1、高 9	云气纹、几何纹	彩绘	铜镜		秦至西汉早期	
口径 20.6、高 10	点纹	彩绘		边箱	西汉早期	安徽省文物考古研究所等：《安徽六安市九里沟两座西汉墓》，《考古》2002 年第 2 期
长径 14.2、短径 11.8、高 11.2				边箱		
外口径 29.1、内口径 27.6、底径 28、通高 15.6	云气纹、四兽纹、三角折线纹、云纹	彩绘		不详	西汉早期，墓主为深受楚文化影响的中小贵族	安徽省文物考古研究所：《安徽霍山县西汉木椁墓》，《文物》1991 年第 9 期
口径 19.5、高 13	云纹、弦纹、几何纹	彩绘				
长 7.3、宽 7、高 6.6	云纹、点纹、菱形纹、弦纹	彩绘				
长 8、宽 6、高 5	弦纹、云纹、点纹	彩绘				
口径 42、通高 10.2	卷云纹，变形鸟纹、云纹、几何纹、	彩绘	大铜镜 1	东头箱	文景时期，可能为居巢县最高地方长官	安徽省文物考古研究所等：《巢湖汉墓》，第 109 ~ 114 页，文物出版社，2007 年
口径 36、通高 8	波折纹、圈点纹	彩绘	玉粉盒、铜镜、木篦			
通高 6、长 10、宽 7	鸟纹、云气纹、波浪纹、弦纹	彩绘	未见发掘简报，内部物件不详	不详	西汉早期，地主阶层	扬州博物馆：《汉广陵国漆器》，第 33 页，文物出版社，2004 年

序号	墓葬	器名	件数	器物号	胎骨	器形主要特征
36	荆州胡家草场M12	椭圆奁	3	M12：64	木胎	椭圆形；盖微隆起，弧顶，身为直口，直壁，底外弧；内红外黑
37	江苏东阳小云山一号汉墓	九子奁	1	M1：164	布脱胎	残，圆形，套合；盖微隆，有凸棱数道，直壁，平底；内红外褐；盖顶嵌柿蒂形银片，器口与器底均有铜釦
		子奁[7]	9	M1：172	布脱胎	圆形，缺盖与底；器身剖面呈“T”形，圆面分为三格，中间隔为马蹄形；髹褐色漆
38	仪征张集团山西汉墓	四子奁	3	M1：78	木胎	扁圆形，套合；内红外黑；盖顶、盖侧、器身侧面都彩绘纹饰
		四子奁		M2：14	木胎	扁圆形，套合；内红外黑，彩绘纹饰
		四子奁		M3：25	木胎	扁筒状，套合；内红外黑，黑地彩绘纹饰
39	荆州萧家草场26号汉墓	圆奁	1	XM26：1	木胎	圆筒形，套合；盖大于身；直壁，平底；盖面微隆起；内红外黑；盖边外侧和身外壁有多组烙印文字符号
		椭圆奁	2	XM26：31	木胎	椭圆形；直口，直壁，平底，盖面微凸，盖大于身；套合、器身外壁等部位有烙印文字；内红外黑
				XM26：88	木胎	

〔7〕子奁9件（M1：165～173）。九个子奁有长方形、方形、椭圆形、马蹄形和圆形。盖顶嵌柿蒂形银片，器口、器底均镶铜釦。内涂红漆，外涂褐漆，在褐地上朱绘云气纹及神怪异兽，以几何图案作边。长方形子奁内置刷子，马蹄形子奁内置梳篦。因子奁M1：172形制较为特殊，单列说明。

<table>
<tr><th>尺寸（厘米）</th><th>主要纹饰</th><th>装饰技法</th><th>器内物品</th><th>出土位置</th><th>墓葬年代及墓主身份</th><th>资料来源</th></tr>
<tr><td>盖长径 33.2、短径 17.5、通高 16.5</td><td></td><td></td><td></td><td></td><td>文帝时期，五大夫</td><td>荆州博物馆：《湖北荆州市胡家草场墓地M12发掘简报》，《考古》2020 年第 2 期</td></tr>
<tr><td>直径 26、通高 11</td><td>柿蒂纹、弦纹</td><td>彩绘、铜釦、嵌柿蒂形银片</td><td>子奁 9、梳、篦、刷、化妆品</td><td rowspan="2">脚箱</td><td rowspan="2">西汉早期偏晚，不晚于西汉中期，墓主可能为陈婴后代</td><td rowspan="2">盱眙县博物馆：《江苏东阳小云山一号汉墓》，《文物》2004 年第 5 期</td></tr>
<tr><td>直径 11.5、高 4.5</td><td>柿蒂纹、云气纹、神怪异兽、几何纹</td><td>彩绘、铜釦、嵌柿蒂形银片</td><td>木梳、木篦以及红、褐色颜料</td></tr>
<tr><td>直径 35.6、通高 16</td><td>云气纹、几何纹</td><td>彩绘、描金</td><td>铜镜 1、子奁 4</td><td>头箱</td><td rowspan="3">西汉早期，不晚于元狩五年，汉代某诸侯王的妻妾或僚属</td><td rowspan="3">南京博物院等：《仪征张集团山西汉墓》，《考古学报》1992 年第 4 期</td></tr>
<tr><td>口径 30.2、通高 16</td><td>曲线纹、几何纹、云气纹</td><td>彩绘</td><td>铜镜 1、子奁 4</td><td>头箱</td></tr>
<tr><td>口径 26.4、通高 13.2</td><td>变形鸟纹、云气纹、弧线纹</td><td>彩绘</td><td>铜镜 1、子奁 4</td><td>头箱</td></tr>
<tr><td>口径 19.6、盖径 20.4、高 12.8</td><td></td><td></td><td></td><td rowspan="3">头箱与边箱</td><td rowspan="3">西汉早期，官大夫以下</td><td rowspan="3">湖北省荆州市周梁玉桥遗址博物馆：《关沮秦汉墓清理简报》，《文物》1999 年第 6 期</td></tr>
<tr><td>长 29.6、宽 13.6、通高 9.9</td><td>云鸟纹、卷云纹、波折纹、点纹、变形鸟纹</td><td>彩绘</td><td></td></tr>
<tr><td>长 20、宽 9.5、通高 7.4</td><td>素髹无纹</td><td></td><td></td></tr>
</table>

序号	墓葬	器名	件数	器物号	胎骨	器形主要特征
40	山东临沂西汉墓	圆奁	2	M1∶36	木胎	圆形，套合；内红外黑，盖顶绘纹饰
				M2∶44	木胎	圆形，套合；内红外黑，盖顶三道凸弦纹，内绘朱绘纹饰
41	江陵凤凰山167号汉墓	圆奁	2		木胎	圆形，套合；彩绘纹饰
		椭圆奁	2		木胎	椭圆形，套合；彩绘纹饰
42	长沙咸家湖陡壁山一号墓	九子奁	1		布脱胎 斫木胎	圆筒形；直口，平底套合，隆顶，饰多道纹饰带；内置子奁
		十一子漆奁	1			长方形；盝顶，顶平；底凿凹槽，内置11个子奁
43	扬州邗江西湖山头1号西汉墓	云气谷粒纹奁	1		布脱胎	套合；直壁，平底；盖顶起棱，朱绘弦纹；盖壁上下各一道纹饰带，中间为黑色无纹带
		朱雀纹漆奁盖	1		薄木胎	圆形；内红外黑，朱绘纹饰，盖顶内黑漆地上绘一大凤鸟
44	江苏仪征烟袋山汉墓	六子奁	1	M1∶382	布脱胎	母奁圆筒形；直壁，平唇，盖顶凸起，盖顶中央贴银质柿蒂纹、银箔白虎；内红外黑

尺寸（厘米）	主要纹饰	装饰技法	器内物品	出土位置	墓葬年代及墓主身份	资料来源
直径 23、高 8	云气纹、几何纹	彩绘	木梳、铜镜	边箱	西汉早期，地主阶层	山东省博物馆等：《山东临沂西汉墓发现<孙子兵法>和<孙膑兵法>等竹简的简报》，《文物》1974 年第 2 期
口径 23、高 26	波纹、弦纹	彩绘	梳、篦、铜镜			
不详	以黑红二色绘云鸟纹、圆点、云纹、点纹	彩绘		头箱	文景时期，地主阶层	凤凰山一六七号汉墓发掘整理小组：《江陵凤凰山一六七号汉墓发掘简报》，《文物》1976 年第 10 期
	云气纹、水波纹、几何纹、龙凤纹、怪兽纹	锥画、彩绘、金银箔贴花	子奁 9	被盗，位置不详	西汉早期，吴氏某代长沙王后	长沙市文化局文物组：《长沙咸家湖西汉曹𡞐墓》，《文物》1979 年第 3 期
			子奁 11			
直径 22、高 12.8	云气纹、谷粒形点纹	彩绘	不详	不详	西汉早期，地主阶层	扬州博物馆：《汉广陵国漆器》，第 31、32 页，文物出版社，2004 年
直径 22.5、残高 4.5	云气纹、几何纹、大凤鸟纹	彩绘				
口径 18、高 8	柿蒂纹、云气纹、几何纹、虎纹、鹿纹	彩绘、银箔贴花、嵌柿蒂形银片	子奁 6	外藏椁	西汉中期，刘姓皇族	南京博物院：《江苏仪征烟袋山汉墓》，《考古学报》1987 年第 4 期

序号	墓葬	器名	件数	器物号	胎骨	器形主要特征
45	荆州高台秦汉墓	圆奁[8]	共22件	M2：N1	木胎	套合，扁体；直口，直壁，平底，厚壁，盖顶较平略隆起，器身近底处内收；内外均髹黑漆，器表彩绘纹饰
				M2：18	木胎	套合，扁体；直口，直壁，厚壁，盖顶微弧；内红外黑，素面；盖外壁烙印文字为“成市□□”
				M33：N1	木胎	扁圆筒状，三部分套合而成；弧顶，弧底；内红外黑，器表、盖内与中层中圈均有纹饰，锥画、彩绘纹饰；底层分为五格；外底烙印文字
				M6：116	木胎	三部分套合成器；弧顶弧底，底层分成四格；内红外黑，器表、壁、奁盖内顶、中层底部都锥画纹饰
				M4：N1（残）	木胎	仅存中层下部和底层；直壁，弧底，底分成三格；内红外黑，中层下壁有纹饰；底层外壁下部绘“B”形纹
				M3：N1（残）	木胎	隆顶平底，三层套起；底层为七格；内红外黑，盖内顶及中层黑漆地上锥画纹饰，红漆地上彩绘，盖顶七个纹饰带；底仅存嵌分格隔板的浅槽
				M28：116	薄木胎	圆筒形；直口，直壁，弧顶，平底；三部分套合而成；顶和底装三个铜质圆纽；器表棕黄色，无纹饰，盖内顶、中层绘大凤鸟；底分五格，内嵌五盒
		椭圆奁[9]	共7件	M6：17	薄木胎	椭圆形，直口套合；弧壁，弧顶，弧底；内红外黑
				M28：乙N2	厚木胎 薄木胎	椭圆形；顶为厚木胎，壁为薄木胎；直口，直壁，平底，弧顶；内红外黑，器表针刻纹饰并辅以彩绘，盖内与内底彩绘凤鸟

〔8〕圆奁共22件，出土于9座墓中，一般一墓出1～5件，最多的是M28，出土5件。所有圆奁均为木胎，奁壁用极薄的木片卷成筒形，盖、底用厚木胎斫制而成。能辨别形制的有20件。

〔9〕椭圆奁分别出自四座墓葬，共7件。卷木胎，胎壁一般较薄。内外均髹漆，少数有针刻和彩绘纹饰。

尺寸（厘米）	主要纹饰	装饰技法	器内物品	出土位置	墓葬年代及墓主身份	资料来源
通高 11.1、腹径 27.2	变体凤鸟纹、卷云纹、点纹	彩绘		棺内	西汉早期前段，爵秩在第九级至秩奉二千石的郡守之间	湖北省荆州博物馆：《荆州高台秦汉墓》，第 187 ~ 198 页，科学出版社，2000 年
通高 14.4、腹径 23.5						
通高 11.8、腹径 18.4	云龙纹、云鸟纹、斑豹、仙人、凤鸟、涡纹等几何纹	锥画、彩绘			西汉早期前段，第六级至第九级爵之间	
通高 14.5、腹径 22.95	云龙纹、卷云纹、飞禽、怪兽以及几何纹	锥画、彩绘		头箱		
腹径 18、残高 5.9	云龙纹、逗点纹	彩绘	木质梳、篦各 1		西汉早期前段	
通高约 24.2、腹径 27	龙纹、鹿、豹、云气纹、点纹、波折纹、菱形纹等	锥画、彩绘		棺内	西汉早期前段	
腹径 25.2 、通高 22.8	凤鸟纹	彩绘	盒 5	头箱	西汉中期前段，相当于秩奉两千石的官吏	
通高 11.8、长径 12					西汉早期前段，略低于五大夫	
通高 5.4、长径 10.5、短径 4	变形凤鸟、写实凤鸟、点纹、短线纹	锥画、彩绘		棺内	西汉中期前段，相当于秩奉两千石的官吏	

序号	墓葬	器名	件数	器物号	胎骨	器形主要特征
45	荆州高台秦汉墓（接上）	子奁[10]	共9件	M28：乙 N6	木胎	圆形，套合；盖与身为整木挖制而成；直口，直腹，平底；盖弧形；针刻纹饰；盖内与内底黑地朱绘
45	荆州高台秦汉墓（接上）	子奁[10]	共9件	M28：乙 N7	木胎	圆形，套合；盖与身为整木挖制而成；直口，直腹，平底，盖弧形；针刻纹饰；盖内与内底黑地朱绘
45	荆州高台秦汉墓（接上）	子奁[10]	共9件	M28：乙 N3	木胎	长方形；盖、底、壁等用竹钉、漆液等粘合；直口，直壁；器表、盖顶、内底均黑地针刻或朱绘纹饰
45	荆州高台秦汉墓（接上）	子奁[10]	共9件	M28：乙 N1	木胎	马蹄形，挖制，套合；直口，直壁，平底；器表、盖内、内底均黑地针刻或朱绘纹饰
46	安徽天长安乐镇纪庄村 M19	双层漆奁	1	M19：47	布脱胎	由器身、器盖、内盒、内盒盖共四部分组成；母奁盖面隆起，饰多道银釦，内盒分三部分；内红外褐
47	陕西茂陵西汉空心砖墓 M1	漆奁（朽）	1			
48	仪征新集国庆青年1号汉墓	彩绘奁盖	1		木胎	圆形；内红外黑，盖面与盖内皆朱绘纹饰

〔10〕报告中称这类子奁为“粉盒”“小圆盒”“矩形盒”“梳篦盒”“小方盒”，共9件。主要出土于M28乙棺内。从报告之第35页，M28乙棺随葬器物分布图中看出乙棺中所出M28：乙N1、N2、N3、N4、N6、N7这6件小漆奁应是放置在M28：乙N5中的子奁。由于木椁坍塌，报告中只标明N5的出处，并没有N5的器形描述，故把这些子奁单列，收入此表。

尺寸（厘米）	主要纹饰	装饰技法	器内物品	出土位置	墓葬年代及墓主身份	资料来源
通高 5.8、直径 10.8	鸟纹、卷云纹、火焰状纹、短线纹	锥画、彩绘	脂粉	乙棺	西汉中期前段，身份相当于秩奉两千石的官吏	湖北省荆州博物馆：《荆州高台秦汉墓》，第 198 ~ 205 页，科学出版社，2000 年
通高 5、直径 5.2	卷云纹、火焰状纹、点纹、弦纹	锥画、彩绘	胭脂			
通高 4.7、长 17.5、宽 2.8	变形凤鸟纹、鸟纹、水波纹、水草纹	锥画、彩绘	长擿等梳妆用具	乙棺		
通高 5.2、通长 9.1、宽 6.5	“S”状卷云纹、短线纹	锥画、彩绘	木梳、木篦各 1			
口径 12.8、通高 10.6	柿蒂纹、云气纹、怪兽纹、龙纹	银釦、嵌柿蒂形银片、彩绘	内盒盖上放一枚铜镜、内盒内置梳篦	棺内	西汉中期偏早，东阳县官吏	天长市文物管理所等：《安徽天长西汉墓发掘简报》，《文物》2006 年第 11 期
	云气纹、凤纹及飞鸟、大象、老虎	彩绘、金箔贴花		棺外	西汉中期	陕西茂陵博物馆等：《陕西咸阳茂陵西汉空心砖墓》，《文物资料丛刊》6，文物出版社，1982 年
直径 20	卷云纹、涡纹	彩绘			西汉中期	仪征博物馆：《仪征出土汉代漆木器》，第 85 页，江苏凤凰美术出版社，2015 年

序号	墓葬	器名	件数	器物号	胎骨	器形主要特征
49	江苏徐州大孤山二号汉墓	圆奁	2	M2：22	布脱胎	盖顶微隆，盖顶有柿蒂形银片和三圈银釦；圆筒形，直壁，平底；腹壁亦有三圈银釦；内红外褐
				M2：25	布脱胎	盖顶稍弧，盖顶有柿蒂形银饰。圆筒形，直壁，平底；盖盒奁外壁髹褐色漆，盖、器内壁及内底髹红漆
50	湖北光化五座坟西汉墓	圆奁	1	M3 出土		残
		六子奁	1	M5：4	布脱胎	盖顶与侧壁共镶五道银釦、顶饰柿蒂形银片，银釦之间用金银二色彩绘纹饰，子奁装饰技法与母奁相同
		三子奁	1	M5：5	布脱胎	形制与 M5 ：4 相同；顶部平脱银柿蒂纹、镶嵌料珠、奁身周围贴金箔；子奁质料、花纹、制法与母奁相同
51	长沙东北郊西汉墓	三子奁	1			漆奁保存极差；母奁口部、腹中及底部镶有三道银釦；底下有三个鎏金的小熊形铜足，两侧有鎏金兽面衔环；子奁亦银釦、嵌柿蒂形银片
52	江苏盱眙大云山江都王陵一号墓[11]	七子奁	4	M1K1⑥：1402	布脱胎	圆形；盖顶黑漆地上贴饰柿蒂形银片，镶银釦及镂空透雕嵌金箔角质饰片；盖内顶黑圈内锥画纹饰；盖身残损严重，盖壁镶银釦并填嵌镂空透雕嵌金箔角质饰片，部分镂空处填嵌绿松石；盒内底外圈镶银釦，锥画纹饰

〔11〕据简报，出土 8 件奁，其中 C 型 4 件为妆奁，皆为七子圆奁。

<table>
<tr><th>尺寸（厘米）</th><th>主要纹饰</th><th>装饰技法</th><th>器内物品</th><th>出土位置</th><th>墓葬年代
及墓主身份</th><th>资料来源</th></tr>
<tr><td>底径 14、通高 10</td><td>柿蒂纹</td><td>银釦、嵌柿蒂形银片</td><td></td><td>棺内</td><td rowspan="2">西汉中期，级别较高的官吏</td><td rowspan="2">徐州博物馆：《江苏徐州市大孤山二号汉墓》，《考古》2009 年第 4 期</td></tr>
<tr><td>直径 18.2、通高 7.5</td><td>柿蒂纹</td><td>嵌柿蒂形银片</td><td>方格形木支垫，支垫上置一面铜镜</td><td>棺内</td></tr>
<tr><td></td><td></td><td></td><td>木梳 2、篦 2</td><td>棺内</td><td rowspan="3">西汉中期，可能为鄳侯家族成员</td><td rowspan="3">湖北省博物馆：《光化五座坟西汉墓》，《考古学报》1976 年第 2 期</td></tr>
<tr><td>直径 21、高 9.4</td><td>柿蒂纹、动物纹、流云纹、几何纹</td><td>银釦、嵌柿蒂形银片、彩绘</td><td>子奁 6、铜镜等梳妆用品</td><td></td></tr>
<tr><td>直径 16、高 9</td><td>柿蒂纹、动物纹、海水流云纹、花草纹</td><td>银釦、嵌柿蒂形银片、嵌宝、金箔贴花</td><td>铜镜、子奁 3</td><td></td></tr>
<tr><td>直径 19、高 14</td><td></td><td>银釦、嵌柿蒂形银片</td><td>子奁 3、铜镜 1</td><td></td><td>西汉中期</td><td>湖南省博物馆：《长沙市东北郊古墓葬发掘简报》，《考古》1959 年第 12 期</td></tr>
<tr><td>盖口径 25、奁口径 24.1</td><td>柿蒂纹、动物纹、云气纹、人物纹、弦纹、点纹</td><td>银釦、嵌柿蒂形银片、金箔贴花、锥画、彩绘、嵌宝及镂空角质饰片</td><td>子奁 7</td><td>前室盗洞内</td><td>公元前 128 年或稍后的一段时间之内，江都王刘非</td><td>南京博物院等：《江苏盱眙县大云山西汉江都王陵一号墓》，《考古》2013 年第 10 期</td></tr>
</table>

序号	墓葬	器名	件数	器物号	胎骨	器形主要特征
53	盱眙大云山江都王陵二号墓	七子奁	1	M2：95	布脱胎	圆形，残损严重；内红外黑，器身口沿与底部均镶银釦，盖顶嵌柿蒂形银片，纹饰主要以朱绘手法绘制，辅以锥画；子奁装饰风格与母奁相同
54	盱眙大云山江都王陵 M9、M10	奁	4	M9：78	布脱胎	圆形，盖顶出筋隆起；内红外黑，内底中心髹黑漆，针刻纹饰
		奁	4	M10：65	布脱胎	圆形，残甚；内红外黑；盖顶出筋，顶心嵌柿蒂形银片，镶银釦；锥画纹饰并朱漆点彩
				M10：66		残甚
55	盱眙大云山江都王陵北区陪葬墓	奁	1	M6：20	布脱胎	仅存器底，圆形，内外均髹黑漆；器底针刻铭文“粉符菁文一十年中郎屯伏阳工青造”
		五子奁	1	M12：30	布脱胎	圆形，顶部出筋隆起；内红外黑，母奁与子奁皆素面无纹
		子奁	3	M12：27	布脱胎	椭圆形；内红外黑
				M12：48	布脱胎	长方形；内红外黑，针刻纹饰，朱漆点缀
				M12：47	布脱胎	椭圆形；残损严重
		五子奁	1	M13：1	布脱胎	圆形；内红外黑；盖顶出筋隆起；针刻纹饰
		七子奁	1	M14：2	布脱胎	圆形；内红外黑，残甚；内底中心髹黑漆，锥画纹饰

尺寸（厘米）	主要纹饰	装饰技法	器内物品	出土位置	墓葬年代及墓主身份	资料来源
口径 24.3、高 5.6	柿蒂纹、神兽云气纹、波折纹、勾连云纹、三角纹、弦纹	银釦、嵌柿蒂形银片、彩绘、锥画	子奁 7、铜镜 1、铜刷 2、铜环 2	南边厢	公元前 129 年或稍后，江都王后	南京博物院等：《江苏盱眙大云山江都王陵二号墓发掘简报》，《文物》2013 年第 1 期
盖口径 12.8、盖高 7.1、器身口径 11.7、高 6	弦纹、菱纹、云气纹	锥画		南边厢	江都国时期，江都王刘非的高级妃嫔	南京博物院等：《江苏盱眙大云山江都王陵 M9、M10 发掘简报》，《东南文化》2013 年第 1 期
盖径 24	柿蒂纹、梳齿纹、云气纹、三角形纹等	银釦、嵌柿蒂形银片，锥画、彩绘	子奁 6、铜镜 1、铜刷 2	北边厢		
			铜镜 1、铜刷 6、铜刷柄 1	棺内		
				棺内	江都国时期，江都王刘非的妃嫔	南京博物院等：《江苏盱眙县大云山西汉江都王陵北区陪葬墓》，《考古》2014 年第 3 期
盖口径 19.8、奁口径 17、通高 14.8			子奁 5、铜镜 1、铜刷 3、琉璃饰 9			
盖长 8.2、奁长 7.8、宽 4、通高 7.6						
盖长 17.4、奁长 16.8、宽 2.9、通高 6.4	弦纹、云气纹、篦纹、几何纹、点纹	锥画、彩绘点彩				
盖口径 22.8、奁口径 21.6、通高 29.3	弦纹、云气纹、鹿纹、篦纹、几何纹、点纹	锥画	子奁 5、铜镜 2、铜刷 8、铜刷柄 1			
奁口径 24.9、高 7.1	弦纹、云气纹、梳齿纹、几何纹	锥画	子奁 7、铜刷 2、铜镜 1、铜瑟轸钥 1、铜刷柄 1			

序号	墓葬	器名	件数	器物号	胎骨	器形主要特征
56	盱眙大云山江都王陵陪葬墓	奁	1	M16：19	布脱胎	内红外黑，残甚
57	临沂金雀山周氏墓群	圆奁	1		布脱胎	圆筒形；盖顶微凸，上起三道弦纹，套合
58	满城汉墓	八子奁	1	1：5113（已朽）	木胎	圆形；母奁与子奁器身、盖皆镶银釦，镶嵌珍珠、金箔和银质、骨质动物形饰片
		五子奁	2	2：4113	布脱胎	母奁圆形，母奁与子奁皆有银釦，个别子奁尚存环纽和柿蒂形纽座
				2：4024（已朽）	布脱胎	母奁饰铜釦；盖壁有镂空铜饰带并错金银；盖顶饰柿蒂形铜饰，铜饰上也错金银并镶嵌玉片；盖顶外圈铜环上错金银并镶嵌玛瑙、绿松石，纹样与盖壁铜饰带相同；子奁顶饰铜片，铜片上有柿蒂纹；盖与身镶银釦
59	山东巨野红土山汉墓	圆奁	1		布脱胎	圆筒形，套合；内红外黑，器表黑地朱绘纹饰；镶银釦
		七子奁	1	117	布脱胎	圆筒形，套合；外髹黑漆，并朱绘纹饰；镶银釦，七个子奁也镶银釦
60	仪征新集国庆金联 M19	凤鸟几何纹奁	1		木胎	圆筒形，隆顶；外髹黑漆，以朱、黄漆绘纹饰

尺寸（厘米）	主要纹饰	装饰技法	器内物品	出土位置	墓葬年代及墓主身份	资料来源
			铜镜1、铜刷1		江都国中期，江都国高级官员的夫人	南京博物院等:《江苏盱眙县大云山西汉江都王陵东区陪葬墓》，《考古》2013年第10期
直径19、高10	弦纹		梳、篦共3件	棺内	西汉中期，墓主男性，地主阶层	临沂市博物馆:《山东临沂金雀山周氏墓群发掘简报》，《文物》1984年第11期
口径27	动物纹	银釦、金箔贴花、嵌宝	子奁8、铜镜1、脂粉		武帝时期，M1墓主为中山靖王刘胜，M2墓主为其妻窦绾	中国社会科学院考古研究所等:《满城汉墓发掘报告》，第148、300 ~ 306页，文物出版社，1980年
径30	柿蒂纹	银釦、嵌柿蒂形银箔片	子奁5			
直径约25	柿蒂纹、龙纹、怪兽纹、流云纹、山行纹、三角形纹、几何纹	铜釦、嵌柿蒂铜片、嵌宝、错金银	子奁5、铜镜1、环首刀1	M2棺内		
	纹饰不清	银釦、彩绘	铜镜	棺内	武帝后元二年，昌邑哀王刘髆	山东省菏泽地区汉墓发掘小组:《巨野红土山西汉墓》，《考古学报》1983年第4期
	纹饰不清	银釦、彩绘	子奁7、铜镜、脂粉、梳、篦、角簪			
口径26、残高12	凤鸟纹、云气纹、谷纹、波折纹、弦纹	彩绘			西汉中期	仪征博物馆:《仪征出土汉代漆木器》，第90页，江苏凤凰美术出版社，2015年

序号	墓葬	器名	件数	器物号	胎骨	器形主要特征
61	仪征新城烟袋山M6	彩绘云气银箔漆奁	1		布脱胎	圆筒形，隆顶；外髹黑漆，彩绘纹饰；银箔贴饰豹、鹿、凤鸟等纹饰
		彩绘云气纹分格漆奁	1		布脱胎	上下两层；上层为圆形，下层为马蹄形，盘口；镜托中部饰柿蒂形银片，彩绘纹；奁内分隔成长方形、马蹄形、弧形三个格；内红外褐，彩绘纹饰
62	安徽巢湖放王岗一号墓	一子奁	1	FM1：311	布脱胎	圆筒形；直口，直壁，矮圈足，盖面微弧；顶饰柿蒂形银片；镶银釦；外髹黑紫色漆，内髹红漆，彩绘纹饰
		马蹄形子奁	1	FM1：297	布脱胎	盖平顶，周边坡状；盖顶银釦一周，中间饰三叶形银片，器壁饰三道银釦，器口沿内侧绘几何纹；内红外黑
		圆奁	1	FM1：319	布脱胎	缺盖；直壁，平底；内红外黑，器表黑地锥画纹饰，朱漆勾描
		倒"凸"字形双层妆奁	1	FM1：317	布脱胎	上层作圆盘状，直壁，直口，平沿，尖唇；下层内收，平底；上层缺盖；下层上口用圆饼状薄片作内盖；盖中心嵌银质柿蒂纹，并装铜环纽；盖下有马蹄形、长方形和月牙形三个暗格；内红外黑；盖正面髹红漆，反面髹黑漆，均光素无纹饰
63	江苏盱眙东阳汉墓[12]	圆奁	6	M01：3	布脱胎	圆形，套合，隆顶；顶中心镶柿蒂形铜片，器表贴银箔走兽，盖壁绘以云气纹为主体的纹饰；内放七个子奁，装饰技法与母奁相同，顶饰柿蒂纹铜片，外髹赭色，朱绘纹饰
64	连云港海州侍其繇墓	五子奁	2		木胎 布脱胎	圆形，套合，隆顶；母奁为木胎，子奁为布脱胎；器表及盖内顶，底部中央髹黑漆，其余髹红漆，针刻纹饰；子奁装饰技法与母奁相同

〔12〕共发掘8座墓葬，其中6座墓各出一套妆奁。

尺寸（厘米）	主要纹饰	装饰技法	器内物品	出土位置	墓葬年代及墓主身份	资料来源
	柿蒂纹、云气纹、几何纹、动物纹	彩绘、银箔贴花、嵌柿蒂形银片			西汉中期	仪征博物馆：《仪征出土汉代漆木器》，第92页，江苏凤凰美术出版社，2015年
口径12.8、高5.4、底长10.7、宽7.9	柿蒂纹、卷云纹、几何纹	彩绘、嵌柿蒂形银片	木梳1、木篦1		西汉中期	仪征博物馆：《仪征出土汉代漆木器》，第94页，江苏凤凰美术出版社，2015年
口径14.3、通高12	柿蒂纹、山水及动物纹、三角纹、云气纹	银釦、嵌柿蒂形银片、彩绘	圆子奁1，角质匕	南边箱	西汉中期，不晚于昭帝时期。西汉居巢县县令长或大商贾	安徽省文物考古研究所等：《巢湖汉墓》，第59～68页，文物出版社，2007年
长7.8、宽6.1、高5.2	柿蒂纹、兽纹、云气纹、三角纹、几何纹	银釦、嵌柿蒂形银片、彩绘	木梳、木篦各1			
口径13.9、高8.8	变形云纹、平行线纹	锥画、彩绘				
口径11.5、底径7.6、高4.6	柿蒂纹	银釦、嵌柿蒂形银片				
盖径20.7、高12.5、底径19.8	柿蒂纹、云气纹、双叶纹、几何纹、点纹圆圈纹	嵌柿蒂形铜片、银箔贴花、彩绘	子奁7，木梳、木篦、铜刷等	棺内	西汉中晚期，东阳城的中小地主或官吏阶层	南京博物院：《江苏盱眙东阳汉墓》，《考古》1979年第5期
	柿蒂纹、云气纹、动物纹、竖线纹	锥画、嵌柿蒂形银箔片	子奁5，马蹄形子奁内放木梳篦	两棺各1套	西汉中晚期，郡守一类官吏	南波：《江苏连云港海州西汉侍其繇墓》，《考古》1975年第3期

序号	墓葬	器名	件数	器物号	胎骨	器形主要特征
65	北京大葆台一号汉墓	圆奁（朽）	1		布脱胎	圆底；内红外黑；奁上有铜环铺首及圆形纽饰；器表贴花草、云纹和鹤、兔等金箔；器内墨绘云气纹
66	山东日照海曲M106	双层五子漆奁	1	M106：2	布脱胎	圆筒形；直口，方唇，直壁，平底；套合；盖与身皆饰数道银釦，顶镶银柿蒂纹；内置镜盘，圆形，直口，直壁，平底，内底镶银怪兽，镶银釦；内红外黑褐色漆，银釦间彩绘纹饰
		七子奁	2	M106：24	布脱胎	圆筒形；直口，圆唇，直壁，平底；套合；隆顶，中心饰银柿蒂纹，盖与身共镶数道银釦；子奁镶四道银釦、柿蒂形银片并彩绘，内红外黑，盖内、底内、口沿黑地彩绘纹饰
		方奁	1	M106：3	布脱胎	正方形；直口，圆唇，直壁，平底；套合；盝顶式盖，顶平，四周呈坡状，镶数道银釦；盖顶嵌柿蒂形银片；内红外黑，器表与口沿处朱绘纹饰
		方奁	1	M106：3	布脱胎	正方形；直口，圆唇，直壁，平底；套合；盝顶盖，顶平，四周呈坡状、镶数道银釦；盖顶嵌柿蒂形银片；内红外黑，器表与口沿处朱绘纹饰
		嵌金圆奁	1	M106：4	布脱胎	圆筒形；直口，方唇，直壁，平底，隆顶；盖与身扣合；顶嵌柿蒂形金箔，顶内嵌柿蒂纹银箔；镶数道银釦；银釦间绘云纹、并镶嵌金箔；内红外黑褐色，口部朱绘并镶嵌菱形纹
		长方奁	1	M106：1	布脱胎	长方形，盝顶盖；盖顶中央镶嵌银柿蒂；盖镶嵌三道银釦；器身内分成两部分；器身两道银釦；内髹红漆、外髹红褐漆
		圆奁	1	M106：69	布脱胎	仅盖保存较好；圆筒形，直壁，平底；盖顶中央饰银柿蒂纹，盖镶五道银釦；器身三道银釦；器表髹黑褐漆，内髹红褐漆

尺寸（厘米）	主要纹饰	装饰技法	器内物品	出土位置	墓葬年代及墓主身份	资料来源
	云气纹、花草、九尾狐、鹿、兔、鹤	彩绘、金箔贴花、镶金属附件		被盗不详	西汉中晚期，广阳顷王刘建	大葆台汉墓发掘组：《北京大葆台汉墓》，第54页，文物出版社，1989年
口径15.4、底径15.4、通高12.4	柿蒂纹、云纹、飞鸟、三角形云纹、怪兽	银釦、嵌柿蒂形银片、彩绘	上层放铜镜、木梳、木篦；下层放子奁5，内放铜刷、木梳、木篦	棺内	武帝末年或昭帝时期，汉代海曲县的统治者	山东省文物考古研究所：《山东日照海曲西汉墓（M106）发掘简报》，《文物》2010年第1期
口径19、底径19、通高12.2	柿蒂纹、云纹、飞禽走兽	银釦、嵌柿蒂形银片、彩绘	铜镜，子奁7，子奁内置铜刷等	头箱		
口边长23、底边长23、通高14.5	柿蒂纹、三角云纹、飞禽走兽	银釦、嵌柿蒂形银箔片、彩绘		棺内		
口边长23、底边长23、通高14.5	柿蒂纹、三角云纹、飞禽走兽	银釦、嵌柿蒂形银片、彩绘		棺内		
口径9.6、底径9.6、通高9.8	柿蒂纹、云纹、飞鸟走兽；菱形纹等几何纹	银釦、金银贴花、彩绘	木梳、木篦	棺内		
身长30.4、宽11.9、高9.4，盖长31、宽12.6、高9.7	柿蒂纹、云纹、飞鸟、怪兽、小树	银釦、嵌柿蒂形银片、彩绘	木梳、木篦、铜刷柄及银釦环纽彩绘小方盒1	棺内		
盖径18、高11.3	柿蒂纹、云纹、鸟兽纹	银釦、锥画、彩、嵌柿蒂形银片		边椁		

序号	墓葬	器名	件数	器物号	胎骨	器形主要特征
67	徐州铜山小龟山西汉崖洞墓	多子奁	1			出土时已朽烂，口部镶银釦外贴以草叶纹、流云纹等银箔为饰，部分还有错金丝云纹
68	扬州凤凰河5号墓	七子奁（残）	1	M5出土	木胎 布脱胎	母奁圆形，套合；器表黑地朱绘；圆形、椭圆形子奁盖顶作圆形；方形、长方形、马蹄形子奁作盝顶式盖，平顶；母奁与子奁的器表都黑地彩绘纹饰；腹部都有大片的卷云纹
69	南昌海昏侯刘贺墓[13]	银釦三子奁	1		布脱胎	圆形；穹隆顶，直口，圆唇，直壁，平底；内红外黑；器表银釦间彩绘云气纹，器内口沿处黑漆彩绘三角形云气纹及变形鸟纹
		银釦弧角长方奁	1	M1：727	斫木胎 布脱胎	器壁分内外层，外壁和器底为斫木胎；内壁为布脱胎，卷制，紧贴于斫制器壁，向上延伸为子口；奁由盝顶式盖和弧角长方形身两部分组成；盝顶上的两立耳缺失，盒、盖每端和每侧都有一个铺首衔环，原共有8个缺1个；全器镶数道银釦；盒身内髹红漆，底部绘云气纹；纹饰除云气纹和珠鳖纹外，均由金箔剪贴于器表
70	扬州邗江胡场五号西汉墓	七子奁（残）	1		木胎 布脱胎	母奁木胎，子奁布脱胎；套合；器表及内口沿和底部中髹酱褐色漆，其余红漆，器表朱绘纹饰
		圆奁（残）	1		竹胎	奁盖顶部镶贴银箔柿蒂纹，盖身贴银箔白虎三只，边缘用朱线勾勒；外髹酱褐色漆、内髹朱红色漆

〔13〕奁列65个编号。奁形制多样，均有不同程度的残损。依据奁的尺寸、形制与纹饰，暂分为长方形大奁、长方形小奁、盝顶式大奁、盝顶式小奁、长形小奁、银釦长形奁、圆形小奁、贴金银釦小圆奁、椭圆形小奁、马蹄形小奁、三子奁、银釦三子奁、贴金人物动物纹银釦长方奁等，共14种。

尺寸（厘米）	主要纹饰	装饰技法	器内物品	出土位置	墓葬年代及墓主身份	资料来源
不详	草叶纹、流云纹	银釦、银箔贴花	多个子奁，铜镜、铜刷、铜梳、木梳、玉棒等物	棺内	西汉中期，诸侯王	南京博物院：《铜山小龟山西汉崖洞墓》，《文物》1973年第4期
直径21.5	卷云纹、花草纹	彩绘	子奁7，木梳	女棺	西汉中期以后	苏北治淮文物工作组：《扬州凤凰河汉代木椁墓出土的漆器》，《文物参考资料》1957年第7期
	云气纹、柿蒂纹、三角形云气纹、变形鸟纹	银釦、彩绘、嵌柿蒂形银片	子奁3，马蹄子奁内存木梳篦	西藏椁娱乐用具库	西汉中期，海昏侯刘贺	江西省文物考古研究所等：《江西南昌西汉海昏侯刘贺墓出土漆木器》，《文物》2018年第11期；江西省文物考古研究所等：《五色炫曜——南昌汉代海昏侯国考古成果》，第170～173页，江西人民出版社，2016年
长19.5、宽7、高8	云气纹、珠蟞纹	银釦、金箔贴花、彩绘		西藏椁娱乐用具库		
通高13、奁盖外径21.5、奁身口径20	云纹、几何纹	彩绘	子奁7，铜镜、木梳篦、铜刷	女棺	宣帝年间，士级小吏	扬州博物馆等：《江苏邗江胡场五号汉墓》，《文物》1981年第11期
直径11.5、通高8	柿蒂纹、白虎	嵌柿蒂形银箔片、银箔贴花	铜镜1，铜头刷及四齿刷各1，马蹄形子奁1，内存梳篦及印章	男棺		

序号	墓葬	器名	件数	器物号	胎骨	器形主要特征
71	湖南望城风篷岭M1	子奁[14]	3	M1：144（残）	布脱胎	方形，底已朽；镶银釦；盖顶嵌柿蒂纹金箔，金箔中间原镶嵌玛瑙类饰物；银釦间贴两周动物纹金箔；盖肩部贴一周动物纹金箔；内红外黑
				M1：145	布脱胎	长方形，平底；器身口、中、底均有银釦；盖顶镶柿蒂纹金箔，金箔间原镶嵌玛瑙类饰物；银釦间金箔贴花；内红外黑，内部无纹
				M1：127（残）	布脱胎	椭圆形；盖三道银釦；器身口沿饰一周金釦，中部与底部各一道银釦，釦间贴金箔贴花，盖顶嵌柿蒂纹金箔并镶嵌玛瑙类饰物；内红外黑
72	河北定县刘修墓	圆奁	2			圆形
		七子奁	1			圆形
73	扬州邗江胡场汉墓（M1～M4）	七子奁	2	M1 出土	布脱胎	圆筒形；直壁，直口，平唇，隆顶；器表、器内口沿以及顶和底中部髹黑漆，其余红漆；盖顶饰银柿蒂纹，盖面最外层纹饰带有银白虎四只，盖壁云气纹中镶银质白虎两只
				M3 出土	布脱胎	
74	山东五莲张家仲崮汉墓	七子奁（朽）	1	M3：21		圆形；套合，镶银釦，贴金箔，镶嵌珍珠，镶嵌银质和骨质动物形饰片，子奁皆有银釦
75	连云港海州小礁山汉墓	六子奁	1			圆形，内置六个小盒，器表髹黑褐色漆。母奁和子奁盖顶均嵌柿蒂形银片，朱绘鸟兽云气纹。母奁盖顶及盖壁等距贴动物形银箔

〔14〕原报告称为盒，从其纹饰风格，再结合汉代多子奁的特点，笔者认为其很可能是一套多子奁内的小奁。在残破的玉衣下面，报告说“玉衣的下面为塌土，塌土下紧贴底板处散落19件金饼。在金饼旁发现1件铜盘、1件漆奁和2件漆方盒，其中铜盘内放置1件木梳”。这件漆奁材料在报告中没有列出。

尺寸（厘米）	主要纹饰	装饰技法	器内物品	出土位置	墓葬年代及墓主身份	资料来源
边长4、残高5	柿蒂纹，雀、虎、凤、鹿等动物纹	银釦、嵌柿蒂形金片、嵌宝、金箔贴花		被盗位置不详	武帝元狩五年（前118年）以后的某代长沙王后	长沙市文物考古研究所等：《湖南望城风篷岭汉墓发掘简报》，《文物》2007年第12期
长8、宽3.6、高6.7	柿蒂纹，云气纹，凤、虎、兔、马、鸟等20余动物纹	银釦、嵌柿蒂形金箔、嵌宝、金箔贴花				
长径6.6、短径3.5、残高8	柿蒂纹、云气纹、动物纹	银釦、金扣、嵌柿蒂形金箔片、嵌宝、金箔贴花				
		银釦、金箔贴花		棺内头部	宣帝年间，中山怀王刘修	河北省文物研究所：《河北定县40号汉墓发掘简报》，《文物》1981年第8期
		银釦、金箔贴花	子奁7	棺内脚部		
口径21、盖高12、通高14	柿蒂纹、云气纹、白虎纹、几何纹	银箔贴花、彩绘、嵌柿蒂形银片	子奁7，铜镜1，木梳、木篦	头箱	M1为宣帝时期墓葬，M3略晚，中小地主	扬州博物馆等：《扬州邗江县胡场汉墓》，《文物》1980年第3期
			梳篦等用具			
直径27.5、高14.2	动物纹	银釦、金箔贴花、镶嵌珍珠及骨质动物纹	子奁7、铜镜1	棺内脚部	西汉中期偏晚	潍坊市博物馆等：《山东五莲张家仲崮汉墓》，《文物》1987年第9期
高12.5、腹径19.5	柿蒂纹、云气纹、鸟兽纹	银箔贴花、嵌柿蒂形银片、彩绘	子奁6		西汉中期偏晚	连云港博物馆：《连云港馆藏文物精萃》，第78页，荣宝斋出版社，2006年

序号	墓葬	器名	件数	器物号	胎骨	器形主要特征
76	连云港海州西汉墓	长方奁	1	M1：49	木胎	盖顶橙红色，器表其余为黑色，橙红色彩绘；通体饰圆点纹和双线网格纹，盖顶边沿和盒体上下边沿饰一周双线菱形纹和点状纹；盒体上部和下部各有六周平行线纹，在盖顶中央和盒身中央各绘一熊
		七子奁	1	M1：67	木胎	圆形；髹黑漆，母奁与子奁器表均有纹饰；母奁盖顶中央饰柿蒂纹
77	山东沂水县龙泉站西汉墓	圆奁	4		布脱胎	大小相次；形制纹饰基本相同；圆筒形；顶部隆起；有的内外均髹赭黑漆，有的内红外黑，有的盖顶绘柿蒂纹
		子奁	8		布脱胎	多数残破，能复原三件，分别为长方形、椭圆形、马蹄形；有的内髹红漆，外髹赭黑漆；有的内外均髹赭黑漆，器表勾画纹饰
78	江苏泗阳陈墩汉墓	五子奁	1	M1棺：3、M1棺：4	母奁为布脱胎，5件子奁全部为薄木胎	套合而成，隆顶；器身圆筒形，平底，圈足极矮；盖顶部嵌柿蒂形银片并镶嵌五颗玛瑙；盖与器身镶嵌数道银釦，银釦间贴饰金箔，金箔间绘卷云纹；盖顶内部、奁身底部漆绘龙纹及云气纹，器壁内口沿用金箔贴菱形纹；五个子奁的装饰技法、纹样与母奁相同
		中型奁	1	M1棺：7、M1棺：8	布脱胎	圆形，扣合；盖顶部隆起，正中贴柿蒂纹银箔；盖饰四道银釦；奁身直筒形，平底，饰三道银釦；银釦间彩绘纹饰，盖内顶及奁身底部中央漆绘纹饰
79	山东莱西县岱墅西汉木椁墓	三子奁	1		布脱胎	圆形，套合；隆顶，盖顶镶嵌银质柿蒂纹，盖与奁身的腹部各镶嵌三只银虎；内髹朱漆外髹棕色漆，器表彩绘；子奁胎质、纹饰与母奁相同
		六子奁[15]	1		布脱胎	

〔15〕原简报称“梳篦盒二件，粉盒二件，胭脂盒二件，梳妆器盒一件。这组器物均为夹纻胎，彩绘纹饰”。对照M2平面图，笔者认为“梳妆器盒”应该是一件妆奁，其余六个小盒应该是这件妆奁内部的子奁，故在此归为一套妆奁。

尺寸（厘米）	主要纹饰	装饰技法	器内物品	出土位置	墓葬年代及墓主身份	资料来源
长 32、宽 19、通高 24	圆点纹、双线网格纹、双线菱形纹、平行线纹、熊纹	彩绘	针筒、线绕、长尺、印章等物品	三号棺	西汉中晚期，地方官员	连云港市博物馆：《江苏连云港海州西汉墓发掘简报》，《文物》2012 年第 3 期
直径 21.5、通高 13	瑞兽、云纹、鸟纹、几何纹	彩绘、嵌柿蒂形银片	子奁 7	四号棺		
	柿蒂纹、弦纹、草叶纹、卷云纹、竖线纹	彩绘		边箱	西汉中晚期，中小地主	山东省文物考古研究所等：《山东沂水县龙泉站西汉墓》，《考古》1998 年第 8 期
	抽象卷草纹	彩绘				
盖高 11、直径 17.5，身高 9.3、直径 16.6	柿蒂纹、云气纹、龙纹、仙人折芝、神兔捣药、九尾狐、飞禽、鹤、鹿、豹、大雁、骆驼、羽人驾鹿车、持弩人物	银釦、嵌宝、金箔贴花、彩绘、嵌柿蒂形银片	子奁 5、铜镊子	中年女性棺内	西汉昭宣时期，墓主为泗水王的亲属或高级贵族	江苏泗阳三庄联合考古队：《江苏泗阳陈墩汉墓》，《文物》2007 年第 7 期
盖高 8.5、直径 10.2，奁身高 7.8、直径 9.4	柿蒂纹、卷云纹、神兽、飞鸟	银釦、彩绘、嵌柿蒂形银片	木梳、铜镜各 1			
直径 17、通高 12	柿蒂纹、虎纹、云气纹、草叶纹	银箔贴花、彩绘、嵌柿蒂形银片	子奁 3，木梳篦、胭脂、脂粉	M1 女棺	西汉中晚期，墓主可能为胶东国统治者的近臣或亲属	烟台地区文物管理组：《山东莱西县岱墅西汉木椁墓》，《文物》1980 年第 12 期
		彩绘	子奁 6，木梳篦、脂粉	M2 男棺		

序号	墓葬	器名	件数	器物号	胎骨	器形主要特征
80	扬州平山养殖场西汉墓	圆奁（残）	3		薄木胎	圆形；内髹红漆，外髹褐漆，无彩绘纹饰
81	安徽天长三角圩墓地	圆奁	7	M1：2	布脱胎	内红外黑；盖嵌银柿蒂纹；全器多道银釦，银釦间彩绘，器表黑地朱绘，口沿、盖内顶及内底中心红底墨绘
				M1：298	布脱胎	七子奁；内红外黑；缺盖，器身镶银釦，器表及口沿内侧彩绘纹饰
				M1：20	布脱胎	内嵌式双层分格盒；分盖、身、内盒、内盖四部分；隆顶，嵌银柿蒂；银釦间绘彩绘；内盒为三格
		圆奁	1	M7：10	木胎	残损
		圆奁	2	M10：2	布脱胎	内红外黑，套合；盖顶隆起，顶嵌柿蒂形银片；平底，矮圈足；银箔贴花，彩绘云气纹、动物纹及几何纹，奁内口沿及奁内底彩绘纹饰
				M10：20	布脱胎	残，内红外黑；隆顶，金银箔贴花，彩绘鹿、马、虎、鸟等动物及人物纹
		圆奁	1	M19：122	布脱胎	内红外酱褐色；直壁，盖顶隆起，顶嵌柿蒂形银片；镶银釦，彩绘纹饰
82	扬州邗江西湖胡场21号西汉墓	圆奁	1		木胎	圆形；盖顶隆起，饰凸弦纹，盖顶中心绘云气纹；器侧壁绘大幅云气纹并以几何纹作边饰，器表黑漆并朱绘，内髹红漆，奁身下部深褐色漆地上朱绘云气纹和几何纹

尺寸（厘米）	主要纹饰	装饰技法	器内物品	出土位置	墓葬年代及墓主身份	资料来源
标本M1：8径18、高12，标本M3：54、56皆径15、高9.5					西汉中晚期	扬州博物馆：《扬州平山养殖场汉墓清理简报》，《文物》1987年第1期
通高12.8，盖高11.1、直径15，身高10.2、直径14.1	柿蒂纹、云气纹、龙纹、三角形几何纹	银釦、嵌柿蒂形银片	圆盒2、马蹄形盒1、月牙盒1	棺内或头箱与足箱内	西汉中晚期，天长三角圩墓区可能是桓氏家族墓地	安徽省文物考古研究所：《天长三角圩墓地》，科学出版社，2013年
身高9.6、直径20、足径17.6、壁厚0.2	凤纹、怪兽纹、几何纹、三角卷云纹	银釦、彩绘	子奁7			
通高12.8，盖高11.8、径13.8，奁身高9.9、径12.2	柿蒂纹、云纹、几何纹、龙凤纹、怪兽纹	银釦、嵌宝、彩绘、嵌柿蒂形银片	角篦2、角梳1木篦3、木梳1			
			铜镜1、木梳2			
通高12.6，奁盖高10.5、直径15，奁身高9.7、直径14.4	柿蒂纹，云气纹，狐、虎、怪兽、凤、骆驼等，几何纹	彩绘、银箔贴花、嵌柿蒂形银片				
通高12.3，奁盖高11、直径17，奁身高10.3、直径16.2	水波纹、人物纹、禽兽纹、几何纹	金银箔贴花、彩绘				
器高11.9，盖高10、直径14.8，身高9.4、直径14	鹿、凤、怪兽、云气纹、几何纹、植物纹	银釦、嵌柿蒂形银片、彩绘	子奁3、木梳1、木篦2、铜镜1、铜刷3、铁剪1			
直径11.3、高10.7	云气纹、弦纹、几何纹	彩绘		边箱	西汉中晚期	扬州博物馆：《汉广陵国漆器》，第86、87页，文物出版社，2004年

序号	墓葬	器名	件数	器物号	胎骨	器形主要特征
83	长沙汤家岭西汉墓	长方形十子奁（残）	1		木胎 布脱胎	母奁为木胎，部分子奁为布脱胎；口部镶银釦，器上有铜泡钉；盖面锥画长方形及凤鸟云气纹；内红外黑；子奁镶银釦，嵌柿蒂形银片及金银贴花
		圆奁（残）	2			均为圆筒形，外髹黑漆；其中一件多子奁腹上部贴金箔制成的车马人物，下部贴两周窄金箔条及云气纹；子奁也镶银釦，子奁数目不详
84	扬州西湖山头2号西汉墓	彩绘漆奁（残）	1		厚木胎	只余盖、底；隆顶，平底；内红外黑；盖面黑地朱绘；器底中心微凹，并黑漆髹一圆面，内画一昂首凤鸟，旁边漆书一篆体“李”字
85	扬州西湖胡场22号墓	椭圆奁	1		薄木胎	椭圆形，盖与身套合；内红外黑，无纹饰
86	扬州西湖胡场20号西汉墓	长方奁[16]	1		木胎	长方形，盖、身套合；盖为盝顶形，平顶；顶面以几何纹作边饰、主体为云气纹；内红外褐，朱漆彩绘
		七子奁[17]	1		布脱胎	圆形，隆顶；盖顶嵌柿蒂形银片并嵌宝，周围镶嵌飞鸟走兽银箔片；中心纹样周围为四道纹饰带
87	扬州邗江西湖胡场14号墓	三子奁	1		布脱胎	圆形；镶银釦；外髹褐漆，绘云气纹并贴饰金银箔；内髹朱漆，内口沿以黑漆绘几何纹，底心绘云气纹；子奁顶部镶银柿蒂纹、银釦数周并彩绘

〔16〕此长方奁为笥的造型，形制较大，因内部盛放成套梳妆用具，故作为长方形妆奁收入此表格。

〔17〕《汉广陵国漆器》称这件漆奁为“银釦贴饰彩绘鸟兽纹漆七子奁”，笔者观其图片，母奁与子奁皆无银釦装饰。见扬州博物馆：《汉广陵国漆器》，第84页，文物出版社，2004年。

尺寸（厘米）	主要纹饰	装饰技法	器内物品	出土位置	墓葬年代及墓主身份	资料来源
长30、宽23	柿蒂纹、长方形、云气纹、凤鸟纹及人物、动物纹	银釦、嵌柿蒂形银片、金银贴花、锥画	子奁10，铜镜1、梳妆用具	棺内	宣帝、元帝年间，统治阶层中地位较高者	湖南省博物馆:《长沙汤家岭西汉墓清理报告》，《考古》1966年第4期
	车马人物纹、云气纹	银釦、金箔贴花	最上面置铜镜，下为多个子奁	棺内		
盖径26、底径28.2、厚1.7	云气纹、几何纹、柿蒂纹、凤鸟纹	彩绘			西汉中晚期	扬州博物馆：《汉广陵国漆器》，第40、41页，文物出版社，2004年
长14.4、宽7.5、高9.2					西汉中晚期	扬州博物馆：《汉广陵国漆器》，第73页，文物出版社，2004年
长24.4、宽10.6、高11.6	云气纹、几何纹	彩绘	成套梳妆用具		西汉中晚期	扬州博物馆：《汉广陵国漆器》，第72页，文物出版社，2004年
直径20.1、高14	柿蒂纹、鸟兽纹、云气纹、凤鸟、走兽、几何纹	彩绘、嵌宝、银箔贴花、嵌柿蒂形银片	子奁7		西汉中晚期	扬州博物馆：《汉广陵国漆器》，第84页，文物出版社，2004年
直径14.6、高10.4	柿蒂纹、云气纹、狩猎、马术、羽人、飞禽、几何纹	银釦、金银贴花、彩绘、嵌柿蒂形银片	子奁3		西汉晚期	扬州博物馆：《汉广陵国漆器》，第116、117页，文物出版社，2004年

序号	墓葬	器名	件数	器物号	胎骨	器形主要特征
88	扬州东风砖瓦厂八号墓	五子奁	1		木胎	圆形，套合；器表髹朱、褐色漆，内髹红漆
89	扬州邗江甘泉六里村左庄西汉墓	三子奁	1		布脱胎	套合；隆顶上饰三道凸弦纹；器表、内口沿以及盖顶和内底的中部均髹黑漆，余髹红漆；奁盖从中央向外朱绘四道纹饰，第三道纹饰带与盖壁中部银平脱走兽；盖中心饰银柿蒂，朱绘纹饰
		双层分格漆奁	1		布脱胎	套合；奁身分为上下两层；隆顶，饰凸弦纹；盖顶中心朱绘瑞兽纹；盖从顶中心向外朱绘四道纹饰带；奁身上层作圆台形，内分三格，有一小方形插孔，插孔旁绘两兽形纹；内红外黑
90	仪征新集螃蟹地M7	圆奁（朽）	2	M7：31	木胎	圆形，套合；身直壁，平底；黑地朱绘，盖上部以朱漆彩绘，纹饰分为两区，内区彩绘云气纹，外区为一周波浪纹
91	扬州邗江杨庙仓颉西汉墓	四子奁	1		布脱胎	圆形，套合；盖顶隆起，饰六叶花瓣形银饰，花瓣上镶嵌玛瑙；奁盖与身饰多道银釦，内赭色外黑色，贴饰金箔镂刻的云气纹及人物、动物图案
		四子奁	1		布脱胎	圆形，套合；顶部隆起，饰柿蒂形银片；内外均黑；镶嵌银釦，银釦间用朱漆作边，组成多道云气纹带，云气间绘羽人、凤凰、虎豹、飞鸟等；顶内和底心绘云气鸟纹
92	连云港海州霍贺墓	七子奁	1		布脱胎 木胎	除长方形子奁为木胎外，其余皆为布脱胎；套合；母奁圆筒形，隆顶，镶嵌柿蒂纹银箔；盖顶平脱银质兽纹；内红外黑，黑地朱绘云气纹、几何纹，器盖周围贴饰银质兽纹

尺寸（厘米）	主要纹饰	装饰技法	器内物品	出土位置	墓葬年代及墓主身份	资料来源
直径 16、高 15			子奁 5、铜镜 1	M8 女棺头部	西汉晚期	扬州博物馆：《扬州东风砖瓦厂八、九号汉墓清理简报》，《考古》1982 年第 3 期
直径 15、高 11.2	柿蒂纹、云气纹、弦纹、几何纹、动物纹	彩绘、银箔贴花、嵌柿蒂形银片	子奁 3		西汉中晚期	扬州博物馆：《汉广陵国漆器》，第 82、83 页，文物出版社，2004 年
直径 13.5、高 12	瑞兽纹、云气纹、弦纹、几何纹	彩绘	马蹄形格内装木梳、篦共 5			
直径 22.6、残高 13.4	云气纹、波浪纹	彩绘		棺内、头厢	西汉晚期，广陵国贵族或官僚	仪征市博物馆：《仪征新集螃蟹地七号汉墓发掘简报》，《东南文化》2009 年第 4 期
直径 22.5、通高 15.5	柿蒂纹、云气纹、人物、动物	银釦、嵌宝、金箔贴花、嵌柿蒂形银片	圆形子奁 3、长条形子奁 1		西汉晚期	扬州博物馆：《汉广陵国漆器》，第 119 页，文物出版社，2004 年
直径 21.5、高 17.1	柿蒂纹、云气纹羽人、凤凰、虎、豹、飞鸟等	银釦、彩绘、嵌柿蒂形银片	圆形、马蹄形、长方形、长条形子奁各 1		西汉晚期	扬州博物馆：《汉广陵国漆器》，第 121 页，文物出版社，2004 年
	柿蒂纹、云气纹、几何纹、兽纹	银箔贴花、彩绘	形状各异的子奁 7、脂粉、木梳、木篦	女性棺内	西汉晚期，官僚	南京博物院等：《海州西汉霍贺墓清理简报》，《考古》1974 年第 3 期

序号	墓葬	器名	件数	器物号	胎骨	器形主要特征
93	连云港孔望山吴窑汉墓	七子奁	1	M1：2	布脱胎	圆筒状，缺盖；饰银釦；内置七个子奁；奁身有两道4厘米宽的纹饰带，黑地朱绘；七个子奁盖顶均嵌柿蒂形银片，镶银釦
94	咸阳马泉西汉墓	三子奁	1		布脱胎	母奁破碎，朱绘云纹；贴金凤纹等纹饰；89号椭圆形子奁有银釦三道，绘云气纹，贴金箔；90号方子奁身有银釦四道，嵌金柿蒂纹、鸟兽等
95	山东日照大古城汉墓	五子奁	1			母奁圆形，套合而成；内红外黑，黑地朱绘；隆顶，中间朱绘柿蒂纹、镶嵌银质动物图案；奁盖侧壁与身侧壁都绘大幅云气纹，奁朱绘云气纹；有些子奁顶部镶嵌柿蒂形银片
96	山东文登石羊村汉木椁墓[18]	马蹄形奁	1		布脱胎	缺盖；直壁，平底；内红外黑；内分三格，内盛梳妆用具
97	山东诸城西汉木椁墓[19]	三子奁	2	女棺：12	布脱胎	盖顶半球形；筒状，平底；内红外黑；镶银釦，银釦间彩绘；盖顶内部也绘云纹与飞禽，盖、器身内侧口沿处朱地墨绘纹饰
98	河北阳原三汾沟汉墓群	长方奁	2	M9：171（朽）	木胎	长方形，奁盖四周各有一圆帽铜钉，附铺首；内红外棕，彩绘纹饰。奁内套一有盖的长方盒，盒内分隔成四小格，内有头发及化妆用具；内壁以黑漆彩绘，中间绘一只大凤鸟，四角各绘一只雁
				M9：172		形制与M9：171相同；内髹红漆，外髹棕色漆，无纹饰

〔18〕原报告称为“椭圆三格漆盒”，笔者观看图片后，认为此器为马蹄形，更名后，纳入此表。同墓还出土了一件残漆奁，从碎片来看，边缘纹饰与扬州甘泉六里村左庄西汉墓出土的漆奁的边缘纹饰如出一辙。

〔19〕男棺中出土一套三子奁和一套中型圆奁，保存较差，简报中未述及，故不纳入此表；女棺中出土一套三子奁，保存较好。

尺寸（厘米）	主要纹饰	装饰技法	器内物品	出土位置	墓葬年代及墓主身份	资料来源
直径22、高13	柿蒂纹、云气纹、鸟兽纹、柿蒂纹	银釦、彩绘、嵌银柿蒂形银片	铜镜；形状各异的子奁7，内放脂粉、刷柄	棺内	西汉晚期	连云港市博物馆：《连云港市孔望山吴窑汉墓发掘简报》，《东南文化》1986年第1期
	柿蒂纹、云气纹、凤纹、兽纹、车、马、杂技、狩猎等	银釦、金箔贴花、嵌银柿蒂形金片	子奁3，内放木梳4、粉包4、铁针	被扰乱，不详	西汉晚期	咸阳市博物馆：《陕西咸阳马泉西汉墓》，《考古》1979年第2期
直径17.7、高11.4、壁厚0.2	柿蒂纹、动物纹、云气纹、草叶纹、弦纹、几何纹	银箔贴花、彩绘、嵌柿蒂形银片	子奁5	M1棺内	西汉晚期，王氏家族成员	日照市博物馆：《山东日照市大古城汉墓发掘简报》，《东南文化》2006年第4期
长10、宽7.8、厚0.18			木梳、木篦、铜镊子	棺内	西汉晚期	山东省文物管理处：《山东文登县的汉木椁墓和漆器》，《考古学报》1957年第1期
盖高10.5、盖径16.4、身高9.4、身径14、通高12.5	柿蒂纹、云气纹、奔兽、花草	银釦、彩绘、嵌柿蒂形银片	子奁3，铜镜、铜刷及木梳篦	女性棺内	西汉中晚期，东武琅琊郡的统治者或其亲属	诸城县博物馆：《山东诸城县西汉木椁墓》，《考古》1987年第9期
长35、宽18、高10	云纹、几何纹、飞雁、奔鹿、凤凰	彩绘、镶嵌金属附件	长方盒1，头发、木梳、木篦、铜刷、丝绵、粉球等	南、北棺的前部	西汉晚期	河北省文物研究所等：《河北阳原三汾沟汉墓群发掘报告》，《文物》1990年第1期
长36、宽17、高15			铜镜、木梳、木篦			

序号	墓葬	器名	件数	器物号	胎骨	器形主要特征
99	山西朔县西汉并穴木椁墓	银釦漆奁	1		布脱胎	已朽，镶嵌银釦
100	重庆临江支路西汉墓	银釦弓弦形子奁	2	M3：20	布脱胎	弓弦形，盖已朽；口边镶银釦，器身髹黑漆，白色点划纹；旁边有铜镜与柿蒂形银片，为分层多子奁内的子奁
101	云南晋宁石寨山M23	六子银釦漆奁	2	M23：7	木胎	圆形；内红外黑；全身有五道银釦；盖中心为银质柿蒂纹，子奁盖顶都镶嵌柿蒂纹银箔，都有三道银釦
102	贵州安顺宁谷M6	多子奁（朽）			布脱胎	黑褐色漆地上朱绘纹饰；母奁内部盛放多个子奁，数目不明；母奁与子奁都镶嵌铜釦
103	仪征国庆前庄M12	五子奁	1	M12：23	布脱胎	圆筒形；内红外黑；内置五子奁；盖顶朱漆勾绘四叶柿蒂纹，内嵌柿蒂形银箔及数道银釦，釦间朱漆绘云气纹，云气间绘鹿、凤鸟等纹饰；盖、身外壁以三道银釦形成两道纹饰带，朱绘云气纹，云气间绘凤鸟、麒麟、仙鹿等；盖顶内在黑漆地上朱绘三条龙纹，底心在黑漆地上朱绘云气纹

尺寸（厘米）	主要纹饰	装饰技法	器内物品	出土位置	墓葬年代及墓主身份	资料来源
		银釦	铜镜 1	M2 女性棺内	西汉晚期，王姓家族成员	屈盛瑞：《山西朔县西汉并穴木椁墓》，《文物》1987 年第 6 期
长约 10、高约 2.1				M3 棺内	西汉晚期，地主阶层	重庆市博物馆：《重庆市临江支路西汉墓》，《考古》1986 年第 3 期
母径 24.8、通高 6.2、子奁高 5.8	柿蒂纹	银釦、嵌柿蒂形银片	子奁 6、铜镜、眉笔、木梳篦、脂粉、黛石	木椁内的案上	西汉晚期，可能为通婚到云南的汉家女子	李家瑞：《云南晋宁石寨山古墓出土漆器复原》，《文物》1964 年第 12 期
		彩绘、铜釦	多个形状各异的子奁、铜镜	棺内头部	西汉晚期	贵州省博物馆：《贵州安顺宁谷汉墓》，《文物资料丛刊》4，文物出版社，1981 年
直径 22、高 16	柿蒂纹、云气纹、龙纹、凤纹、麒麟、仙鹿	银釦、彩绘、嵌柿蒂形银片	子奁 5、木梳、木篦	西棺墓主的头部	西汉晚期，士大夫之妾	仪征市博物馆：《江苏仪征国庆前庄 12 号墓发掘简报》，《东南文化》2017 年第 2 期

序号	墓葬	器名	件数	器物号	胎骨	器形主要特征
104	扬州邗江甘泉姚庄101号西汉墓	七子奁	2	M101：190	木胎	套合；隆顶，顶中心为镶嵌玛瑙的银质六出柿蒂纹；盖身共饰八道银釦；器表银釦之间贴满金银箔，并用朱、墨两色在金银箔上绘山水云气纹，山水之间有羽人祝寿、狩猎等；奁身外底饰四个相交的同心圆，内绘飞燕、夔龙，外绘云气纹等作边；内髹朱漆，内口饰几何形金箔，内底为云气纹
				M101：249	木胎	顶盖中心为一银柿蒂，柿蒂中心嵌一颗黄色玛瑙，四叶上各嵌一颗鸡心形红玛瑙，外为三道银釦，中间夹两道纹饰带，绘如意云气纹，间饰虎、羊、驼、鸟、羽人等图案
		小圆奁	1	M101：213	木胎	套合；隆顶，顶为银柿蒂纹；银釦间饰大幅云气纹，间饰各种形态的小鸟；盖、身外壁均以银釦组成两组纹饰带，山石、树木、云气掩映，无数神态各异人、神、动物杂置其间；奁外底中心饰大片云气纹和纹饰带
105	赫章可乐M48[20]	内嵌式双层分格奁	1	M48：2、M48：3	布脱胎	圆形，双层；内嵌三格盒，盒上有圆形镜托；器表髹赤褐色漆，彩绘纹饰，镶银釦；镜托与奁盖内顶皆嵌柿蒂形银片；盖内顶及器身内底皆彩绘纹饰
106	扬州西汉“妾莫书”木椁墓	小圆奁（残）	2		布脱胎	圆形；盖中心为银质柿蒂座，有环，镶银釦，中间贴金银箔鸟兽纹；器身口、腰、底各有银釦，朱绘云气纹
		马蹄形子奁	1		木胎	口镶银釦；内髹朱漆，墨绘云气纹

〔20〕原简报认为M48出土两件漆奁，笔者根据器形、纹饰及尺寸，认为是一套内嵌式双层分格奁，并根据器物图调整了文字描述。

尺寸（厘米）	主要纹饰	装饰技法	器内物品	出土位置	墓葬年代及墓主身份	资料来源
直径 22.5、高 14.5	柿蒂纹、云气纹、飞禽走兽、羽人、狩猎、车马出巡、六博、听琴、几何纹等	银釦、彩绘、嵌柿蒂形银片、嵌宝、金箔贴花	子奁 7，鎏金铜化妆用具，白粉、绛色粉等	男棺内	西汉晚期，广陵国中级武官，官秩在六百石到两千石之间	扬州博物馆：《江苏邗江姚庄 101 号西汉墓》，《文物》1988 年第 2 期
直径 21、高 13	柿蒂纹、云气纹、虎、羊、驼、鸟、羽人等	银釦、彩绘、嵌柿蒂形银片、嵌宝、金箔贴花	子奁 7，内有梳篦及化妆用品	女棺内		
直径 11.6、高 11	柿蒂纹、云气纹、山水树木、人物、飞禽走兽、几何纹等	银釦、彩绘、嵌柿蒂形银片、金箔贴花		女棺内		
内盒高 4.5、镜托径 11.2，残盖径 12.8	柿蒂纹、流云纹、鹿纹	银釦、彩绘、嵌柿蒂形银片			西汉晚期，汉族军人	贵州省博物馆考古组等：《赫章可乐发掘报告》，《考古学报》1986 年第 2 期
口径 4.5	柿蒂纹、各种鸟兽纹、云气纹	彩绘、银釦、银箔贴花、嵌柿蒂形银片		被盗，不详	西汉晚期，分封在扬州地区的刘氏家族成员	扬州市博物馆：《扬州西汉“妾莫书”木椁墓》，《文物》1980 年第 12 期
长 7.5、宽 4.5	云气纹	彩绘、银釦				

序号	墓葬	器名	件数	器物号	胎骨	器形主要特征
107	扬州邗江姚庄 M102	七子奁	1	M102∶31	布脱胎	套合；盖面呈半球形，顶嵌柿蒂形银片；镶银釦；釦间用土黄色漆绘云气纹、梅花鹿等；外髹酱紫色漆，内髹酱红色漆；盖内顶褐漆绘云气纹、龙纹；奁身也绘云气纹、鸟兽纹装饰带
108	扬州东风砖瓦厂木椁墓群[21]	双层长方五子漆奁	1		木胎	长方形；盝顶盖，平顶；双层；子母口扣合；内朱色，外赭色，器表朱漆彩绘纹饰
109	泗阳贾家墩一号墓	七子奁	1	M1∶39		内红外黑；隆顶，盖面六层纹饰带；盖顶平脱柿蒂形银片，正中嵌玛瑙珠一颗，其外贴金箔虎兽，间嵌玛瑙珠四颗，朱绘纹饰，贴奔鹿、三角形、菱形金箔；奁身圆筒形，器腹上下亦朱绘几何纹，贴三角形、菱形金箔；腹中朱绘云气纹；间绘鸟、龙、羽人，并等距贴金箔奔鹿四只
110	扬州邗江郭庄汉墓	三子奁	1			套合；奁顶起三道凸棱，隆顶，顶饰银柿蒂纹，一周饰有银白虎，周围饰云气纹与几何纹；奁身饰云气纹和鸟兽纹；奁内顶与底亦饰云气纹；外髹棕色漆，朱色彩绘
111	重庆云阳风箱背一号汉墓[22]	七子奁	1	M1∶104	木胎	圆形；盖顶嵌柿蒂形银片
112	南京六合李岗汉墓	奁盖		M1∶37	布脱胎	残甚，圆形；盖顶贴饰柿蒂形银片

〔21〕发掘的墓葬编号为 M1 ~ M7，共 7 座墓葬，从简报的随葬品汇总表中看出，除了 M3 与 M7 外，其余 5 座墓都有漆奁出土，共 7 件，但报告中只介绍了一件漆奁。

〔22〕此描述依据简报文字描述并结合墓葬后室平面图。

尺寸（厘米）	主要纹饰	装饰技法	器内物品	出土位置	墓葬年代及墓主身份	资料来源
不详	柿蒂纹、云气纹、梅花鹿、羽人、锦鸡等	银釦、彩绘、嵌柿蒂形银片、嵌宝	子奁7、铜镜1、木梳等梳妆用具	女棺内	新莽始建国元年（9年）以后	扬州博物馆：《江苏邗江姚庄102号汉墓》，《考古》2000年第4期
长35、宽21.2、高16	云气纹、鸟兽纹		子奁5、铜镜1、木梳篦各2	棺内	西汉晚期到东汉初期	扬州博物馆：《扬州东风砖瓦厂汉代木椁墓群》,《考古》1980年第5期
径20、高14	柿蒂纹、流云纹、几何纹、动物纹	彩绘、嵌宝、嵌柿蒂形银片、金箔贴花	子奁7、铜镜、铜刷、木梳	前室	西汉末期至东汉早期	淮阴市博物馆:《泗阳贾家墩一号墓清理报告》，《东南文化》1988年第1期
直径14.5、高13	柿蒂纹、云气纹、几何纹、白虎、奔鹿、朱雀等	彩绘、银贴花、嵌柿蒂形银片		男棺内	西汉晚期到新莽时期	扬州博物馆：《扬州邗江县郭庄汉墓》，《文物》1980年第3期
直径约19.8	柿蒂纹	银釦	子奁7、铜镜1	后室	新莽时期	四川大学历史文化学院考古系等:《重庆云阳风箱背一号汉墓》,《考古学报》2018年第4期
	柿蒂纹、云气纹	彩绘、嵌柿蒂形银片			新莽时期，墓主人或为堂邑县权贵的家眷	南京市博物馆等：《南京六合李岗汉墓（M1）发掘简报》,《文物》2013年第11期

序号	墓葬	器名	件数	器物号	胎骨	器形主要特征
113	连云港海州网疃庄汉木椁墓	七子奁	1		布脱胎	盖为半球形，顶嵌柿蒂形银片，每叶中镶鸡心形玛瑙小珠；云气纹中银箔贴饰人物、鸟兽；周围银箔贴饰、彩绘人物与飞禽走兽；器盖及器底壁沿各有两组花纹图案；外髹黑漆，内髹赭红色；母奁口沿内部墨绘纹饰一圈；子奁顶部都镶嵌银柿蒂纹，镶银釦，银箔贴饰并黑地朱绘
114	山东青岛土山屯M6	方奁	1	M6 棺 1：1	薄木胎	内红外褐；盝顶，方形，盖与底四角镶铜乳丁足；盖顶内、外及盖身纹饰相同，以变体几何纹带为辅，中间纹饰为云气纹及羽人、珍禽瑞兽等
		圆奁	1	M6 棺 2：3-1	薄木胎	内红外褐；圆筒形，隆顶；盖顶朱绘柿蒂纹，中心及四叶嵌玛瑙，柿蒂纹周边镶嵌金箔；盖与身皆有数道银釦，釦间有红漆弦纹，贴饰金箔、银箔制珍禽异兽及猎人图案
		七子奁	1	M6 棺 2：2	木胎	内红外褐；圆筒形，隆顶；盖顶朱绘柿蒂纹，中心及四叶嵌玛瑙，柿蒂纹周边镶嵌金箔；盖与身皆有数道银釦，釦间有红漆弦纹，贴饰金箔、银箔制珍禽异兽图案，器底外部正中贴饰银箔大怪兽图案
115	山东青岛土山屯M8	七子奁	1	M8：23	布脱胎	内红外褐；圆筒形，盖微残，隆顶，盒身残缺严重；顶中镶柿蒂纹银箔，坡面分区绘云气纹、变体几何纹；盖身云气纹中有兽纹银箔；奁身残缺严重，纹饰与盖身相同，内底绘云气纹
		圆奁	1	M8：21-1	布脱胎	内红外黑；弧顶，直口，方唇，筒形，平底；盖顶原嵌柿蒂形饰，四瓣中央镶水滴形宝石饰品，均已脱落；镶数道银釦，釦间绘云纹，并镶云气纹、珍禽异兽、飞龙、飞鸟等图案的金箔；金箔饰外均有红线勾勒轮廓

尺寸（厘米）	主要纹饰	装饰技法	器内物品	出土位置	墓葬年代及墓主身份	资料来源
盖径22、底径21、高14.5	柿蒂纹、流云纹、舞蹈和狩猎的人物、雀、雁、鹿、马、虎、捣药的兔子、神山等	银釦、彩绘、嵌柿蒂形银片、嵌宝、银箔贴花	子奁7、木梳、铜刷等梳妆用具	不详	西汉末年到东汉初	南京博物院：《江苏连云港市海州网疃庄汉木椁墓》，《考古》1963年第6期
盖边长18.8、盝顶边长11.4，盒身边长17.4、壁厚0.4，通高13.8	变体几何纹、云气纹、羽人珍禽瑞兽等	彩绘	木梳篦3、铜刷1	棺1内部	西汉晚期至东汉早期	青岛市文物保护考古研究所等：《山东青岛市土山屯墓地的两座汉墓》，《考古》2017年第10期
盖径10.3、高8.4，身径9.6、高7.8，壁厚0.3	柿蒂纹、几何纹、弦纹、珍禽瑞兽、猎人、云气纹	彩绘、银釦、金银贴花、嵌宝	铜镜1	棺2内部		
盖径22、高14.6，身径20.8、高13，壁厚0.45	柿蒂纹、几何纹、弦纹、珍禽瑞兽、云气纹	彩绘、银釦、金银贴花、嵌宝	子奁7、漆耳杯1、漆金属胎罐1、铜刷4、木梳篦3、角梳篦3	棺2内部		
盖径21.7、高13.3	弦纹、兽纹、柿蒂纹、变形几何纹、云气纹、点纹等	彩绘、嵌柿蒂形银片、银箔贴花	子奁7、铜镜1、木梳1、木篦1、铜刷1	棺内	西汉晚期至东汉早期	青岛市文物保护考古研究所等：《山东青岛市土山屯墓地的两座汉墓》，《考古》2017年第10期
盖径10、高8.5，身径9.1、高7.7，壁厚0.3	柿蒂纹、云纹、珍禽异兽、飞龙、飞鸟、三角纹	彩绘、嵌柿蒂纹片、嵌宝、金箔贴花	铜镜1	棺内		

序号	墓葬	器名	件数	器物号	胎骨	器形主要特征
116	安徽天长安乐汉墓[23]	双层银釦奁	1	M9：6	布脱胎	上层为一浅托盘，浅盘口沿镶银釦；盖顶与盖侧壁、器身都镶嵌三道银釦；盖顶镶嵌银质柿蒂纹，柿蒂纹中心、四叶上镶嵌五颗珠（已佚）；银釦间在带状流云纹中贴饰金箔动物纹；盖及身口沿、盖顶、内底均墨绘几何纹；内红外黑
		彩绘奁	5	M9：7、8	布脱胎	圆柱形，套合；盖顶镶银柿蒂纹；内红外黑；盖顶有多道纹饰带，贴饰银箔禽兽图案；内口沿、内底面墨绘带形纹和圆形云纹；器表朱绘花纹；盖侧壁在大幅云气纹中贴动物形银箔
		双层月牙形盒	1		布脱胎	月牙形；有盖和上下两层盒，上层下部套于下层口沿内；盖顶饰银柿蒂；内红外黑，器表朱绘云纹
117	广州龙生岗43号东汉木椁墓	双层奁	1		布脱胎	圆形；分为盖、身、底三部分，套合成上下两层；内外髹黑漆，素面无纹
		椭圆形双层奁	1			椭圆形；由盖、身、底三部分套合成双层；上层放两个半月形子奁
118	江苏盱眙东阳汉墓群M30	银釦圆奁	1	M30：5		圆形，盖顶中心贴饰柿蒂形银片，其上贴饰水滴形金箔饰，周饰四组云气纹金箔饰；外圈饰银釦一道，其外贴饰动物云气纹金箔饰；盖身外壁通髹黑漆，上饰银釦三道。银釦间均夹饰金箔；器盖内壁亦通髹黑漆，皆素面；器身内外壁通髹黑漆，外壁饰三道银釦，其间皆贴金箔
		长方奁	1	M30：6		长方形，仅存器身；器外髹黑漆，中部朱绘弦纹一道，近底处饰弦纹四道，由上至下第二、三道弦纹间朱绘勾连纹与点纹组合；器内通髹朱漆；外底四角各饰一鎏金铜乳丁足
		正方奁	1	M30：21		方形；盖为盝顶；内红外黑，素面无纹

〔23〕M6、M9中出土多个不同形状的布脱胎彩绘子奁，部分内放梳妆用具，疑为多子奁内的小奁。因简报中对子奁及母奁介绍比较简略，难以归为同一套器物，故不纳入此表。

<table>
<tr><th>尺寸（厘米）</th><th>主要纹饰</th><th>装饰技法</th><th>器内物品</th><th>出土位置</th><th>墓葬年代
及墓主身份</th><th>资料来源</th></tr>
<tr><td>口径 10.6、器高 15</td><td>柿蒂纹、流云纹、动物纹、几何纹</td><td>彩绘、银釦、嵌柿蒂形银片、嵌宝、金箔贴花</td><td></td><td>棺内</td><td rowspan="3">西汉末年到东汉初</td><td rowspan="3">安徽省文物工作队：《安徽天长县汉墓的发掘》，《考古》1979 年第 4 期</td></tr>
<tr><td>口径 14.3、高 12</td><td>柿蒂纹、云气纹、飞禽走兽、几何纹</td><td>彩绘、嵌柿蒂形银片、银箔贴花</td><td></td><td>棺内</td></tr>
<tr><td>半径 4、长 12、高 6</td><td>柿蒂纹、云纹</td><td>彩绘、嵌柿蒂形银片</td><td></td><td>M9：8 内部</td></tr>
<tr><td>直径 8.2、盖高 5.3、身高 9.5、底高 5.2</td><td></td><td></td><td></td><td rowspan="2">女棺内的一件残损彩绘长方奁中</td><td rowspan="2">新莽至东汉建初以前，地主阶层</td><td rowspan="2">广州市文物管理委员会：《广州市龙生岗 43 号东汉木椁墓》，《考古学报》1957 年第 1 期</td></tr>
<tr><td>短径 6.5、长径 11、通高 9.5</td><td></td><td></td><td>半月形子奁 2、白粉、胭脂</td></tr>
<tr><td>盖径 10、盖高 8.1，器身口径 9.5、器身高 8，合盖通高 9.8</td><td>柿蒂纹、动物纹、狩猎纹、云气纹、树纹、羽人纹</td><td>银釦、金箔贴花、嵌柿蒂形银片</td><td></td><td>南棺西部</td><td rowspan="3">新莽时期，陈氏家族成员</td><td rowspan="3">南京博物院等：《江苏盱眙东阳汉墓群 M30 发掘简报》，《东南文化》2013 年第 6 期</td></tr>
<tr><td>长 33、宽 18.8、高 14.7</td><td>弦纹、勾连纹、点纹</td><td>彩绘</td><td></td><td>北棺西部</td></tr>
<tr><td>盖边长 25.8、高 16.2、器身边长 24.9、器高 15、合盖通高 18</td><td></td><td></td><td></td><td>西边厢南部</td></tr>
</table>

序号	墓葬	器名	件数	器物号	胎骨	器形主要特征
119	扬州邗江甘泉二号刘荆墓[24]	十子方形漆奁	1		木胎铜胎	双层，方形；除子奁底部以薄铜皮为胎外，其余全为木胎；母奁内红外黑；周围有三道鎏金铜釦；盖面有铜皮平脱的内框和柿蒂形银片；框内四角有四个铜泡，柿蒂四叶和中心共镶水晶泡五粒；子奁装饰技法与母奁相同，盖面针刻流云纹和菱形纹
120	洛阳苗南村三座东汉墓	六子奁	1	IM4070：12-1、2、3、4、5、6、7	木胎	圆形，已朽；残存四匝铜箍，盖上残存两圈镶嵌铜釦；内外髹红漆
121	安徽寿县茶庵马家古堆东汉墓[25]	圆子奁	5		木胎	圆形，套合；盖面嵌柿蒂纹，外有一道铜釦，其中一件在相对的两个叶尖旁贴有两小方金箔；奁身镶铜釦，其中一条为鎏金铜釦
		长方形子奁	2		木胎	盖上嵌铜四叶蒂饰；盖顶、盖壁与器身都镶嵌铜釦；内红外黑，黑地朱绘花纹，花纹不明

〔24〕简报中称此方奁为九子奁，然而，由于上层放置一长条形子奁，下层又放置9个子奁，共10个子奁，在此表格中笔者称此奁为“十子奁”。

〔25〕这7件子奁，报告中称为“盒”。这批墓葬共三座砖室墓，这几个子奁无编号，故无法确定具体出自哪些墓葬，在此单列叙述。

尺寸（厘米）	主要纹饰	装饰技法	器内物品	出土位置	墓葬年代及墓主身份	资料来源
长 33.5、高 10	柿蒂纹、流云纹、菱形纹	铜釦、锥画、嵌柿蒂形银片	上层放铜镜，长条形子奁、内放黛板；下层九个子奁放梳篦、铜刷、毛笔、脂粉	被盗，位置不详	东汉广陵王刘荆	南京博物院：《江苏邗江甘泉二号汉墓》，《文物》1981 年第 11 期
直径 28、残高 9		铜釦、嵌柿蒂形片	铁镜 1、子奁 6	女性墓主脚头	东汉晚期，级别较高的政府官员	洛阳市文物考古研究院：《河南省洛阳市苗南村三座东汉墓发掘简报》，《洛阳考古》2016 年第 2 期
直径 8.7、残高 3	柿蒂纹	铜釦、彩绘、嵌柿蒂纹、金箔贴花		被盗，位置不详	东汉时期，地主阶层	安徽省文化局文物工作队等：《安徽寿县茶庵马家古堆东汉墓》，《考古》1966 年第 3 期
长 7.8、宽 5.2、高 4.2	柿蒂纹	铜釦、彩绘、嵌柿柿蒂形铜片				

后记

岁月总是无声地从指缝中溜走。从2011年博士论文答辩，到2020年庚子年，十个年头，已经过去。我是一个拖延症患者，一个真正的懒人。拙文虽署吾名，然而，如果没有各位老师及好友的帮助，十年前我就完不成本书的初稿。十年内，本人不揣浅陋，持续对学位论文进行补充与修改。今日，本文最终能够出版，诚惶诚恐，在此聊表谢意。

首先谨以最诚挚的敬意感谢我的博士导师张学锋先生。恩师在我论文写作与就业遇到困难时给予了我真诚的鼓励与切实的支持。恩师在肩臂疼痛无法打字的情况下，仍然对论文作了精心的批阅，大到论文的框架结构，小到文献句读、引注的规范，都逐一用红笔帮我斧正。时隔十年，恩师当年朱笔修改的论文初稿，已经成为我学术生涯中最值得珍藏的财富。张老师严谨的治学态度、渊博的知识与高尚的人格，给我留下了深刻的印象，使我终身受益。

感谢我的硕士导师刘兴林教授领我入行。刘老师宽厚严谨，对我的学习、工作和生活关心有加。感谢我的博士后导师贺云翱教授，贺老师一直勉励我要以更宽的视野研究古代文化遗产。感谢南京大学考古教研室水涛教授、黄建秋教授、吴桂兵教授等对我十几年的培养与关爱。历史学院李力老师也给予了我诸多的帮助。

南京博物院考古研究所李则斌老师在论文写作及成稿过程中也给予了极大的帮助。南京师范大学社会发展学院裴安平教授、南京大学历史学院胡阿祥教授、南京师范大学社会发展学院王志高教授、浙江大学历史系刘进宝教授在论文的评审中都给予了非常有益的指导。

特别感谢湖南省博物馆聂菲老师长期以来对我学习与生活的关心。聂老师笔耕不辍，成果丰硕，是我们女性学人的榜样。聂老师每每有大作要出版时，都会第一时间赐书于我。本书在撰写过程中，所用的很多参考书目都来自聂老师的慷慨赠予。在此，谨对聂老师谦虚仁厚，奖掖后学的长者风范致以崇高的敬意。

感谢山东省博物馆郑同修馆长、扬州博物馆束家平馆长、仪征博物馆夏晶馆长慷慨赠图。感谢我的领队班同学郑红禄、彭峪、朱超、卫松涛、郭长江、王天佑、胡胜，南京博物院陈刚师兄、左骏老师，亦为本书所需的精美照片提供支持。

感谢刘卫鹏、孙彦、崔世平、刘建安、夏晓伟、邓玮光、董淑燕、刘刚等各位同门，一直无私地关心、帮助我。感谢我的师妹张艳秋博士帮我校稿，让我感受到了情如手足的温暖。感谢友人任芸曦帮忙调整部分图片。

感谢苏州市考古研究所张照根所长、朱威书记、孙明利副所长等领导的大力支持。领导们总是鼓励我们积极参加学术会议，对于你们给予的理解和支持表示衷心的感谢。

毕业后的十年内，各地又出土了很多精美的漆器，使得本人有机会对博士学位论文作大幅度修改与补充。诚挚感谢所有参加田野考古工作的同仁，正是因为你们及时整理发表考古资料，才使拙文有了第一手研究资料。

最后，感谢家人的支持与陪伴。要感谢的亲朋好友太多，在此限于篇幅，不再逐一具名。

由于本人才疏学浅，研究能力有限，拙文实为抛砖引玉，恳请读者不吝赐教。

刘芳芳　谨识

2020 年 3 月于姑苏双塔月季居

战国秦汉
髹漆妆奁研究

战国秦汉
髹漆妆奁研究